東洋古典譯註叢書 132

譯註 世說新語補 3

刪定 王世貞
책임번역 金鎭玉
공동번역 南誠佑 金泰勳

전통문화연구회

飜譯委員

責任飜譯　金鎭玉
共同飜譯　南誠佑 金泰勳
企劃編輯　東洋古典飜譯編輯委員會
原文校閱　吳圭根
飜譯研究管理　南賢熙
潤　文　朴勝珠
校　訂　朴相水 南賢熙 田炳秀
出　版　郭成龍
裝　幀　김진디자인

飜譯管理

弘報管理　李和春
普　及　徐源英
古典情報化　東洋古典情報化研究室

東洋古典譯註叢書를 발간하면서

우리의 古典國譯事業은 민족문화 진흥의 기초사업으로 1960년대부터 政府 支援으로 古文獻 現代化 작업을 추진하여 많은 成果를 거두었다. 당시 이 사업 추진의 先行課題로 東洋古典이라 일컬어지는 중국의 基本古典을 먼저 飜譯하여야 한다는 學界의 주장이 있었음에도 불구하고 우리 고전이 아니라는 일부의 偏狹한 視角과 財政 事情 등으로 인하여 배제되어 왔다.

전통적으로 중국의 기본고전은 우리 歷史와 함께 숨쉬며 각종 교육기관의 教科書로 활용됨은 물론이고 지식인들의 必讀書가 되어 왔으며, 우리 文化의 基底에 자리잡고 거의 모든 방면의 體系와 根幹을 형성하여 왔다. 그래서 학문연구의 기본서 역할을 해 왔을 뿐만 아니라 오늘날에도 우리의 國學徒 및 東洋學 研究者들에게 같은 역할을 하고 있음은 주지의 사실이다. 그럼에도 불구하고 中國古典은 우리 것이 아니라 하여 專門機關의 飜譯對象에 포함하지 않음으로써, 대부분 原典에서의 직접 번역이 아닌 重譯이나 拔萃譯의 방식이 주를 이루면서 教養水準으로 出版되어 왔다.

오늘날 東洋 三國 중에서 우리의 東洋學 연구가 가장 부진한 이유는, 東洋基本古典에 대한 폭넓은 이해의 부족과 漢文古典 讀解力의 저하에 기인함을 우리는 솔직히 인정하여야 한다. 따라서 이들 중국고전에 대한 신뢰할 만한 國譯이 이루어지는 것이 한국학 연구를 촉진시키는 시급한 先行課題라 할 수 있다.

이에 韓國學 및 東洋學의 연구와 古典現代化의 基盤構築을 위해서는, 전문기관으로 하여금 동양고전을 단기간에 각 분야의 專門 研究者와 漢學者가 상호 협동하여 연구번역하여 飜譯의 傳統性과 效率性, 研究의 專門性을 높일 수 있도록 政策的 配慮가 있어야 한다.

이에 本會에서는 元老 및 中堅 漢學者와 斯界의 專攻者로 하여금 協同硏究飜譯하여 공부하는 사람들이 믿고 引用하거나 깊이 있는 註釋 등을 활용할 수 있게 하고, 知識人들의 教養을 증진시켜 줄 수 있는 東洋古典의 國譯書 간행을 지속적으로 추진해 왔다. 근래에 다행히 이 사업에 대하여 각계 지도층의 폭넓은 이해와 지원에 힘입어 2001년도부터 國庫補助를 받아 東洋古典譯註叢書를 간행하게 되었다. 이를 계기로 우리 先學의 註釋과 見解를 반영하는 등 국역사업의 內實을 기하게 되었음을 이 자리를 빌려 衷心으로 감사드리며, 아울러 國譯에 參與하신 관계자 여러분의 勞苦에 깊은 謝意를 표한다.

끝으로 우리의 이러한 작업은 오랜 역사 위에 축적된 先賢들의 業績과 現代學問을 이어주는 튼튼한 架橋와 礎石이 되어 진정한 韓國學과 東洋學 발전에 기여할 것을 굳게 믿으며, 21세기를 우리 文化의 世紀로 열어 가는 밑거름이 되도록 우리의 力量을 本 事業에 경주하고자 한다. 江湖諸賢의 부단한 관심과 지원을 기대해 마지않는다.

社團法人 傳統文化硏究會 理事長 李啓晃

凡 例

1. 본서는 ≪譯註 世說新語補≫의 제3책이다.
2. 본서는 ≪世說新語補≫ 간행본의 대부분을 차지하는 顯宗實錄字本 중 상태가 가장 양호하며 印記로 '弘文館'이 찍힌 규장각본 ≪世說新語補≫(奎中 1801-v.1-7)을 底本으로 하되, 顯宗實錄字本 중 상태가 양호한 국립중앙도서관본 ≪世說新語補≫(古032-59)와 木活字로 인쇄된 국립중앙도서관본 ≪世說新語補≫(古373-1)를 참고하였다.
3. ≪世說新語補≫는 ≪世說新語≫와 ≪何氏語林≫의 기사를 발췌한 다음 합하여 刪定한 것으로, 선본인 일본 尊經閣叢刊 ≪世說新語≫(昭和 4年), 규장각 소장 天啓4年本 ≪何氏語林≫(奎中 3300-v.1-6)을 교감 자료로 활용하였다.
4. 저본인 규장각본 ≪世說新語補≫는 간행 과정에서 批點이 빠져 보이지 않는다. 저본에 실리지 않은 批點의 내용은 頭註 항목을 두어 일본 와세다대학 소장 安永8年本 ≪李卓吾批點世說新語補≫(ヌ08 04889)에서 취하여 번역하였다. 한편 이를 '安永本'으로 약칭하고, 교감에도 적극 활용하였다.
5. 저본에는 卷의 첫머리에만 '世說新語補 卷○'이 있으나, 번역서에서는 篇 단위로 別面을 하였기 때문에 篇名마다 앞에 '世說新語補 卷○'을 삽입하였다.
6. 본서는 원전의 傳統性과 번역의 現代性을 구현하기 위해 노력하였다.
7. 原文은 우리나라 전통 방식으로 懸吐하였다.
8. 原文은 저본의 體制에 따라 단락을 구분하고, 각 단락마다 일련번호를 부여하였다.
9. 讀音이 특수하거나 僻字인 경우에는 ( ) 속에 한글로 音을 달아주었다.

10. 각 篇마다 간략한 해설을 달아 독자의 이해를 돕고자 하였다.
11. 飜譯은 原義에 충실하게 하되, 이해가 어려운 부분은 意譯 또는 補充譯을 하였다.
12. 飜譯文은 한글과 漢字를 混用하였으며, 맞춤법과 띄어쓰기는 한글 맞춤법과 표준어 규정을 따르는 것을 원칙으로 하였다.
13. 譯註는 故事, 官職, 校勘, 難解語, 역사적 사건, 人物, 인용문의 出典, 전문용어, 制度, 異說 등에 관한 사항을 밝혔다. 이 가운데 주로 일본의 ≪세설≫ 연구 중 가장 권위 있는 저작으로 꼽히는 ≪世說音釋≫을 역주에 반영하였다.
14. 校勘은 원문의 衍字, 誤字, 脫字, 倒文 등을 대상으로 하였다.
15. 본서의 校勘에 사용된 符號는 다음과 같다.

( )〔 〕: (저본의 誤字)〔교감한 正字〕

〔 〕: 저본의 脫字 보충

( ) : 저본의 衍字 삭제

16. 본서에 사용된 주요 符號는 다음과 같다.

" " : 對話, 각종 引用

' ' : " " 안에서 再引用, 强調

「 」: ' ' 안에서 再引用, 强調

( ) : 원문에서는 讀音이 다른 글자나 僻字의 音
번역문에서는 간단한 譯註

〔 〕: 번역문의 이해를 돕기 위한 原文의 漢字나 句節, 譯註에서 인용한 原文, 疏에서 설명 대상으로 제시한 經이나 傳의 단어나 구절

≪ ≫ : 書名이나 典據

〈 〉: 篇章名, 作品名, 補充譯

【 】 : '輔' 및 '頭註'에 표시

○ : 저본에 사용된 단락 구분 표시 遵用

○ : 頭註 구분 표시

目 次

〔附 錄〕

譯註 世說新語補 3

世說新語補 卷十

16. 상예 하 賞譽 下

16-1 王長史(王濛)가 劉尹(劉惔)에게 편지를 보내 말하였다.
"殷淵源(殷浩)은 어떤 일에 닥쳐도 항상 평온하였다."

王長史가 **與劉尹書**하여 **道 淵源**은 **觸事長易**(이)이라하다

【頭註】

○ 劉辰翁 : 쓸데없는 말을 늘어놓았다.
劉云 "費辭說."

16-2 謝中郎(謝萬)이 말했다.
"王修載(王耆之)의 자유분방한 성품은 家風에서 나왔다."

謝中郎云 王修載樂託之性은 **出自門風**①이라하다

① ≪王氏譜≫에 말하였다. "王耆之는 字가 修載이고 瑯琊 사람으로 荊州刺史 王廙(왕이)의 셋째 아들이다. 中書郎・鄱陽太守・給事中을 역임하였다."
王氏譜曰 "耆之, 字修載, 瑯琊人, 荊州刺史廙第三子. 歷中書郎・鄱陽太守・給事中."

【頭註】

○ 劉辰翁 : 〈樂託은 풍류를 즐기며 얽매이지 않는다는〉 落魄〈의 뜻〉이다.
劉云 "落魄."

16-3 謝太傅(謝安)가 王脩齡(王胡之)을 칭송하며 말하였다.
"王司州(왕호지)는 산천에서 함께 노닐 만하다."

謝太傅가 稱王脩齡 曰 司州는 可與林澤遊①라하다

① ≪王胡之別傳≫에 말하였다. "王胡之는 세상의 일은 늘 버려두고, 고상한 것에 마음을 두었으며 謝安과 잘 지냈다."
王胡之別傳曰 "胡之常遺世務, 以高尙爲情, 與謝安相善也."

謝安

16-4 어떤 사람이 王長史(王濛)에게 江虨(강반) 兄弟와 그 사촌 및 조카들에 대해 물어보자, 왕장사가 답했다.
"그 강씨들 모두 〈현명하여〉 충분히 알아서 생활할 수 있습니다."

人이 問王長史 江虨兄弟群從하니 王答曰 諸江은 皆復足自生活①이라하다

① 江虨과 아우 江淳, 사촌 江灌은 모두 德行이 있어 세상에 이름이 알려졌다.
虨及弟淳·從灌, 竝有德行, 知名於世.

16-5 謝太傅(謝安)가 말했다.
"王安北(王坦之)은 만나보면 싫증나게 하지는 않는다. 그러나 〈그가〉 문밖을 나서 떠나면 더 이상 생각나도록 하지도 않는다."

謝太傅가 道 安北은 見之에 乃不使人厭이나 然이나 出戶去면 不復使人思①라하다

① 王安北은 王坦之이다.
≪續晉陽秋≫에 말하였다. "謝安이 처음에는 어린 아이들과 뜻을 같이하는 사람들을 거느리고 바닷가에서 志氣를 길렀다. 가슴속의 생각은 막힘이 없었으며 특히 음악을 좋아하였다. 그렇지만 禮로써 이를 억제하여 부모의 상을 당했을 때에는 예를 지극히 하였고, 동생 謝萬의 喪을 당하여서는 거의 10년 동안 음악을 듣지 않았다. 그러나 政事를 보좌하게 되었을 때에는 저택과 정원을 짓고 수레와 의복

을 화려하게 하며, 비록 期年服과 大功·小功의 상복을 입어야 하는 喪을 당하더라도 기생과 음악을 물리지 않으니, 왕탄지가 이 때문에 그에게 간절히 충고하였다.

생각건대, 謝公(사안)은 아마도 王坦之가 直言하기를 좋아했기 때문에 생각나지 않았을 것이다.

○소인의 마음이다.

安北, 王坦之也. 續晉陽秋曰"謝安初攜幼穉同好, 養志海濱. 襟情超暢, 尤好聲律. 然抑之以禮, 在哀能至. 弟萬之喪, 不聽絲竹者, 將十年. 及輔政, 而修室第園館, 麗車服, 雖朞·功之慘, 不廢妓樂, 王坦之因苦諫焉. 按 謝公蓋以王坦之好直言, 故不思爾." ○小人之腹.

【頭註】

○ 劉辰翁 : 〈사안에게는〉 이런 것들이 威儀와 풍류의 준칙이었음을 한번 보고도 다 알았다.
劉云"此威儀韻度之則, 一見而盡."

16-6 謝公(謝安)이 말했다.

"王司州(王坦之)는 〈청언과 현담에서〉 지극한 경지에 도달했으며 〈의심스럽거나 어려운 문제들에 관하여〉 두루 명쾌하였다."

謝公云 司州는 **造勝遍決**①이라하다

① 宋나라 明帝의 ≪文章志≫에 말하였다. "王胡之는 성품이 소탈하며, 玄談을 좋아하고 정통하였다."
宋明帝文章志曰"胡之性簡, 好達玄言也."

【頭註】

○ 劉辰翁 : 〈무슨 말인지〉 이해할 수 없고 취할 만한 것도 못 된다.
劉云"不可解, 亦不足取."

16-7 劉尹(劉惔)이 말하였다.

"何次道(何充)가 술 마시는 것을 보면 집에서 담근 술을 다 주고 싶어진다."

劉尹云 見何次道飮酒면 **使人欲傾家釀**①이라하다

① 何充은 술을 마셔 취해도 온화하고 공경한 태도를 유지하였다.

充飮酒, 能溫克.

16-8 謝太傅(謝安)가 劉眞長(劉惔)에게 말하였다.
"阿齡(王胡之)은 이 일[1]에 대해서는 기필코 너무나 엄격하려고 합니다."
유진장이 말하였다.
"〈그렇기 때문에〉 또한 명사로서 높은 지조를 지닌 사람인 것입니다."

謝太傅이 語眞長하되 阿齡①은 於此事에 故欲太厲라하니 劉曰 亦名士之高操者②라하다

① 〈阿齡은〉 王胡之의 어릴 적 이름이다.
王胡之小字也.

② ≪王胡之別傳≫에 말하였다. "王胡之는 몸가짐이 청정하고 검약하였으며, 높은 절조를 자부하였다."
胡之別傳曰 "胡之治身淸約, 以風操自居."

【頭註】

○ 劉辰翁 : 무슨 말일까.
劉云 "何等語?"

16-9 謝鎭西(謝尙)가 말했다.
"王敬仁은 문장과 학문이 특출나게 뛰어나 참신하지 않을 수가 없다."

謝鎭西가 道 敬仁은 文學鏃鏃하여 無能不新①이라하다

① ≪何氏語林≫에서 말하였다. "王敬仁은 남다른 재주가 있어 당시의 賢者들이 모두 그를 중시하였다. 王右軍(王羲之)이 會稽郡에 있을 때에 왕경인을 초청하면 〈동생〉 王叔仁(王蘊)이 그때마다 수레를 함께 타고 왔는데, 〈그들이〉 늦게 도착하는 것을 늘 싫어하였다. 나중에는 말을 보내 왕경인을 맞이했는데, 아무리 비가 오고 바람이 불어도 수레를 보내지 않았다."
語林曰 "敬仁有異才, 時賢皆重之. 王右軍在郡迎敬仁, 叔仁輒同車, 常惡(오)其遲. 後以馬迎敬仁, 雖復風雨, 亦不以車也."

---

1) 이 일 : 무엇을 가리키는 것인지는 명확하지 않으나, 주석을 참고하면 '治身'을 가리키는 듯하다.

【頭註】

○ 劉辰翁 : 특출남과 단호한 의지가 바로 〈그의〉 병통이다.
劉云“鏃鏃銳意, 正是病.”

16-10 劉尹(劉惔)이 말했다.

“江道群(江灌)은 말을 잘 못하지만 〈말하지 말아야 할 때에〉 말하지 않는 것을 잘한다.”

劉尹이 道 江道群은 不能言이나 而能不言이라하다

16-11 簡文帝(司馬昱)가 말했다.

“劉尹(劉惔)은 크게 취해도 〈그의 말 속에〉 참된 도리가 있다.”

簡文云 劉尹은 茗(柯)〔艼〕[2)]이라도 有實理①라하다

① ‘柯’자는 다른 本에서는 ‘打’로, 또 ‘仃’으로, 또 ‘朾’로 되어 있기도 하다.
‘柯’, 一作‘(打)〔朾〕[3)]’, 又作‘仃’, 又作‘打’.

【頭註】

○ 劉辰翁 : 차나무의 가지처럼 작지만 실하여 겉은 크지만 속은 비지 않았음을 말한 것이다.
劉云“言如茗之枝柯小實, 非外博而中虛也.”

○ 王世懋 : 楊用脩의 판별에 의거하여 〈‘茗柯’는〉 ‘茗艼’으로 써야 한다.
王云“據楊用脩辨, 當作茗艼.”

○ 王世懋 : ‘茗柯’는 이해할 수가 없다.
王云“茗柯, 不可解.”

○ 劉辰翁 : 다섯 글자가 대단히 오묘하다. 큰 道의 극치는 어둡고 고요하다.
劉云“五字最妙. 大道之極, 昏昏默默.”

---

2) (柯)〔艼〕 : 저본에는 ‘柯’로 되어 있으나, ≪別雅≫ · ≪俗書刊誤≫ · ≪世說音釋≫ 등에 의거하여 ‘艼’으로 바로잡았다. 茗艼, 茗仃은 酩酊과 같으니, ‘크게 취하다’의 뜻이다.

3) (打)〔朾〕 : 저본에는 ‘打’로 되어 있으나, ≪世說新語≫(宋本)과 일본 安永 8년 ≪李卓吾批點世說新語補≫(이하 安永本으로 약칭) 등에 의거하여 ‘朾’으로 바로잡았다.

16-12 謝公(謝安)이 王右軍(王羲之)에게 보낸 서신에서 말하였다.

"王敬和(王洽)가 〈몸과 마음을〉 두는 곳은 참으로 훌륭하다.

謝公與王右軍書에 曰 敬和는 棲託好佳①라하다

① ≪中興書≫에 말하였다. "王洽은 字가 敬和이고 王導의 셋째 아들이다. 公子들 가운데서 가장 이름이 알려졌는데, 潁川의 荀羨과 함께 유명했다. 여러 관직을 거쳐 吳郡內史에 이르렀는데 사대부와 백성들의 존경을 받았다. 조정에 불려가 中領軍에 제수되었고 마침내 中書令에 더해졌지만 임명받지 못하고 26세로 죽었다."
中興書曰"王洽, 字敬和, 導第三子. 於公子中最知名, 與潁川荀羨俱有美稱. 累遷吳郡內史, 爲士民所懷. 徵拜中領軍, 尋加中書令, 不拜, 年二十六而卒."

王羲之

16-13 謝公(謝安)이 王孝伯(王恭)에게 말하였다.

"그대 집안의 王藍田(王述)은 행동거지가 보통사람과는 다릅니다."

謝公이 語王孝伯하되 君家藍田은 擧體無常人事①라하다

① 살펴보건대, 王述은 비록 대범하였지만 성품이 너그럽지 못했으니 불에 뛰어들고 파리에게 화를 낸 일[4]도 그에 비하면 심한 것이 아니었다. 만약 謝太傅(謝安)가 거짓으로 추겨세운 것이 아니라면 ≪世說新語≫에서 이 이야기를 잘못 실은 것이다.
按述雖簡, 而性不寬裕, 投火怒蠅, 方之未甚. 若非太傅虛相褒飾, 則世說謬設斯語也.

【頭註】

○ 王世懋 : 주석의 반박이 옳다.
王云"註駁是."

---

4) 불에……일 : 춘추시대의 邾子는 外廷에서 오줌을 눈 夷射姑를 잡아오라고 명했는데 잡아오지 못하자, 노하여 牀에서 뛰어내리다가 火爐의 숯불 위로 떨어져 불에 데이는 바람에 그로 인해 죽었다.(≪春秋左氏傳≫ 定公 3년) 삼국시대 魏나라 王思는 성질이 매우 급하고 각박하였는데, 한번은 글씨를 쓰다가 붓 끝에 파리가 날아와 앉자, 바로 일어나서 칼을 뽑아 들고 그 파리를 쫓아갔다.(≪魏略≫ 〈苛吏傳〉)

16-14 許掾(許詢)이 한번은 簡文帝(司馬昱)를 찾아갔는데 그날 밤은 바람이 고요하고 달이 밝았다. 곧바로 함께 안쪽 방으로 가서 이야기를 나누었다. 情懷를 읊는 일은 특히나 허연의 장기였는데 詩語의 맑음과 아름다움이 평소보다 훨씬 뛰어났다. 간문제는 비록 평소에 잘 알고는 있었지만, 이번의 만남에서는 더욱 감탄하여 자신도 모르게 몸이 가까이 다가가 함께 손을 맞잡고 새벽이 될 때까지 이야기를 나누었다. 나중에 〈간문제가〉 말했다.

"許玄度와 같은 재주와 감성은 참으로 쉽게 구할 수가 없다."

許掾이 **嘗詣簡文**러니 **爾夜風恬月朗**이어늘 **乃共作曲室中語**하다 **襟情之詠**은 **偏是許之所長**이나 **辭寄淸婉**이 **有逾平日**하다 **簡文雖契素**이나 **此遇尤相咨嗟**하여 **不覺造膝**하고 **共叉手語**하여 **達于將旦**하다 **旣而曰 玄度才情**은 **故未易**(이)**多有許**① 라하다

① ≪續晉陽秋≫에 말하였다. "許詢은 이치에 대하여 말하는 것을 잘했다. 일찍이 누이를 맞이하러 도성으로 나아간 적이 있었는데 簡文帝와 劉眞長(劉惔)이 그의 志趣를 좋아하여 정회를 읊을 때면 매번 가까이 다가가 기쁜 마음으로 마주하여 밤을 새고 낮까지 이어졌다."
續晉陽秋曰 "詢能言理. 曾出都迎姊, 簡文皇帝・劉眞長說其情旨, 及襟懷之詠, 每造膝賞對, 夜以繫日."

16-15 謝車騎(謝玄)가 謝公(謝安)에게 물었다.

"劉眞長(劉惔)은 성품이 너무 엄하니 어찌 그리 존중받을 만하겠습니까."

〈사안이〉 대답하였다.

"이는 〈네가〉 만나보지 못했기 때문이다. 너는 王子敬(王獻之)을 만났을 때에는 오히려 〈감탄을〉 멈추지 못했다. 〈유진장이면 말할 것도 없다.〉"

謝車騎가 **問謝公**호되 **眞長**은 **性至峭**하니 **何足乃重**고하니 **答曰 是**는 **不見耳**라 **阿**[5] **見子敬**에 **尙使人不能已已**① 라하다

5) 阿 : 뜻이 불분명하다. 일반적으로 사람을 가리키는 인명이나 성의 앞에 쓰여 친근함을 나타낸다. 주석의 '汝阿見子敬'과 문맥에 의거하여 '너'라고 번역하였다. 劉盼遂의 ≪世說新語校箋≫에서는 '阿'를 '我'의 뜻으로 보았다.

① ≪語林≫에 말하였다. "羊驎이 술에 취해 謝左軍(謝玄)을 어루만지며 謝太傅(謝安)에게 '이 사람이 어찌 謝鎭西(謝尙)에게 뒤지겠습니까?'하니, 사태부가 '너는 王子敬을 보고도 바로 목욕재계하고 형님으로 모셨다.'라고 하였다."

이 말의 뜻으로 미루어 보면, 사안은 사현이 유진장을 만나보지 못했기 때문에 존중하지 않을 따름이며 왕자경을 보고는 오히려 존중했으니 유진장은 말할 것도 없다고 말한 것이다.

語林曰 "羊驎因酒醉, 撫謝左軍, 謂太傅曰 '此家詎復後鎭西?' 太傅曰 '汝阿見子敬, 便沐浴爲論兄輩.'" 推此言意, 則安以玄不見眞長, 故不重耳, 見子敬, 尙重之, 況眞長乎.

【頭註】

○ 劉辰翁 : 〈謝安이〉 劉眞長(劉惔)을 말하지 않고 王子敬(王獻之)을 말했으니, 晉나라 말의 고상함이다.
劉云 "不說眞長, 說子敬, 晉語之高."

○ 劉辰翁 : 이러한 말은 아름답지 않다.
又云 "此等語不佳."

○ 王世懋 : 劉尹(유담)을 언급하지 않고 왕자경을 언급했으니, 매우 오묘하다.
王云 "不言劉尹, 而言子敬, 甚妙."

16-16 謝公(謝安)이 中書監[6]이었을 때 王東亭(王珣)은 같이 中書省에 가야할 일이 있었다. 왕동정이 늦게 도착하고 보니 자리가 비좁았다. 왕동정과 사공은 비록 〈두 집안이〉 왕래하는 처지는 아니었지만[7] 謝太傅(사안)는 그럼에도 무릎을 모아 그를 앉을 수 있도록 해주었다. 왕동정은 표정이 태연했고 사공은 〈이를〉 눈여겨 보았다. 돌아와서 劉夫人에게 말하였다.

"조금 전에 阿瓜를 만났는데 참으로 보기 드문 인물이었습니다. 비록 〈이제는〉 서로 아무런 관련이 없는 사람들이지만 참으로 사람을 감탄해 마지않게 합니다."

---

6) 中書監 : 皇帝의 機密을 다루고 詔勅의 입안과 초안을 담당하던 中書省의 長官이다.

7) 왕래하는 처지는 아니었지만 : 〈傷逝〉篇에서 인용한 ≪中興書≫에 따르면, 王珣 형제는 모두 謝氏 집안에 장가들었다가 이혼한 후 왕래가 끊어졌고 마침내 원수가 되었다.

謝公領中書監에 **王東亭**이 **有事應同上省**하다 **王**이 **後至**어늘 **坐促**이라 **王・謝**는 **雖不通**이나 **太傅猶斂膝容之**①하니 **王**은 **神意閒暢**하고 **謝公**은 **傾目**하다 **還謂劉夫人曰 向見阿瓜**러니 **故自未易**(이)**有**②로다 **雖不相關**이나 **正是使人不能已已**라하다

① 王珣과 謝安이 왕래하지 않게 된 일은 〈傷逝篇에〉 따로 보인다.
王・謝不通事, 別見(현).

② 살펴보건대 王珣은 어릴 적 이름은 '法護'인데 여기서는 '阿瓜'라 했으니 이해가 되지 않는다. 아마도 兒名이 둘이었던 듯하다.
按王珣, 小字法護, 而此言阿瓜, 未爲可解. 儻小名有兩耳.

16-17 王子敬(王獻之)이 謝公(謝安)에게 말했다.

"공께서는 참으로 얽매임 없이 시원시원하십니다."

사공이 말했다.

"나는 그렇지는 않습니다만, 그대가 나에 대해 아주 적당하게 이야기해 주니 내 몸이 절로 활달해지는군요."

王子敬이 **語謝公**호되 **公故蕭灑**라하니 **謝曰 身不蕭灑**나 **君道身最得**하니 **身正自調暢**①이라하다

① ≪續晉陽秋≫에 말했다. "謝安은 高雅하고 기개가 있으며 풍모가 활달하였다."
續晉陽秋曰 "安弘雅有氣[8], 風神調暢也."

【頭註】

○ 劉辰翁 : 〈여기서 나눈〉 이야기는 본래 언급할 만하지는 않지만 〈두 사람은 서로〉 정신이 본래부터 가깝기에 더욱 그 진면목이 보이는 것이다.
劉云 "語本不足道, 而神情自近, 愈見其眞."

○ 王世懋 : 謝公(謝安)은 자신을 알았다.
王云 "謝公自知."

○ 劉應登 : 자신에 대한 언급이 적절하였기 때문에 마음이 절로 편안해진 것이다.
應登云 "以其言已得當, 故襟懷自暢爾."

---

8) 氣 : ≪世說新語≫ 景宋本과 沈本에는 '器'로 되어 있다.

16-18 **【補】**[9] 세상 사람들이 王荀子(王修)를 품평하였다.
"〈氣品이〉 시원하고 크며 맑고 높다."

世目王荀子曰 流奕淸擧①라하다

① ≪文字志≫[10]에 말하였다. "王修는 〈기품이〉 맑고 빼어나서 좋은 평판을 받았다."
文字志曰 "修, 明秀有美稱."

16-19 謝車騎(謝玄)가 처음 王文度(王坦之)를 만나고나서 말했다.
"왕문도를 봤을 때에 비록 냉담하게 대했지만, 그는 저녁 내내 온화하고 점잖았다."

謝車騎가 初見王文度曰 見文度에 雖蕭灑相遇나 其復愔愔竟夕이라하다

16-20 王子敬(王獻之)이 王子猷(王徽之)에게 편지를 보내 말했다.
"큰형님[11]은 쓸쓸하고 興趣가 적었지만 술자리를 만나면 통쾌하게 취해 돌아가는 것도 잊었으니, 이는 스스로 뽐낼 만 합니다"

子敬이 與子猷書하여 道 兄伯은 蕭索寡會나 遇酒 則酣暢忘反하니 乃自可矜이라하다

16-21 王恭은 처음에 王建武(王忱)와 정이 돈독했는데 나중에 袁悅의 이간질 때문에 마침내 의심하고 사이가 벌어졌다. 그렇지만 매번 감흥이 일어날 때면 그리워하였다. 한번은 왕공이 약의 기운을 발산시키려고 걷다가[12] 京口의 射

---

9) 【補】: 저본에는 '補'가 없으나, 이 일화는 ≪世說新語≫에는 실려 있지 않고 ≪何氏語林≫에 실려 있는 것에 의거하여 '補'자를 보충하였다.

10) ≪文字志≫: 北朝의 서예가이자 평론가인 王愔이 편찬하였고 3권이다. ≪文字志目≫ 또는 ≪古今文字志目≫이라고도 부르는데, 원본은 산실되었고 목록만 남아 있다. 古書體와 秦·漢·吳·魏·晉 시기 서예가에 대한 기록이다.

11) 큰형님: 王羲之는 玄之·凝之·渙之·肅之·徽之·操之·獻之라는 일곱 명의 아들을 두었는데 ≪晉書≫〈王羲之傳〉에 왕현지가 일찍 죽었다고 하였으니, 여기의 '큰형님'이 왕현지와 왕응지 중 누구를 가리키는지 분명하지 않다.

堂[13]에 이르렀다. 그때 맑은 이슬이 아침 햇빛을 받으며 떨어지고 새 오동잎이 막 올라와 있었다. 왕공이 이를 보고는 말했다.

"王大(왕침)는 본래부터 밝고 빛났지."

王恭이 始與王建武①甚有情이러니 後遇袁悅②之間하여 遂致疑隙③이라 然이나 每至興會면 故有相思라 時恭嘗行散하여 至京口射堂하니 于時清露晨流하고 新桐初引이라 恭目之曰 王大는 故自濯濯이라하다

① ≪晉安帝紀≫[14]에 말하였다. "王忱은 처음에 荊州刺史가 되었고 나중에 建武將軍이 되었다."
晉安帝紀曰"忱初作荊州刺史, 後爲建武將軍."

② 〈袁悅은〉 따로 보인다.
別見(현).

③ ≪晉安帝紀≫에 말하였다. "당초 王忱과 조카뻘되는 王恭은 어려서부터 서로 사이가 좋았으며 사람들에게 나란히 칭송을 받았다. 함께 조정에 나아가서는 둘 모두 천자와 재상의 신임을 받았다. 안팎에서 〈천자와 재상 사이에〉 불화가 있다는 이야기가 나오기 시작하자, 왕공 혼자 이를 심하게 걱정하여 왕침에게 '떠도는 이야기에 차이가 많이 있습니다. 당연히 驃騎將軍(司馬道子)이 朝覲할 때 소홀히 했기 때문일 것입니다. 장차 조용히 직언하지 않으시렵니까? 만약 천자와 재상이 화목하여 우리들이 밝은 시대에 역량을 다 발휘할 수 있으면 더 이상 무엇을 걱정하겠습니까.' 하였다. 왕침은 옳다고 생각했으나 〈간언이〉 받아들여지지 않을까 걱정스러워 袁悅에게 상세하게 말하도록 하였다. 원열은 매번 왕공을 이간질하고자 하여 곧바로 會稽王(사마도자)이 있는 자리에서 왕공을 꾸짖으며 '그대는 어찌하여 멋대로 이런저런 말을 만들어 朝野에 의심과 오해를 불러일으키는가?'라고 하였는데, 그 말이 몹시 매서웠다. 왕공은 다만 억울해하며 왕침이 자신을 모함한 것이라고 생각했다. 왕침은 비록 마음으로 왕공을 저버리지 않았으나 자신의 결백

---

12) 약의……걷다가 : 魏晉南北朝시대 士大夫들은 紫石英・白石英・赤石脂・鍾乳石・硫黃 등으로 제조한 약인 五石散을 먹는 養生法을 좋아했는데, 약을 복용한 후 천천히 걸어 약의 기운을 발산하였다.

13) 射堂 : 옛날 활쏘기를 익히던 곳이다.

14) ≪晉安帝紀≫ : 南朝宋의 王韶가 지었으며 10권이다. ≪晉安帝陽秋≫ 또는 ≪晉紀≫라고도 한다. 東晉 安帝 때의 기록으로 지금은 남아있지 않고 일부만 전한다.

을 증명할 방법이 없었다. 이에 〈두 사람의〉 좋은 감정은 크게 멀어지고 원망의 골이 생겨났다."

晉安帝紀曰"初, 忱與族子恭少相善, 齊聲見稱. 及竝登朝, 俱爲主・相所待. 內外始有不咸之論, 恭獨深憂之, 乃告忱曰'悠悠之論, 頗有異同. 當由驃騎簡於朝覲故也. 將無從容切言之耶? 若主相諧睦, 吾徒得勁力明時, 復何憂哉?' 忱以爲然, 而慮弗見令, 乃令袁悅具言之. 悅每欲間恭, 乃於王坐責讓恭曰'卿何妄生同異, 疑誤朝野?' 其言切厲. 恭雖[15]惋悵, 謂忱爲搆己也. 忱雖心不負恭, 而無以自亮. 於是情好大離, 而怨隟成矣."

【頭註】

○ 劉辰翁 : 유명한 사람들은 자연히 〈보통 사람들과는〉 다르다.
劉云"名流自別."

○ 王世懋 : 아름다운 문구가 마치 賦와 같다.
王云"佳句似賦."

○ 劉辰翁 : 〈이슬과 오동나무에서 보이는〉 사물의 형상이 이와 같았기 때문에 〈자연스럽게〉 그의 정신을 생각했다는 말이다.
劉云"言因物像如此, 而想其精神也."

16-22 司馬太傅(司馬道子)가 두 王氏에 대한 품평을 했다.

"王孝伯(王恭)은 꼿꼿하게 강직하고 王阿大(王忱)는 산뜻하게 맑다."

司馬太傅가 爲二王目하여 曰 孝伯은 亭亭直上하고 阿大는 羅羅淸疎①라하다

① 王恭은 밝고 격렬하며 王忱은 활달하고 호방하다.
恭, 正亮沈烈, 忱, 通朗誕放.

【頭註】

○ 劉辰翁 : '羅羅'는 항간의 속된 말이다.
劉云"羅羅俚語."

16-23 王恭은 말이 분명하고 뜻이 간략하게 하여 이야기를 잘 했다. 그러나 책을 적게 읽어 중복되는 것이 꽤 있었다. 어떤 이가 말하였다.

---

15) 雖 : '唯'와 통한다.

"王孝伯(왕공)에게는 늘 새로운 생각이 있어 〈그 말이〉 번다하다고 느끼지 못하겠다."

王恭은 **有淸辭簡旨**하여 **能敍說**이로되 **而讀書少**하여 **頗有重出**①이라 **有人道 孝伯**은 **常有新意**하여 **不覺爲煩**이라하다

① ≪中興書≫에 말하였다. "王恭은 비록 재주가 많지 않았지만 시원한 논변은 남들보다 뛰어났다."
中興書曰 "恭雖才不多, 而淸辯過人."

【頭註】

○ 劉辰翁 : 〈어떤 이가 한 말은〉 바로 諷刺이다.
劉云 "正是刺譏."

16-24 殷仲堪이 죽은 뒤에 桓玄이 殷仲文에게 물었다.

"그대 집안의 은중감은 도대체 어떤 사람이었습니까?"

은중문이 말했다.

"〈살아서는〉 한 시대를 훌륭히 빛내지는 못했지만 九泉을 밝게 비추기에는 충분할 것입니다."

殷仲堪喪後에 **桓玄**이 **問仲文**하되 **卿家仲堪**은 **定是何似人**가하니 **仲文曰 雖不能休明一世**나 **足以映徹九泉**①이리라하다

① ≪續晉陽秋≫에 말하였다. "殷仲堪은 殷仲文의 사촌형이다. 젊어서부터 명성이 알려졌다."
續晉陽秋曰 "仲堪, 仲文之從兄也. 少有美譽."

【頭註】

○ 劉辰翁 : 괴로운 말이고 가슴아픈 일이다.
劉云 "苦語痛事."

16-25 【補】 謝叔源(謝混)은 조카 謝靈運과 함께 나란히 아름다운 명성이 있었는데, 당시 사람들은 사숙원의 품격과 운치가 높다고 여겼다. 望蔡侯(사혼)를 품평

하기를 '찬바람이 소나무를 흔드는 것처럼 嚴正하다.'라고 하였고, 謝康樂(사영운)을 품평하기를 '〈높은〉 霜臺[16]가 해를 가리는 것처럼 늠름하다.'라고 하였다.

謝叔源은 **與從子靈運**으로 **竝有美名**이러니 **時人**이 **謂叔源風韻爲高**라하고 **目望蔡**에 **肅〔肅〕**[17]**如寒風振松**①이라하고 **目康樂**에 **凜凜如霜臺籠日**②이라하다

① 謝叔源은 望蔡侯의 작위를 이어받았다.[18]
叔源襲爵望蔡侯.

② 臧榮緖의 ≪晉書≫에 말하였다. "謝混은 字가 叔源이고 陳郡 사람으로 司空 謝琰의 막내아들이다. 젊어서부터 아름다운 명예가 있었고 글을 잘 지었다. 尙書左僕射(상서좌복야)가 되었고, 劉毅를 편들었다는 이유로 죽임을 당했다."[19]
臧榮緖晉書曰 "謝混, 字叔源, 陳郡人, 司空琰少子也. 少有美譽, 善屬文. 爲尙書左僕射, 以黨劉毅誅."

謝靈運

16-26 **【補】** 王令明(王惠)은 평소 謝靈運과 서로 알지 못했다. 한번은 서로 이야기를 나눌 기회가 있었는데, 사영운은 말을 잘하고 박식하여 광범위하게 많은 이야기를 하였고, 왕영명은 말을 해야할 때가 된 뒤에야 말하였다. 이때 荀伯子가 동석하였는데 물러나와 사람들에게 말하였다.

"사영운은 시원스럽게 곧장 위로 솟아올랐고, 王郞(왕영명)은 萬頃이나 되는 큰 못과 같았습니다."

王令明은 **素不與謝靈運 相識**이러니 **嘗得一交言**에 **靈運**은 **辯博**하여 **辭義鋒起**하고 **令明**은 **時然後言**이라 **時荀伯子在坐**러니 **退而告人曰 靈運**은 **固自蕭散直上**하고 **王郞**은 **如萬頃陂**①라하다

---

16) 霜臺 : 御史臺의 별칭으로 관리들의 탄핵을 담당하던 곳이다.

17) 肅〔肅〕: 저본에는 '肅'으로 되어 있는데, ≪何氏語林≫에 의거하여 보충하였다.

18) 望蔡侯의……이어받았다 : 사환의 부친은 謝琰으로, 東晉과 前秦이 벌인 淝水의 전투에서 세운 공로로 望蔡公의 작위를 받았다.(≪晉書≫ 〈謝琰傳〉)

19) 劉毅를……당했다 : 謝混은 정치적으로 劉毅를 지지하고 나중에 南北朝 劉宋을 세우는 劉裕와 대립하였는데, 유유에 의해 옥에 갇혔다가 賜死되었다.(≪晉書≫ 〈謝混傳〉)

① 沈約의 ≪宋書≫에 말하였다. "荀伯子는 潁川 潁陰 사람이다. 조부 荀羨은 驃騎將軍이었고, 부친 荀猗는 秘書郎이었다. 순백자는 어려서부터 학문을 좋아하여 經傳을 두루 보았으나, 활달하고 놀기를 좋아하여 민간에서 분방하게 놀았기 때문에 淸宦의 벼슬을 지낼 기회를 잃었다. 駙馬都尉로 벼슬을 시작해 東陽太守에 이르렀다."
沈約宋書曰 "荀伯子, 潁川潁陰人. 祖羨, 驃騎將軍, 父猗, 秘書郎. 伯子少好學, 博覽經傳, 而通率好戲, 遨遊閭里, 故失淸塗. 解褐駙馬都尉, 仕至東陽太守."

16-27 **【補】** 劉宋 때에 〈사람들이 王遠을 두고〉 말하였다.

"王光祿(왕원)은 마치 병풍이 〈몸을〉 굽혀서 세속을 따르지만 바람과 이슬을 막아낼 수 있다."

宋世에 **爲之語曰 王光祿**은 **如屛風**하여 **屈曲從俗**이나 **能蔽風露**①라하다

① ≪南史≫에 말하였다. "王遠은 字가 景舒로 太保 王弘의 동생이고 光祿大夫 王孺의 아들이다. 벼슬은 光祿勳에 이르렀다."
南史曰 "王遠, 字景舒, 太保弘弟, 光祿大夫孺之子也. 仕至光祿勳."

16-28 **【補】** 王僧祐는 어려서부터 총명하였는데, 叔父인 王景元(王微)이 그 머리를 쓰다듬으며 말했다.

"이 아이는 영민하고 생각이 깊으니 당연히 경솔한 사람은 되지 않을 것이다."

王僧祐는 **少便聰悟**①러니 **叔父景元**이 **撫其首曰 兒**는 **神明意用**하니 **當不作率爾人**②이리라하다

① ≪南史≫에 말하였다. "王僧祐는 字가 胤宗으로 瑯琊 사람이며 부친 王遠은 光祿勳이었다. 왕승우는 평소 옛것에 해박하고 老莊에 뛰어나며 번다하고 화려한 것을 좋아하지 않았다. 초서와 예서에 뛰어나고 琴을 잘 연주했다. 세상에 우뚝하게 홀로 서서 당시의 사람들과 교류하지 않았으니, 天子로부터 侯伯에 이르기까지 어떤 사람과도 어울린 적이 없었다. 黃門郎[20]으로 있다가 죽었다."
南史曰 "王僧祐, 字胤宗, 瑯琊人. 父遠光祿勳. 僧祐雅博古, 善老·莊, 不尙繁華. 工草·隸, 善鼓琴. 亭然獨立, 不交當世, 自天子至侯伯, 未嘗與一人遊. 卒於黃門郎."

---

20) 黃門郎 : 黃門侍郎이라고도 한다. 黃門은 궁궐의 문을 뜻하는데, 그 색깔이 황색이기 때문이다. 황제를 侍從하고 명을 전달하는 일을 맡았다.

② 王智深의 ≪宋記≫에 말하였다. "王微는 字가 景玄으로 太保 王弘의 동생의 아들이다. 학문을 좋아하여 보지 않은 책이 없었으며 글을 잘 짓고 글씨에 능했다. 16세에 秀才로 천거되어 右軍諮議에 제수되었다. 왕미는 평소 벼슬하려는 마음이 없었기에 불러도 나아가지 않았다."

王智深宋記曰 "王微, 字景玄, 太保弘之弟子. 好學, 無不通覽, 善屬文, 能書. 十六擧秀才, 除右軍諮議. 微素無宦情, 徵不就."

16-29【補】王瓚之는 五兵尙書[21]를 지냈는데 한번도 조정의 권세가를 찾아간 적이 없었다. 江湛이 何偃에게 말했다.

"왕찬지는 요즘 朝廷의 隱者[22]입니다."

王瓚之는 **歷官五兵尙書**나 **未嘗詣一朝貴**①라 **江湛**②이 **謂何偃曰 王瓚之**는 **今便是朝隱**이라하다

① ≪南史≫[23]에 말하였다. "王瓚之는 王敬弘의 아들이다. 吏部尙書를 지냈고 시호는 貞子이다."

南史曰 "瓚之, 王敬弘子也. 官吏部尙書, 謚貞子."

② ≪南史≫에 말하였다. "江湛은 字가 徽深으로 濟陽 考城 사람이며 부친 江夷는 右僕射(우복야)였다. 강담은 상을 치르면서 효성이 알려졌다. 文章을 좋아했고 바둑과 琴의 연주에 뛰어났다. 彭城王(劉義康)의 主簿가 되었을 때 司空 檀道濟가 아들을 위해 강담의 여동생을 며느리로 맞아들이고자 하였지만 허락하지 않았고, 劉義康이 명을 내렸는데도 명을 따르지 않았으니, 당시 사람들이 그의 굳은 의지를 높이 샀다. 키우던 소가 굶주려 소몰이꾼이 꼴을 달라고 요구하니, 강담이 한참 있다가 '〈소에게〉 마실 것을 주어라.'하였다. 사람을 선발하는 자리에 있으면서 각

21) 五兵尙書 : 三國시대 魏나라에서 설치하여 中兵, 外兵, 騎兵, 別兵, 都兵을 관장하게 하였다. 南朝의 宋 등에서도 그대로 썼는데 隋나라에 이르러서 '兵部尙書'로 명칭을 바꾸었다.

22) 朝廷의 隱者 : 원문은 '朝隱'이다. 벼슬을 하고는 있지만 마치 산속에 있는 은자와 같은 마음과 행동 때문에 이렇게 말한 것이다. 저잣거리에 숨어사는 사람을 가리키는 '市隱'이라는 말도 있다.

23) ≪南史≫ : 唐나라 李延壽가 지었다. 모두 80권인데 本紀가 10권이고 列傳이 70권이다. 劉宋의 永初 원년(420)부터 南陳의 禎明 3년(589)까지 劉宋·南齊·南梁·陳 네 나라의 170년에 걸친 역사를 기록하였다.

박하다는 비난을 받기도 했지만 공평무사하고 청탁을 받지 않았으니, 論者들이 칭찬하였다."

南史曰"江湛, 字徽深, 濟陽考城人. 父夷, 右僕射. 湛居喪以孝聞. 愛文義, 善彈棊鼓琴. 爲彭城王主簿, 司空檀道濟爲子求娶湛妹, 不許. 義康有命, 又不從. 時人重其立志. 所畜(휵)牛餓, 御人求草, 湛良久曰'可與飮.' 在選, 頗有刻覈之譏, 而公平無私, 不受請謁, 論者稱焉."

③ ≪宋書≫에 말하였다. "何偃은 字가 仲弘으로 廬江 灊(첨) 사람이고 司空 何尙의 둘째 아들이다. 수제로 천거되어 中軍參軍에 제수되었으며 吏部尙書를 역임하였다."

宋書曰"何偃, 字仲弘, 廬江灊人, 司空尙之中子. 擧秀才, 除中軍參軍, 歷官吏部尙書."

16-30【補】益州에서 蜀 지역에서 나는 버드나무 몇 그루를 바쳤는데 가지가 매우 길어 모양이 마치 실가닥 같았다. 〈南齊의〉 武帝(蕭賾(소색))가 太昌의 雲和殿 앞에 심고는 늘 완상하며 감탄하였다.

"버드나무의 風格이 참으로 사랑스러우니 마치 張緖가 한창일 때 같구나."

益州가 **獻蜀柳數株**하니 **枝條甚長**하여 **狀若絲縷**라 **武帝**가 **植於太昌雲**[24] **和殿前**하고 **嘗**[25] **嗟賞之曰 楊柳風流可愛**는 **似張緖當年**이라하다

16-31【補】袁尹(袁粲)이 丹陽郡에 있을 때 한번은 後堂에서 밤에 모임을 가진 적이 있는데 劉祭酒(劉瓛)가 동석하였다. 유쇄주는 劉眞長(劉惔)의 6세손이었는데, 원윤이 뜰 가운데 있는 버드나무를 가리키며 유쇄주에게 말했다.

"사람들이 이 나무는 劉尹(유담) 때에 심은 나무라고 하니 그 고상했던 풍모를 매번 상상해보곤 했습니다. 이번에 여기에 더해 卿을 만나보니, 맑은 德이 쇠하지 않았다고 할 수 있겠습니다."

袁尹在郡①에 **嘗於後堂夜集**할새 **劉祭酒在座**라 **劉是眞長六世孫**이니 **袁指庭中柳樹**하여 **謂劉曰 人謂此是劉尹時樹**라하여 **每想高風**이라 **今復見卿**이러니 **可謂淸德不衰**②라하다

---

24) 雲 : ≪南史≫, ≪藝文類聚≫, ≪太平御覽≫ 등에는 '靈'으로 되어 있다.

25) 嘗 : ≪語林≫에는 '常'으로 되어 있다. '嘗'자는 '常'자와 통한다.

① 〈袁尹은〉 袁粲이다.
粲也.

② 吳均의 ≪齊春秋≫[26]에 말하였다. "劉瓛은 字가 子珪로 沛國 相 사람이며 晉의 丹陽尹 劉惔의 6세손이다. 5세에 외삼촌 孔昭先이 〈管寧傳〉을 읽는 것을 듣자 기뻐하며 읽어달라고 재차 청하였고, 듣고 나서는 '그 정도에는 미칠 수 있겠습니다.'라고 하였다."
吳均齊春秋曰 "劉瓛, 字子珪, 沛國相人, 晉丹陽尹惔六世孫也. 五歲聞舅孔昭先讀管寧傳, 欣然更請讀, 因聽受曰 '可及此耳.'"

16-32 【補】 褚司徒(褚淵)가 한번은 袁粲의 집에서 모인 적이 있었는데 초가을 서늘한 저녁에 淸風과 明月이 매우 아름다웠다. 褚彦回(저연)가 琴을 가져와 〈別鵠操〉라는 曲을 연주했는데, 음률은 조화롭고 풍모는 온화하였다. 王彧과 謝莊이 나란히 동석하고 있다가 감탄하며 말했다.

"얽매임이 없는 정신이 道를 품은 악기와 합쳐졌으니, 宮商의 음률이 잠시 벗어나는 것을 어쩔 수가 없습니다."

褚司徒①가 嘗集袁粲舍러니 初秋涼夕에 風月甚美라 彦回가 援琴하여 奏別鵠之曲하니 宮商旣調하고 風神諧暢이라 王彧·謝莊이 竝在坐라가 歎曰 以無累之神으로 合有道之器하니 宮商暫離를 不可得已②라하다

① 〈褚司徒는〉 褚淵이다.
淵也.

② 崔豹의 ≪古今注≫에 말하였다. "〈別鶴操〉는 商陵牧子가 지은 것이다."
≪琴譜≫[27]에 말하였다. "琴曲에는 四大曲이 있는데 〈별학조〉가 그 중의 하나이다."
崔豹古今注曰 "別鶴操, 商陵牧子所作." 琴譜曰 "琴曲有四大曲, 別鶴操其一也."

26) ≪齊春秋≫ : 南朝 梁나라 吳均이 지었으며 30권이다. 南齊의 역사를 기록했으며 편년체인데 지금은 산실되었다.

27) ≪琴譜≫ : ≪隋書≫ 〈經籍志〉에는 4권으로 戴氏가 지었다고 하고, ≪舊唐書≫ 〈經籍志〉와 ≪新唐書≫ 〈藝文志〉에는 劉氏와 周氏 등이 지은 4권짜리와 陳懷가 지은 21권짜리가 기록되어 있다.

16-33 **【補】**[28] 袁尹(袁粲)이 江叔文(江斅)을 보고 감탄하였다.
"風流가 땅에 떨어지지 않고 바로 江郎(강효)에게 있구나."

袁尹이 **見江叔文 歎曰 風流不墜**하고 **政在江郎**①이라하다

① ≪南史≫에 말하였다."江斅(강효)는 字가 叔文으로 濟陽 考城 사람이다. 조부 江夷는 右僕射(우복야), 부친 江湛은 吏部尙書였다. 강효의 모친은 劉宋의 文帝(劉義隆)의 딸 淮陽長公主이다. 어렸을 때 척족으로서 불려가 알현했는데, 孝武帝(劉駿)가 謝莊에게 '이 아이는 장차 큰 그릇이 될 것이다.'라고 하였고 젊을 때부터 이름이 알려졌다. 효무제의 딸 臨汝公主에게 장가들어 駙馬都尉에 제수되었고 丹陽丞이 되었다."
南史曰"江斅, 字叔文, 濟陽考城人. 祖夷, 右僕射, 父湛, 吏部尙書. 斅母, 宋文帝女淮陽長公主. 幼以戚屬召見, 孝武謂謝莊曰'此小兒方當爲名器.' 少有美譽. 尙孝武女臨汝公主, 拜駙馬都尉, 爲丹陽丞."

16-34 **【補】**[29] 謝參軍(謝超宗)이 어느날 東府[30]의 門으로 가서 직접 명함을 넣고 면회를 청했다. 당시 바람이 거세고 몹시 추었는데, 太祖(南齊의 高帝 蕭道成)가 자리에 있던 사람들에게 말했다.
"이 손님이 오니 옷을 입지 않아도 절로 따뜻해집니다."

謝參軍①이 **一日詣東府門自通**하니 **爾時風寒慘厲**라 **太祖謂四座曰 此客至**하니 **使人不衣自煖**이라하다

① 〈謝參軍은〉 謝超宗이다.
超宗也.

16-35 **【補】** 세상사람들이 何散騎(何子朗)를 〈이렇게〉 품평하였다.
"사람들 가운데서 우뚝한 하자랑이로다."

---

28) **【補】**: 저본에는 '補'가 없으나, 이 일화는 ≪世說新語≫에는 실려 있지 않고 ≪何氏語林≫에 실려 있는 것에 의거하여 '補'자를 보충하였다.
29) **【補】**: 저본에는 '補'가 없으나, 이 일화는 ≪世說新語≫에는 실려 있지 않고 ≪何氏語林≫에 실려 있는 것에 의거하여 '補'자를 보충하였다.
30) 東府 : 당시 丞相의 治所이다.

世目何散騎曰 人中爽爽何子朗이라하다

16-36【補】何點이 〈다음과 같이〉 품평한 적이 있다.

"陸慧曉는 마음이 밝은 거울과 같아 어떤 형체나 물건을 만나도 환히 비추지 않는 경우가 없다. 王思遠은 늘 얼음을 품고 있는 듯하여 더운 여름날에도 秋霜같은 기운이 느껴진다."

何點嘗目하되 陸慧曉는 心如明鏡하여 遇形觸物에 無不朗然이오 (何)〔王〕[31]思遠은 常如懷氷하여 暑月亦有霜氣①라하다

① ≪南史≫에 말하였다. "何點은 字가 子皙으로 廬江 사람이다. 조부는 何尙之이고 부친은 何鑠(하삭)이다. 하점이 11세에 부모의 상을 당해 〈슬픔에〉 거의 죽을 지경에 이르렀다. 장성하여서는 집안의 재앙[32]에 영향을 받아 마침내 결혼과 벼슬에 대한 생각을 끊었다. 劉宋에서 太子洗馬로 불렀고 梁에서 中書侍郎으로 불렀으나, 모두 나아가지 않았다."

南史曰"何點, 字子晳, 廬江人. 祖尙之, 父鑠. 點十一, 居父母憂, 幾至滅性. 及長, 感家禍, 遂絶婚宦. 宋徵太子洗馬, 梁徵中書侍郎, 竝不就."

16-37【補】[33] 승려 慧亮이 長江을 건너와 何園寺에 머무르고 있었다. 顔延之와 張緖가 그의 높은 德을 흠모하여 〈떠나지 못하고〉 계속 머무르며 매번 감탄하였다.

"道安과 竺法汰가 앞에서 珠玉을 토해내고 曇斌(담빈)과 慧亮이 뒤에서 金聲을 흔드니,[34] 淸談의 오묘한 실마리가 끊어지려다가 다시 일어났다."

---

31) (何)〔王〕: 저본에는 '何'로 되어 있으나, ≪何氏語林≫과 ≪李卓吾批點世說新語補≫(安永本)에 의거하여 '王'으로 바로잡았다.

32) 집안의 재앙 : 부친 何鑠(하삭)이 평소 정신병을 앓았는데 아무런 까닭없이 아내를 죽여 법에 따라 사형에 처해졌다.(≪梁書≫ 〈列傳〉)

33)【補】: 저본에는 '補'가 없으나, 이 일화는 ≪世說新語≫에는 실려 있지 않고 ≪何氏語林≫에 실려 있는 것에 의거하여 '補'자를 보충하였다.

34) 道安과……흔드니 : 道安・竺法汰・曇斌・慧亮 네 사람을 합한 것처럼 훌륭하다는 말이다.

釋慧亮이 **過江**하여 **止何園寺**①에 **顔延之・張緖**가 **眷德留連**하여 **每歎曰 安・汰**가 **吐珠玉於前**②하고 **斌・亮**이 **振金聲於後**하니 **淸言妙緖**가 **將絶**이 **復興**③이로다하다

① 梁나라 慧皎의 ≪高僧傳≫[35]에 말하였다. "慧亮은 姓이 董이다. 처음에 東阿에 있던 靖公(道靖)의 弟子였다. 나중에 臨菑에 절을 세우고 ≪法華經≫, ≪大小品般若經≫, ≪十地論≫ 등을 강론했는데 배우는 무리들이 구름같이 모였으며 천리 밖에서도 수레를 타고 찾아왔다."

梁慧皎高僧傳曰 "慧亮, 姓董. 先爲(宋)〔東〕[36]阿靖公弟子, 後立寺於臨菑, 講法華・大小品・十地等, 學徒雲集, 千里命駕."

② 〈安汰는〉 道安과 竺法汰이다.

道安・竺法汰.

③ ≪高僧傳≫에 말하였다. "승려 曇斌(담빈)은 姓이 蘇이고 南陽 사람이다. 10세에 出家하여 道禕를 스승으로 모셨다. 나중에 江陵의 辛寺의 住錫하였다. 袁粲이 모친의 스승이 되어달라고 청하였다."

高僧傳曰 "釋曇斌, 姓蘇, 南陽人. 十歲出家, 事道禕爲師, 後住江陵辛寺. 袁粲請爲母師."

16-38 **【補】**[37] 劉孝標가 품평했다.

"劉訏는 超然히 세속을 뛰어넘어 하늘의 붉은 노을 같고, 劉歊는 미련없이 티끌세상 벗어나 구름속 흰 학 같다. 모두 흉년의 곡식이고 추운 해의 고운 솜 같은 존재이다."

劉孝標①가 **目**하되 **劉訏**는 **超然越俗**하여 **如半天(末)〔朱〕**[38]**霞**②하고 **劉歊**는 **矯矯出塵**하여

35) ≪高僧傳≫ : 南朝 梁나라 승려 慧皎이 지었으며 모두 14권으로 ≪梁高僧傳≫으로도 부른다. 東漢부터 당시까지의 유명한 승려 257명의 사적을 수록하였으며 譯經・義解・神異・習禪・明律・遺身・誦經・興福・經師・唱導의 10개 부분으로 나누었다.

36) (宋)〔東〕: 저본에는 '宋'으로 되어 있으나, ≪何氏語林≫과 ≪李卓吾批點世說新語補≫(安永本)에 의거하여 '東'으로 바로잡았다.

37) **【補】**: 저본에는 '補'가 없으나, 이 일화는 ≪世說新語≫에는 실려 있지 않고 ≪何氏語林≫에 실려 있는 것에 의거하여 '補'자를 보충하였다.

38) (末)〔朱〕: 저본에는 '末'로 되어 있으나, ≪何氏語林≫과 ≪李卓吾批點世說新語補≫(安永本)에 의거하여 '朱'로 바로잡았다.

如雲中白鶴③하니 皆儉歲之(粱)〔粱〕[39]稷이요 寒年之纖纊이라하다

① 劉孝標의 〈自序〉에 말하였다. "劉峻은 字가 孝標로 平原 사람이다. 秣陵縣에서 태어났고 한 달이 되어 고향으로 돌아갔다. 8세에 고향이 난리로 전복되는 상황을 만나 남의 종이 되었다.[40] 〈南齊 武帝〉 永明 4년(486)에 도망쳐 京師로 돌아왔고 뒤에 崔豫州의 刑獄參軍[41]이 되었다. 〈梁 武帝〉 天監 연간(502~519)에 조서를 내려 石渠閣을 담당하도록 했으나 병을 이유로 사직을 청하고 東陽의 金華山에 은거하였다. 내 일찍이 자신을 馮敬通(馮衍)과 비교해 본 적이 있는데, 같은 점이 3가지였고 다른 점이 4가지였다. 어떤 것인가 하면, 풍경통은 출중한 재능이 세상의 으뜸이고 뜻은 金石처럼 굳세었다. 내 비록 그에게는 미치지 못하지만, 절개가 굳고 기개가 충만하니 이것이 첫 번째 같은 점이다. 풍경통은 中興의 현명한 군주(後漢 光武帝)를 만났으나 끝내 〈자신의 뜻과 학문을〉 시험해 보지 못하였다. 나는 훌륭한 시절의 英明한 군주를 만났으나 마찬가지로 당시에 배척당하였으니 이것이 두 번째 같은 점이다. 풍경통에게는 질투가 심한 처가 있었는데, 〈계집종을 쫓아내고〉 직접 물을 긷고 절구질을 하는 지경에 이르렀다. 나에게는 사나운 안사람이 있어 마찬가지로 家道를 순탄하지 못하게 했으니 이것이 세 번째 같은 점이다. 풍경통은 更始帝(劉玄)의 시대를 만나 兵符를 손에 쥐고 좋은 말을 타고 고기를 먹었다. 나는 어려서부터 장성하기까지 걱정만 하고 기쁜 일은 없었으니 이것이 첫 번째 다른 점이다. 풍경통에게는 자식 馮仲文(馮豹)이 있는데 벼슬에 오르고 이름을 알렸는데, 나는 불행히 鄧伯道(鄧攸)와 같아 영원히 후사가 없으니,[42] 이것이 두 번째 다른 점이다. 풍경통은 체력이 강하고 노익장을 과시했다. 나는 질병이 있어 언제 갑자기 죽을지를 모르니, 이것이 세 번째 다른 점이다. 풍경통은 비록 죽어서 溝壑에 뒹굴었지만, 名賢들이 흠모하여 그 遺風이 진하게 향기를 풍

---

39) (粱)〔粱〕: 저본에는 '粱'으로 되어 있으나, ≪何氏語林≫과 ≪李卓吾批點世說新語補≫(安永本)에 의거하여 '粱'으로 바로잡았다.

40) 8세에……되었다 : 宋 泰始 연간(465~471) 초에 北魏에 의해 靑州가 함락되면서 中山으로 잡혀갔었는데, 중산의 부자 劉實이 유준을 불쌍히 여겨 贖身시켜주고 공부를 가르쳤다.(≪梁書≫ 〈劉峻列傳〉)

41) 崔豫州의 刑獄參軍 : ≪通志≫ 〈列傳〉에는 南齊 明帝 때에 蕭遙欣이 豫州尹이 되었을 때 劉峻을 刑獄參軍으로 삼은 것으로 되어 있다.

42) 鄧伯道와……없으니 : 石勒의 병란 때에 아들과 조카를 데리고 피난하다가 둘을 모두 보호할 수 없겠다고 판단하여 자기 아들은 버려두어 죽게 하고 먼저 죽은 동생의 아들을 대신 살렸는데, 그 뒤에 끝내 후사를 얻지 못하였다.(≪晉書≫ 〈鄧攸列傳〉)

겼으며 시간이 갈수록 더욱 성대해졌다. 나는 세상에 이름이 알려지지 않아 세상이 나를 모르니 혼백이 한번 떠나면 장차 가을풀과 같은 처지가 될 것이니 이것이 네 번째 다른 점이다. 이 때문에 애써 〈自序〉를 지어 호사가들에게 남긴다."

劉孝標自序曰"峻, 字孝標, 平原人. 生於秣陵縣, 朞月歸故鄕. 八歲遇桑梓顚覆, 身充僕圉. 永明四年, 逃還京師, 後爲崔豫州刑獄參軍. 天監中, 詔掌石渠閣, 以病乞骸骨, 隱東陽金華山. 余嘗自比馮敬通, 而有同之者三, 異之者四. 何則? 敬通雄才冠世, 志剛金石. 余雖不及之, 而節亮慷慨, 此一同也. 敬通逢中興明君, 而終不試用. 余逢命世英主, 亦擯斥當年, 此二同也. 敬通有忌妻, 至於身操井臼. 余有悍室, 亦令家道轗軻, 此三同也. 敬通當更始世, 手握兵符, 躍馬肉食. 余自少迄長, 戚戚無懽, 此一異也. 敬通有子仲文, 官成名立. 余禍同伯道, 永無血胤, 此二異也. 敬通膂力剛強, 老而益壯. 余有犬馬之疾, 溘死無時, 此三異也. 敬通雖芝殘蕙焚, 終塡溝壑, 而爲名賢所慕, 其風流郁烈芬芳, 久而彌盛. 余聲塵寂寞, 世不吾知, 魂魄一去, 將同秋草, 此四異也. 所以力自爲序, 遺之好事云."

② 何佟之의 ≪梁典≫[43]에 말하였다. "劉訏는 字가 彦度로 平原 사람이다. 陳留의 阮孚・李紳과 金蘭之交를 맺고 鍾阜 옆에 집을 짓고는 함께 內義(불교의 교리)를 듣고 經典의 심오한 뜻을 연구하였다."

何佟之梁典曰"劉訏, 字彦度, 平原人. 與陳留阮孚・李紳, 申金蘭之契, 築室鍾阜之傍, 共聽內義, 鑽尋典奧."

③ ≪梁書≫에 말하였다. "劉歊는 字가 士光으로 劉懷慰의 아들이다. 태어나던 날 저녁 향기가 방안에 가득하였다. 어려서부터 지혜로웠는데, 12세에 ≪莊子≫〈逍遙遊〉를 읽고 '이것은 이해할 수 있다.'라고 하였다. 손님이 물어보자 묻는대로 바로 대답하였는데 모두 人情과 道理에 합당하였다. 집안사람들이 기이하게 여겨 '神童'이라고 하였다. 장성해서는 博學多識하고 문채가 있었다. 장가도 들지 않고 벼슬도 하지 않으면서 族弟인 劉訏와 은거하며 뜻한 바를 추구하였으며, 자연에서 유유자적하면서 山水와 書籍으로 서로 즐겼다. 시호는 貞節處士이다."

梁書曰"劉歊, 字士光, 劉懷慰之子. 生夕有香氣滿室. 幼有識慧, 十二讀莊子逍遙篇曰'此可解耳.' 客問之, 隨問而答, 皆有情理. 家人異之, 謂爲神童. 及長, 博學有文. 不娶不仕, 與族弟訏, 隱居求志, 遨遊林澤, 以山水書籍相娛. 諡貞節處士."

---

43) 何佟之의 ≪梁典≫ : ≪隋書≫〈經籍志〉에 ≪梁典≫이 두 가지 기재되어 있는데 저자는 각각 劉璠과 何之元이며 모두 30권으로 되어 있다. 何佟之는 ≪梁典≫을 지은 적이 없으니, 혹 '何佟之'는 '何之元'의 오류일 가능성이 있다. 南北朝시대 梁나라의 역사서이다.

16-39【補】周彦倫(周顒)이 慧隆道人을 품평하였다.

"隆公(혜릉도인)은 서늘하고 엄숙하여 마치 서리가 내린 소나무와 대나무 같다."

周彦倫①이 目慧隆道人曰 隆公은 蕭散森疏하여 若霜下之松竹②이라하다

① ≪南齊書≫에 말하였다. "周顒은 字가 彦倫으로 汝南 安城 사람이며 晉의 僕射(복야)를 지낸 周顗(주의)의 7世孫이다. 조부 周虎頭는 員外常侍를 지냈고, 부친 周恂은 歸鄕[44]의 相[45]을 지냈다. 주옹은 어렸을 때에 집안의 할아버지뻘 되는 周朗에게 인정을 받았다. 淸貧하고 욕심이 없어 종일토록 늘 채소 반찬으로 밥을 먹었으며, 비록 처자식이 있었지만 홀로 산속의 집에 거처하였다. 海陵國 侍郞으로 벼슬을 시작하였고 〈뒤에〉 著作으로 자리를 옮겼다. ≪起居注≫를 편찬했다."

南齊書曰 "周顒, 字彦倫, 汝南安城人, 晉僕射顗七世孫. 祖虎頭, 員外常侍, 父恂, 歸鄕相. 顒少爲族祖朗所知. 淸貧寡欲, 終日常蔬食, 雖有妻子, 獨處山舍. 解褐海陵國侍郞, 轉著作. 撰起居注."

② ≪高僧傳≫에 말하였다. "釋慧隆은 姓이 成으로 陽平 사람이다. 배울 때에 스승과 벗이 없었는데도 탁월하게 스스로 깨달았다."

高僧傳曰 "釋慧隆, 姓成, 陽平人. 學無師友, 卓然自悟."

16-40【補】[46] 劉長史(劉孝綽)은 어려서부터 총명하고 영민하였으며 글을 잘 지었다. 中書郞이었던 王融이 크게 칭찬하고 기특하게 여겼는데, 한번은 감탄하며 말한 적이 있었다.

"天下의 文章이라는 명칭이 만약 내가 없었다면 阿士(유장사)에게 돌아갔을 것이다."

劉長史는 幼聰敏하고 善屬文①하니 王中書融이 深賞異之하여 嘗歎曰 天下文章이 若無我면 當歸阿士②리라하다

① ≪南史≫에 말하였다. "劉孝綽은 字가 孝綽으로 本名은 冉이다. 어려서부터 총명

44) 歸鄕 : 地名으로 縣의 이름이다. 晉나라 때 설치되었으며 湖北省 巴東縣 북쪽에 있다.

45) 相 : 관직 이름이다. 제후국에서 실질적으로 정사를 집행하는 역할로서 지위는 郡의 太守에 상당한다. 여기서는 縣令에 상당하는 지위로 보인다.

46)【補】: 저본에는 '補'가 없으나, 이 일화는 ≪世說新語≫에는 실려 있지 않고 ≪何氏語林≫에 실려 있는 것에 의거하여 '補'자를 보충하였다.

하고 영민하여 7세에 글을 지을 수 있었는데, 외삼촌 王融이 크게 칭찬하고 기특하게 여겨 같이 수레를 타고 친구의 집에 가서 '神童'이라고 불렀다. 著作郎으로 벼슬을 시작했고 臨賀王(蕭正德)의 長史로 좌천되었다."

南史曰"劉孝綽, 字孝綽, 本名冉. 幼聰敏, 七歲能屬文, 舅王融深賞異之, 與同載以適親友, 號曰'神童'. 起家著作郎, 左遷臨賀王長史."

②〈阿士는〉 劉孝綽의 어릴 적 이름이다.

孝綽小字.

16-41 **【補】衛尉 趙知禮가 어렸을 때의 袁德章(袁憲)을 보고 감탄하였다.**

"袁生은 행동거지가 침착하고 반듯하니 참으로 陳留와 汝南의 기풍이 있도다."

衛尉趙知禮가 見袁德章少時 歎曰 袁生은 擧止詳中①하니 故有陳汝之風②이라하다

① ≪南史≫에 말하였다. "袁憲은 字가 德章으로 어려서부터 총명하고 학문을 좋아했다. 梁 武帝(蕭衍)가 五館[47]을 열었는데 그 중의 하나가 원헌의 집 서쪽에 있었다. 원헌이 학생들을 불러들여 그들과 담론하였는데, 새로운 관점이 사람들의 〈일반적인〉 생각을 뛰어넘으니 동료들이 모두 감탄하고 탄복하였다. 무제가 ≪孔子正言章句≫를 찬하고 國學에 詔書를 내렸는데 〈당시〉 원헌은 14세에 正言生[48]으로 불려갔다. 祭酒(좨주)인 劉溉가 그의 풍모를 아꼈다. 博士인 周弘正이 원헌의 부친 袁君正에게 '아드님은 策試에 응할 것입니까?'하니 원군정이 '아직까지는 응시하라고 감히 할 수 없습니다.'하였다. 며칠 지나 원군정이 門客과 원헌을 周弘正에게 보내 안부를 묻게 하였다. 마침 주홍정은 講坐에 오르려고 하다가 원헌을 강당으로 들어오게 하여 麈尾를 주고는 義理를 밝혀보게 하였다. 이때 謝岐와 何妥가 자리에 있었다. 주홍정이 '두 현자는 비록 오묘한 이치를 궁구하였으나 이 후생을 두려워하지 않을 수 있겠소?'하니, 하타와 사기가 번갈아가며 의리의 단서를 제기했는데 그 이치가 깊고 지극했다. 원헌의 응대가 여유있으면서도 민첩하니 주홍정이 하타에게 '질문을 마음껏 하고 어린아이로 대하지 마시오.'라고 하였다. 이때 구경하는 사람들이 담을 둘렀는데 원헌은 안색이 평상시와 다름없고 논변에 여유가 있었다. 주홍정도 몇 가지 어려운 문제를 냈으나 끝내 굴복시키지 못했다. 그

---

47) 五館 : 南朝의 梁나라에서 吉禮, 凶禮, 賓禮, 軍禮, 嘉禮 등의 五禮를 제정하고 정비하던 기구이다.

48) 正言生 : 관직이름이다. 南朝의 梁나라에서 두었는데 正言博士 아래에 속했다.

리하여 〈주홍정이〉 문객에게 '그대는 돌아가서 袁吳郡(원군정)과 상의해 보시오. 이 도령은 이미 博士를 대신하기에 충분하오.'라고 하였다."

南史曰"袁憲, 字德章. 幼聰敏好學. 梁武帝開五館, 其一館在憲宅西. 憲招引諸生, 與之談論, 新義出人意表, 同輩咸嗟服焉. 武帝撰孔子正言章句, 詔下國學, 憲十四, 被召爲正言生. 祭酒劉溉愛其神采. 博士周弘正謂憲父君正曰'賢子欲策試不?' 君正曰'未敢令試.' 居數日, 君正遣門客與憲候弘正, 會弘正將升講坐, 延憲入室, 授以麈尾, 令憲豎義. 時謝岐·何妥在坐. 弘正曰'二賢雖窮奧賾, 得無憚此後生?' 何·謝遞起義端, 深極理致, 憲酬對閒敏. 弘正謂妥曰'恣卿所問, 勿以童幼期之.' 時觀者重沓, 憲神色自若, 辨論有餘. 弘正亦起數難, 終不能屈. 因告客曰'卿還諮袁吳郡. 此郎已堪見代博士矣.'"

② ≪氏族志≫에 말했다. "袁氏는 胡公[49]의 후예이며, 陳留·汝南·彭城 세 지역의 望族이다."

氏族志曰"袁出胡公之後, 陳留·汝南·彭城三望."

16-42 **【補】** 陳나라 後主(陳叔寶)에게는 옥으로 만든 자루가 달린 麈尾가 있었는데 매우 아름다웠다. 손으로 그것을 잡고 말하였다.

"지금 비록 선비들이 수풀처럼 많아도, 이것을 잡을 만한 사람은 오직 張譏뿐이다."

그리고는 바로 장기에게 주었다.

陳後主有玉柄麈尾至佳러니 **手執之曰 當今 雖復多士如林**이나 **堪執此者**는 **獨張譏耳**라하고 **卽授譏**①하다

① ≪陳書≫에 말했다. "後主는 諱가 叔寶이고 宣帝의 적장자이다. 7년 동안 재위하였으며 隋나라에게 멸망당했다."

陳書曰"後主, 諱叔寶, 宣帝嫡長子. 在位七年, 爲隋所滅."

16-43 **【補】** 崔司徒(崔浩)는 매번 盧玄과 이야기를 나누기만 하면 감탄하며 말했다.

---

49) 胡公 : 胡公滿을 말하는데 '陳胡公'이라고 부르기도 한다. 春秋時代 때 陳나라를 세운 임금이다. 姓은 嬀(규)이고 이름은 滿인데 封地의 이름으로 인해 陳氏가 되었다. 시호가 胡公이다.

"子眞(노현)을 마주하면 나로 하여금 懷古의 情이 더욱 깊어지게 하는구나."

崔司徒①每與盧玄談에 輒歎曰 對子眞이면 使我懷古之情更深②이라하다

① ≪北史≫에 말했다. "崔浩는 字가 伯深으로 淸河 東武城 사람이다. 부친 崔宏은 北魏에서 벼슬하여 天部大人에 제수되었고 公의 작위에 올랐다. 최호는 젊어서부터 학문을 좋아하여 經史・玄象〔천문〕・陰陽과 제자백가의 학설을 보지 않은 것이 없었다. 〈北魏의〉 明元帝(拓跋嗣)가 術數[50]를 좋아하여 최호에게 吉凶을 점치고 天文 현상을 관찰하여 의심스러운 일들을 상고하고 결정하도록 했는데, 적중하는 일이 많았다. 천성이 老莊의 책을 좋아하지 않았고 글을 짓는 데 뛰어나지 않았으나 制度와 法令에는 관심을 두었다. 피부가 희고 깨끗하여 아름다운 여인 같았다. 책략에 뛰어나 스스로를 張良에 견주었는데 옛일을 고찰하는 것은 그보다 뛰어나다고 여겼다. 처음에는 博士祭酒(박사좨주)에 제수되었고 〈나중에는〉 特進撫軍大將軍과 左光祿大夫에 이르렀다."

北史曰 "浩, 字伯深, 淸河東武城人. 父宏, 仕魏, 拜天部大人, 進爵爲公. 浩少好學, 經史・玄象・陰陽・百家之言, 無不該覽. 明元好術數, 命浩筮吉凶, 參觀天文, 考定疑惑, 多有應驗. 性不好老莊之書, 不長屬文, 而留心於制度科律. 纖姸白皙, 如美婦人. 長於謀計, 自比張良, 謂稽古過之. 初拜博士祭酒, 至特進撫軍大將軍・左光祿大夫."

② ≪北史≫에 말했다 "盧玄은 字가 子眞으로 范陽 涿 사람이다. 증조부 盧諶은 晉나라 司空從事中郎이었다. 조부 盧偃과 부친 盧邈은 慕容氏[51] 아래에서 벼슬했는데 모두 文雅하다는 칭송을 들었다. 神䴥(신가) 4년(431)에 太武帝(拓跋燾)가 뛰어난 학자를 초빙하였는데 노현을 으뜸으로 여겨 中書博士에 제수하였다가 〈나중에〉 侍郎으로 옮겼다. 崔浩가 人倫을 정돈하고 姓氏와 宗族을 분명하게 하려고 하자, 노현이 '제도를 만들고 업적을 세우는 것은 각각 그 때가 있습니다. 이것을 즐거운 마음으로 할 사람이 몇이나 되겠습니까. 여러번 생각해야 합니다.'하였다. 최호가 〈그 의견을〉 받아들이지 않았다가 나중에는 끝내 이 때문에 패망하였다."[52]

---

50) 術數 : 占星術, 占, 四柱命理學 등과 같은 미신으로 사람의 운명을 추측하는 것을 말한다.

51) 慕容氏 : 五胡十六國 중 鮮卑族 慕容儁이 세운 前燕을 말한다.

52) 나중에는……패망하였다 : 太武帝의 太平眞君 10년(450)에 國史의 편찬을 맡으면서 北魏의 통치자인 拓跋氏 선조들의 수치스러운 역사를 그대로 기록하였다가 황제의 분노를 사서 친인척인 范陽 盧氏・太原 郭氏・河東 柳氏 등과 함께 멸문지화를 당하였다.(≪北史≫ 〈崔浩列傳〉)

北史曰"盧玄, 字子眞, 范陽涿人. 曾祖諶, 晉司空從事中郎, 祖偃·父邈仕慕容氏, 俱以儒雅稱. 神䴥四年, 太(后)〔武〕[53]辟召儒儁, 以玄爲首, 授中書博士, 遷侍郎. 崔浩欲整人倫, 分明姓族, 玄曰'創制立事, 各有其時. 樂爲此者, 詎幾人也? 宜三思.' 浩不納, 後終以此敗."

16-44【補】劉子翼은 준엄하고 강직하며 품행이 곧아서 늘 면전에서 동료들과 벗들의 단점을 비판했으나 물러나서는 다른 비난은 하지 않았다. 李百藥이 한번은 다른 사람들에게 말했다.

"劉四(유자익)가 아무리 사람들을 꾸짖어도 사람들은 대부분 유감스럽게 여기지 않는다."

劉子翼은 **峭直有行**①하여 **常面折僚友之短**이로되 **退無餘訾**라 **李百藥**이 **嘗語人曰 劉四**는 **雖復罵人**이라도 **人多不憾**②이라하다

① ≪大業雜記≫[54]에 말했다. "劉子翼은 字가 小心으로 劉禕之의 부친이다. 隋나라에서 벼슬하여 著作郞에 이르렀다."
大業雜記曰"劉子翼, 字小心, 劉禕之之父. 仕隋, 至著作郞."

② 宋祁의 ≪唐書≫에 말했다. "李百藥은 字가 重規이고 定州 安平 사람으로 隋나라 內史令 李德林의 아들이다. 7세에 글을 지을 줄 알았다. 貞觀 연간(627~649) 초에 中書舍人에 제수되었으며 벼슬은 散騎常侍에 이르렀다."
宋祁唐書曰"李百藥, 字重規, 定州安平人, 隋內史令德林子也. 七歲能屬文. 貞觀初, 拜中書舍人, 官至散騎常侍."

16-45【補】〈唐나라〉 太宗이 한번은 出行했을 때에 有司가 副書〔사본〕를 싣고 따르겠다고 청하자, 황제가 말했다.

"그럴 필요 없다. 虞世南이 여기에 있으니, 〈그는〉 걸어다니는 **秘書省**[55]이다."

---

53) (后)〔武〕: 저본과 ≪何氏語林≫에는 '后'로 되어 있으나 ≪北史≫ 〈盧玄列傳〉과 '神䴥'가 太武帝의 연호인 것에 의거하여 '武'로 바로잡았다.

54) ≪大業雜記≫ : ≪大業拾遺≫라고도 하며 唐나라 杜寶가 지은 傳奇小說이다. 주로 隋나라 煬帝가 즉위한 때부터 수나라를 멸망시키고 鄭나라를 세운 王世充이 唐나라에 항복하기까지의 역사적 사실을 다루고 있다.

太宗嘗出行에 **有司請載副書以從**하니 **上曰 不須**라 **虞世南**이 **在此**하니 **行秘書**①이라하다

① 劉昫의 ≪舊唐書≫에 말했다. "虞世南은 字가 伯施이고 越州 餘姚 사람이다. 부친 虞荔는 陳나라의 太子中庶子[56]였다. 숙부 虞寄에게 아들이 없어 우세남으로 뒤를 잇게 하였다. 천성이 차분하고 욕심이 없었으며 뜻을 독실히 하고 학문에 힘썼다. 어려서 형인 虞世基와 함께 顧野王 밑에서 공부를 했는데 10여 년이 지나도록 정밀히 생각하기를 나태히 하지 않았으며 간혹 수십 일 동안 세수나 빗질을 하지 않기도 하였다. 글을 잘 지었는데, 徐陵을 본받았고 서릉 또한 우세남이 자신의 宗旨를 파악했다고 말하였다. 또 沙門 智永이 王羲之의 글씨를 잘 썼는데 우세남은 그를 스승으로 삼아 그 필체를 뛰어나게 터득하였으니 이로 말미암아 명성이 더욱 자자하게 되었다. 太宗朝에 秘書監을 지냈고 작위는 永興縣子였다."

劉昫唐書曰"虞世南, 字伯施, 越州餘姚人. 父荔, 陳太子中庶子. 叔父寄無子, 以世南繼後. 性沉靜寡欲, 篤志勤學. 少與兄世基學於顧野王, 經十餘年, 精思不倦, 或累旬不盥櫛. 善屬文, 祖述徐陵, 陵亦言世南得己之意. 又沙門智永善羲之書, 世南師焉, 妙得其體, 由是聲名籍甚. 太宗朝, 官秘書監, 爵永興縣子."

16-46【補】〈唐나라〉 太宗이 遼東을 정벌하면서 楊弘禮를 兵部侍郎에 제수하였다. 駐蹕山의 전투에서 기병과 보병 24軍을 데리고 적의 후방으로 뛰어들자 향하는 곳마다 〈적들이〉 흩어져 달아났다. 황제가 산 위에서 軍容이 가지런하고 사람들마다 온힘을 다하는 것을 보고는 감탄하였다.

"越國公(楊素)의 아들은 참으로 家風을 지니고 있구나."

唐 太宗

---

55) 秘書省 : 東漢시대에 처음으로 秘書監이라는 관직을 두어 도서와 전적을 관리하게 하였고, 南北朝시대에 처음으로 秘書省이라는 관청을 설치하여 이를 관리하였다. 明代 이후로는 翰林院의 업무에 포함되었다.

56) 太子中庶子 : 관직 이름으로 제후들과 경대부의 서자들을 교육시키던 관청의 수장이다. 태자를 수행하며 侍中과 같은 역할을 하였다.

太宗征遼東①에 **拜楊弘禮爲兵部侍郎**②이라 **駐蹕之役**에 **領馬步二十四軍**하여 **跳出賊背**하니 **所向摧靡**라 **帝自山上望見**에 **其袍仗精整**하고 **人人盡力**이라 **歎曰 越公兒郎**은 **故有家風**③이라하다

① ≪舊唐書≫ 〈太宗本紀〉에 말했다. "貞觀 18년(644) 英國公 李勣 등에게 명하여 天下의 군사들을 징발하여 고구려를 정벌하게 하였다. 다음해 5월 어가가 遼河를 건넜고 친히 鐵騎를 거느리고서 遼東城을 포위하자 고구려의 별장 高延壽가 무리를 이끌고 항복하였다. 그리하여 行幸했던 산을 駐蹕山이라고 이름하고 비석을 세워 전공을 기록하였다."

太宗紀曰 "貞觀十八年, 命英國公李勣等, 發天下甲士, 伐高麗. 明年五月, 車駕度遼, 親率鐵騎, 圍遼城, 高麗別將高延壽以其衆降. 因名所幸山爲駐蹕山, 刻石紀功."

② ≪新唐書≫에 말했다. "楊弘禮는 隋나라 尙書令 楊素의 동생인 楊岳의 아들이다. 高祖(李淵)가 〈수나라로부터 나라를〉 선양받은 뒤에 작위를 물려받아 淸河郡公에 봉해졌다. 太宗이 遼東을 정벌하면서 양홍례에게 文武의 자질이 있다고 하여 兵部侍郎에 발탁하고 軍機의 업무를 전담시켰다."

唐書曰 "楊弘禮, 隋尙書令素弟岳之子. 高祖受禪, 襲爵淸河郡公. 太宗征遼, 以弘禮有文武材, 擢兵部侍郎, 專典兵機之務."

③ ≪隋書≫에 말했다. "楊素는 文武의 자질을 겸비하고 원대한 뜻을 품었으며 업적과 명성을 자부하였다. 高祖(楊堅)가 즉위했을 때에 功臣 가운데 그보다 위에 있는 사람이 없었으며 越國公에 봉해졌다."

隋書曰 "楊素兼文武之資, 志懷遠大, 以功名自許. 高祖龍飛, 功臣莫居其右, 封越國公."

16-47 **【補】** 〈唐나라〉 玄宗이 한번은 아침 조회에서 좌우의 신하들에게 말했다. "〈朕은〉 張九齡을 볼 때마다 精神이 퍼뜩 든다."

玄宗嘗早朝에 **謂左右曰 每見張九齡**에 **精神頓生**①이라하다

① 劉昫의 ≪舊唐書≫에 말했다. "張九齡은 字가 子壽이고 博物이라고도 한다. 증조부 張君政이 韶州別駕를 지내서 始興에 살게 되었다. 장구령은 어려서부터 총명하고 민첩하였으며 글을 잘 지었다. 13세에 刺史 王方慶에게 서신을 보내 뵙기를 요청하니 〈왕방경이〉 칭찬하며 '이 아이는 틀림없이 원대한 일을 해낼 수 있을 것이다.'라고 하였다. 玄宗이 東宮에 있을 때 문장이 뛰어난 선비를 선발하고 직접

策試를 시행하였는데, 장구령의 對策이 높은 점수를 받아 右拾遺로 옮겼다. 여러 벼슬을 거쳐 中書令이 되었다."

劉昫唐書曰 "張九齡, 字子壽, 一名博物. 曾祖君政, 韶州別駕, 因家始興. 九齡幼聰敏, 善屬文. 十三以書干刺史王方慶, 賞之曰 '此子必能致遠.' 玄宗在東宮, 擧文藻之士, 親加策問, 九齡對策高第, 遷右拾遺. 累官中書令."

唐 玄宗

16-48【補】劉捷卿(劉迅)이 도성에 있을 때 한번은 병으로 드러눕자 房太尉(房琯)가 듣고서 걱정이 되어 밤새도록 잠을 자지 않고는 빈객과 수행원을 돌아보며 말했다.

"유첩경에게 〈혹시라도〉 좋지 않은 일이 생긴다면 더 이상 神靈은 없다고 말할 수 있을 것이다."

劉捷卿이 **在都**① **嘗寢疾**이어늘 **房太尉**가 **聞而憂之**하여 **通夕不寐**하고 **顧語賓從曰 捷卿有不諱**면 **可謂無復有神理**②라하다

① 宋祁의 ≪新唐書≫에 말했다. "劉迅은 字가 捷卿으로 劉知幾의 다섯째 아들이다. 京兆功曹參軍事를 지냈다. 上元 연간(760~761)에 〈安史의 난 때문에〉 安康으로 피신했다가 〈그곳에서〉 죽었다."

宋祁唐書曰 "劉迅, 字捷卿, 知幾第五子也. 歷京兆功曹參軍事. 上元中, 避地安康, 卒."

② 劉昫의 ≪舊唐書≫에 말했다. "房琯은 字가 次律이고 河南 사람으로 平章事 房融의 아들이다. 어려서부터 학문을 좋아했으며 태도가 침착하고 단정했다. 천성적으로 은둔하기를 좋아하여 東平의 呂向과 함께 陸渾의 伊陽山에서 10여 년 동안 독서하였다. 玄宗이 蜀땅에 거둥했을 때 吏部尙書同平章事에 제수되었다. 肅宗이 즉위하고 나서 상소를 올려 군대를 이끌고 가서 〈安史의 반란군과〉 싸우겠다고 자청했는데 陳濤斜에서 패했다."

劉昫唐書曰 "房琯, 字次律, 河南人, 平章事融之子. 少好學, 風儀沈整. 性好隱遁, 與東平呂向於陸渾伊陽山讀書, 凡十餘歲. 玄宗幸蜀, 拜吏部尙書同平章事. 肅宗旣立, 抗疏自請將兵戰, 敗於陳濤斜."

16-49【補】房太尉(房琯)가 말했다.

"元紫芝(元德秀)의 容貌를 보면 명예와 이익을 추구하려는 마음을 모두 사라지게 한다."

房太尉言 見紫芝眉宇면 使人名利之心都盡①이라하다

① 劉昫의 ≪舊唐書≫에 말했다. "元德秀는 字가 紫芝로 河南 사람이다. 천성이 순박하고 꾸밈이 없었으며 항상 옛 법도를 본받았다. 부친은 延州刺史였다. 원덕수는 어려서 부친을 여의고 가난하게 살았는데 모친을 효성으로 모셔 〈이름이〉 알려졌다. 開元 연간(713~741) 京師에 다녔는데 차마 모친과 떨어지지 못해 갈 때마다 직접 板輿[57]를 메고 모친과 함께 長安에 갔다. 모친이 돌아가시자 묘소에 여막을 짓고 소금과 식초도 없이 식사를 했고 자리에는 요와 방석도 없었으며 손가락을 찔러 피를 내어 〈모친의〉 像을 그리고 佛經을 베껴 썼다. 오랫동안 나이 어린 고아라는 이유로 오래도록 祿仕[58]에 제재를 받았는데, 邢州의 南和尉에 제수되어서는 보좌하며 백성들에게 혜택이 가는 정치를 펼쳤고 〈도성으로〉 불려와 龍武參軍에 補任되었다. 魯山令으로 있다가 죽었다."

劉昫唐書曰 "元德秀, 字紫芝, 河南人. 性純朴無緣飾, 動師古道. 父爲延州刺史. 德秀少孤貧, 事母以孝聞. 開元中, 遊京師, 不忍離親, 每行則自負板輿, 與母詣長安. 母亡, 廬於墓所, 食無鹽酪, 藉無茵席, 刺血畫像寫佛經, 久之. 以孤幼牽於祿仕, 授邢州南和尉, 佐治有惠政, 召補龍武參軍. 終魯山令."

元德秀

16-50 【補】[59] 韋氏 가운데 효성스럽고 우애있으며 文學에 뛰어난 사람으로는 韋承慶과 韋嗣立이 있고, 음악에 조예가 깊은 사람으로는 韋萬石이 있고, 禮儀에 통달한 사람으로는 韋叔夏가 있고, 史書를 편찬할 재주가 있고 박식한 사람으로는 韋述이 있었다. 당시 趙冬曦의 兄弟도 훌륭하다는 명성이 있었다. 張燕

57) 板輿 : 노인을 편히 모실 수 있도록 푹신한 부들방석을 깐 가마로, 주로 지방관으로서 늙은 부모를 효성으로 모시는 것을 비유한다.

58) 祿仕 : 봉록을 받아 살기 위해 벼슬에 나아가는 것이다.

59) 【補】 : 저본에는 '補'가 없으나, 이 일화는 ≪世說新語≫에는 실려 있지 않고 ≪何氏語林≫에 실려 있는 것에 의거하여 '補'자를 보충하였다.

公(張說)이 한번은 사람들에게 말했다.

"위씨와 조씨 형제들은 사람들 가운데 소태나무(杞)와 가래나무(梓)와 같은 훌륭한 재목이다."

韋氏孝友文學은 **有承慶・嗣立**①하고 **邃音樂**은 **有萬石**②하고 **達禮儀**는 **則叔夏**③요 **史才博識**은 **有述**④이라 **時趙冬曦**⑤**兄弟亦有美名**⑥이러니 **張燕公**⑦**嘗語人曰 韋・趙兄弟**는 **人之杞梓**⑧이라하다

① 劉昫의 ≪舊唐書≫에 말했다. "韋承慶은 字가 延休이고, 韋嗣立은 위승경의 배다른 동생이다. 부친 韋思謙은 則天武后 때의 納言이다. 모친 王氏는 매우 엄하게 위승경을 대했다. 매를 치는 벌을 내릴 때마다 위사립은 옷을 풀어헤치고 〈자신이〉 대신 벌을 받겠다고 청하였는데, 모친이 〈그 요청을〉 들어주지 않으면 곧바로 몰래 자신을 매질하였다. 모친이 〈이러한 사실을〉 알아차리고는 점차 〈위승경에게〉 은혜를 베풀었다. 평론하는 사람들은 〈형제를〉 王祥과 王覽 형제[60]에 견주었다."
劉昫唐書曰"韋承慶, 字延休. 嗣立, 承慶異母弟也. 父思謙, 則天朝納言. 母王氏遇承慶甚嚴, 每有杖罰, 嗣立必解衣請代, 母不聽, 輒私自杖. 母察知之, 漸加恩貸. 議者比王祥・王覽."

② 劉昫의 ≪舊唐書≫에 말했다. "韋萬石은 韋挺의 아들이다. 학문이 뛰어나고 音律에 정통하였다. 太常卿[61]이 되어 천지와 종묘에 지내는 제사와 燕會를 위한 음악과 곡조를 손질하니, 당시 사람들이 직임에 어울린다고 하였다."
劉昫唐書曰"萬石, 韋挺之子. 有學業, 而善音律. 爲太常卿, 增損郊廟燕會樂調, 時以爲稱職."

③ 劉昫의 ≪舊唐書≫ 〈儒學傳〉에 말했다. "韋叔夏는 左僕射(좌복야) 韋安石의 형이다. 세 禮書[62]에 정통했고 관직은 國子祭酒(국자좨주)를 지냈으며 ≪五禮要記≫를 지었다."
劉昫儒學傳曰"韋叔夏, 左僕射安石兄也. 精通三禮, 官國子祭酒, 撰五禮要記."

④ 劉昫의 ≪舊唐書≫에 말했다. "韋述은 ≪國史≫ 113권을 정리하여 완성했는데 일

60) 王祥과 王覽 형제 : 晉나라 때의 배다른 형제이다. 형인 왕상은 일찍 生母를 여의었는데 계모의 구박과 홀대에도 효성스러운 태도를 잃지 않고 효도로 대하였고, 동생 왕람은 왕상이 모친에게 매를 맞을 때마다 형을 감쌌다. 후에 왕상을 시기한 모친이 독이 든 술을 왕상에게 주자 왕람이 술잔을 뺏어 마시려고 하였고 모친은 이를 급히 막는 일이 있었다. 이 일로 모친은 마음을 바꾸어 먹게 되었다.(≪晉書≫ 〈王祥王覽傳〉)

61) 太常卿 : 宗廟의 儀禮를 관장하는 太常寺의 長官이다.

62) 세 禮書 : 유가의 경전인 ≪周禮≫・≪儀禮≫・≪禮記≫를 말한다.

은 간략하되 기록은 상세하니, 사관으로서 뛰어난 재주를 지녔다. 蕭穎士가 譙周와 陳壽 같은 부류라고 하였다. 위술은 儒學으로 벼슬에 나아가 당대의 사람들로부터 추앙받았고 純厚한 長者로서 권세와 이익을 탐내지 않았다. 책을 2만권 모으고 모두 직접 교정하여 바로잡았는데, 황실의 서고도 〈그의 장서에는〉 미치지 못할 정도였다. 古今의 朝臣들의 그림, 역대 유명 인물들의 화상, 魏晉 이후의 초서 및 예서의 眞跡 수백 권, 古碑・古器・藥方・格式・錢譜・璽譜 부류, 當代 名公들의 서신 등을 아울러 갖추지 않은 것이 없었다. 安祿山의 반란으로 두 서울(長安과 洛陽)이 반란군에게 함락되어 玄宗이 蜀땅으로 거둥하자 위술은 국가의 史書를 가슴에 품고서 南山에 숨겼다. 經籍들과 資産은 불타고 노략질당해 거의 없어지고 위술도 반란군의 조정에 억류되었다."

劉昫唐書曰"述勒成國史一百十三卷, 事簡而記詳, 有良史才. 蕭穎士以爲譙周・陳壽之流. 述以儒術進, 當代宗仰, 而純厚長者, 澹於勢利. 聚書二萬卷, 皆自校定, 雖御府不逮也. 兼古今朝臣圖, 歷代知名人畫, 魏晉以來草隷眞跡數百卷, 古碑・古器・藥方・格式・錢譜・璽譜之類, 當代名公尺題, 無不畢備. 祿山之亂, 兩京陷賊, 玄宗幸蜀, 述抱國史藏於南山, 經籍資産焚剽殆盡, 述亦陷於賊庭."

⑤ ≪唐詩紀事≫[63]에 말했다. "趙冬曦는 定州 사람이다. 〈玄宗의〉 開元 연간(713~741) 초에 監察御史였는데 사건에 연좌되어 岳州에 유배되었다가 소환되어 復官되었다."
唐詩紀事曰"趙冬曦, 定州人. 開元初, 監察御史, 坐事流岳州, 召還復官."

⑥ 宋祁의 ≪新唐書≫에 말했다. "趙冬曦는 형 趙夏日과 동생 趙和璧・趙安貞・趙居貞・趙頤貞・趙彙貞이 모두 進士에 급재했다."
宋祁唐書曰"冬曦兄夏日, 弟和璧・安貞・居貞・頤貞・彙貞, 皆擢進士第."

⑦ 劉昫의 ≪舊唐書≫에 말했다. "張說(장열)은 字가 道濟이다. 그의 선조는 范陽 사람으로 대대로 河東에 살다가 나중에 洛陽으로 옮겼다. 弱冠의 나이에 〈과거에 응시하여〉 對策으로 급제하여 太子校書에 제수되었다. ≪三教珠英≫[64]의 修撰에 참여했다. 開元 연간(713~741)에 〈현종이〉 장열과 禮官學士를 불러 集賢殿에서 연회를 베풀고 장열을 集賢院學士에 제수하였다. 燕國公에 봉해졌다."

---

63) ≪唐詩紀事≫ : 唐代의 詩歌 자료를 모은 것으로 1,150여 명의 시인을 수록했으며 모두 81권이다. 宋代의 計有功이 점차 실전되어가는 당대 작가의 작품을 보존하기 위한 목적으로 편찬하였다.

64) ≪三教珠英≫ : 唐나라 經歷 2년(699)에 則天武后의 명으로 편찬된 詩歌選集의 類書로 1,300권에 목록이 13권이었다. 후에 ≪海內珠英≫으로 이름이 바뀌었는데 宋代에 겨우 3권만 남았다가 현재는 모두 산실되었다.

劉昫唐書曰 "張說, 字道濟. 其先范陽人, 代居河東, 後徙洛陽. 弱冠對策, 授太子校書, 預修三教珠英. 開元中, 召說及禮官學士, 賜宴集賢殿, 授說集賢院學士. 封燕公."

⑧ ≪春秋左氏傳≫에 말했다. "晉나라의 大夫는 모두 卿이 될 만한 재목이니 소태나무(杞)와 가래나무(梓), 그리고 皮革 같다."[65)]

春秋傳曰 "晉大夫皆卿材也, 如杞梓·皮革."

16-51 **【補】** 宋景文(宋祁)이 말했다.

"左太沖(左思)의 詩句 '천 길 높은 산등성이에서 옷의 먼지를 털고, 만 리 흐르는 물에 발을 씻네.〔振衣千仞岡 濯足萬里流〕'는 사람으로 하여금 飄飄히 세속을 벗어나고픈 마음을 가지게 하니, 嵇康의 '날아가는 기러기 눈으로 전송하네.〔目送飛鴻〕'라는 말에 못지않다."

宋景文 云① 左太沖詩에 振衣千仞岡이요 濯足萬里流②는 使人 飄飄有世表意하니 不減嵇康目送飛鴻語③라하다

① ≪東都事略≫[66)]에 말했다. "宋祁는 字가 子京이다. 형 宋庠과 같이 禮部의 시험에 응시하였는데 〈황제에게 합격자의 이름을 보고하는 데에〉 일등으로 올랐다. 章獻皇后가 '동생이 형보다 앞에 있어서야 되겠는가.'라고 하여 송상을 1등으로 삼고 송기를 10등으로 삼았다. ≪新唐書≫를 찬수하여 완성하였고 翰林學士承旨에 제수되었다. 시호는 景文이다."

歐陽公(歐陽脩)의 ≪歸田錄≫[67)]에 말했다. "宋祁 형제는 벼슬하기 전부터 이름이 天下를 뒤흔들어 當時에 '二宋'으로 불렸다."

東都事略曰 "宋祁, 字子京. 與兄庠同試禮部, 奏名第一. 章獻曰 '弟可先兄乎?' 乃以庠爲第一, 而祁爲第十. 修唐書成, 拜翰林學士承旨. 謚景文." 歐陽公歸田錄曰 "宋

---

65) 晉나라의……같다 : ≪春秋左氏傳≫ 襄公 26년에는 "晉나라의 大夫는 모두 현명하여 卿이 될만한 재목이니 楚나라에서 나는 소태나무(杞)와 가래나무(梓), 그리고 皮革이 진나라로 가는 것과 같다.〔其大夫則賢 皆卿材也 如杞梓皮革 自楚往也〕"로 되어 있다.

66) ≪東都事略≫ : 紀傳體의 北宋의 역사서이다. 南宋 孝宗 때에 王稱이 편찬했다. 북송은 開封에 도읍을 세우고 '東京'이라고 칭했기 때문에 서명을 '東都事略'이라고 했다. 모두 130권으로 太祖 趙匡胤에서 시작하여 欽宗 趙桓까지를 기록했다.

67) ≪歸田錄≫ : 歐陽脩가 지은 軼事小說이다. 모두 8권이고 115조항으로 조정의 옛일과 사대부들의 자질구레한 일들을 수록하였다.

祁兄弟, 自布衣時名動天下, 當時稱爲'二宋'."

② 左思의 〈詠史詩〉이다.

左思詠史詩.

③ 嵇康의 〈送兄秀才入軍〉[68]이라는 詩에 말했다. "蘭圃에서 무리를 쉬게 하고 華山에서 말에게 꼴을 먹였지. 평평한 언덕에서 주살을 날리고 긴 강물에서 낚시줄 드리웠네. 눈으로 돌아가는 기러기 보내며 손으로 五絃琴을 연주하였지. 一擧一動이 유유자적하고 마음은 심오한 道에서 노닐었네. 훌륭하여라, 저 낚시하던 늙은이, 물고기를 잡고 나서 통발을 잊었네.[69] 郢 땅 사람[70]이 가버렸으니 누구에게 다 말할 수 있을까나."

康送兄秀才入軍詩曰"息徒蘭圃, 秣馬華山. 流磻平皐, 垂綸長川. 目送歸鴻, 手揮五絃. 俯仰自得, 遊心太玄. 嘉彼釣叟, 得魚忘筌. 郢人逝矣, 誰可盡言?"

---

68) 〈送兄秀才入軍〉: 제목이 〈贈秀才入軍〉으로 되어 있는 곳도 있다.

69) 물고기를……잊었네 : ≪莊子≫ 〈外物〉에 "통발은 물고기를 잡기 위한 것이지만 물고기를 잡고 나면 통발을 잊어버린다. 덫은 토끼를 잡기 위한 것이나 토끼를 잡고 나면 덫을 잊어버린다.〔筌者所以在魚 得魚而忘筌 蹄者所以在兎 得兎而忘蹄〕"라고 하였다.

70) 郢 땅 사람 : ≪莊子≫ 〈徐無鬼〉에 "郢 땅 사람이 자신의 코끝에 파리의 날개만큼 白土를 얇게 바르고, 匠石으로 하여금 이것을 깎아내게 하였다. 장석이 도끼를 휘둘러 바람을 일으키며 백토를 깎아내었는데, 영 땅 사람은 코끝의 백토를 깎아 내도록 내맡겨 두고 조금도 움직이지 않았다. 그리하여 백토가 말끔히 다 깎였으나 코가 상하지 않았는데, 영 땅 사람은 그대로 꼿꼿이 서서 얼굴색 하나 변하지 않았다.〔郢人堊墁其鼻端若蠅翼 使匠石斲之 匠石運斤成風 聽而斲之 盡堊而鼻不傷 郢人立不失容〕"라고 하였다. 여기서 '郢 땅 사람'은 '知己'를 뜻한다.

世說新語補 卷十

17. 품조 상 品藻 上

'品藻'는 인물에 대한 논평과 평가를 뜻한다. 앞의 〈賞譽〉편에서는 주로 한사람에 대한 감상과 예찬이 주가 되는데, 여기에서는 보통 두 명 이상의 인물들을 비교하여 그들 간의 우열을 가리거나 각각의 특징과 장점을 드러내는 이야기로 이루어져 있다. 劉辰翁이 ≪世說新語≫는 〈識鑒〉과 〈品藻〉에 달려있다고 말했을 만큼, 〈품조〉편은 이 책에서 가장 핵심이 되는 부분이라고 할 수 있다. 이 편에는 모두 80편의 일화가 수록되어 있는데, 그중 64건은 ≪世說新語≫에서, 16건은 ≪何氏語林≫에서 가져왔다.

17-1 汝南의 陳仲擧(陳蕃)와 潁川의 李元禮(李膺) 두 사람에 대해 〈사람들이〉 함께 그 공적과 덕행에 대해 논해 보았지만 그 先後를 정할 수가 없었는데, 蔡伯喈(蔡邕)가 그들을 평했다.

"진중거는 윗사람의 면전에서 직언을 잘하고 이원례는 아랫사람을 통솔하는 데 엄격하다. 윗사람의 면전에서 직언하기는 어렵고 아랫사람을 통솔하기는 쉽다."

이리하여 진중거는 마침내 三君의 아래에 놓이고, 이원례는 八俊의 위에 자리하게 되었다.

蔡邕

汝南陳仲擧와 潁川李元禮二人을 共論其功德이나 不能定先後러니 蔡伯喈評之曰 陳仲擧는 彊於犯上하고 李元禮는 嚴於攝下하니 犯上難하고 攝下易①라하니 仲擧遂在三君之下②하고 元禮居八俊之上③이라

① 張璠의 ≪漢紀≫에 말했다. "당시 사람들이 이 때문에 '권세를 두려워하지 않는 陳仲擧(陳蕃), 천하의 모범 李元禮(李膺).'라고 했다."

張璠漢紀曰 "時人爲之語曰 '不畏彊禦陳仲擧, 天下模楷李元禮.'"

② 謝沈의 ≪後漢書≫에 말했다. "'三君'은 당시 존경받던 인물들이다. 竇武·劉淑·陳蕃은 젊어서부터 고상한 지조를 지녔기에 천하 사람들이 존경하고 칭송하였다. 그러므로 〈삼군이라는〉 이름을 붙일 수 있는 것이다."

謝沈漢書曰 "三君者, 一時之所貴也. 竇武·劉淑·陳蕃, 少有高操, 海內尊而稱之, 故得因以爲目."

③ 薛瑩의 ≪後漢書≫에 말했다. "李膺·王暢·荀緄·朱寓·魏朗·劉佑·杜楷·趙典이 '八俊'이다."

王粲의 ≪英雄記≫에 말했다. "이에 앞서 張儉 등이 함께 관리들을 탄핵했는데, 탄핵 당한 사람들이 서로 농담하기를 '우리 탄핵 당한 사람들 중에는 진실로 八俊과 八及[1]이 있으니, 〈우리는〉 옛날의 八元과 八凱[2]와 같네.'라고 하였다."

謝沈의 책[3]에 말했다. "'俊'은 특출하게 뛰어남을 이르는 말이다."

姚信의 ≪士緯≫에 말했다. "陳仲擧(陳蕃)는 기질이 높고 세차서 王者의 신하가 될 만한 節操를 지녔다. 李元禮(李膺)는 충성스럽고 굳세며 바르고 곧아서 社稷을 보위할 만한 능력이 있었다. 천하 사람들이 〈그들의 우열에 대해〉 논했으나 판가름을 내지 못했는데 蔡伯喈(蔡邕)가 한번 말하여 바꾸었으니 분분하던 논의가 이에 결정되었다."

薛瑩漢書曰 "李膺·王暢·荀緄·朱寓·魏朗·劉佑·杜楷·趙典, 爲八俊." 英雄記曰 "先是, 張儉等相與作衣冠糺彈. 彈中人相調, 言 '我彈中誠有八俊·八及, 猶古之八元·八凱也.'"

謝沈書曰 "俊者, 卓出之名也." 姚信士緯曰 "陳仲擧體氣高烈, 有王臣之節. 李元禮

---

1) 八及 : 東漢의 사대부들이 서로를 추켜세워 어진 덕이 있고 영향력이 있는 여덟 명의 사람을 '팔급'이라고 불렀다. '及'은 다른 사람들이 따라오도록 인도할 수 있는, 사람들에게 존경받는 어진 사람을 말한다. 그 대상에 관해서는 여러 설이 있는데 張儉·岑晊·劉表·陳翔·孔昱·苑康·檀敷·翟超라고도 하고, 朱楷·田槃·疏耽·薛敦·宋布·唐龍·嬴咨·宣褒라고도 한다.

2) 八元과 八凱 : '팔원'과 '팔개'는 각각 고대 전설 속의 여덟 명의 才子들로 '팔원'은 伯奮·仲堪·叔獻·季仲·伯虎·仲熊·叔豹·季貍이고, '팔개'는 蒼舒·隤敱·檮戭·大臨·尨降·庭堅·仲容·叔達이다.

3) 책 : 저본에는 '書'로 되어 있다. 바로 위의 원문 주석에 '謝沈漢書'라고 한 것에 의거하면 '漢書'의 오기인 듯하다.

忠壯正直, 有社稷之能. 海內論之未決, 蔡伯喈抑一言以變之, 疑論乃定也."

【頭註】

○ 劉辰翁 : ≪세설신어≫라는 작품저작의 중심은 〈識鑒〉과 〈品藻〉 두 편에 있을 따름이다. 나머지는 구색을 갖추는 데 없을 수 있지만 또한 다 그렇지만도 않다.
劉云 "世說之作, 正在識鑒・品藻兩種耳. 餘備門類, 不得不有, 亦不盡然."

17-2 郭林宗(郭泰)이 汝南에 이르러 袁奉高(袁閬)를 찾아갔을 때에는 수레는 굴대를 멈추지 않고 수레 방울은 멍에에서 벗기지 않을 정도로 잠깐 머물렀다. 그런데 黃叔度(黃憲)를 방문해서는 하루 종일 있더니 이틀 밤을 묵었다. 사람들이 그 까닭을 물어보자 곽임종이 말했다.

"황숙도는 광활하기가 萬頃의 못과 같아서 맑게 하려 해도 맑아지지 않고 흐리게 하려 해도 흐려지지 않으니, 그 그릇이 깊고 넓어서 헤아리기 어렵습니다."

郭林宗이 至汝南하여 造袁奉高하야는 車不停軌하고 鸞不輟軛이더니 詣黃叔度하야는 乃彌日信宿이어늘 人問其故하니 林宗曰 叔度는 汪汪如萬頃之(波)〔陂〕[4]하니 澄之不淸하고 擾之不濁하니 其器深廣하여 難測量也①라하다

①〈郭泰別傳〉에 말했다. "薛恭祖가 물어보자, 곽태가 '袁奉高(袁閬)의 기량은 솟아나는 샘물에 비유할 수 있으니, 비록 맑기는 하지만 쉽게 물을 길어 올릴 수가 있지요.'라고 하였다."
泰別傳曰 "薛恭祖問之, 泰曰 '奉高之器, 譬諸氿濫, 雖淸易挹也.'"

【頭註】

○ 劉辰翁 : 흐리지 않으면 보기 쉽고 맑지 않으면 알기 어려우니, 이 때문에 말을 잘하는 것이다.
劉云 "不濁易(이)見, 不淸難知, 故是能言."

○ 王世懋 : 黃叔度(黃憲)는 〈그릇의 크기를〉 엿보기 참으로 어려우니, 요컨대 아량이 〈세상에서〉 제일이다.
王云 "叔度直是難窺, 究竟雅量第一."

---

4) (波)〔陂〕: 저본에는 '波'로 되어 있으나, ≪世說新語≫와 ≪李卓吾批點世說新語補≫(安永本)에 의거하여 '陂'로 바로잡았다.

17-3【補】[5] 어떤 이가 汝南의 許章에게 물었다.

"荀叔慈(荀靖)와 荀慈明(荀爽孰)은 누가 더 훌륭합니까?"

허장이 말했다.

"두 사람 모두 玉같은 사람입니다. 순자명은 겉이 환하게 밝고 순숙자는 안이 윤택합니다."

或問汝南許章曰 叔慈①**・慈明**은 **孰賢**잇고하니 **許曰 二荀**은 **皆玉也**니 **慈明**은 **外朗**하고 **叔慈**은 **內潤**이라하다

① 皇甫謐의 ≪高士傳≫에 말했다. "荀靖은 字가 叔慈이고 穎川 穎陰 사람이다. 부친 荀淑은 朗陵侯國의 相이었다. 순정은 어려서부터 뛰어난 재주가 있었고 행동거지를 예에 맞게 하였다. 〈그가〉 죽었을 때 學士로서 誄詞를 지은 사람이 26명이었다. 穎陰縣令 丘禎은 나중에 '玄行先生'이라고 시호를 올렸다."

皇甫謐 高士傳曰 "荀靖, 字叔慈, 穎川穎陰人. 父淑, 朗陵侯相. 靖少有俊才, 動止以禮. 及卒, 學士製誄者二十六人. 穎陰令丘禎追謚曰 '玄行先生'."

17-4 顧劭가 한번은 龐士元(龐統)과 밤에 이야기를 나누다가 물어 보았다.

"그대는 사람을 알아보는 것으로 유명하다고 들었는데, 나와 그대 중 누가 낫습니까?"

〈방사원이〉 말했다.

"세속을 교화하고 시기에 맞게 처신하는 것은 내가 그대만 못합니다만, 王者나 霸者가 남긴 시책을 논하고 福과 禍의 관건을 살피는 데는 내가 조금 나은 듯합니다."

고소도 그 말을 온당하게 생각하였다.

顧劭嘗與龐士元宿語러니 **問曰 聞子名知人**이니 **吾與足下**로 **孰愈**오하니 **曰 陶冶世俗**하고 **與時浮沈**은 **吾不如子**①어니와 **論王霸之餘策**하고 **覽倚伏之要害**는 **吾似有一日之長**이라하니 **劭亦安其言**②하다

---

5)【補】: 저본에는 '補'가 없으나, 이 일화는 ≪世說新語≫에는 실려 있지 않고 ≪何氏語林≫에 실려 있는 것에 의거하여 '補'자를 보충하였다.

① ≪三國志≫ 〈吳志〉에 말했다. "顧劭는 인물에 대해 품평하기를 좋아하여 州郡의 인재〔庶幾〕[6]부터 사방의 사람들까지 다 품평했다. 왕래하다 〈그 인물들을〉 만나면 혹은 諷諫하고나서 떠나거나 혹은 벗으로 삼고나서 헤어지기도 하였는데, 명성이 널리 퍼져 원근의 사람들이 칭송하였다."

吳志曰 "劭好樂人倫, 自州郡庶幾及四方人事. 往來相見, 或諷議而去, 或結友而別, 風聲流聞, 遠近稱之."

② ≪吳錄≫[7]에 말했다. "顧劭는 그 말을 온당하게 여기고 그를 더욱 친하게 여겼다."

吳錄曰 "劭安其言, 更親之."

【頭註】

○ 劉辰翁 : 다른 사람을 품는 〈넉넉함이〉 있다.

劉云 "有懷其人."

○ 劉辰翁 : '仗'자는 '伏'이 되어야 한다. 옛 책에는 '伏'이 '仗'으로 되어 있다.

劉云 "仗作伏, 古本伏作仗."

17-5 **【補】**[8] 邊文禮(邊讓)는 재주와 언변이 탁월하였다. 孔北海(孔融)가 한번은 曹公(曹操)에게 〈그를〉 천거하면서 말했다.

"邊讓이 천하를 덮는 이불이 되기에는 부족하지만 홑옷이나 襜褕[9]가 되기에는 넉넉합니다."[10]

邊文禮는 **才辯俊逸**이러니 **孔北海**가 **嘗薦於曹公曰 邊讓爲九州之被則不足**이나 **爲單衣襜褕則有餘**①라하다

① 范曄의 ≪後漢書≫에 말했다. "蔡中郞(蔡邕)은 邊讓을 매우 중시하여 何進에게 천거

---

6) 〔庶幾〕 : 뛰어난 인재를 이르는 말로, ≪周易≫ 〈繫辭傳 下〉에 "안자의 아들은 아마도 뛰어난 인재일 것이다.〔顔氏之子 其殆庶幾乎〕"라고 하였다.

7) ≪吳錄≫ : ≪明一統志≫에 따르면 三國時代의 張勃이 지었으며 30권인데 지금은 전하지 않는다. 남아 있는 내용으로 보면 吳나라의 史書임을 알 수 있다.

8) 【補】 : 저본에는 '補'가 없으나, 이 일화는 ≪世說新語≫에는 실려 있지 않고 ≪何氏語林≫에 실려 있는 것에 의거하여 '補'자를 보충하였다.

9) 襜褕 : 이것 또한 홑옷으로 '深衣'와 비슷하다.

10) 천하를……넉넉합니다 : 천하를 다스리기에는 부족하지만 한 지역을 다스리기에는 충분하다는 말이다.

하며 '삼가 생각건대 幕府를 처음 열면서 널리 뛰어난 인재를 선발하여 백발의 덕을 갖춘 분들이 나란히 참모가 되었습니다. 비록 「백로가 서쪽 연못에 모였다.」[11]라는 말과 「많은 훌륭한 인물들이 周나라 조정에 있다.」[12]라는 말로도 더 잘 표현할 수가 없을 것입니다. 삼가 보니 陳留의 변양은 하늘이 출중한 재주를 주어 聰明하며 덕이 있고 지혜로우나 어린 나이에 일찍 부친을 여의어 집안의 가르침을 다 받지는 못했습니다. 학당에 나아가서는 곧바로 중요한 典籍들을 배웠는데 처음 여러 경전들을 접하고는 그것의 본뜻을 보고서 알았습니다. 가르치는 자는 그의 질문에 대답할 수가 없었고 注釋은 그의 생각에 미치지 못했습니다. 마음은 〈이치에〉 통달하였고 언변은 뛰어납니다. 결론이 나지 않는 논의를 결단하거나 의심스러운지 분명한지의 구분을 확정하는 경우는, 경전을 번갈아 인용하며 낱낱이 조사하고 참고하며 종합하니 사람들은 조용히 입을 다물고 아무도 그를 이기지를 못합니다. 만약 변양이 唐虞(堯舜)의 시대에 살았다면 八元과 八凱[13]에 다음갔을 것이고 仲尼(孔子)를 만날 운이었다면 顔回와 冉求에 버금갔을 것이니, 어찌 단지 세속의 평범한 인재일 뿐이겠습니까. 〈그의〉 관직의 품계와 명칭과 지위도 마땅히 확연히 높아야 하겠습니다. 만약 다시금 다른 사람들을 따라 승진시킨다면 이는 뛰어난 인재의 높은 가치를 드러내고 사람을 알아보는 남다른 현명함을 나타내는 방도가 아닙니다. 傳에 「소를 담을 수 있는 솥으로 닭을 삶는 경우 물이 많으면 싱거워서 먹을 수 없고, 물이 적으면 눌러붙어 익힐 수가 없다.」라고 했습니다.[14] 이는 큰 그릇을 작게 쓰는 것은 참으로 온당하지 못하다는 말입니다. 저는 속으로 걱정스럽고 답답하니, 이런 보배로운 솥이 희생으로 쓰는 소와 제사의 고깃국을 조리하지 못하고 〈닭같이 작은 음식을〉 조리하며 눌러붙거나 쓰이지 않아 쪼개질 처지에 오래도록 있는 것이 유감

---

11) 백로가……모였다 : ≪詩經≫ 〈振鷺〉에 "떼 지어 白鷺가 날아가니 저 서쪽 못에서 하도다.〔振鷺于飛 于彼西雝〕"라고 하였다. 훌륭한 인물들이 와서 돕는 것을 비유하는 말이다.

12) 많은……있다 : ≪詩經≫ 〈文王〉의 "훌륭한 많은 선비들이여 文王이 이들 때문에 편안하시도다.〔濟濟多士 文王以寧〕"라는 구절을 인용한 듯하다. 훌륭한 선비들이 조정에 많이 있기 때문에 문왕이 편안하다는 말로, 이 역시 훌륭한 인물들이 많이 돕고 있다는 것을 비유하는 말이다.

13) 八元과 八凱 : '팔원'과 '팔개'는 각각 고대 전설 속의 여덟 명의 才子들로 '팔원'은 伯奮・仲堪・叔獻・季仲・伯虎・仲熊・叔豹・季貍이고, '팔개'는 蒼舒・隤敳・檮戭・大臨・尨降・庭堅・仲容・叔達이다.

14) 傳에……했습니다 : ≪呂氏春秋≫ 〈應言〉에 "〈魏나라 邑인〉 市丘의 솥으로 닭을 삶을 때에 국물이 많으면 싱거워서 먹을 수가 없고, 국물이 적으면 눌러붙어 익지 않는다.〔市丘之鼎以烹鷄 多洎之則淡而不可食 少洎則焦而不熟〕"라고 하였다.

스럽습니다. 원컨대 현명하신 장군께서는 생각을 돌려 고려해 보시고 결단을 내려 〈저의〉 의견을 조금이나마 받아주시어 그를 중요한 자리에 천거하여 능력을 펼치도록 해주십시오. 만약 〈어린〉 나이를 꺼린다면 顏回는 德行의 앞머리를 차지하지 못했을 것이고[15] 子奇는 끝내 阿縣의 수령으로서 공로를 이루지 못했을 것입니다.[16] 진실로 그 일을 감당한다면 예나 지금이나 마찬가지입니다.'라고 하였다."

范曄後漢書曰 "蔡中郎深重讓, 薦於何進曰 '伏惟幕府初開, 博選淸英, 華髮舊德, 竝爲元龜. 雖振鷺之集西雍, 濟濟之在周庭, 無以或加. 竊見陳留邊讓, 天授逸才, 聰明賢智. 髫齔夙孤, 不盡家訓. 及就學廬, 便受大典, 初涉諸經, 見本知義. 授者不能對其問, 章句不能逮其意, 心通性達, 口辯辭長. 若處狐疑之論, 定嫌審之分, 經典交至, 檢括參合, 衆夫寂焉, 莫之能奪. 使讓生在唐虞, 則元・凱之次, 運値仲尼, 則顔・冉之亞, 豈徒俗之凡偶近器而已. 階級名位, 亦宜超然. 若復隨輩而進, 非所以章瓌偉之高價, 昭知人之絶明也. 傳曰「函牛之鼎以烹雞, 多汁則淡而不可食, 少汁則熬而不可熟.」此言大器之於小用, 固有所不宜也. 邕竊悁邑, 怪此寶鼎未受犧牛・大羹之和, 久在煎熬臠割之間. 願明將軍回謀垂慮, 裁加少納, 貢之機密, 展之力用. 若以年齒爲嫌, 則顔回不得貫德行之首, 子奇終無阿宰之功. 苟堪其事, 古今一也.'"

17-6【補】陳元龍(陳登)이 功曹 陳季弼(陳矯)에게 許昌에 다녀오라고 하며 말했다.

"허창 사람들의 평판이 나에 대해 못마땅하게 여기니 그대는 관찰해 보고 돌아와서 알려주시오."

진계필이 돌아와서 말했다.

"원근의 논의를 들어보았더니 明府(陳登)께서 교만하여 스스로를 뽐낸다고 말합니다."

진원룡이 말했다.

"가정이 화목하고 德行이 있는 점에서 나는 陳元方(陳紀) 형제를 존경하고,

---

15) 顏回는……것이고 : ≪論語≫ 〈先進〉에 "德行에는 顏淵・閔子騫・冉伯牛・仲弓이었다.〔德行 顏淵 閔子騫 冉伯牛 仲弓〕"라고 하여 덕행이 훌륭한 제자로 안연을 맨 앞에 들었다.

16) 子奇는……것입니다 : 子奇는 春秋時代 齊나라 사람이다. 자기가 18세 때에 제나라 군주가 阿縣을 다스리게 하였는데, 부임한 뒤에 무기를 녹여 농기를 만들고 창고를 열어 가난한 백성들을 구제하니 아현이 크게 교화되었다.(≪冊府元龜≫)

못처럼 맑고 옥처럼 깨끗하며 예법이 있는 점에서 나는 華子魚(華歆)을 존경하고, 행실을 깨끗이 하고 악함을 미워하며 식견과 의리가 있는 점에서 나는 趙元達(趙達)을 존경하고, 견문이 넓고 기억력이 뛰어나며 독특하고 구애됨이 없는 점에서 나는 孔文擧(孔融)를 존경하고, 영웅다운 모습이 걸출하며 王業와 覇業을 이룰만한 지략을 지닌 점에서 나는 劉玄德(劉備)을 존경합니다. 내가 존경하는 사람들이 이렇게 있는데 뭐가 교만하다는 것인가."

陳元龍이 使功曹陳季弼詣許하고 謂之曰 許下論議는 待吾不足하니 足下는 相爲觀察하고 還以見誨하라 季弼還曰 聞遠近之論하니 頗謂明府驕而自矜이라하니 元龍曰 夫閨門雍穆하고 有德有行은 吾敬陳元方兄弟오 淵淸玉潔하고 有禮有法은 吾敬華子魚요 淸修疾惡하고 有識有義는 吾敬趙元達①이오 博聞强記하고 奇逸卓犖은 吾敬孔文擧요 雄姿傑出하고 有王伯(패)之略은 吾敬劉玄德이니 所敬如此어늘 何驕之有②오하다

①〈조원달은〉 당연히 趙達일 것이다.[17]

≪三國志≫〈吳志〉에 말했다. "趙達은 河南 사람이다. 어려서 單甫(선보)에게 학문을 배웠고 사유가 정밀하였다. 東南쪽에 王者의 기운이 있어 재난을 피할 수 있겠다고 여겨 몸을 빼내 강을 건넜다. 九宮一算術을 연구해 時機에 맞게 결단을 내리고 질문에 대한 대답은 귀신 같았다. 죽는 날을 스스로 추산했는데 예정한 날짜에 죽었다."

當卽趙達也. 吳志曰 "趙達, 河南人也. 少從單甫受學, 用思精密. 謂東南有王者氣, 可以避難, 脫身渡江. 治九宮一算之術, 能應機立成, 對問若神. 自筭亡日, 如期死."

② ≪三國志≫〈魏志〉에 말했다. "陳矯는 字가 季弼이고 廣陵 東陽 사람이다. 처음에는 陳登의 功曹였는데, 太祖(曹操)가 불러서 司空掾으로 삼았으며, 侍中과 司徒를 역임했다."

魏志曰 "陳矯, 字季弼, 廣陵東陽人. 初爲陳登功曹, 太祖辟爲司空掾, 歷官侍中・司徒."

17-7 諸葛瑾과 동생 諸葛亮, 사촌동생 諸葛誕은 나란히 이름이 크게 났는데 각자 다른 나라에서 벼슬하였다. 당시에 사람들이 蜀나라는 龍을 얻었고 吳나라는 범

17) 당연히 趙達일 것이다 : ≪蕭氏續後漢書≫에 "趙元達은 이름이 '昱'이고 琅邪 사람이다."라고 하였다.

을 얻었고 魏나라는 개를 얻었다고 하였다. 제갈탄은 위나라에 있었는데 夏侯玄과 이름을 나란히 했고, 제갈근은 오나라에 있었는데 오나라 조정에서는 그의 큰 도량에 탄복하였다.

諸葛亮

諸葛瑾・弟亮及從弟誕[①]은 竝有盛名이나 各在一國이라 于時以爲 蜀은 得其龍하고 吳는 得其虎하고 魏는 得其狗라하다 誕在魏에 與夏侯玄齊名하고 瑾在吳에 吳朝服其弘量[②]하다

① ≪吳書≫에 말했다. "諸葛瑾은 字가 子瑜이다. 그 선대는 葛氏로 琅邪 諸縣 사람이었다. 후에 陽都으로 옮겼는데 양도에 먼저 갈씨 성을 가진 사람이 있어 당시 사람들이 '諸葛'이라고 불렀고 그래서 성씨가 되었다. 제갈근은 어려서부터 지극한 효성으로 유명했다. 여러 벼슬을 거쳐 豫州牧에 올랐고 68세에 죽었다."

≪三國志≫ 〈魏志〉에 말했다. "諸葛誕은 字가 公休이다. 吏部郎일 때에 사람들이 부탁하기만 하면 곧장 그 말을 공개하고 즉시 등용하였다. 나중에 합당한지 아닌지의 논의가 있으면 그 추천을 제대로 했는지 잘못했는지를 공동으로 따져보고 〈이것을 바탕으로 추천자를〉 포폄하였다. 이로부터 관료들이 모두 인재의 추천을 신중히 하였다. 여러 벼슬을 거쳐 揚州刺史・鎭東將軍・司空에 올랐다. 반역을 도모했다가 伏誅되었다."

吳書曰 "瑾, 字子瑜. 其先葛氏, 琅邪諸縣人, 後徙陽都. 陽都先有姓葛者, 時人謂諸葛, 因爲氏. 瑾少以至孝稱. 累遷豫州牧, 六十八卒." 魏志曰 "誕, 字公休. 爲吏部郎, 人有所屬託, 輒顯其言而亟用之. 後有當不, 則公議其得失, 以爲褒貶. 自是羣僚莫不愼其所擧. 累遷揚州刺史・鎭東將軍・司空. 謀逆伏誅."

② ≪吳書≫에 말했다. "諸葛瑾이 난리를 피해 강을 건너 오자 大皇帝(孫權)가 기용해 長史로 삼았다. 蜀나라에 사신으로 파견되서는 단지 동생 諸葛亮과는 공적인 자리에서만 만나고 〈숙소로〉 돌아가서는 사적으로 얼굴을 마주하지 않았으며, 게다가 용모도 뛰어나고 사려도 깊어 당시의 사람들이 그의 넓은 도량에 탄복하였다."

吳書曰 "瑾避亂渡江, 大皇帝取爲長史. 遣使蜀, 但與弟亮公會相見, 反無私面, 而又有容貌思度, 時人服其弘量."

【頭註】

○ 王世懋 : 〈諸葛瑾과 諸葛誕에 관한〉 뒤의 두 말은 자연스럽게 武侯(諸葛亮)를 높인다.
王云 "後兩語, 正自推尊武侯."

17-8【補】[18] 陳太丘(陳寔), 〈그의 아들〉 陳紀, 진기의 아들 陳羣은 모두 명성이 높았는데, 천하 사람들은 '公(진군)은 卿(진기)에게 부끄럽고 경은 長(진식)에게 부끄럽다.'라고 하였다.

陳太丘와 子紀와 紀子羣은 竝有高名①이러니 天下以爲 公은 慚卿하고 卿은 慚長②이라하다

① ≪後漢書≫에 말했다. "陳寔은 젊어서부터 맑은 덕을 드러냈고 조정에서 부르는 명을 연달아 사양하였으며 문을 닫아걸고 수레를 걸어두고서 한가로이 쉬며 노년을 보냈다. 中平 4년(187)에 집에서 죽었다."

≪傅子≫[19]에 말했다. "진식이 죽자 천하 사람들이 조문했는데, 장례식에 모인 사람이 3만 명이었고 상복을 지어 입은 사람이 백 명이 넘었다."

≪後漢書≫에 말했다. "陳紀도 지극한 덕으로 칭송을 받았다. 형제 〈모두〉 효성으로 〈부모를〉 봉양하였고 가정이 화목하였다."

≪三國志≫ 〈魏志〉에 말했다. "魯國의 孔融은 재주가 높고 거만했는데 나이는 陳羣과 陳紀 중간이었다. 먼저 진기와 벗했다가 나중에 진군과 교제하게 되자 〈진군의 부친인〉 진기에게 절을 하는 것으로 바꾸었고, 이로 말미암아 이름이 드러나게 되었다."

後漢書曰"寔少著淸德, 連辭徵命, 閉門懸車, 棲遲養老. 中平四年卒于家." 傅子曰"寔亡, 天下致弔, 會葬者三萬人, 制衰(최)麻者百數." 後漢書曰"紀亦以至德稱, 兄弟孝養, 閨門雍和." 魏志曰"魯國孔融, 才高倨傲, 年在羣·紀之間. 先與紀友, 後與羣交, 更爲紀拜, 由是顯名."

② ≪博物記≫[20]에 말했다. "太丘縣長[21] 陳寔, 진식의 아들 鴻臚[22] 陳紀, 진기의 아들

---

18) 【補】: 저본에는 '補'가 없으나, 이 일화는 ≪世說新語≫에는 실려 있지 않고 ≪何氏語林≫에 실려 있는 것에 의거하여 '補'자를 보충하였다.

19) ≪傅子≫ : 晉나라의 傅玄(217~278)이 편찬하였고, 주로 儒家사상을 선양하는 내용으로 되어 있어 儒家類에 속한다. ≪隋書≫ 〈經籍志〉와 ≪新唐書≫ 〈藝文志〉에는 140권이라 하였으나, 唐宋시기에 점차 散失되어 ≪宋史≫ 〈藝文志〉에는 5권이라 하였다. 淸나라 때 집록한 輯本 여러 종이 있다.

20) ≪博物記≫ : ≪博物志≫라고도 한다. ≪隋書≫·≪舊唐書≫·≪新唐書≫에 따르면 晉나라의 張華가 지었으며 10권이다. 현재는 일부만 전한다.

21) 縣長 : 현의 장관이다. 인구가 萬戶 이상이면 縣令으로, 만호 이하면 縣長이라고 칭했다.

22) 鴻臚 : 官署의 이름으로 최고 책임자는 卿 또는 正卿으로 불렸다. 빈객을 접대하는 일을 주로 담당하였는데, 周나라 때는 大行人, 秦과 漢나라 초기에는 典客으로 불렸

司空인 陳羣, 진군의 아들 陳泰는 4대에 결쳐 漢과 魏 두 나라에서 모두 명망이 있었으나 그 덕은 점차 줄어들었다. 당시 사람들이 이 때문에 '公은 卿에게 부끄럽고, 卿은 長에게 부끄럽네.'라고 하였다."

博物記曰"太丘長陳寔·寔子鴻臚紀·紀子司空羣·羣子泰, 四世于漢魏二朝, 竝有重名, 而其德漸減. 時人爲其語曰'公慚卿, 卿慚長.'"

17-9 龐士元(龐統)이 吳나라에 이르자 오나라 사람들이 모두 그와 벗을 맺었다. 〈방사원이〉 陸績·顧劭·全琮을 보고 그들에 대한 품평을 했다.

"陸 선생은 이른바 '둔한 말도 발이 빠른 쓸모가 있다'는 경우이고, 顧 선생은 이른바 '둔한 소도 무거운 짐을 지고 멀리 갈 수 있다.'는 경우입니다."

어떤 사람이 물었다.

"품평대로라면 육 선생이 더 낫다는 것입니까?"

〈방사원이〉 말했다.

"둔한 말은 비록 몹시 빠르기는 하지만 한사람만 태울 수 있을 뿐입니다. 둔한 소는 하루에 백리만 가지만 나르는 사람이 어찌 한사람 뿐이겠습니까."

〈이 말에 대해〉 오나라 사람들이 아무도 논란하지 않았다. 〈방사원이 또 품평했다.〉

"全 선생은 명성을 좋아하여 마치 汝南의 樊子昭 같습니다."

龐士元이 **至吳**하니 **吳人**이 **竝友之**①하다 **見陸績**② **顧劭 全琮**③하고 **而爲之目曰 陸子**는 **所謂駑馬有逸足之用**이요 **顧子**는 **所謂駑牛可以負重致遠**이라하다 **或問 如所目**이면 **陸爲勝邪**아하니 **曰 駑馬雖精速**이나 **能致一人耳**요 **駑牛一日行百里**로되 **所致豈一人哉**리오하니 **吳人無以難**하다 **全子**는 **好聲名**하여 **似汝南樊子昭**④라하다

① ≪三國志≫ 〈蜀志〉에 말했다. "周瑜가 南郡을 다스릴 때 龐士元이 功曹였다. 주유가 죽자 방사원이 吳나라까지 영구를 호송했었는데, 오나라 사람들은 그의 이름을 많이 들었기에 〈그가〉 서쪽으로 돌아갈 때에 모두 閶門에 모여 방사원과 이야기를 나누었다."

으며, 景帝 6년에 大行令, 武帝 太初 원년에 大鴻臚로 명칭이 바뀌었다. 東漢 이후에는 주로 조정의 제례의식을 관장하였다.

蜀志曰 "周瑜領南郡, 士元爲功曹. 瑜卒, 士元送喪至吳, 吳人多聞其名, 及當還西, 竝會閶門, 與士元言."

② ≪文士傳≫에 말했다. "陸績은 字가 公紀이다. 어려서부터 뛰어난 총명함과 재주가 있었으며 박학하고 두루 통달하였다. 龐士元은 나이가 육적보다 많았는데 함께 친구를 맺었다. 벼슬은 鬱林太守에 이르렀다. 죽는 날을 스스로 알았는데 32세에 죽었다."

文士傳曰 "績, 字公紀. 幼有儁朗才數, 博學多通. 龐士元年長於績, 共爲交友. 仕至鬱林太守. 自知亡日, 年三十二而卒."

③ 環濟의 ≪吳紀≫에 말했다. "全琮은 字가 子黃으로 吳郡 錢塘 사람이다. 德行과 氣概가 있었고 大司馬가 되었다."

環濟吳紀曰 "琮, 字子黃[23], 吳郡錢塘人. 有德行義槩, 爲大司馬."

④ 蔣濟의 ≪萬機論≫에 말했다. "許子將(許劭)은 〈인물에 대한〉 평가가 공평하지 못했으니 樊子昭를 발탁하고 許文休(許靖)를 물러나게 했기 때문이다. 劉曄이 〈이런 생각에 대해〉 반론하며 '번자소는 장사치에서 발탁되었는데 나이가 칠순에 이를 때까지 〈조정에서〉 물러나서는 조용하게 지낼 수 있었으며 〈조정에〉 나아가서는 함부로 사람들과 다투지 않았습니다.'라고 하기에, 내가 '번자소는 참으로 어려서부터 노년에 이르기까지 용모는 바르고 고결하였습니다. 그렇지만 그가 남의 말에 끼어들어 볼을 부풀리고 입술을 뒤집으며 격렬히 말하는 것을 보건대 처음부터 허문휴의 상대가 아닙니다.'라고 하였다."

蔣濟萬機論曰 "許子將褒貶不平, 以拔樊子昭而抑許文休. 劉曄難曰 '子昭拔自賈豎, 年至七十, 退能守靜, 進不苟競.' 濟答曰 '子昭誠自幼至長, 容貌完潔. 然觀其插齒牙, 樹頰頦, 吐脣吻, 自非文休之敵.'"

【頭註】

○ 劉辰翁 : 또한 급하게 바꾼 말이다. 駿馬가 태워도 이와 같을 뿐이다.

劉云 "亦捷急變化語, 卽駿馬所致, 亦如此耳."

17-10 **【補】**[24] 張輔吳(張昭)가 孫權과 함께한 자리에서 劉子初(劉巴)는 도량이 좁으며 너무 심하게 張飛를 거부하지 말았어야 했다고 주장한 적이 있었다. 손권이

---

23) 黃 : ≪三國志≫ · ≪續後漢書≫ · ≪太平御覽≫ 등에는 모두 '璜'으로 되어 있다.

24) 【補】 : 저본에는 '補'가 없으나, 이 일화는 ≪世說新語≫에는 실려 있지 않고 ≪何氏語林≫에 실려 있는 것에 의거하여 '補'자를 보충하였다.

말했다.

"만약 유자초가 세상의 흐름을 좇아 張翼德(장비)의 뜻에 영합했다면 이는 사귀지 말아야 될 사람을 사귄 것이니, 어찌 高士라고 칭할 수 있겠는가."

張輔吳①가 在孫權坐②에 嘗論하되 劉子初褊阨하고 不當拒張飛太甚③이라하니 權曰 若令子初隨世沈浮하여 容悅翼[25]德이면 交非其人이니 何足稱高士④리오하다

① ≪吳紀≫에 말했다. "張昭는 字가 子布로 彭城 사람이다. 젊어서 학문을 좋아해 白侯子安에게 ≪春秋左氏傳≫을 배웠으며 많은 서적을 두루 보았다. 瑯琊의 趙昱과 東海의 王朗과 함께 유명했으며 사이가 좋았다. 벼슬은 輔吳將軍을 지냈다."
吳紀曰"張昭, 字子布, 彭城人. 少好學, 從白侯子安受左氏春秋, 博覽衆書. 與瑯琊趙昱・東海王朗俱發名友善. 官輔吳將軍."

② ≪三國志≫ 〈吳志〉에 말했다. "孫權은 字가 仲謀이다. 형인 孫策이 여러 郡을 평정하고 나서 손권을 陽羨縣長으로 삼았다. 郡에서 孝廉으로 천거되어 奉義校尉의 직을 행하였다. 漢나라 조정에서 劉琬을 파견해 손책에게 錫命[26]을 내렸는데, 유완이 사람들에게 '내가 살펴보건대, 손씨 형제는 비록 각각 재주가 뛰어나고 이름이 알려졌지만 모두 福祿을 끝까지 누리지 못할 상입니다. 오직 가운데 동생인 효렴(손권)만 용모가 특별하고 체격이 범상치 않아 크게 귀하게 될 표상을 지니고 있으며 또 가장 장수할 상입니다.'라고 하였다."

孫權

≪江表傳≫[27]에 말했다. "孫堅이 下邳丞이었을 때 孫權이 태어났는데 턱은 각지고 입은 컸으며 눈에는 밝은 빛이 있어 손견이 이를 기이하게 여기고 귀하게 될 상이라고 생각했다. 손책이 江東에서 거사하자 손권이 늘 수행했다. 성정과 도량이 넓고 밝았고, 인자하면서도 과단성이 많았으며, 협객을 좋아하고 선비를 양성하였다. 함께 계책을 세울 때마다 손책은 스스로 손권에게 미치지 못한다고 여겼다."

---

25) 翼 : ≪郝氏續後漢書≫・≪天中記≫・≪何氏語林≫에는 '玄'으로 되어 있다.

26) 錫命 : 천자가 큰 공을 세운 신하에게 내리는 은혜로운 명령으로, 의복같은 여러 물건을 함께 하사하였다.

27) ≪江表傳≫ : 西晉의 虞溥가 지었다. ≪舊唐書≫ 〈經籍志〉와 ≪新唐書≫ 〈藝文志〉에는 5권이라고 하였는데 지금은 전하지 않고 일부만 전한다. 江表는 長江 이남의 지역으로 南方 六朝에 대한 범칭이다.

吳志曰"孫權, 字仲謀. 兄策旣定諸郡, 以權爲陽羨長. 郡察孝廉, 行奉義校尉. 漢遣劉琬加策錫命, 琬語人曰'吾觀孫氏兄弟, 雖各才秀名[28]達, 然皆祿祚不終. 唯中弟孝廉, 形貌奇偉, 骨體不恒, 大貴之表, 年又最壽.'" 江表傳曰"堅爲下邳丞時, 生權, 方頤大口, 目有(晴)〔精〕[29]光, 堅異之, 以爲有貴象. 及策起事江東, 權嘗隨從. 性度弘朗, 仁而多斷, 好俠養士. 每參同計謀, 策自以爲不及."

③ ≪三國志≫ 〈蜀志〉에 말했다. "劉巴는 字가 子初로 零陵 烝陽 사람이다. 젊어서부터 이름이 알려졌다. 先主(劉備)가 益州를 평정하고 불러서 左將軍西曹掾으로 삼았다. 陳羣이 諸葛亮에게 서신을 보낸 적이 있는데 유파의 소식을 물으면서 '劉君子初'라고 칭하며 매우 존중하였다."

≪零陵先賢傳≫[30]에 말했다. "張飛가 유파에게 가서 묵은 적이 있었는데 유파가 말을 걸지 않자 장비는 분한 마음에 화가 일었다. 제갈량이 유파에게 '장비는 비록 무인이지만 足下를 존경하고 흠모합니다. 主公이 지금 문인과 무인을 모아 大事를 정하려고 하고 있습니다. 족하는 비록 천성이 高明하나 의당 뜻을 조금은 굽히셔야 하겠습니다.'라고 하자, 유파가 '대장부가 처세하면서 마땅히 四海의 英雄들과 교제해야 할 것이지 어찌하여 병사와 이야기를 나누겠습니까.'라고 하였다. 劉備가 이를 듣고는 노하여 '나는 천하를 평정하고자 하는데 유자초(유파)는 오로지 이를 어지럽히는구나. 그는 북쪽으로 돌아가려고 여기에서 길을 빌린 것이다. 어찌 나의 일을 이루어 주려고 하겠는가.'라고 하였다. 유비는 또 '유자초는 재주와 지혜가 다른 사람들보다 훨씬 뛰어나니 나 같은 사람이면 부릴 수 있어도 나 같은 사람이 아니면 혼자서 부리기가 어렵다.'라고 하였다. 제갈량도 '軍幕에서 계획을 짜는 일은 내가 유자초만은 못하지만, 북과 북채를 들고 軍營에 모여 백성들로 하여금 기쁜 마음으로 전장에 나가게 하는 일은 마땅히 다른 사람과 의논해야 할 것이다.'라고 하였다."

三國志曰"劉巴, 字子初, 零陵烝陽人, 少知名. 先主定益州, 辟爲左將軍西曹掾. 陳羣嘗與諸葛亮書, 問巴消息, 稱曰劉君子初, 甚敬重焉." 零陵先賢傳曰"張飛嘗就巴

---

28) 名 : ≪三國志≫ 〈吳志〉와 ≪世說新語≫ 〈容止〉에 인용된 〈吳志〉에는 모두 '明'으로 되어 있다.

29) 晴(精) : 저본에는 '晴'으로 되어 있으나, ≪何氏語林≫과 ≪李卓吾批點世說新語補≫(安永本)에는 '睛'으로 되어 있고, ≪郝氏續後漢書≫ 〈孫權列傳〉, ≪太平御覽≫ 〈偏霸部〉 등에는 모두 '精'으로 되어 있다. 눈속의 밝은 빛을 뜻할 때 '睛'과 '精'는 서로 통하므로 이것과 위의 여러 서적에 의거하여 '精'으로 바로잡았다.

30) ≪零陵先賢傳≫ : ≪隋書≫ 〈經籍志〉와 ≪舊唐書≫, ≪新唐書≫ 모두 1권이라고만 하고 저자를 밝히지 않았다.

宿, 巴不與語, 飛忿恚. 亮謂巴曰 '張飛雖武人, 敬慕足下. 主公今方收合文武, 以定大事. 足下雖天素高亮, 宜少降意也.' 巴曰 '大丈夫處世, 當交四海英雄, 如何與兵子共語乎.' 備聞之, 怒曰 '孤欲定天下, 而子初專亂之. 其欲還北, 假道於此, 豈欲成孤事邪.' 備又曰 '子初才智絶人, 如孤可任用之, 非孤者難獨任也.' 亮亦曰 '運籌策於幃幄之中, 吾不如子初. 若提枹鼓, 會軍門, 使百姓喜勇, 當與人議之耳.'"

④ ≪三國志≫ 〈蜀志〉에 말했다. "張飛는 字가 翼德으로 涿郡 사람이다. 젊어서 關羽와 함께 先主(劉備)를 섬겼다. 선주가 漢王이 되자 右將軍에 제수되었다. 부하에게 살해되었다."

蜀志曰 "張飛, 字翼德, 涿郡人. 少與關羽俱事先主. 先主爲漢王, 拜右將軍. 爲帳下所殺."

【頭註】

○ '翼'자가 ≪何氏語林≫에서는 '玄'자로 되어 있다.

翼, 語林作玄.

17-11 王朗은 매번 식견과 도량이 훌륭하다고 華歆(화흠)을 높이 평가했는데, 화흠이 蜡日(사일)[31]에 한번은 자식과 조카들을 모아놓고 연회를 열자 왕랑 또한 그것을 따라했다. 어떤 사람이 張華에게 그 일을 이야기하자, 장화가 말했다. "왕랑이 화흠을 따라하는 것은 모두 밖으로 보이는 껍데기이니, 차이가 그래서 더욱 벌어집니다."

王朗은 每以識度 推華歆이러니 歆이 蜡日①에 嘗集子姪하여 燕飮하니 王亦學之라 有人向張華說此事하니 張曰 王之學華은 皆是形骸之外니 去之所以更遠이라하다

① ≪禮記≫에 말했다. "天子의 큰 蜡祭(사제)는 여덟 가지이니, 伊耆氏가 처음 사제를 만들었다. '蜡'는 '찾는다'는 뜻이다. 매년 12월에 만물을 모아놓고 〈모든 신을〉 찾아내 제사를 지내는 것이다."

≪五經要義≫[32]에 말했다. "三代에 臘祭를 이름하면서 夏나라는 嘉平이라 하고 殷나라는 淸祀라고 하고 周나라는 大蜡라고 했는데, 통틀어 '臘'이라고 한다."

---

31) 蜡日(사일) : 옛날 음력 12월에 여러 신에게 합동으로 제사지내는 날이다.

32) ≪五經要義≫ : ≪隋書≫ 〈經籍志〉에는 5권이고 雷氏가 지었다고 하고, ≪舊唐書≫와 ≪新唐書≫에는 5권이고 劉向이 지었다고 하였다.

晉나라의 博士 張亮은 "蜡祭는 만물을 모아 〈모든 신을〉 찾아내 제사를 지내고 연말에 노인들과 백성들을 쉬게 하는 것이다. 臘祭는 宗廟와 五祀에 제사지내는 것이다. 〈傳〉에 '臘은 잇는다〔接〕는 뜻이다.'라고 했으니, 제사를 지내면 새것과 옛것이 이어지는 것이다. 秦漢 이래로 납제 다음날을 祝歲라고 하는데, 옛날부터 전해져오는 말이다."라고 주장하였다.

禮記曰 "天子大蜡八, 伊耆氏始爲蜡. 蜡, 索也. 歲十二月, 合聚萬物而索饗之." 五經要義曰 "三代名臘, 夏曰嘉平, 殷曰淸祀, 周曰大蜡, 總謂之臘." 晉博士張亮議曰 "蜡者, 合聚百物索饗之, 歲終休老息民也. 臘者, 祭宗廟・五祀. 傳曰 '臘, 接也.' 祭則新故交接也. 秦漢已來, 臘之明日爲祝歲, 古之遺語也."

17-12 司馬文王(司馬昭)이 武陔(무해)에게 물었다.

"陳玄伯(陳泰)은 그 부친 司空(陳羣)과 비교해서 어떠한가?"

무해가 말했다.

"사리에 밝고 인품이 고상하며 활달하고 호쾌해서 능히 천하의 교화를 자신의 임무로 여길 수 있는 점에서는 〈진태가 부친인 진군만〉 못합니다. 상세히 알고 완벽히 이해하며 간결하면서 주도면밀하여 공을 세우고 일을 실행하는 점에서는 부친보다 낫습니다."

司馬文王이 **問武陔**①하되 **陳玄伯**은 **何如其父司空**가하니 **陔曰 通雅博暢**하여 **能以天下聲敎爲己任者**는 **不如也**나 **明練簡至**하여 **立功立事**는 **過之**②라하다

① 虞預의 ≪晉書≫에 말했다. "武陔는 字가 元夏로 沛國 竹邑 사람이다. 부친 武周는 魏나라 光祿大夫였다. 무해와 두 동생인 武韶와 武茂는 어려서부터 칭찬을 받았고 나란히 재주와 명망이 있었는데, 고장 사람들과 부형들은 〈그 그릇의 크기가〉 얼마인지는 알아차리지 못했다. 당시 같은 郡의 劉公䄵이 인물을 알아보는 것으로 유명했는데 한번은 무주를 찾아가자 무주가 아들 셋을 보여주었다. 유공창이 '〈세 아이는〉 모두 나라의 뛰어난 인물들입니다. 武元夏(무해)의 器量이 가장 뛰어나서 황제를 보좌할 만한 기풍이 있으니 벼슬길에 힘을 쓰면 亞公이 될 수 있습니다. 武叔夏(무소)와 武季夏(무무)는 常伯[33]과 納言[34] 보다 아래는 되지 않을 것입니

33) 常伯 : 원래는 周나라의 관직명으로 군주의 좌우에서 백성에 관한 일을 관리하던 大臣이다. 후대에는 侍中이나 散騎常侍 같이 황제 가까이서 모시던 近臣을 가리킨다.

다.'라고 하였다. 무해는 벼슬이 僕射(복야)에 이르렀다."

虞預晉書曰 "陔, 字元夏, 沛國竹邑人. 父周, 魏光祿大夫. 陔及二弟韶・茂總角見稱, 竝有器望, 鄕人諸父, 未能覺其多少. 時同郡劉公袒名知人, 嘗造周, 周見(현)其三子. 袒曰 '皆國士. 元夏器量最優, 有輔佐之風. 展力仕宦, 可爲亞公. 叔夏・季夏不減常伯・納言也.' 陔仕至僕射."

② ≪三國志≫ 〈魏志〉에 말했다. "武陔가 陳泰와 사이가 좋았으므로 司馬文王(司馬昭)이 〈진태에 대해〉 물어본 것이다."

魏志曰 "陔與泰善, 故文王問之."

【頭註】

○ 王世懋 : 맞는 듯도 하지만 그 핵심에는 아직 이르지 못했다.

王云 "亦似得之, 但未及其正骨耳."

17-13 **【補】**[35)] 晉 武帝(司馬炎)가 胡威와 이야기를 나누던 차에 그의 부친의 맑은 덕에 대해 언급하다가 마침내 호위에게 물었다.

"卿은 스스로 생각할 때 부친과 비교해 누가 더 청렴하다고 여기는가?"

호위가 말했다.

"제가 어찌 감히 신의 아비를 바랄 수가 있겠습니까."

무제가 다시 물었다.

"경의 부친은 어떤 점이 더 나은 것인가?"

호위가 답했다.

"신의 아비는 청렴함을 사람들이 알까봐 늘 두려워했으며, 신은 청렴함을 사람들이 알지 못할까봐 늘 두려워합니다."

晉 武帝(司馬炎)

晉武與胡威語次에 **因及其父淸德**하고 **遂問威曰 卿自謂孰與父淸**고하니 **威曰 威乃何敢望臣父**리오하다 **帝又**

34) 納言 : 관직명으로 王命의 출납을 관장한다.

35) **【補】**: 저본에는 '補'가 없으나, 이 일화는 ≪世說新語≫에는 실려 있지 않고 ≪何氏語林≫에 실려 있는 것에 의거하여 '補'자를 보충하였다.

問 卿父는以何爲勝耶아하니 威答曰 臣父는 淸常恐人知이오 臣은 淸常恐人不知①라하다

① ≪晉陽秋≫에 말했다. "胡威는 字가 伯虎로 淮南 사람이다. 부친 胡質은 충성과 청렴으로 유명하였다. 호질이 荊州刺史였을 때 호위가 서울에서 문안하러 갔었다가 돌아가겠다고 아뢰자, 호질이 호위에게 비단 1필을 주었다. 호위가 무릎을 꿇고 '아버님께서는 깨끗하고 고상하신 분인데 어디에서 이것을 받으셨습니까?'라고 하자, 호질이 '이는 나의 남은 봉록이므로 너에게 路糧으로 주는 것일 뿐이다.'라고 하였고, 호위는 받고서 길을 나섰다. 客舍에 이를 때마다 직접 나귀를 놓아서 먹이고 땔나무를 구해와 밥을 지어먹었으며, 다 먹고 나서는 다시 사람들을 따라 길을 갔다. 호질의 〈부하인〉 帳下都督[36]이 몰래 양식을 가져와 그를 기다렸다가 길동무가 되었다. 매사에 〈호위를〉 도와서 처리하고 또 주전부리도 먹으라고 주었다. 호위가 이상하게 여겨 은근히 유도하여 물어보고 도독인 것을 알고는 謝絶하고 돌려보냈다. 나중에 〈이 일을〉 호질에게 이야기하니 호질이 도독을 杖 백 대에 처하고 벼슬을 빼앗았다. 부자의 청렴과 신중함이 이러하였다."

○추하다.

晉陽秋曰 "胡威, 字伯虎, 淮南人. 父質以忠淸顯. 質爲荊州, 威自京師往省之, 及告歸, 質賜威絹一匹. 威跪曰 '大人淸高, 於何得此?' 質曰 '是吾俸祿之餘, 故以爲汝糧耳.' 威受而去. 每至客舍, 自放驢取樵爨炊, 食畢, 復隨旅進道. 質帳下都督陰齎糧要之, 因與爲伴. 每事相助經營之, 又進少飯. 威疑之, 密誘問之, 乃知都督也, 謝而遣之. 後以白質, 質杖都督一百, 除其吏名. 父子淸愼如此." ○醜.

【頭註】

○ 劉辰翁 : 참으로 그 자신은 사람들이 알까봐 두려워하였다. 아버지를 잘 칭송하였다.
劉云 "政自畏人知耳. 善推其父."

17-14 冀州刺史 楊淮의 두 아들 楊喬와 楊髦(양모)는 모두 어릴 때부터 훌륭한 인재였다. 양회는 裴頠(배외)와 樂廣(악광)과 친밀한 사이로, 〈두 아들을〉 보내 그들을 만나보게 하였다. 배외는 性情이 크고 반듯하기에 양교가 고아한 운치가 있는 것을 아껴서 양회에게 말했다.

"양교는 당연히 卿에게 미치겠고 양모는 조금 빠지겠습니다."

악광은 성정이 맑고 순박하기에 양모가 빼어나고 초탈한 점을 아껴 양회에게

36) 帳下都督 : 軍中에서 主將을 보좌하는 관리로, 호위병을 통솔하여 주장을 호위한다.

말했다.

"양교는 자연히 경에게 미칠 것입니다. 그렇지만 양모는 더욱 뛰어날 것입니다."

양회가 웃으며 말했다.

"내 두 아이의 우열은 바로 배외와 악광의 우열이다."

논자들은 이를 평하여 '양교는 비록 고아한 운치가 있지만 언행에 충분히 조심하지 않았으니 악광의 말이 맞다. 그렇지만 둘 모두 걸출한 후진들이다.'라고 했다.

冀州刺史 楊淮①[37] **二子 喬與髦**는 **俱總角**에 **爲成器**라 **淮**는 **與裴頠・樂廣友善**하여 **遣見**(현)**之**라 **頠**는 **性弘方**하여 **愛喬之有高韻**하여 **謂淮曰 喬**는 **當及卿**이로되 **髦**는 **小減也**라하다 **廣**은 **性淸淳**하여 **愛髦之有神檢**하여 **謂淮曰 喬**는 **自及卿**이어니와 **然髦尤精出**이라하다 **淮笑曰 我二兒之優劣**은 **乃裴樂之優劣**이라하다 **論者評之**하여 **以爲喬 雖高韻而檢不匝**하니 **樂言**이 **爲得**이라 **然**이나 **竝爲後出之儁**②이라하다

① ≪世語≫에 말했다. "楊淮는 字가 始立으로 弘農 華陰 사람이다. 증조부 楊彪(양표)와 조부 楊修는 前代에 유명하였고, 부친 楊囂(양효)는 典軍校尉였다. 양회는 元康 연간(291~299) 말에 冀州刺史가 되었다."

荀綽의 ≪冀州記≫에 말했다. "양회는 나라의 기강이 서지 않는 것을 보고는 마침내 술에 빠져 公事를 마음에 두지 않고 유유자적하며 세월을 보내기만 하였다. 成都王(司馬穎)은 양회가 직무를 돌보지 않는다는 것을 알면서도 그가 명사라고 하여 아끼고 쫓아내지 않았으며, 불러서 軍咨議祭酒(군자의좨주)로 삼았다. 〈성도왕의〉 王府가 해산되고는[38] 집에만 있었다. 關東의 諸侯들이 양회를 三公에 임명하여 어진 이를 사모하고 덕이 있는 이를 숭상하는 뜻을 보이고자 했으나, 시행되기 전에 죽었으니 이때 나이가 27세였다."

世語曰"淮, 字始立, 弘農華陰人. 曾祖彪・祖修, 有名前世, 父囂, 典軍校尉. 淮元康末爲冀州刺史." 荀綽冀州記曰"淮見王綱不振, 遂縱酒, 不以官事規意, 逍遙卒歲

---

37) 楊淮 : ≪三國志≫ 〈魏志 陳思王植傳〉과 ≪續後漢書≫ 〈曹植列傳〉에서 인용한 ≪世語≫의 주에 '楊準'으로 되어 있고, ≪晉書≫ 〈樂廣傳〉, ≪太平御覽≫, ≪冊府元龜≫ 등에도 '楊準'으로 되어 있다.

38) 성도왕의……해산되고는 : 成都王 司馬穎은 西晉 말기인 元康 원년(291)부터 光熙 원년(306)까지 16년 동안 지속되어 서진의 몰락을 촉진한 황족들의 내란 사건인 '八王의 亂'을 일으킨 자 중의 1인이었다.

而已. 成都王知淮不治, 猶以其名士, 惜而不遣, 召爲軍咨議祭酒. 府散停家. 關東諸侯欲以淮補三事, 以示懷賢尙德之事, 未施行而卒, 時年二十有七."

② 荀綽(순작)의 ≪冀州記≫에 말했다. "楊喬는 字가 國彦으로 소탈하며 원대한 뜻이 있었고, 楊髦는 字가 士彦으로 온화하며 먼 장래를 내다보는 탁견이 있었다. 모두 후진 가운데 뛰어난 자들로, 裴頠(배외)와 樂廣(악광)에게 소중하게 여겨졌다."

≪晉諸公贊≫에 말했다. "양교는 양회를 닮아 정교하지 못했다. 모두 二千石[39] 이었다. 양모는 石勒에게 살해되었다.

荀綽冀州記曰 "喬, 字國彦, 爽朗有遠意. 髦, 字士彦, 淸平有貴識. 竝爲後出之儁, 爲裴頠・樂廣所重." 晉諸公贊曰 "喬似淮而疎. 皆爲二千石. 髦爲石勒所害."

【頭註】

○ 王世懋 : ≪世說新語≫의 뜻은 이미 정해졌으니, 樂廣이 裴頠보다 낫다.

王云 "世說意已定, 樂優於裴."

17-15 劉令言(劉納)이 처음 洛陽에 들어왔을 때에 여러 名士들을 보고 감탄했다. "王夷甫(王衍)는 너무나 이해가 빠르고 총명하며, 樂彦輔(樂廣)는 내가 존경하는 사람이고, 張茂先(張華)은 내가 이해할 수 없는 사람이고, 周弘武(周恢)는 단점을 활용하는 데 뛰어나고, 杜方叔(杜育)은 장점을 활용하는 데 서툴다."

劉令言이 始入洛①에 見諸名士而歎曰 王夷甫는 太解明하고 樂彦輔는 我所敬이요 張茂先은 我所不解요 周弘武는 巧於用短②하고 杜方叔은 拙於用長③이라하다

① ≪劉氏譜≫에 말했다. "劉納은 字가 令言으로 彭城 叢亭 사람이다. 조부 劉瑾은 樂安縣長, 부친 劉甝(유차)는 魏나라 때 洛陽縣令이었다. 유납은 司隸校尉를 지냈다."

劉氏譜曰 "納,[40] 字令言, 彭城叢亭人. 祖瑾, 樂安長, 父甝[41], 魏洛陽令. 納歷司隸校尉."

② 王隱의 ≪晉書≫에 말했다. "周恢는 字가 弘武으로 汝南 사람이다. 조부 周斐는 永

---

39) 二千石 : 漢나라 때에 郡守의 俸祿이 2,000석이었기에 후대에 군수를 '二千石'으로 칭했다.

40) 納 : ≪晉書≫〈劉隗列傳〉, ≪通志≫〈劉隗列傳〉, ≪冊府元龜≫〈總錄部 品藻〉 등에는 '訥'로 되어 있다.

41) 甝 : ≪世說新語≫와 ≪李卓吾批點世說新語補≫(安永本) 주석에 인용된 ≪劉氏譜≫에는 '甝(함)'으로 되어 있다.

寧少府[42], 부친 周隆은 州의 從事[43]였다. 주회는 벼슬이 秦相에 이르렀고 봉록은 中二千石[44]이었다."

王隱晉書曰"周恢, 字弘武, 汝南人. 祖斐, 永寧少府, 父隆, 州從事. 恢仕至秦相, 秩中二千石."

③ ≪晉諸公贊≫에 말했다. "杜育은 字가 方叔으로 襄城 鄧陵 사람이며 杜襲의 손자이다. 두육은 어려서부터 몹시 총명해 神童으로 불렸고, 장성해서는 풍모와 태도가 아름답고 재주와 글솜씨가 있어 당시 사람들이 '杜聖'으로 불렸다. 여러 관직을 역임하고 國子祭酒(국자좨주)에 이르렀다. 洛陽이 함락되려 할 때[45] 적에게 살해되었다."

晉諸公贊曰"杜育, 字方叔, 襄城鄧陵人, 杜襲孫也. 育幼便岐嶷, 號神童. 及長, 美風姿, 有才藻, 時人號曰杜聖. 累遷國子祭酒. 洛陽將沒, 爲賊所殺."

【頭註】

○ 王世懋 : 〈'太解明'이〉 어떤 데에서는 '太鮮明'으로 되어 있다.

王云"或作太鮮明."

17-16【補】[46] 王平子(王澄)가 한번은 陳留郡의 경계를 지나갔는데, 진류군은 당시 큰 고장으로 〈명망있는〉 人士가 있는 것으로 유명했다. 太守가 아전을 보내 왕평자를 맞이했는데, 왕평자가 아전에게 물어보았다.

---

42) 永寧少府 : 永寧은 삼국시대 위나라에 있었던 太后의 궁 이름이다. 漢나라 이후로 태후의 궁실에는 황제의 궁실처럼 衛尉·少府·太僕의 三卿을 두어 궁실의 사무를 관장하게 하였다.

43) 從事 : 漢나라 이후로 三公 및 州郡의 長官은 모두 僚屬을 자신의 뜻대로 뽑았는데, 이를 '從事'라고 칭했다.

44) 中二千石 : 漢代 관리의 爵秩이다. 二千石은 실제로는 1년에 1,440석을 받아서 2천석에 차지 않았고, 中二千石이 2,160석을 받았다. 한나라 때 중앙 정부의 九卿이 모두 중이천석이었기 때문에 중이천석은 구경의 代稱으로 쓰였는데, 구경은 太常·光祿勳·衛尉·太僕·廷尉·大鴻臚·宗正·司農·少府이다.

45) 洛陽이……때 : '永嘉의 亂'을 말하는 것으로, 西晉 懷帝 때인 永嘉 5년(311)에 匈奴族의 劉淵이 세운 漢나라가 永平城 전투에서 진의 주력부대를 섬멸하고 낙양을 공격하여 함락하고 회제를 포로로 잡은 일이 있었다.

46)【補】: 저본에는 '補'가 없으나, 이 일화는 ≪世說新語≫에는 실려 있지 않고 ≪何氏語林≫에 실려 있는 것에 의거하여 '補'자를 보충하였다.

"이 郡의 人士는 누구인가?"

아전이 말했다.

"蔡子尼(蔡充)와 江應元(江統)이 있습니다."

이때 진류군 사람으로 높은 자리에 있는 이가 많았는데, 왕평자가 그들의 성명을 대며 물어보았다.

"아무개와 아무개 등은 그대 고장 사람이 아닌가? 어찌하여 단지 이 두사람만 칭하는가?"

아전이 말했다.

"아까는 나리께서 사람을 물어보신다고 생각했지 벼슬을 물어보신다고 생각하지 않았습니다."

왕평자가 웃고는 그만두었다. 군에 도착하여 태수에게 말했다.

"예로부터 이 고장에는 〈훌륭한〉 風俗이 있다고 유명했는데 정말 그렇습니다. 말단의 아전도 그것을 알더군요."

王平子嘗行經陳留郡界러니 陳留는 時爲大郡이요 名有人士라 太守遣吏迎王하니 王問吏曰 此郡人士爲誰오하니 吏曰 有蔡子尼과 江應元이니이다 是時郡人이 多居大位者하니 王以其姓名問曰 甲乙等은 非君郡人耶아 何但稱此二人고 吏曰 向謂君侯問人하고 不謂問官位니이다 王笑而止하고 到郡하여 以語太守曰 舊名此邦有風俗이러니 果然이라 小吏도 亦復知此①라하다

① ≪晉諸公贊≫에 말했다. "蔡充은 字가 子尼로 陳留 雍邱 사람이다."

〈蔡充別傳〉에 말했다. "채충의 조부 蔡睦은 蔡邕의 손자이다. 채충은 젊어서부터 학문을 좋아하였고 문아하고 고상하였으며 자태와 용모가 장중하고 엄숙해 누구도 그의 앞에서 경박하게 행동하지 못했다. 高平의 劉整은 俊才로 벼슬이 없는 선비였지만 수레와 의복이 사치스럽고 화려했다. 한번은 사람들에게 '비단옷은 내가 평상시 입는 것일 따름인데 蔡子尼(채충)와 자리를 같이 하게 되면 종일토록 스스로 마음이 편안하지 않다.'라고 이야기하였으니, 이처럼 사람들이 어렵게 여겼다. 채충은 成都王의 東曹掾[47]을 역임했기 때문에 '東曹'라고 불렀다."

---

47) 東曹掾 : 관직명으로 西漢의 丞相府와 東漢의 三公府에서 모두 설치하였다. 漢나라

≪江氏家傳≫[48]에 말했다. "江統은 字가 應元이다. 東海王 司馬越이 불러서 別駕로 삼았다. 당시 從事中郎 庾子嵩(劉敳(유애))은 풍모와 운치가 있어 존중받았는데, 평소 강통의 덕을 존경하여 매번 '지금 司徒가 되어 백성들의 바람을 충족시킬 수 있는 사람으로는 江生(강통)이 바로 적임자이다.'라고 하였다."

晉諸公贊曰 "蔡充[49], 字子尼, 陳留雍邱人." 蔡充別傳曰 "充祖睦, 蔡邕孫也. 充少好學, 有雅尙, 體貌尊嚴, 莫有媟嫚於其前者. 高平劉整俊才, 白衣車服奢麗. 嘗語人曰 '紗縠, 吾常服耳, 遇蔡子尼在坐, 而終日不自安.' 見憚如此. 充歷成都王東曹掾, 故稱東曺." 江氏家傳曰 "江統, 字應元. 東海王越辟爲別駕. 時從事中郎庾子嵩以風韻見重, 雅敬君德, 每云 '當今可以爲司徒, 充民望者, 江生其人也.'"

【頭註】

○ 王世懋 : ≪蔡文姬傳≫에서 魏公(曹操)이 蔡邕에게 후사가 없는 것을 애통해했다고 했는데, 〈주석에 채옹의 손자라는 말이 있으니〉 지금 여기서는 어떻게 후손이 있는 것인가.
王云 "蔡文姬傳謂魏公痛邕無嗣, 今安得有孫."

○ 王世懋 : 또한 그렇지 않다고 바로 말할 수도 없다.
王云 "亦未可便謂不然."

17-17 王大將軍(王敦)이 서쪽 조정(西晉)에 있을 때 周侯(周顗)를 보기만 하면 부채로 얼굴을 가리는 것을 멈추지 못했다. 나중에 江左(江南)로 건너와서는 다시 그렇게 하지 않았다. 왕대장군이 탄식했다.
"내가 진보했는지 周伯仁(주의)이 퇴보했는지 모르겠다."

王大將軍在西朝時에 見周侯면 輒扇障面不得住①이러니 後에 度江左하얀 不能復爾하니 王歎曰 不知케라 我進고 伯仁退②아라하다

① 王敦은 어릴 때부터 장성할 때까지 성격이 흉포하였으니, 石季倫(石崇)이 妓女의

의 公府에서는 사무를 처리하면서 분야를 나누어 東曹, 西曹 등을 두었는데 그 사무의 처리를 책임지는 관원이 曹掾이다. 晉나라도 이 제도를 그대로 사용하였다. 東曹는 주로 관리의 임명과 인재의 천거를 담당하였다.

48) ≪江氏家傳≫ : 7권으로 저자에 대하여 ≪隋書≫ 〈經籍志〉는 江祚 등이, ≪舊唐書≫ 〈經籍志〉는 江統이, ≪新唐書≫ 〈藝文志〉는 江饒가 지었다고 하였다.

49) 充 : 본문과 주석의 모든 '充'자가 景宋本과 ≪太平御覽≫・≪天中記≫・≪何氏語林≫ 등에서는 '克'으로 되어 있다.

목을 베어도[50] 조금도 낯빛이 달라지지 않았다. 이처럼 오만하고 거센데 어찌 周顗를 어려워했겠는가. 그 말은 맞지 않다.

敦性彊梁, 自少及長, (李)〔季〕[51]倫斬妓, 曾無異色. 若斯(微)〔傲〕[52]狠, 豈憚於周顗乎. 其言不然也.

② 沈約의 ≪晉書≫에 말했다. "周顗를 王敦은 평소 어렵게 여겨 〈주의를〉 보기만 하면 얼굴에 열이 나서 아무리 섣달이라도 얼굴에 부채질하기를 그치지 않았으니, 이처럼 어려워했다."

沈約晉書曰 "周顗, 王敦素憚之, 見輒面熱, 雖復臘月, 亦扇面不休, 其憚如此."

【頭註】

○ 劉辰翁 : 洛陽에 있을 때만 해도 周顗(주의)를 어려워했는데 강남으로 건어온 뒤에 王敦이 점차 뜻을 이루자 더 이상 어려워하지 않았음을 말하였다. 그러므로 탄식하며 "내가 진보한 것인지 伯仁이 퇴보한 것인지 모르겠다."라고 한 것이다.

劉云 "謂在洛時, 敦尙畏顗, 過江後敦漸得志, 不復憚矣. 故嘆曰 '不知是我進乎, 伯仁退乎.'"

○ 劉辰翁 : 자신을 몰랐던 적이 없었다.

劉云 "未嘗不自知."

○ 王世懋 : 주석에서 沈約의 ≪晉書≫를 인용해 증명한 것을 보면 앞에서 반박한 말은 劉孝標의 글이 아닌 듯하다.

王云 "觀註引沈書實之, 前駁語似非劉筆."

17-18 **【補】**[53] 衛洗馬(衛玠)는 풍모가 준수했는데,[54] 논자들이 王眉子(王玄), 王

---

50) 石季倫(石崇)이……베어도 : 석숭은 연회를 열 때 늘 미녀를 시켜 술을 돌리게 하였는데, 손님이 술을 다 마시지 않으면 미녀의 목을 베었다. 한번은 王導와 王敦이 석숭의 집에 갔는데, 왕도는 억지로라도 술을 마셨으나 왕돈은 세 명의 목이 달아났음에도 안색의 변화 없이 여전히 마시려고도 하지 않았다. 왕도가 나무라자, "자기가 자기집 사람을 죽이는데 그대와 무슨 상관이랍니까."라고 하였다.(≪世說新語≫ 〈汰侈〉)

51) (李)〔季〕 : 저본에는 '李'로 되어 있으나, ≪世說新語≫와 ≪李卓吾批點世說新語補≫(安永本)에 의거하여 '李'를 '季'로 바로잡았다.

52) (微)〔傲〕 : 저본에는 '微'로 되어 있으나, ≪李卓吾批點世說新語補≫(安永本)에 의거하여 '微'를 '傲'로 바로잡았다.

53) **【補】** : 저본에는 '補'가 없으나, 이 일화는 ≪世說新語≫에는 실려 있지 않고 ≪何氏語林≫에 실려 있는 것에 의거하여 '補'자를 보충하였다.

54) 衛洗馬(衛玠)는……준수했는데 : 衛玠는 潘安, 蘭陵王(高長恭), 宋玉과 더불어 고대 중국의 4대 미남으로 불린다.

平子(王澄), 王武子(王濟) 보다 낫다고 여겼다. 세상 사람들이 이 때문에 말했다.

"王氏들의 세 아들이 衛氏 집 애 하나만 못하네."

衛洗馬는 天韻標令하여 論者以爲 出王眉子・平子・武子之右라하니 世人이 爲之語曰 諸王三子가 不如衛家一兒라하다

17-19 會稽의 虞騑(우비)는 〈東晉〉 元帝 때 桓宣武(桓溫)와 동료였다.[55] 그에게는 뛰어난 재주와 훌륭한 명망이 있었다. 王丞相(王導)이 한번은 우비에게 말했다.

"孔愉는 三公이 될 만한 재주가 있으나 삼공에 걸맞는 명망이 없고, 丁潭은 삼공에 걸맞는 명망이 있으나 삼공이 될 만한 재주가 없습니다. 이것을 겸비한 사람은 그대일 것입니다."

〈그러나〉 우비는 현달하지 못하고 죽었다.

會稽虞騑①는 元皇時②에 與桓宣武로 同俠이라 其人有才理勝望하여 王丞相이 嘗謂騑曰 孔愉는 有公才나 而無公望③이오 丁潭는 有公望이나 而無公才④니 兼之者는 其在卿乎인저라하다 騑未達而喪⑤하니라

① ≪虞光祿傳≫에 말했다. "虞騑는 字가 思行으로 會稽 餘姚 사람이다. 虞翻의 曾孫이고 右光祿大夫 虞潭의 형의 아들이다. 비록 재치와 재능은 우담에게 미치지 못했으나 훌륭한 품행은 그보다 나았다. 吏部郎과 吳興太守를 역임했으며 金紫光祿大夫로 불려갔다가 죽었다."
虞光祿傳曰 "騑, 字思行, 會稽餘姚人, 虞翻曾孫, 右光祿潭兄子也. 雖機幹不及潭, 而至行過之. 歷吏部郎・吳興守, 徵爲金紫光祿大夫, 卒."

② 朱鳳의 ≪晉書≫에 말했다. "元皇帝는 諱가 睿이고 字가 景文이다. 조부 司馬伷(사마주)가 瑯琊王에 봉해졌고 부친 恭王 司馬覲이 〈이를〉 이었고 황제가 작위를 이어받아 瑯琊王이 되었다. 어려서부터 총명했다. 난리[56] 때문에 강남으로 건너와

55) 宣武(桓溫)와 동료였다 : ≪晉書≫ 〈虞騑傳〉에 "與譙固・桓彝俱爲吏部郎, 情好甚篤."이라고 한 것에 따르면 '宣武'는 '宣城'이 되어야 할 듯하고 '同俠'도 '同僚'의 오류인 듯하다. 우선 '同俠'은 뜻이 통하지 않으므로 '同僚'로 고쳐 번역하였다.

56) 난리 : 西晉 懷帝 때인 永嘉 5년(311)에 匈奴族의 劉淵이 세운 漢나라가 永平城 전투에서 진의 주력부대를 섬멸하고 낙양을 공격하여 함락하고 회제를 포로로 잡았던

義兵을 일으켰다가 마침내 황제의 자리에 올랐다."

諡法에서는 "처음 국가의 수도를 건설한 사람을 '元'이라 한다."라고 한다.

朱鳳晉書曰"帝, 諱睿, 字景文. 祖伷, 封瑯琊王, 父恭王覲嗣, 帝襲爵爲瑯琊王. 少而明惠. 因亂過江起義, 遂卽皇帝位." 諡法曰"始建國都曰'元'."

③ ≪孔愉別傳≫에 말했다. "孔愉는 字가 敬康으로 會稽 山陰 사람이다. 처음에는 中宗(司馬睿)의 參軍으로 불려갔었고, 華軼을 토벌하는 데 공이 있어[57] 餘不亭侯에 봉해졌다. 공유는 젊을 때 거북이 한 마리를 얻어 餘不溪에 놓아준 적이 있었는데, 거북이가 가는 도중에 여러 번 왼쪽으로 고개를 돌려 바라보았다. 나중에 인장을 주조하는데 〈인장 위의〉 거북이가 왼쪽으로 고개를 돌리고 있어서 다시 주조했는데도 여전히 그러했다. 인장 장인이 보고하자 공유는 깨닫고 〈그것을〉 가져와 찼다. 여러 벼슬을 거쳐 尙書左僕射(상서좌복야)가 되었고 〈사후에〉 車騎將軍에 추증되었다."

孔愉別傳曰"愉, 字敬康, 會稽山陰人. 初辟中宗參軍, 討華軼有功, 封餘不亭侯. 愉少時嘗得一龜, 放於餘不溪中, 龜中路左顧者數過. 及後鑄印, 而龜左顧, 更鑄猶如此. 印師以聞, 愉悟, 取而佩焉. 累遷尙書左僕射, 贈車騎將軍."

④ ≪會稽後賢記≫[58]에 말했다. "丁潭은 字가 世康이고 山陰 사람으로 吳나라 司徒 丁固의 曾孫이다. 차분하고 온화하며 명망이 있어 젊어서부터 孔愉와 이름을 나란히 했다. 벼슬은 光祿大夫에 이르렀다."

≪晉陽秋≫에 말했다. "孔敬康(공유), 丁世康(정담), 張偉康은 모두 이름이 널리 드러나 당시 사람들이 '會稽三康'이라고 불렀다. 偉康은 이름이 茂이다. 한번은 큰 코끼리를 잡는 꿈을 꾸고 〈점쟁이〉 萬雅에게 물어보자, 만아가 '그대는 큰 郡의 태수가 될 것입니다만 좋지는 않습니다. 코끼리는 큰 짐승〔獸〕인데 〈짐승〔獸〕은〉 그 글자의 발음이 狩와 같기 때문에 큰 郡의 태수(守)가 되는 것입니다. 그렇지만 코끼리는 상아 때문에 목숨을 잃지요.'라고 하였다. 나중에 吳郡의 태수가 되었는데 말한대로 沈充에게 살해당했다."

'永嘉의 亂'을 말한다.

57) 華軼을……있어 : 華軼은 西晉 말기의 大臣이다. 永嘉의 亂이 발생하여 洛陽이 劉淵의 공격에 함락되고 懷帝가 포로로 잡히자 司空인 荀藩이 司馬睿(나중의 元帝)를 맹주로 추대하였고 사마예는 이에 상급 관리들을 교체했는데, 江州刺史였던 화일은 사마예의 명을 따르지 않다가 죽었다.

58) ≪會稽後賢記≫ : 鍾離岫가 지었는데 그에 대해서는 자세히 알 수 없다. ≪隋書≫ 〈藝文志〉과 ≪通志≫에는 ≪會稽後賢傳記≫ 2권이라고 하였고, ≪舊唐書≫ 〈藝文志〉, ≪緯略≫에는 ≪會稽後賢傳≫ 3권이라고 하여 '記'자가 없다. 지금은 일부만 전한다.

會稽後賢記曰"潭, 字世康, 山陰人, 吳司徒固曾孫也. 沈婉有雅望, 少與孔愉齊名. 仕至光祿大夫." 晉陽秋曰"孔敬康・丁世康・張偉康俱著名, 時謂會稽三康. 偉康, 名茂. 嘗夢得大象, 以問萬雅[59], 雅曰'君當爲大郡, 而不善也. 象, 大獸也, 取其音狩, 故爲大郡. 然象以齒喪身.' 後爲吳郡, 果爲沈充所殺."

⑤〈虞光祿傳〉에 말했다. "虞駿가 台鼎(三公)의 지위에 오르지 못하자 당시 여론이 원통한 일이라고 했다."

虞光祿傳曰"駿未登台鼎, 時論稱屈."

【頭註】

○ 劉辰翁 : 자신의 복이 〈그 자리에〉 미치지 못했을 뿐이다.

劉云"自福不及耳."

17-20 〈東晉의〉 明帝(司馬紹)가 周伯仁(周顗)에게 물었다.

"卿은 스스로 郗鑒과 비교해서 어떻다고 생각하는가?"

주백인이 말했다.

"치감은 신에 비해 조예가 있는 것 같습니다."

〈명제가〉 다시 치감에게 물어보니 치감이 말했다.

"주의는 신에 비해 國士에 걸맞는 家風이 있습니다."

明帝問周伯仁하되 **卿自謂何如郗鑒**고 **周曰 鑒**은**方臣**에 (知)〔如〕[60]**有功夫**이니이다 **復問郗**하니 **郗曰 周顗**는 **比臣 有國士門風**①이니이다

① 鄧粲의 ≪晉紀≫에 말했다. "周伯仁(周顗)은 맑고 바르며 단정하고 장중하여 덕망 있다고 칭송되었다."

鄧粲晉紀曰"伯仁淸正嶷然, 以德望稱之."

【頭註】

○ 劉辰翁 : 두 〈사람의〉 말이 각각 볼만하다.

劉云"兩語各可觀."

---

59) 雅 : ≪晉書≫ 〈張茂列傳〉에는 '推'로 되어 있다.

60) (知)〔如〕 : 저본에는 '知'로 되어 있으나, ≪世說新語≫와 ≪李卓吾批點世說新語補≫(安永本)에 의거하여 '如'로 바로잡았다.

17-21 王大將軍(王敦)이 〈서울로〉 내려오자 庾公(庾亮)이 물었다.

"경에게 네 사람의 벗이 있다고 들었는데 누구입니까?"

〈왕대장군이〉 답하였다.

"그대 집안의 庾中郎(庾敳), 우리 집안의 王太尉(王衍)와 王阿平(王澄), 胡毋彦國입니다. 왕아평이 아무래도 가장 못할 것입니다."

유공이 말했다.

"〈왕아평은〉 못하다는 것을 인정하려 들지 않을 듯합니다."

유공이 또 물었다.

"누가 가장 뛰어납니까?"

왕대장군이 말했다.

"자연히 〈그에 해당하는〉 사람이 있지요."

〈유공이〉 또 물었다.

"누구입니까?"

왕대장군이 말했다.

"아, 자연히 公論이 있을 것입니다."

좌우에 있던 사람이 〈눈치를 주며〉 유공의 발을 밟자, 유공이 그제야 멈추었다.

王大將軍이 下에 庾公問 聞卿有四友라하니 何者是오 答曰 君家中郎과 我家太尉·阿平과 胡毋彦國①이니 阿平이 故當最劣이라 庾曰 似未肯劣이라하고 庾又問 何者 居其右오하니 王曰 自有人이라하고 又問 何者是오하니 王曰 噫라 其自有公論이리라하다 左右躡公하니 公乃止②하다

① ≪八王故事≫에 말했다. "胡毋輔之(胡毋彦國)는 젊어서부터 〈사람이〉 고상한지 속된지 알아보는 감식안이 있었고, 王澄·庾敳(유애)·王敦·王夷甫(王衍) 등의 네 사람과 벗했다." 그래서 지금 〈왕돈이 이렇게〉 대답한 것이다.
八王故事曰 "胡毋輔之少有雅俗鑒識, 與王澄·庾敳·王敦·王夷甫爲四友." 今故答也.

② 王敦 스스로는 뛰어난 사람이 자신이라고 생각했던 것이다.
敦自謂右者在己也.

【頭註】

○ 劉辰翁 : 이 말에서 보면 庾亮의 안중에는 王敦이 없었고 왕돈의 안중에는 유량이 없었다.
劉云 "此語庾目中無王, 王目中無庾."

17-22 어떤 사람이 왕승상(王導)에게 물었다.

"周侯(周顗)는 和嶠와 비교해 어떻습니까?"

〈왕승상이〉 답했다.

"和長輿(화교)는 〈높은 산처럼〉 우뚝합니다."

人問丞相하되 周侯는 何如和嶠이니잇고하니 答曰 長輿嵯櫱①이라하다

① 虞預의 ≪晉書≫에 말했다. "和嶠는 깊히 자신을 수양하여 견줄 사람이 없을 정도로 우뚝하게 뛰어났다."
虞預晉書曰 "嶠厚自封植, 嶷然不羣."

【頭註】

○ 劉辰翁 : '嵯櫱'은 요즘 말인 '牙槎'와 같다.[61]
劉云 "嵯櫱猶今言牙槎."

○ 劉辰翁 : 〈대답이〉 적절하다.
又云 "得體."

61) 嵯櫱는……같다 : '牙槎'는 '앙상한 모양'의 뜻이니 여기의 문맥과는 맞지 않다. 높다는 뜻인 '峨嵯'의 발음과 같은 것을 취한 것인 듯하다.

18. 품조 하 品藻 下

18-1 明帝(司馬紹)가 謝鯤에게 물었다.

"그대는 庾亮과 비교해서 스스로가 어떻다고 생각하는가?"

〈사곤이〉 답하였다.

"조정에서 禮服을 입고서 모든 臣僚들로 하여금 모범으로 삼도록 하는 일이라면 신은 유량만 못합니다. 그러나 자연에 은거하며 마음껏 즐기는 일이라면 그보다 낫다고 스스로 생각합니다."

明帝問謝鯤호되 君自謂何如庾亮고하니 答曰 端委廟堂하여 使百僚準則은 臣不如亮이나 一丘一壑은 自謂過之①니이다

① ≪晉陽秋≫에 말했다. "謝鯤이 王敦을 따라 내려와 入朝하고, 太子를 東宮에서 만나 저녁이 되도록 이야기를 나누었다. 태자가 조용히 사곤에게 '論者들은 그대를 庾亮에 비교하던데 누가 더 낫다고 생각하는가?'하니, 대답하기를 '宗廟의 훌륭함과 百官의 성대함으로는 신이 유량만 못합니다만, 자연에서 마음껏 노니는 일로는 그보다 낫다고 스스로 생각합니다.'라고 하였다."

鄧粲의 ≪晉紀≫에 말했다. "사곤과 王澄의 무리는 竹林의 사람들[1]을 흠모하여 머리카락은 풀어 헤치고 웃통은 벗고 앉을 때는 두 다리를 뻗쳤으니, 〈사람들이〉 그들을 '八達'이라고 했다. 그래서 이웃집의 여자가 그의 이 두 개를 부러뜨렸다.[2]

1) 竹林의 사람들 : 老莊의 사상을 숭상하여 죽림에서 淸談으로 세월을 보낸 山濤·王戎·劉伶·阮籍·阮咸·嵇康·向秀로 이루어진 竹林七賢을 말한다.

2) 이웃집의……부러뜨렸다 : 사곤이 이웃인 高氏 집의 아름다운 딸에게 집적거리자 그녀가 베를 짜는 데 쓰는 북〔梭〕을 던지는 바람에 이 두 개가 부러진 일이 있었다.(≪晉書≫ 〈謝鯤傳〉)

세상 사람들이 이를 두고 노래하기를 '끊임없이 멋대로 굴다가 謝幼輿(사곤)는 이가 부러졌네.'라고 하였다. 사곤은 뜻이 고상하고 기개가 원대하여 조정의 촉망을 받았으므로 당시에 〈사람들이〉 유량을 그에게 견주었다."
晉陽秋曰"鯤隨王敦下, 入朝, 見太子於東宮, 語及夕. 太子從容問鯤曰 '論者以君方庾亮, 自謂孰愈?' 對曰 '宗廟之美, 百官之富, 臣不如亮. 縱意丘壑, 自謂過之.'"
鄧粲晉紀曰"鯤與王澄之徒, 慕竹林諸人, 散首披髮, 裸袒箕踞, 謂之八達. 故隣家之女, 折其兩齒. 世爲謠曰 '任達不已, 幼輿折齒.' 鯤有勝情遠槩, 爲朝廷之望, 故時以庾亮方焉."

18-2 세상의 논평으로는 溫太眞(溫嶠)은 강을 건너온 二流의 인물 중에 〈순위가〉 높은 사람이었는데, 당시 이름난 이들이 인물들에 대해 같이 이야기하면서 一流의 인물들이 다 끝날 때가 되면 사교는 늘 얼굴빛이 변하곤 했다.

世論에 **溫太眞**은 **是過江第二流之高者**이어늘 **時名輩共說人物**하여 **第一將盡之間**에 **溫常失色**①하다

① ≪溫氏譜≫의 序에 말했다. "晉나라 大夫 郤至가 溫 땅에 봉해졌는데, 그 자손들이 이것을 계기로 온을 성씨로 삼고 太原의 祁縣에 거주하면서 郡의 유명한 성씨가 되었다."
溫氏譜序曰"晉大夫郤至封於溫, 子孫因氏, 居太原祁縣, 爲郡著姓."

【頭註】
○ 劉應登 : 〈일류의 인물 속에〉 자기를 언급하지 않을까 걱정한 것이다.
應登云"恐不及己."

18-3 【補】[3] 支道林(支遁)이 會稽王(司馬昱)을 〈다음과 같이〉 평가했다.
"高遠한 풍채는 있지만 고원한 정신은 없다."

支道林이 **目會稽王**하되 **有遠體而無遠神**①이라하다

① 簡文帝(司馬昱)는 처음에 會稽王에 봉해졌었다.
簡文初封會稽王.

---

3) 【補】: 저본에는 '補'가 없으나, 이 일화는 ≪世說新語≫에는 실려 있지 않고 ≪何氏語林≫에 실려 있는 것에 의거하여 '補'자를 보충하였다.

18-4【補】[4] 어떤 사람이 江左(東晉) 사람들의 우열에 대해 묻자 顔光祿(顔含)이 말했다.

"周伯仁(周顗)은 바르고 鄧伯道(鄧攸)는 맑고 卞望之(卞壼)는 절개가 있는데, 나머지는 모르겠다."

或이 問江左諸人優劣하니 顔光祿이 曰 周伯仁之正과 鄧伯道之淸과 卞望之之節이요 餘則吾不知라하다

18-5 王丞相(王導)이 王藍田(王述)을 불러 속관으로 삼았다. 庾公(庾亮)이 왕승상에게 물었다.

"왕남전은 어떻습니까?"

왕승상이 말했다.

"진솔하고 독특하며 질박하고 고귀한 점에서는 아버지(王承)나 할아버지(王湛)에게 뒤지지 않습니다. 그렇지만 도량이 크고 마음이 깨끗한 점에서는 참으로 그들만 못합니다."

王丞相이 辟王藍田爲掾하니 庾公問 丞相 藍田何似오 王曰 眞獨簡貴는 不減父祖나 然이나 曠澹處는 故當不如爾①라하다

① 王懷祖(王述)는 편협하기 때문이다.
以懷祖狷隘故也.

18-6 어떤 사람이 林公(支遁)에게 물었다.

"王司州(王胡之)는 두 謝氏(謝安과 謝萬)와 비교해 어떻습니까?"

임공이 말했다.

"사안을 붙잡고 올라가고 사만을 끌어올려 주어야 합니다."[5]

---

4)【補】: 저본에는 '補'가 없으나, 이 일화는 ≪世說新語≫에는 실려 있지 않고 ≪何氏語林≫에 실려 있는 것에 의거하여 '補'자를 보충하였다.

5) 사안을……합니다 : 사안의 아래이고 사만의 위라는 뜻이다.

或問林公 司州는 **何如二謝**오하니 **林公曰 故當攀安提萬**①이라하다

① ≪王胡之別傳≫에 말했다. "왕호지는 담론을 좋아하고 글을 잘 지어 당시 사람들이 존중하였다."
王胡之別傳曰 "胡之好談諧, 善屬文辭, 爲當世所重."

【頭註】
○ 劉辰翁 : 말<의 표현>이 억지스럽지만 뜻이 있다.
劉云 "語强, 然有思."

18-7 孫興公(孫綽)과 許玄度(許詢)는 모두 당대의 유명 인사였다. 혹자는 허현도의 고상한 정취를 소중히 여기면 손흥공의 방탕한 행위를 비루하게 여겼고, 혹자는 손흥공의 글 짓는 재간을 아꼈으나 허현도에게는 취할 게 없다고 여겼다.

孫興公·許玄度는 **皆一時名流**어늘 **或重許高情則鄙孫穢行**하고 **或愛孫才藻而無取於許**①하다

① 宋 明帝의 ≪文章志≫에 말했다. "孫綽은 經史를 두루 섭렵하고 글을 짓는 데 뛰어났으며 許詢과 세속을 벗어난 담론을 함께 나누었다. 허순은 끝까지 뜻을 꺾지 않았으나 손작은 세속의 일에 얽혀 들었다."
≪續晉陽秋≫에 말했다. "손작은 비록 文才가 있었지만 방종하고 추한 행동이 많아 당시 사람들이 비루하다고 여겼다."
宋明帝文章志曰 "綽博涉經史, 長於屬文, 與許詢俱與負俗之談. 詢卒不降志 而綽嬰綸世務焉."
續晉陽秋曰 "綽雖有文才, 而誕縱多穢行, 時人鄙之."

18-8 王孝伯이 말했다.
"謝公(謝安)은 〈情이〉 지극히 진하다."
또 말했다.
"王長史(王濛)는 〈마음이〉 텅 비어 있고 劉尹(劉惔)은 빼어나고 謝公은 활달하다."[6)]

---

6) 王長史(王濛)는……활달하다 : ≪世說講義≫에서는 '텅 비어 있음(虛)'은 '맑음(淡)'과 마찬가지이니 즉 '지극히 진함(濃至)'과 반대이며, '빼어남(秀)'은 그 중간으로 보았다.

王孝伯이 道 謝公은 濃至라하고 又曰 長史는 虛하고 劉尹은 秀하며 謝公은 融①이라하다

①〈融은〉 활달함을 이른다.
謂條暢也.

18-9 王孝伯(王恭)이 謝公(謝安)에게 물었다.
"林公(支遁)은 王右軍(王羲之)과 비교해 어떻습니까?"
사공이 답했다.
"왕우군은 임공보다 낫고, 임공은 王司州(王胡之) 앞에 있으니 〈그〉 또한 지극히 귀합니다."

王孝伯이 問謝公호되 林公은 何如右軍고하니 謝曰 右軍勝林公하고 林公在司州前하나니 亦貴徹①이라하다

① 王羲之와 같다고 말하지 않고 王胡之보다 낫다고 말하였다.
不言若羲之, 而言勝胡之.

18-10 庾道季(庾龢)가 말했다.
"사고의 논리가 조리 있고 조화로운 점에서 나는 韓康伯(韓伯)에게 부끄럽고, 의지력이 강하고 바른 점에서 나는 王文度(王坦之)에게 부끄럽지만, 이 이하의 사람보다는 내가 모두 백배 낫다."

庾道季가 云 思理倫和는 吾愧康伯하고 志力彊正은 吾愧文度나 自此以還은 吾皆百之라하다

【頭註】
○ 王世懋 : 韓季北(韓伯)과 王中郎(王坦之)에 대해 적절하게 말했다.
王云 "道季北·中郎恰得."

18-11 세상 사람들이 殷中軍(殷浩)을 〈다음과 같이〉 품평했다.
"재주와 학문의 훌륭함은 羊叔子(羊祜)와 견줄 만하다."

世目殷中軍 思緯淹通은 比羊叔子①라하다

① 羊祜는 덕이 당대에 높았고 재주로는 〈세상의〉 治亂을 다루었으니, 殷淵源(殷浩)의 횃불 같은 〈작은〉 빛남을 어찌 〈양호의〉 해와 달 같은 〈큰〉 밝음에 비유하겠는가.
羊祜, 德高一世, 才經夷險, 淵源蒸燭之曜, 豈喩日月之明也.

【頭註】

○ ≪세설신어≫ 元代 판본에는 '繹'이 '緯'로 되어있다.
世說元本繹作緯.

18-12 卞望之(卞壼)가 말했다.

"郗公(郗愔)에게는 세 가지 모순이 있다. 반듯하게 윗사람을 섬기면서 아랫사람이 자신에게 아첨하는 것을 좋아하는 것이 첫 번째 모순이다. 맑고 바르게 자신의 몸을 다스리면서 지나치게 계산적인 것이 두 번째 모순이다. 자기는 독서를 좋아하면서 다른 사람들이 학문하는 것을 싫어하는 것이 세 번째 모순이다."

卞望之云 郗公은 **體中有三反**하니 **方於事上**하되 **好下佞已**가 **一反**이요 **治身清貞**하되 **大脩計校**가 **二反**이요 **自好讀書**하되 **憎人學問**이 **三反**①이라하다

① 생각건대, 太尉 劉寔이 王肅에 대해 "반듯하게 윗사람을 섬기면서 아랫사람이 자신에게 아첨하는 것을 좋아하고, 천성적으로 부귀영화를 좋아하면서 구차하게 영합하지 않고, 더럽지 않게 몸을 다스리면서 유달리 재물을 아꼈다."라고 하였으니, 왕숙과 郗愔은 性情이 혹시 같은 것인가?
按太尉劉寔論王肅, 方於事上, 好下佞已, 性嗜榮貴, 不求苟合, 治身不穢, 尤惜財物. 王・郗志性, 儻亦同乎?

【頭註】

○ 劉辰翁 : 사람들 모두 마찬가지이다.
劉云 "人人同."

18-13 王丞相(王導)이 말했다.

"謝仁祖(謝尙)를 만나면 〈그는〉 늘 사람을 진보하도록 하지만, 何次道(何充)와 이야기를 나누면 〈그는〉 다만 손을 들어 땅을 가리키며 '참으로 그렇군요.'라고 말한다."

王丞相云 見謝仁祖면 **恒令人得上**이나 **與何次道語**하면 **唯擧手指地**하며 **曰正自爾**

馨[7)]①이라하다

① 前篇과 여러 책에서는 다 王公(王導)이 何充을 중시하여 반드시 자신을 대신해 재상이 될 것이라고 말했다고 하였다. 그런데 이 문장에서 '손으로 땅을 가리켰다'는 기술은 경멸하는 뜻이 들어 있는 것 같다.[8)] 혹시 맑은 담론과 이치의 분석에서 何充이 謝尙에게 미치지 못하기 때문일까.
前篇及諸書皆云, 王公重何充, 謂必代已相. 而此章以手指地, 意如輕詆. 或淸言析理, 何不逮謝故邪.

【頭註】

○ 劉應登 : '진보할 수 있다.'는 말은 '또한 〈다른 사람을〉 啓發시키기에 충분하다.'는 뜻이다.
應登云 "'得上', '亦足以發'也."

○ 劉辰翁 : 謝尙을 존중하고 何充을 비하하는 뜻이 있다.
劉云 "有尊謝卑何之意."

○ 王世懋 : 이 구절은 〈王導가〉 마음속으로 한 말을 말하고 있다. 다만 이와 같으므로 칭찬하는 것이 아니다.
王云 "此方言意云也. 只如此, 故非譽之也."

○ 劉辰翁 : 더 낫다고 말한 것이다.
劉云 "謂更勝耳."

18-14 郗司空(郗愔)의 집에 시골 출신의 하인이 있었는데 文章을 잘 알았으며 모든 일에 대해 〈자신의〉 의견이 있었다. 王右軍(王羲之)이 劉尹(劉惔)에게 그를 칭찬하자 유담이 물었다.

"郗方回(郗愔)와 비교해서 어떻습니까?"

왕우군이 말했다.

"이 자는 그냥 小人으로 〈자신의〉 생각이 있을 뿐입니다. 어찌 치방회와 곧바로 비교할 수 있겠습니까."

---

7) 爾馨 : 육조시대에 쓰던 말로 '如此'의 뜻이다.

8) 손으로……같다 : ≪莊子≫ 〈秋水〉에 "이는 곧 가느다란 대롱 구멍으로 하늘을 보고 송곳으로 땅을 가리키는 격이니, 또한 작지 아니한가.〔是直用管窺天 用錐指地也 不亦小乎〕"라고 하였다. '指地'는 이 구절에서 나온 것으로, 주석에서는 식견이 좁은 것을 가리키는 뜻으로 보았다. 頭註에 보이듯이 이 구절에 대한 해석이 분분하고 일치되지 않고 있다.

유윤이 말했다.

"만약 치방회만 못하다면 그냥 보통의 하인일 뿐입니다."

郗司空의 **家**에 **有傖奴**러니 **知及文章**하고 **事事有意**라 **王右軍**이 **向劉尹稱之**하니 **劉問何如方回**[①]오하니 **王曰 此正小人**이니 **有意向耳**라 **何得便比方回**리오하니 **劉曰 若不如方回**면 **故是常奴耳**라하다

① ≪郗愔別傳≫에 말했다. "郗愔은 字가 方回로 高平 金鄕 사람이고 太宰 郗鑒의 맏아들이다. 차분하고 순박하며 고집도 없고 경쟁심도 없었다. 사적으로 친한 사람이 적었고 교유가 드물었다. 관직은 會稽內史・侍中・司徒를 지냈다."
郗愔別傳曰 "愔, 字方回, 高平金鄕人, 太宰[9]鑒長子也. 淵靖純素, 無執無競, 簡私暱, 罕交遊, 歷會稽內史・侍中・司徒."

【頭註】

○ 劉辰翁 : 시골 출신의 하인은 북쪽 사람이다.
劉云 "傖奴, 北人."

○ 劉辰翁 : 말 속에 몹시 불쾌한 기색이 있다.
又云 "語甚有氣."

○ 王世懋 : 劉尹(劉惔)은 지나치게 각박한 사람이다.
王云 "劉尹大是佻薄人."

18-15 당시 사람들이 阮思曠(阮裕)에 대해 말하였다.

"기개는 王右軍(王羲之)에게 미치지 못하고, 단정함과 빼어남은 劉眞長(劉惔)만 못하며, 아름답기는 王仲祖(王濛)만 못하고, 성격과 문학적 재주는 殷淵源(殷浩)만 못하지만 이 사람들의 장점을 아울러 지녔다."

時人이 **道阮思曠**호되 **骨氣不及右軍**하고 **簡秀不如眞長**하고 **韶潤不如仲祖**하고 **思致不如淵源**이나 **而兼有諸人之美**[①]라하다

① ≪中興書≫에 말했다. "阮裕는, 사람은 폭넓게 배울 필요가 없고 예의와 겸양을 우선으로 해야 한다고 여겼다. 그렇기 때문에 종일토록 느긋하게 있으면서 학문을

9) 太宰 : 원래는 '太師'이다. 晉나라 景帝 司馬師의 이름을 피휘하기 위해 바꾼 것이다.

닦지 않았지만 사람들은 자연스럽게 그를 존경하였다."

中興書曰 "裕以人不須廣學, 正應以禮讓爲先, 故終日頹然無所修綜, 而物自宗之."

【頭註】

○ 劉辰翁 : 이렇기에 〈이름이〉 더욱 높아지는 것이다.

劉云 "如此更高."

18-16 簡文帝(司馬昱)가 말했다.

"何平叔(何晏)의 교묘함은 理致에 누를 끼쳤고 嵇叔夜(嵇康)의 특출남은 道를 손상시켰다."

簡文云 何平叔은 巧累於理하고 嵇叔夜는 儁傷其道①라하다

① 이치는 본래 진솔한 것인데 교묘하면 일치하지 않게 되고, 道는 오직 비고 맑아야 하는데 특출나면 근원에서 멀어지게 된다. 이 때문에 두 사람은 〈화를〉 면하지 못한 것이다.[10)]

理本眞率, 巧則乖其致, 道唯虛澹, 儁則違其宗, 所以二子不免也.

【頭註】

○ 劉辰翁 : 깊이 있는 주장이다.

劉云 "篤論."

18-17 撫軍將軍(簡文帝 司馬昱)이 殷浩에게 물었다.

"卿은 裴逸民(裴頠)과 비교해 어떠한가?"

은호가 한참 있다가 웃으며 답했다.

"당연히 〈그보다〉 낫습니다."

撫軍이 問殷浩 卿은 何如裴逸民고하니 良久 答曰 故當勝耳라하다

18-18 桓公(桓溫)은 젊을 때부터 殷侯(殷浩)와 명성이 나란하여 늘 경쟁하는 마

---

10) 두 사람은……것이다 : 하안은 정치적 갈등 속에 司馬懿에게 일족이 죽임을 당했고, 혜강은 呂巽과 呂安 형제의 일에 연루되어 晉 太祖 司馬昭에 의해 처형되었다.

음을 가졌다. 환공이 은호에게 물었다.

"卿은 나와 비교해 어떠합니까?"

은호가 말했다.

"나는 나 자신과 오랫동안 상대해 왔습니다. 차라리 〈계속〉 나를 진작시키겠습니다."[11]

桓公이 **少與殷侯齊名**하여 **常有競心**이러니 **桓**이 **問殷**하되 **卿何如我**오하니 **殷云 我與我**[12]**周旋久**하니 **寧作我**라하다

【頭註】

○ 劉應登 : 이는 양보할 생각도 없고 또 감히 다투지도 않겠다는 말이다.
應登云 "此不肯遜, 又不敢競之辭."

○ 王世懋 : 자신을 자랑하는 것보다 절묘하다. ≪晉書≫에서는 '卿'자 하나를 〈'君'자로〉 바꿨으니 어찌 천리의 차이만 나겠는가.[13]
王云 "妙於自誇. 晉書改一卿字, 何啻千里."

18-19 撫軍將軍(簡文帝 司馬昱)이 孫興公(孫綽)에게 물었다.

"劉眞長(劉惔)은 어떠한가?"

손흥공이 말했다.

"맑고 아름다우며 단정하고 장중합니다."

"王仲祖(王濛)는 어떠한가?"

"따뜻하고 부드러우며 조용하고 온화합니다."

"桓溫은 어떠한가?"

---

11) 나는……진작시키겠습니다 : 본래부터 다른 사람들과 경쟁할 생각이 없어 오직 자신의 마음을 바탕으로 자신의 뜻을 세워 노력한 지 오래되었고 끝내 一家를 이루고자 싶다는 말이다.(≪世說講義≫)

12) 我 : ≪晉書≫ 〈殷浩列傳〉에는 '君'으로 되어 있다.

13) 卿자……나겠는가 : ≪晉書≫ 〈殷浩列傳〉에서는 '卿'자가 '君'으로 되어 있다. 환온과 은호는 어릴 때부터 친구인데 '卿'과 '君' 중 어느 것을 쓰느냐에 따라 말의 느낌이 크게 달라진다.

"호쾌하며 고상합니다."

"謝仁祖(謝尙)는 어떠한가?"

"〈성격이〉 가까이하기 쉽고 〈사리에〉 통달했습니다."

"阮思曠(阮裕)은 어떠한가?"

"〈도량이〉 크고 온화하며 〈생각이〉 깊고 원대합니다."

"袁羊(袁喬)은 어떠한가?"

"인품이 고결하고 말이 유려합니다."

"殷洪遠(殷融)은 어떠한가?"

"심원한 데에 마음을 쏟고 있습니다."

"경은 스스로 생각하기에 어떠한가?"

"下官의 재능과 경력은 모두 諸賢들만 못하며, 時宜를 적절히 헤아리고 當世를 장악하는 것에서도 〈그들에게〉 미치지 못하는 점이 많습니다. 그렇지만 재주가 없어서 때때로 세속을 벗어난 경계에 마음을 의탁하고 老莊의 구절을 음미하면서 읊고 한가히 소요하면서 뜻을 높이 가지고 當世의 일에 신경을 쓰지 않으니, 스스로 생각하건대 이런 마음에는 양보할 수 없습니다."

撫軍이 問孫興公하되 劉眞長은 何如오하니 曰 淸蔚簡令이라하고 王仲祖는 何如오하니 曰 溫潤恬和①라하고 桓溫은 何如오하니 曰 高爽邁出이라하고 謝仁祖는 何如오하니 曰 淸易令達이라하고 阮思曠은 何如오하니 曰 弘潤通長이라하고 袁羊은 何如오하니 曰 洮洮淸便이라하고 殷洪遠은 何如오하니 曰 遠有致思라하고 卿自謂何如오하니 曰 下官才能所經은 悉不如諸賢하고 至於斟酌時宜와 籠罩當世하여는 亦多所不及이라 然이나 以不才로 時復託懷玄勝하며 遠詠老莊라고 蕭條高寄하며 不與時務經懷하니 自謂此心無所與讓也라하다

① 徐廣의 ≪晉紀≫에 말했다. "일반적으로 風流를 말하는 이들은 모두 王融과 劉惔을 으뜸으로 여긴다."
徐廣晉紀曰 "凡稱風流者, 皆擧王劉爲宗焉."

【頭註】

○ 劉辰翁 : 말이 번잡스럽다.
劉云 "語煩."

18-20 桓大司馬(桓溫)가 都城(建康)으로 내려와서는 劉眞長(劉惔)에게 물었다.

"듣자하니 會稽王(簡文帝 司馬昱)의 말이 대단히 늘었다고 하던데, 그러한가?"

유진장이 말했다.

"매우 발전했습니다. 그렇지만 여전히 이류의 인물일 뿐입니다."

환대사마가 말했다.

"일류의 인물은 도대체 누구인가?"

유진장이 말했다.

"바로 우리들입니다."

桓大司馬가 **下都**하여 **問眞長 曰 聞 會稽王語奇進**이라하니 **爾邪**①아 **劉曰 極進**이나 **然故是第二流中人耳**라 **桓曰 第一流**는 **復是誰**오하니 **劉曰 正是我輩耳**라하다

① ≪桓溫別傳≫에 말했다. "興寧 元年(363) 桓溫이 옛 도읍(洛陽)을 수복하고 중원을 평정하자 〈조정에서〉 都督中外諸軍事·侍中·大司馬로 승진시키고 黃鉞[14]을 내렸으며 조정의 정사에 참여하도록 하였다."
桓溫別傳曰 "興寧(九)〔元〕[15]年, 以溫克復舊京, 肅靜華夏, 進都督中外諸軍事·侍中·大司馬, 加黃鉞, 使入參朝政."

【頭註】

○ 劉辰翁 : 〈말이〉 거만하고 맛이 없다.
劉云 "矜而無味."

18-21 殷侯(殷浩)가 廢庶人되자 桓公(桓溫)이 사람들에게 말했다.

"어릴 적에 殷淵源(殷浩)과 같이 竹馬를 타고 놀았는데 내가 〈죽마를〉 버리고 가면 은후가 바로 주워서 가지곤 했으니 〈그는〉 본래부터 나보다 못한 사람이다."

殷侯旣廢에 **桓公**이 **語諸人 曰 少時**에 **與淵源共騎竹馬**러니 **我棄去**면 **已輒取之**하니 **故當出我下**①라하다

---

14) 黃鉞 : 황금으로 장식한 손잡이가 긴 도끼이다. 天子의 위엄을 보이기 위한 儀仗의 하나로, 정벌을 주관하는 중신에게 내리기도 하였다.

15) (九)〔元〕: 저본에는 '九'로 되어 있으나, ≪晉書≫ 〈哀帝紀〉에 의거하여 '元'으로 바로잡았다.

① ≪續晉陽秋≫에 말했다. "簡文帝가 국정을 보좌할 때에 殷浩를 데려와 揚州刺史로 삼아 桓溫에 대항하고자 하였다. 환온은 평소 은호를 가볍게 여겼기 때문에 그를 꺼리지 않았다."
續晉陽秋曰 "簡文輔政, 引殷浩爲揚州, 欲以抗桓. 桓素輕浩, 未之憚也."

【頭註】

○ 劉辰翁 : 이런 말은 〈자신이 아니라 도리어〉 남의 품위와 가치를 높일 수가 있다.
劉云 "此語能長人格價."

18-22 어떤 사람이 撫軍將軍(簡文帝 司馬昱)에게 물었다.

"殷浩의 淸談은 도대체 어떠합니까?"

무군장군이 답했다.

"다른 사람을 이길 수는 없으나 어느 정도 〈묻고 대답할 수 있어〉 사람들의 마음에 부응할 정도는 됩니다."

人이 問撫軍호되 殷浩談은 竟何如오하니 答曰 不能勝人이나 差可獻酬群心이라하다

18-23 簡文帝가 말했다.

"謝安南(謝奉)은 〈인품의〉 맑고 훌륭함이 동생(謝聘)만 못하고 학문이 孔巖에게 미치지 못하지만 〈사람이〉 안온한 것이 〈그들보다〉 자연히 더 낫다.

簡文云 謝安南은 淸令不如其弟①하고 學義不及孔巖②이나 居然自勝③이라하다

① ≪謝氏譜≫에 말했다. "謝奉의 동생 謝聘은 字가 弘遠으로 侍中과 廷尉卿을 역임했다."
謝氏譜曰 "奉弟聘, 字弘遠, 歷侍中·廷尉卿."

② ≪中興書≫에 말했다. "孔巖은 字가 彭祖로 會稽 山陰 사람이다. 부친 孔儉은 黃門侍郎이었다. 공암은 재주와 학문이 뛰어났으며 丹陽尹·尙書·西陽侯를 역임하였고 조정에 있으면서 올바르게 바로잡은 일이 많았다. 吳興太守가 되어서는 백성들의 믿음을 크게 얻었다. 나중에 〈벼슬을 그만두고〉 집에서 죽었다."
中興書曰 "巖, 字彭祖, 會稽山陰人. 父儉, 黃門侍郎. 巖有才學, 歷丹陽尹·尙書·西陽侯, 在朝多所匡正. 爲吳興太守, 大得民和. 後卒于家."

③ 〈본문의 '居然自勝'은〉 謝奉이 타고난 본래의 모습 그대로 맡기고 살았음을 말한

것이다.
言奉任天眞也.

18-24 劉丹陽(劉惔)과 王長史(王濛)가 瓦官寺에서 모임을 가졌을 때 桓護軍(桓伊)도 그 자리에 함께 있었다. 西晉과 東晉의 인물들에 대해 같이 품평하고 있는데 어떤 사람이 물었다.
"杜弘治(杜乂)는 衛虎(衛玠)와 비교해 어떻습니까?"
환호군이 답했다.
"두홍치는 겉모습이 청아하고 위호는 奕奕하게 정신이 훌륭합니다."
왕장사와 유단양이 그의 말을 훌륭하게 여겼다.

劉丹陽·王長史가 在瓦官寺集에 桓護軍도 亦在坐①라 共商略西朝及江左人物이러니 或問 杜弘治는 何如衛虎오하니 桓答曰 弘治는 膚淸하고 衛虎는 奕奕神令이라하다 王·劉가 善其言②하다

① ≪續晉陽秋≫에 말했다. "桓伊는 字가 叔夏으로 譙國 銍 사람이다. 부친 桓景은 護軍將軍이었다. 환이는 젊어서부터 재주가 있었고 또 음률에 뛰어난데다가 총명하고 진솔하여 王濛과 劉惔에게 인정을 받았다. 여러 관직을 거쳐 豫州刺史가 되었으며 右將軍에 추증되었다."
續晉陽秋曰 "桓伊, 字叔夏, 譙國銍人. 父景, 護軍將軍. 伊少有才藝, 又善聲律, 加以標悟省率, 爲王濛劉惔所知. 累遷豫州刺史, 贈右將軍."
② 虎는 衛玠의 어릴 적 이름이다.
≪衛玠別傳≫에 말했다. "永和 연간(345~356)에 劉眞長(劉惔)과 謝仁祖(謝尙)가 함께 조정의 인물들에 대해 품평했는데, 어떤 이가 '杜弘治(杜乂)를 衛洗馬(위개)에게 견줄 수 있습니까, 없습니까?'라고 묻자, 사인조가 '어찌 견줄 수 있겠는가. 둘 사이에 여러 사람을 넣을 수 있다.'라고 하였다."
≪江左名士傳≫에 말했다. "유진장이 '내가 품평해 보겠습니다. 두홍치는 겉모습이 청아하고 衛叔寶(위개)는 정신이 청아합니다.'라고 하니, 論者들이 식견있는 말이라고 하였다."
虎, 衛玠小字. 玠別傳曰 "永和中, 劉眞長·謝仁祖共商略中朝人, 或問杜弘治可方衛洗馬不. 謝曰 '安得比. 其間可容數人.'" 江左名士傳曰 "劉眞長曰 '吾請評之. 弘治膚淸, 叔寶神淸.' 論者謂爲知言."

18-25 劉尹(劉惔)이 王長史(王濛)의 등을 쓰다듬으며 말했다.

"阿奴 너는 王丞相(王導)과 비교하면 특히나 외모가 아름답고 성품이 忠厚하구다."

劉尹이 **撫王長史背曰 阿奴**는 **比丞相**에 **但有都長**①이라하다

① 阿奴는 王濛의 어릴 적 이름이다. '都'는 '아름답다'는 뜻이다. 〈司馬相如傳〉에 "閒雅하고 매우 아름답다."라고 하였다.

≪語林≫에 말했다. "劉眞長(劉惔)은 王丞相(王導)과 사이가 좋지 않았는데 매번 '아노는 왕승상과 비교해 〈사리에〉 통달하고 〈외모가〉 훌륭하다.'라고 하였다."

阿奴, 濛小字也. 都, 美也. 司馬相如傳曰 "閒雅甚都."

語林曰 "劉眞長與丞相不相得, 每曰 '阿奴比丞相, 條達淸長.'"

【頭註】

○ 劉辰翁 : 劉惔은 王導와 사이가 좋지 않았다. 그래서 王濛을 우대하는 말을 하여 모든 면에서 그보다 낫다고 한 것이다.

劉云 "劉與丞相不相得, 故爲優濛之言, 謂皆勝之也."

18-26 劉尹(劉惔)과 王長史(王濛)가 자리를 함께 하고 있었는데 왕장사가 술기운이 올라 일어나 춤을 추니 유윤이 말했다.

"阿奴 너는 오늘 결코 向子期(向秀)에 못지않구나."

劉尹・王長史가 **同坐**러니 **長史**가 **酒酣**하여 **起舞**하니 **劉尹曰 阿奴**는 **今日**에 **不復減向子期**(상자기)①라하다

① 向秀의 타고난 그대로의 천진함과 비슷하다는 것이다.

類秀之任率也.

18-27 桓公(桓溫)이 孔西陽(孔嚴)에게 물었다.

"謝安石(謝安)은 殷仲文과 비교해 어떻습니까?"

공서양이 생각하고는 대답은 하지 않고 도로 물었다.

"공께서는 어떻게 말씀하시겠습니까?"

환공이 답했다.

"사안석은 本性 그대로 安穩하여 〈은중문이〉 그의 경지를 뛰어넘을 수가 없습니다. 그러므로 〈사안석이〉 더 낫습니다."

桓公이 問孔西陽 安石何如仲文①고하니 孔思未對하고 反問 公曰何如오하니 答曰 安石은 居然하여 不可陵踐其處라 故로 乃勝也라하다

① 孔西陽은 바로 孔巖이다.
西陽卽巖也.

18-28 謝公(謝安)이 당시의 諸賢들과 함께 〈인물들에 대해〉 품평하고 있을 때 謝遏(謝玄)과 謝胡兒(謝朗)도 자리에 같이 있었다. 사공이 李弘度(李充)에게 말했다.

"그대 집안의 李平陽(李重)은 樂令(樂廣)과 비교해 어떻습니까?"

이에 이홍도가 비 오듯 눈물을 흘리며 말했다.

"趙王(司馬倫)이 모반하여 제위를 찬탈했을 때 악령은 〈조왕에게〉 직접 옥새를 주었습니다. 돌아가신 백부는 기품이 높고 바른 분이라 혼란한 조정에 서는 것을 부끄럽게 여겼고 마침내 약을 먹고 자결까지 했습니다. 〈두 사람을〉 서로 비교하기는 어려울 것 같습니다. 이는 말할 것도 없이 명백한 사실이며 저의 친척이라고 하여 드리는 말씀이 아닙니다."

사공이 사호아에게 말했다.

"식견 있는 사람은 과연 나의 뜻과 다르지 않구나."

謝公이 與時賢으로 共賞說에 遏·胡兒도 竝在坐러니 公이 問李弘度曰 卿家平陽은 何如樂令①고하니 於是에 李潸然流涕 曰 趙王篡逆에 樂令이 親授璽綬②어늘 亡伯은 雅正하여 恥處亂朝하고 遂至仰藥하니 恐難以相比이니이다 此自顯於事實이요 非私親之言③이라하니 謝公이 語胡兒曰 有識者는 果不異人意라하다

① ≪晉諸公贊≫에 말했다."李重은 字가 茂曾으로 江夏 鍾武 사람이다. 젊어서부터 맑고 고상하다는 칭송을 받았다. 吏部郞과 平陽太守를 역임했다."
晉諸公贊曰"李重, 字茂曾, 江夏鍾武人. 少以淸尙見稱, 歷吏部郞·平陽太守."

② ≪晉陽秋≫에 말했다. "趙王 司馬倫이 제위를 찬탈하자 樂廣이 滿奮·崔隨와 함께

옥새를 바쳤다."

晉陽秋曰 "趙王倫簒位, 樂廣與滿奮·崔隨進璽綬."

③ ≪晉諸公贊≫에 말했다. "趙王이 相國이 되어서는 李重을 발탁해 左司馬로 삼았는데, 이중은 사마윤이 장차 제위를 찬탈할 것이라고 여겨 병을 핑계대고 나아가지 않았다. 〈사마윤이〉 거듭 설득하자 이중은 더 이상 자신의 병을 치료하지 않아 몹시 위독한 지경이 되었다. 부축을 받으며 병든 몸을 이끌고 나아가 제수를 받았지만 며칠만에 죽고 말았으니, 당시 사람들이 안타깝게 여겼다. 散騎常侍에 추증되었다."

晉諸公贊曰 "趙王爲相國, 取重爲左司馬, 重以倫將簒, 辭疾不就. 敦喩之, 重不復自治, 至於篤甚. 扶曳受拜, 數日卒, 時人惜之. 贈散騎常侍."

【頭註】

○ 劉辰翁 : 謝安이 묻고 李弘度(李充)이 대답하지 않았다면 이러한 일을 어찌 알겠는가.

劉云 "非謝公問, 弘度答, 那(如)〔知〕[16]許事."

○ 王世懋 : 樂令(樂廣)은 평소 명망이 높았는데 문득 이러한 주장이 나왔다. 그렇지만 지극히 세상의 교화에 도움이 되는 말이다.

王云 "樂令素著重名, 忽有此論, 然極是扶植世敎語."

18-29 王脩齡(王胡之)이 王長史(王濛)에게 물었다.

"우리 집안의 王臨川(王羲之)은 그대 집안의 王宛陵(王述)과 비교해 어떻습니까?"

왕장사가 대답하기도 전에 왕수령이 말했다.

"왕임천은 명성이 높습니다."

왕장사가 말했다.

"왕완릉도 명성이 높지 않다고는 할 수 없습니다."

王脩齡이 問王長史 我家臨川은 何如卿家宛陵고하니 長史未答이어늘 脩齡曰 臨川譽貴라하니 長史曰 宛陵未爲不貴①라하다

① ≪中興書≫에 말했다. "王羲之는 會稽王(司馬昱)의 友[17]로 있다가 다시 臨川太守에

---

16) (如)〔知〕: 저본에는 '如'로 되어 있으나, ≪世說箋本≫과 ≪李卓吾批點世說新語補≫(早稻田大本)에 의거하여 '知'로 바로잡았다.

17) 友 : 관직 이름으로 王公의 近臣이다. ≪晉書≫ 〈職官志〉에 "王은 師, 友, 文學을 한 사람씩 둔다."라고 하였다.

제수되었고, 王述은 驃騎將軍의 功曹였다가 宛陵令으로 나갔다. 왕술이 완릉현령이 되었을 때 가구를 많이 만들었기에 처음에는 괴롭다는 백성들의 원성이 있었다. 丞相인 王導가 사람을 시켜 '명망 있는 부친(王承)의 자식으로 몸을 굽혀 작은 현에 부임했으니 그렇게 하는 것은 몹시 옳지 않다.'라고 설득하니, 왕술이 '충족되면 자연히 그만둘 것입니다.'라고 하였다. 당시에 사람들은 그 말의 뜻을 이해하지 못했는데, 나중에 여러 번 州郡에 부임해서는 〈더 이상〉 아무것도 만들지 않으니, 세상 사람들이 비로소 그의 말에 탄복하였다."

中興書曰"羲之自會稽王友, 改授臨川太守. 王述從驃騎功曹, 出爲宛陵令. 述之爲宛陵, 多脩爲家之具, 初有勞苦之聲. 丞相王導使人喩[18]之曰'名父之子, 屈臨小縣, 甚不宜爾.' 述答曰'足自當止.' 時人未之達也. 後屢臨州郡, 無所造作, 世始嘆服之."

18-30 劉尹(劉惔)이 王長史(王濛)의 처소에 가서 淸談을 나누었는데 당시 王苟子(王脩)가 13세로 평상 가에 기대어 〈이야기를〉 들었다. 〈유윤이〉 가고나자 부친에게 물었다.

"유윤의 말은 아버님과 비교해 어떻습니까?"

왕장사가 말했다.

"아름다운 음성과 훌륭한 언사는 나만 못하지만, 가서 바로 핵심을 꿰뚫는 점에서는 나보다 낫다."

劉尹이 **至王長史許**[19]하여 **淸言**하니 **時**에 **苟子 年十三**으로 **倚牀邊聽**라가 **旣去**에 **問父曰 劉尹語何如尊**가하니 **長史曰 韶音令辭**는 **不如我**나 **往輒破的**은 **勝我**①라하다

① ≪劉惔別傳≫에 말했다. "劉惔은 뛰어난 재주가 있었다. 미묘한 道理를 담론하고 귀착점을 이해하는 점에서 왕몽은 〈유담과〉 대략 같았지만 사리에 대해 서술하는 점에서는 〈유담보다〉 뛰어났으니, 그 말이 온당하다."

劉惔別傳曰"惔有儁才, 其談詠虛勝, 理會所歸, 王濛略同, 而敍致過之, 其詞當也."

【頭註】

○ 劉辰翁 : '〈음성은〉 아름답고 〈언사는〉 훌륭하다'는 말에도 자부의 뜻이 있다.
劉云"韶令亦屬矜持."

---

18) 喩 : ≪世說新語≫(董弅本) 등에는 '謂'로 되어 있다.
19) 許 : 여기서는 '處', '場所'의 뜻이다.

18-31 어떤 이가 桓公(桓溫)에게 謝安石(謝安)과 王坦之의 우열을 물었다. 환공이 말하려다가 멈추고 중간에 후회하며 말했다.

"그대는 남의 말을 전하기 좋아하니 더 이상 그대에게 말할 수 없습니다."

有人이 問謝安石・王坦之優劣於桓公하니 桓公停欲言이라가 中悔曰 卿喜傳人語하니 不能復語卿이라하다

【頭註】

○ 劉辰翁 : 말 자체가 훌륭하다.
劉云 "自佳."

18-32 王右軍(王羲之)이 許玄度(許詢)에게 물었다.

"그대는 謝安石(謝安)과 비교해 어떠한지 스스로 말해보시오?"

허현도가 아직 대답하지 않았는데 왕우군이 바로 말했다.

"사안석은 진실로 〈그대와〉 나란히 뛰어납니다. 〈이렇게 말하면〉 阿萬(謝萬)은 당연히 성난 눈초리를 하고 논쟁하겠지요."

王右軍이 問許玄度호되 卿自言何如安石고하니 許未答에 王因曰 安石은 故相爲雄이라 阿萬은 當裂眼爭邪①리라하다

① ≪中興書≫에 말했다. "謝萬은 器量이 謝安石(謝安)에게 미치지 못했으니, 비록 변방을 방어하는 〈중요한〉 직임에 있고 사안이 집에 있을 때도 〈사안의〉 명성이 사만보다 높았다."
中興書曰 "萬器量不及安石, 雖居藩任, 安在私門之時, 名稱居萬上也."

18-33 王僧恩(王禕之)이 林公(支遁)을 경시하자 〈부친인〉 王藍田(王述)이 말했다.

"네 형(王坦之)을 본받지 마라. 네 형은 원래부터 그 사람만 못하다."[20]

王僧恩이 輕林公하니 藍田曰 勿學汝兄하라 汝兄自不如伊①라하다

---

20) 네……못하다 : ≪世說講義≫에서는 '王僧恩은 형보다 못하고, 형은 또 林公보다 못한 것이다.'라고 하였다.

① 僧恩은 王禕之의 어릴 적 이름이다.

≪王氏世家≫에 말했다. "王禕之는 字가 文劭로 王述의 둘째 아들이다. 젊어서부터 이름이 알려졌고 尋陽公主에게 장가들었다. 벼슬은 中書郎에 이르렀고 서른이 안 되어 죽었다. 王坦之가 〈그의 죽음을〉 애도하고 桓溫과 함께 그를 칭송했다. 散騎常侍에 추증되었다."

僧恩, 王禕之小字也. 王氏世家曰 "禕之, 字文劭, 述次子. 少知名, 尙尋陽公主, 仕至中書郎, 未三十而卒. 坦之悼念, 與桓溫稱之. 贈散騎常侍."

【頭註】

○ 劉辰翁 : 그 아들의 비위를 맞추는 것 같지만 임공을 편들었다.[21)]

劉云 "似佞其子, 而黨林公."

18-34 簡文帝(司馬昱)가 孫興公(孫綽)에게 물었다.

"袁羊(袁喬)은 어떠한가?"

〈손흥공이〉 답했다.

"〈그에 대해〉 모르는 사람들은 그 사람의 재주를 부정하지 않고 그를 아는 사람들은 그 사람의 인품을 인정하지 않습니다."

簡文이 問孫興公 袁羊何似오하니 答曰 不知者는 不負其才하고 知之者는 無取其體① 라하다

① 재주는 있지만 덕이 없음을 말한 것이다.

言其有才而無德也.

18-35 蔡叔子(蔡系)가 말했다.

"韓康伯(韓伯)은 비록 骨幹이 없지만 또한 〈충분히〉 섰다."[22)]

---

21) 그……편들었다 : 劉辰翁의 이 주석은 '伊'자가 '너'와 '그 사람' 두 가지로 해석될 수 있기 때문에 붙은 것이다. '너'의 뜻으로 보면 본문의 '自不如伊'는 '원래 너만 못하다'가 되므로 '아들의 비위를 맞추는 것 같다'라고 한 것이다.

22) 비록……섰다 : ≪世說講義≫에서 "안으로는 실질이 없지만 밖으로는 그런 모양이 있음을 말하였다."라고 하였고, ≪世說新語≫ 〈輕詆〉의 주석에서는 "한강백은 살찐 거위와 같았다."라고 하였다. 한강백의 비만한 외모를 말하면서 동시에 기개가 없으면서 외모만 그러하다는 것을 말하였다.

蔡叔子云 韓康伯은 雖無骨幹이라도 然亦膚立이라하다

【頭註】

○ 劉辰翁 : 〈본문에서 말하는 것은〉 겉모습이다.
劉云 "外貌."

18-36 郗嘉賓(郗超)이 謝太傅(謝安)에게 물었다.

"林公(支遁)의 담론은 嵇公(嵇康)과 비교해 어떻습니까?"

사태부가 말했다.

"혜공은 부지런히 발걸음을 내디뎌야 겨우 〈임공을 쫓아〉 갈 수 있을 따름입니다."

〈치가빈이〉 또 물었다.

"殷浩는 지둔과 비교해서는 어떻습니까?"

사태부가 말했다.

"참으로 세속을 초탈한 점에서는 지둔이 은호보다 뛰어납니다. 그렇지만 〈은호는〉 끊임없이 논변하니 아마도 입으로 지둔을 제압하고자 할 것입니다."

郗嘉賓이 問謝太傅曰 林公은 談何如嵇公고하니 謝云 嵇公은 勤著脚이라야 裁[23]可得去耳①라하다 又問 殷은 何如支오하니 謝曰 正爾有超拔은 支乃過殷이라 然이나 亹亹論辯하니 恐口欲制支이라하다

① ≪支遁傳≫에 말하였다. "지둔은 총명하고 민첩하여 도달한 風格이 자연히 탁월하였다."
支遁傳曰 "遁神悟機發, 風期(斯)〔所〕[24]得, 自然超邁也."

【頭註】

○ 劉辰翁 : 〈이것이〉 바로 명성의 우열을 다투는 곳이다.
劉云 "便是爭名處."

---

23) 裁 : '纔'와 통한다.

24) (斯)〔所〕: 저본에는 '斯'로 되어 있으나, ≪世說新語≫(宋本)와 ≪李卓吾批點世說新語補≫(安永本) 등에 의거하여 '所'로 바로잡았다.

18-37 庾道季(庾龢)가 말했다.

"廉頗와 藺相如는 비록 천 년 전에 죽은 사람이지만 늘 생기가 있는 듯 강렬하고, 曹蜍(曹茂之)와 李志는 비록 지금 살아있지만 九泉 아래의 사람처럼 활력이 없다. 사람들이 모두 이렇다면 새끼줄에 매듭을 만들어도 다스릴 수 있을 것이다.[25] 그러나 여우와 살쾡이에게 다 잡아먹혀버릴까 걱정이다."

庾道季云 廉頗・藺相如는 **雖千載上死人**이나 **懍懍恒如有生氣**①하고 **曹蜍**(여)② **・李志**③는 **雖見在**하나 **厭厭如九泉下人**이라 **人皆如此**면 **便可結繩而治**로되 **但恐狐狸**貒貉**噉盡**④이라하다

① ≪史記≫에 말했다. "廉頗는 趙나라의 명장이다. 용기있는 것으로 제후들에게 유명하였다. 藺相如는 趙나라 사람이다. 조나라 惠文王 때 楚나라 和氏璧을 얻었는데, 秦나라 昭王이 15개의 성과 바꾸자고 요청하였다. 조나라는 인상여를 파견하여 화씨벽을 보냈는데, 진나라는 그것을 받고도 성을 돌려줄 의향이 없었다. 인상여가 옥의 티를 보여주겠다고 화씨벽을 달라고 청하고는 그대로 화씨벽을 쥔 채 뒤로 물러나 기둥에 기대었는데, 노여움에 머리칼이 冠을 찌를 듯한 기세였다. '왕께서 신을 몰아붙이고자 하시면 신의 머리는 이제 화씨벽과 함께 부서질 것입니다.'라고 말하자, 진왕이 사과하였다. 나중에 진왕이 조왕에게 瑟을 연주하게 하자, 인상여가 진왕에게 筑을 두드려달라고 요청하였다. 조나라는 인상여의 공이 크다 하여 上卿에 임명했는데 그 지위가 廉頗의 위에 있었다."
史記曰"廉頗者, 趙良將也. 以勇氣聞諸侯. 藺相如者, 趙人也. 趙惠文王時, 得楚和氏璧, 秦昭王請以十五城易之. 趙遣相如送璧, 秦受之, 無還城意. 相如請璧示其瑕, 因持璧卻立倚柱, 怒髮上衝冠, 曰'王欲急臣, 臣頭今與璧俱碎.' 秦王謝之. 後秦王使趙王鼓瑟, 相如請秦王擊筑. 趙以相如功大, 拜上卿, 位在廉頗上."

② 蜍는 曹茂之의 어릴 적 이름이다. ≪曹氏譜≫에 말했다. "조무지는 자가 永世이고 彭城 사람이다. 조부 曹韶는 鎭東將軍의 司馬였고, 부친 曹曼은 少府卿이었다. 조무지는 벼슬이 尙書郎에 이르렀다."
蜍, 曹茂之小字也. 曹氏譜曰"茂之, 字永世, 彭城人也. 祖韶, 鎭東將軍司馬. 父曼, 少府卿. 茂之仕至尙書郎."

---

25) 새끼줄에……것이다 : 상고시대에는 문자가 없어 새끼줄로 매듭을 만들어 문자를 대신하였다. 여기서는 많은 법률을 만들지 않고 간단한 법만 있어도 나라를 다스릴 수 있다는 의미로 쓰였다.

③ ≪晉百官名≫에 말했다. "李志는 字가 溫祖로 江夏 鍾武 사람이다." ≪李氏譜≫에 말했다. "이지의 조부 李重은 散騎常侍였고, 부친 李慕는 純陽令이었다. 이지는 벼슬이 員外常侍와 南康相에 이르렀다."

晉百官名曰 "志, 字溫祖, 江夏鍾武人." 李氏譜曰 "志祖重, 散騎常侍, 父慕, 純陽令.[26] 志仕至員外常侍·南康相."

④ 사람들이 모두 曹蜍와 李志처럼 질박하고 순수하다면 천하에 간사한 사람이 없어 새끼로 매듭을 맺어 문자를 대신하더라도 정치를 안정시킬 수 있겠으나, 재주와 지혜가 알려지지 않아 공적은 모두 사라지며 몸은 여우와 이리에게 잡아먹혀 세상에 떨칠 이름이 없게 된다는 것을 말하였다.

言 人皆如曹·李質魯淳慤, 則天下無姦民, 可結繩致治. 然才智無聞, 功迹俱滅, 身盡於狐狸, 無擅世之名也.

【頭註】

○ 王世懋 : 庾道季(庾龢)의 이 말도 아주 생기가 있다.

王云 "道季此言亦殊有生氣."

○ 王世懋 : 이 주석은 유달리 유효표의 주석 같지 않다. 틀림없이 후대의 사람이 끼워 넣은 것이다.

王云 "此註殊不似孝標, 定爲後人攙入."

18-38 謝遏(謝玄)과 여러 사람들이 같이 竹林七賢의 優劣에 대해 이야기하고 있었는데 謝公(謝安)이 말했다.

"先輩들은 애당초 죽림칠현을 품평하지 않았습니다."

謝遏諸人이 **共道竹林優劣**이러니 **謝公云 先輩初不臧貶七賢**①이라하다

① 孫盛의 ≪魏氏春秋≫[27]에 말했다. "山濤는 구애됨이 없고 덕이 있었으며, 向秀·阮咸·王戎·劉伶은 활달하고 재주가 뛰어났다. 당시의 담론에서는 완함이 으뜸이고 왕융이 그 다음이었으며, 산도와 상수도 모두 그 부류였다." 만약 손성의 말

---

26) 純陽令 : ≪世說新語箋疏≫의 주석에, "晉나라에 純陽縣이 없으니 綏陽縣인 듯하고 수양현은 荊州의 新城郡에 속한다."라고 하였다.

27) ≪魏氏春秋≫ : 저자는 東晉의 孫盛이다. 三國時代 魏나라 정권에 대한 기록이다. 원래는 20권인데 지금은 전해지지 않고 일부가 ≪弘明集≫·≪全晉文≫·≪三國志≫ 등에 남아 있다.

과 같다면 품평이 없지 않았으니, 〈사안의〉 이 말은 잘못된 것이다.
魏氏春秋曰 "山濤通簡有德, 秀・咸・戎・伶朗達有儁才. 於時之談, 以阮爲首, 王戎次之, 山・向之徒, 皆其倫也." 若如盛言, 則非無臧貶, 此言謬也.

【頭註】

○ 王世懋 : 이 말도 공론은 아니다.
王云 "此言亦非公論."

18-39 謝太傅(謝安)가 王孝伯(王恭)에게 말했다.
"劉尹(劉惔)도 배우지 않아도 아는 지혜가 뛰어납니다. 그렇지만 〈그는 자신이〉 王長史(王濛)보다 낫다고는 말하지 않습니다."

謝太傅가 謂王孝伯하되 劉尹도 亦奇自知나 然不言勝長史라하다

18-40 王黃門(王徽之) 형제 세 사람이 같이 謝公(謝安)을 찾아갔다. 王子猷(왕휘지)와 王子重(王操之)은 세속의 일을 많이 이야기했는데 王子敬(王獻之)은 인사말만 할 뿐이었다. 〈그들이〉 나가자 座客이 사공에게 물었다.
"조금 전의 세 賢者 중에서 누가 낫습니까?"
사공이 말했다.
"막내가 가장 뛰어납니다."
좌객이 말했다.
"어떻게 그것을 아십니까?"
사공이 말했다.
"吉한 사람은 말이 적지요."[28)]

王黃門兄弟三人이 俱詣謝公이러니 子猷・子重은 多說俗事①로되 子敬은 寒溫而已이라 旣出에 坐客이 問謝公 向三賢은 孰愈오 謝公曰 小者最勝이라 客曰 何以知之오 謝公曰 吉人之辭는 寡②라하다

28) 吉한……적지요 : ≪周易≫ 〈繫辭傳 下〉에 "길한 사람의 말은 적고, 조급한 사람의 말은 많다.〔吉人之辭寡 躁人之辭多〕"라고 하였다.

① ≪王氏譜≫에 말했다. "王操之는 字가 子重으로 王羲之의 여섯 째 아들이다. 秘書監・侍中尙書・豫章太守를 역임했다."
王氏譜曰"操之, 字子重, 羲之第六子. 歷秘書監・侍中尙書・豫章太守."
② 허튼 소리를 지껄이고 있다.
放屁.

18-41 謝公(謝安) 王子敬(王獻之)에게 물었다.
"그대의 글씨는 그대의 부친(王羲之)과 비교해 어떠합니까?"
〈왕자경이〉 대답하였다.
"참으로 당연히 다르지요."
사공이 말했다.
"外人들의 논평은 전혀 그렇지 않더군요."
왕자경이 말했다.
"남들이 어떻게 알 수 있겠습니까."

謝公이 **問王子敬**호되 **君書**는 **何如君家尊**고하니 **答曰 固當不同**이라 **公曰 外人論**은 **殊不爾**라히니 **王曰 外人**이 **那得知**①리오하다

① 宋 明帝의 ≪文章志≫[29]에 말했다. "王獻之는 隸書에 뛰어났는데 王右軍(王羲之)의 서법을 변형하여 今體를 만들었다. 글자의 획이 빼어나고 아름다워 당시 사람들 중에 비할 사람이 없을 만큼 훌륭해 부친과 함께 명성을 얻었다. 그의 章草[30]는 성기고 약해 전혀 부친에게 미치지 못하였다. 혹자가 왕헌지에게 '부친의 글씨가 더 낫지 않습니까?' 하니, 〈왕헌지가〉 '판가름할 수가 없습니다.'라고 하였다. 어떤 사람이 왕희지에게 물으면서 '세상의 논평은 그대의 서법이 왕헌지에게 미치지 못한다고 합니다.'라고 하니, '전혀 그렇지 않습니다.'라고 답하였다. 다른 날 왕헌지를 보고 '부친의 서법은 어떠합니까?'라고 물으니, 왕헌지가 대답하지 않았다. 또 물으면서 '논자들은 그대가 당연히 〈부친만〉 못하다고 합니다.'라고 하자, 왕헌

---

29) ≪文章志≫ : ≪隋書≫ 〈經籍志〉와 ≪新唐書≫ 〈藝文志〉에는 2권이라고 하였다.
30) 章草 : 초기의 초서체로 秦나라 말기와 漢나라 초기에 예서체를 흘려 쓰면서 발생하였는데, 漢 章帝가 즐겨 쓴 데서 이름이 유래하였다. 글자마다 독립하여 쓰고 두 글자를 연결하여 쓰지 않는다.

지가 웃으며 '사람들이 어떻게 그것을 알 수 있겠습니까.'라고 대답하였다."

宋明帝文章志曰 "獻之善隸書, 變右軍法爲今體. 字畫秀媚, 妙絶時倫, 與父俱得名. 其章草疎弱, 殊不及父. 或訊獻之云 '羲之書勝不?' '莫能判.' 有問羲之云 '世論卿書不逮獻之.' 答曰 '殊不爾也.' 他日見獻之, 問 '尊君書何如?' 獻之不答. 又問 '論者云君固當不如' 獻之笑而答曰 '人那得知之也.'"

18-42 王孝伯(王恭)이 謝太傅(謝安)에게 물었다.

"林公(支遁)은 王長史(王濛)와 비교해 어떻습니까?"

사태부가 말했다.

"왕장사는 〈淸談을 이야기할 때〉 아름다운 흥취가 있지요."

〈왕효백이〉 물었다.

"〈임공은〉 劉尹(劉惔)과 비교해서는 어떻습니까?"

사태부가 말했다.

"아, 유윤이 빼어납니다."

왕효백이 말했다.

"만약 공의 말씀대로라면 〈임공이 두 번의 비교에서〉 다 이 두 사람만 못한 것입니까?"

사태부가 말했다.

"제 생각이 바로 그렇습니다."

王孝伯이 問謝太傅호되 林公은 何如長史오 太傅曰 長史가 韶興이라 問 何如劉尹고 謝曰 噫라 劉尹이 秀라 王曰 若如公言이면 竝不如此二人邪아 謝云 身意正爾也라하다

18-43 어떤 이가 謝太傅(謝安)에게 물었다.

"王子敬(王獻之)은 선배들 중에 누구와 비교할 수 있습니까?"

사태부가 말했다.

"阿敬(왕헌지)은 가깝게는 王濛과 劉惔의 〈훌륭한〉 풍격을 터득하였습니다."

人有問太傅호되 子敬은 可是先輩誰比오 謝曰 阿敬은 近撮王劉之標①라하다

① ≪續晉陽秋≫에 말했다. "王獻之는 문장과 담론 모두 그의 장점은 아니었지만 훌륭한 풍격을 모을 수 있었기 때문에 당대에 이름을 날리고 풍류가 으뜸인 사람이 되었던 것이다."
續晉陽秋曰"獻之文義, 竝非所長, 而能撮其勝會, 故擅名一時, 爲風流之冠也."

18-44 王子猷(王徽之)와 王子敬(王獻之) 형제가 함께 ≪高士傳≫의 인물과 〈그들의〉 贊을 감상하고 있었다. 왕자경이 井丹의 高潔함을 칭송하니 왕자유가 말했다. "司馬長卿(司馬相如)이 世俗을 업신여긴 것만 못하다."

王子猷・子敬兄弟가 共賞高士傳人及贊이러니 子敬이 賞井丹高潔하니 子猷云 未若長卿慢世①라하다

① 嵇康의 ≪高士傳≫에 말했다. "井丹은 字가 大春으로 扶風 郿 사람이다. 학문이 넓고 담론이 고상하여 京師의 사람들이 이 때문에 '五經에 조예 깊은 井大春은 한 번도 누구에게 명함을 올린 적이 없네.'라고 하였다. 北宮의 五王[31]이 번갈아가며 초청했으나 어느 누구도 〈그를〉 불러오지 못했다. 新陽侯 陰就가 사람을 시켜 길을 막게 하자, 하는 수 없이 갔다. 신양후는 보리밥과 나물반찬을 차려놓고 그의 의중을 살펴보았다. 정단이 〈상을〉 물리며 '君侯는 좋은 음식을 제공할 수 있기 때문에 찾아 왔거늘 어찌 이럴 줄 생각이나 했겠는가.'라고 하자, 이에 성찬을 내왔다. 신양후가 〈자리에서〉 일어나자 좌우의 시종하는 이들이 輦을 대령하였다. 정단이 웃으며 '桀과 紂가 사람수레(人車)를 몰았다고 들었는데, 이것이 이른바 사람수레라는 것입니까?'라고 하자, 신양후가 곧바로 연을 치우게 하였다. 越騎校尉 梁松은 朝廷을 뒤흔들 정도로 지체가 높았는데,[32] 정단에게 교제하자고 청했으나 정단은 만나려고 하지 않았다. 뒤에 정단이 돌림병에 걸리자 양송이 직접 의원을 데리고 병문안 갔다. 병이 낫고 한참 지나서 양송의 큰아들인 梁磊가 죽어 정단이 한 번 가서 조문했다. 그때 빈객들이 뜰에 가득했는데 정단은 남루한 복장으로 문

31) 北宮의 五王 : 北宮은 東漢 光武帝의 妃인 光武郭皇后를 가리킨다. 질투하고 흉악・잔인하다는 이유로 폐위되어 中山國太后에 봉해졌고 北宮으로 거처를 옮겼다. 五王은 곽태후 소생의 다섯 왕인 東海恭王 劉疆, 沛獻王 劉輔, 濟南安王 劉康, 阜陵質王 劉延, 山間王 劉焉이다.

32) 朝廷을……높았는데 : 梁松은 光武帝의 사위로 舞陰公主의 남편이다. 경서에 해박하고 옛일을 잘 알았기 때문에 예법과 국가 전례에 관한 논의에 학자들과 함께 늘 참여하였고 황제의 총애를 받았다.

으로 들어가자 앉아있던 이들이 모두 깜짝 놀라 그의 안색을 바라보았다. 정단은 사방을 향해 길게 揖하고 앞으로 나아가 양송과 이야기를 나누었다. 손님과 주인 간의 예가 끝난 뒤 길게 읍하고 곧바로 자리에 앉았는데, 아무도 말을 걸지 못하였다. 관리가 되려는 생각이 없어 곧바로 〈도성을〉 나갔고 뒤에 마침내 은둔하였다. 그 贊에 '정단은 高潔하여 부귀영화를 부러워하지 않았네. 五王에게 지조를 굽히지 않았고 다른 부류의 사람은 사귀지 않았네. 거리낌 없이 輦車를 비꼬니 左右의 사람들 숨을 죽였지. 거친 옷 걸치고 길게 읍하니 절의는 많은 사람을 능가하였네.'라고 하였다.

司馬相如는 처음에 郞이 되어 景帝(劉啓)를 섬겼다. 梁孝王(劉武)이 來朝하면서 유세를 잘하는 鄒陽 등을 데리고 왔는데, 사마상여는 그들이 마음에 들어 병을 핑계로 면직하고 梁 지역을 유람하였다. 뒤에 臨邛에 들렀을 때 부자인 卓王孫의 딸 卓文君이 남편을 여읜 지 얼마 되지 않았고 음악을 좋아하였기에 사마상여가 거문고로 마음을 표현하여 유혹하였다. 탁문군이 몰래 그에게로 왔고 둘은 함께 成都로 돌아왔다. 뒤에 가난해지자 임공으로 가서 술집을 샀다. 탁문군은 술청에 앉아 술을 팔고 사마상여는 앞치마를 두르고 저잣거리 가운데서 그릇을 씻었다. 사람 됨됨이로는 말을 더듬었으나 글을 잘 지었다. 벼슬하면서도 높은 지위를 부러워하지 않았고, 늘 질병을 핑계로 公卿의 大事에 관여하지 않았다. 〈벼슬을 그만두고〉 집에서 죽었다. 그 찬에 '長卿은 세속을 업신여기며 예법을 무시하고 자유분방하였네. 앞치마를 두르고 저잣거리에 살면서도 그런 모습을 부끄러워하지 않았네. 병을 핑계대어 관직을 피하고 卿相을 무시했네. 이에 〈大人賦〉를 지으니 뛰어남에 더할 것이 없어라.'라고 하였다."

稽康高士傳曰"丹, 字大春, 扶風郿人. 博學高論, 京師爲之語曰'五經紛綸井大春, 未嘗書刺謁一人.' 北宮五王更請, 莫能致. 新陽侯陰就使人要之, 不得已而行. 侯設麥飯・葱菜, 以觀其意, 丹推却曰'以君侯能供美膳, 故來相過, 何謂如此.' 乃出盛饌. 侯起, 左右進輦, 丹笑曰'聞桀紂駕人車, 此所謂人車者邪?' 侯卽去輦. 越騎梁松, 貴震朝廷, 請交丹, 丹不肯見. 後丹得時疾, 松自將醫視之. 病愈久之, 松失大男磊, 丹一往弔之, 時賓客滿庭, 丹衺褐不完, 入門, 坐者皆悚, 望其顔色. 丹四向長揖, 前與松語, 客主禮畢後, 長揖徑坐, 莫得與語. 不肯爲吏徑出, 後遂隱遁. 其贊曰'井丹高潔, 不慕榮貴. 抗節五王, 不交非類. 顯譏輦車, 左右失氣. 披褐長揖, 義陵群萃.'

司馬相如初爲郞, 事景帝. 梁孝王來朝, 從遊說士鄒陽等, 相如說之, 因病免遊梁. 後過臨邛, 富人卓王孫女文君新寡, 好音, 相如以琴心挑之, 文君奔之, 俱歸成都. 後居貧, 至臨邛買酒舍, 文君當壚, 相如著犢鼻幝, 滌器市中. 爲人口吃, 善屬文. 仕宦不慕高爵, 常託疾不與公卿大事. 終于家. 其贊曰'長卿慢世, 越禮自放. 犢鼻居市, 不恥其狀. 託疾避官, 蔑此卿相. 乃賦大人, 超然莫尙.'"

18-45 어떤 사람이 袁侍中(袁恪之)에게 물었다.

"殷仲堪은 韓康伯(韓伯)과 비교해 어떻습니까?"

원시중이 대답하였다.

"理致와 道義에 대한 이해의 우열은 분명하게 가릴 수가 없습니다. 그렇지만 집이 한적하여 안온하게 名士의 風流가 있는 점에서는 은중감이 한강백에게 미치지 못하지요."

그러므로 은중감이 〈한강백을 위한〉 誄詞에서 다음과 같이 읊었다.

"사립문은 낮에도 닫혀있고 한가한 정원은 조용하였네."

有人이 問袁侍中[①]曰 殷仲堪은 何如韓康伯고하니 答曰 理義所得優劣은 乃復未辨이나 然이나 門庭蕭寂하여 居然有名士風流는 殷不及韓이라 故로 殷作誄云 荊門晝掩하고 閑庭晏然이라하다

① ≪袁氏譜≫에 말했다. "袁恪之는 字가 元祖이고 陳郡 陽夏 사람이다. 조부 袁王孫은 司徒從事中郞이었고, 부친 袁綸은 臨汝令이었다. 원각지는 黃門侍郞을 지냈고, 義熙 연간(405~418) 초에 侍中이 되었다."
袁氏譜曰 "恪之, 字元祖, 陳郡陽夏人. 祖王孫, 司徒從事中郞. 父綸, 臨汝令. 恪之仕黃門侍郞, 義熙初爲侍中."

18-46 王子敬(王獻之)이 謝公(謝安)에게 물었다.

"郗嘉賓(郗超)은 庾道季(庾龢)와 비교해 어떻습니까?"

사공이 대답했다.

"유도계가 참으로 아무리 〈옛사람의〉 명석함과 지혜로움을 뽑아 모아도 치가빈이 원래부터 위입니다."

王子敬이 問謝公호되 嘉賓은 何如道季오하니 答曰 道季가 誠復鈔撮清悟라도 嘉賓이 故自上[①]이라하다

①〈郗嘉賓의〉 특출함을 말하였다.

謂超拔也.

【頭註】

○ 劉辰翁 : '鈔撮'는 '주워 모으다'와 같다.
劉云"鈔撮猶掇拾."

18-47【補】中朝(東晉)의 사람들이 少正卯와 盜跖은 그 죄악이 누가 심한지를 같이 논하였는데, 어떤 사람이 말했다.

"소정묘는 비록 간사하지만 사람을 갈라 반찬으로 쓰기까지는 하지 않았으니 도척이 심합니다."

顔光祿이 말했다.

"드러내 놓고 죄악을 저지르면 사람들이 죽일 생각을 하지만, 드러나지 않고 숨어있는 간사함은 聖人이 아니면 처벌하여 죽일 수가 없습니다. 이것으로 말미암아 말하자면 소정묘가 심합니다."

사람들 중 누구도 〈그의 말을〉 꺾지 못했다.

中朝人이 共論少正卯①·盜跖②은 其惡孰深이러니 有人云 少正卯雖姦이나 不至剖人充膳하니 盜跖爲甚이라하니 顔光祿曰 爲惡彰露면 人思加戮이나 隱伏之姦은 非聖이면 不誅하나니 由此言之컨대 少正爲甚이라하니 衆莫能屈이라

① ≪孔子家語≫에 말했다. "孔子가 魯나라의 司寇가 된지 이레 만에 국정을 어지럽힌 大夫 少正卯를 주살했는데, 兩觀[33] 아래에서 처형하고 시신을 사흘 동안 조정에 그대로 두었다. 子貢이 공자에게 나아가 '저 소정묘는 노나라의 유명한 사람입니다. 지금 선생님께서 정사를 행하시면서 가장 먼저 그를 주살하셨습니다. 혹시 실수하신 것은 아닌지요?'라고 하니, 공자가 '앉아라. 내가 너에게 그 까닭을 말해 주겠다. 천하에는 다섯 가지의 큰 죄악이 있는데 절도는 여기에 포함되지 않는다. 첫째는 마음속으로 거역하면서도 음험한 것이고, 둘째는 행실이 편벽되면서도 고집스러운 것이고, 셋째는 말이 〈내용은〉 거짓인데도 번지르르한 것이고, 넷째는 추한 것을 기억하면서도 〈그런 것을〉 많이 아는 것이고, 다섯째는 잘못을 그대로 따르면서 꾸미는 것이다. 이 다섯 가지 가운데서 하나라도 있다면 그 사람은 君子의

---

33) 兩觀 : 궁궐 문 앞 양편에 있는 망루이다.

주벌을 면하지 못할 것인데, 소정묘는 모두 다 가지고 있다. 그의 거처는 무리를 모아 붕당을 이루기에 충분하고, 그의 언변은 꾸미고 칭찬하여 사람들을 현혹시키기에 충분하고, 그의 횡포함은 옳은 것을 뒤집고 홀로 〈자신이 옳다고〉 주장하기에 충분하다. 이런 사람이 바로 姦雄이니, 제거하지 않을 수 없다.'라고 하였다."
孔子家語曰"孔子爲魯司寇七日, 而誅亂政大夫少正卯, 戮之於兩觀之下, 屍於朝三日. 子貢進曰'夫少正卯, 魯之聞人也. 今夫子爲政而始誅之, 或者爲失乎?' 孔子曰'居. 吾語汝以其故. 天下有大惡者五, 而竊盜不與焉. 一曰心逆而險, 二曰行僻而堅, 三曰言僞而辯, 四曰記醜而博, 五曰順非而澤, 此五者有一于人, 則不免君子之誅, 而少正卯皆兼有之. 其居處足以撮徒成黨, 其談說足以飾褒榮[34)]衆, 其强禦足以反是獨立. 此乃人之姦雄者也, 不可以不除.'"

② ≪莊子≫ 〈雜篇〉에 말했다. "柳下季의 동생은 이름이 盜跖이다. 도척의 병졸은 9천명이었다. 천하를 횡행하면서 제후들을 침범하고 약탈하였으며 남의 집에 구멍을 뚫고 문지도리를 뜯어내어 남의 소와 말을 끌고 가고 남의 부녀자를 빼앗았다. 이득을 탐하여 혈연도 잊고 부모형제를 돌보지 않으며 선조에게 제사를 지내지 않았다. 〈그들이〉 지나가는 고을이 큰 나라이면 〈사람들이 그〉 성을 굳게 지키고 작은 나라이면 〈사람들이〉 보루로 들어갔으니 만백성들이 그들 때문에 괴로웠다. 공자가 설득하러 갔는데 도척이 이때 泰山의 남쪽에서 부하들을 쉬게 하면서 사람의 간을 회쳐서 새참으로 먹고 있었다. 공자가 앞으로 가서 謁者를 만나자 도척이 크게 노했다. 눈에는 불이 뚝뚝 떨어지고 머리카락은 冠을 찌를 듯이 하며 '그대의 죄는 크고 지극히 무겁다. 빨리 뛰어서 돌아가라. 그렇지 않으면 그대의 간을 낮 새참 반찬에 보태겠다.'라고 하였다."
莊子雜篇曰"柳下季之弟, 名曰盜跖. 盜跖徒卒九千人, 橫行天下, 侵暴諸侯, 穴室樞戶, 驅人牛馬, 取人婦女. 貪得忘親, 不顧父母兄弟, 不祭先祖. 所過之邑, 大國守城, 小國入保, 萬民苦之. 孔子往說之, 盜跖乃方休卒徒泰山之陽, 膾人肝而餔之. 孔子前見謁者, 盜跖大怒, 目如明星, 髮上指冠, 曰'子之罪大極重,[35)] 疾走歸. 不然, 將以子肝益晝餔之膳.'"

18-48 司馬太傅(司馬道子)가 謝車騎(謝玄)에게 물었다.
"惠子는 책이 다섯 수레나 되는데 어찌하여 현묘한 경지에 도달한 말이 없는

34) 榮 : '營'과 통한다. '미혹시키다', '혼란하게 하다'는 뜻이다.
35) 罪大極重 : 일설에는 '極'은 '殛'과 통하며 '죄가 커서 처벌이 무겁다〔罪大而誅重〕'로 보아야 한다고 하였다. 일단 원문대로 번역하였다.

것입니까?"

사거기가 말했다.

"원래부터 당연히 현묘한 부분은 전해지지 않은 것이지요."

司馬太傅가 **問謝車騎**호되 **惠子**는 **其書五車**로되 **何以無一言入玄**고하니 **謝曰 故當是其妙處不傳**①이라하다

① ≪莊子≫에 말했다. "惠施은 학식이 깊고 넓어 책[36]이 다섯 수레였다. 그의 道는 뒤죽박죽이고 그의 말은 〈사리에〉 들어맞지 않았으니, '달걀에 털이 있고, 닭은 다리가 셋이고, 말에게는 알이 있고, 개는 양이 될 수 있고, 불은 뜨겁지 않고, 눈은 보지를 못하고, 거북이는 뱀보다 길고, 개구리는 꼬리가 있고, 흰 개는 검고, 연결된 고리는 풀 수 있다.'라고 하였다. 다른 사람들의 말은 이길 수 있었으나 다른 사람들의 마음은 탄복시킬 수가 없었으니, 이것이 궤변가들의 한계이다."
莊子曰 "惠施多方, 其書五車, 其道舛駁, 其言不中. 謂卵有毛, 雞三足, 馬有卵, 犬可爲羊, 火不熱, 目不見, 龜長於蛇, 丁子有尾, 白狗黑, 連環可解. 能勝人之口, 不能服人之心, 蓋辯者之囿也."

18-49 王孝伯(王恭)이 도성에 있을 때 行散[37]하다가 동생 王睹(王爽)의 집 문 앞에 이르러 물었다.

"≪古詩十九首≫ 가운데 어떤 구절이 제일인가?"

왕도가 생각하느라 대답하지 못하자, 왕효백이 읊으며 말했다.

"'마주치는 곳마다 옛 것 없으니 〈사람이라고〉 어찌 빨리 늙지 않을 수 있으리오.'[38]라는 이 구절이 좋구나."

王孝伯이 **在京行散**이라가 **至其弟王睹戶前**하야 **問古詩中何句爲最**오 **睹思未答**하니 **孝伯詠所遇無故物**하니 **焉得不速老**리오 **此句**가 **爲佳**라하다

---

36) 책 : 일설에는 惠施의 저서로 보기도 한다.

37) 行散 : 중국 魏晉南北朝시대에 士大夫들 사이에 紫石英・白石英・赤石脂・鍾乳石・硫黃 등의 다섯 가지 암석 성분으로 된 五石散이라는 약을 복용하는 것이 유행이었는데, 이 약을 복용하고 나서 약기운을 발산하기 위해 걷는 것을 이른다. '行藥'이라고도 한다.

38) 마주치는……있으리오 : ≪古詩十九首≫ 중 〈回車駕言邁〉에 나온다.

【頭註】

○ 王世懋 : '散'은 '五石散'이니, 약기운을 발산한다는 뜻이다.
王云 "散是五石散, 行藥也."

18-50 王珣이 병세가 심해져 죽음을 맞이하게 되었을 때 王武岡(王謐)에게 물었다.[39]

"세상 사람들 논평에서는 우리집 領軍(王洽)을 누구와 견주던가?"

왕무강이 말했다.

"세상에서는 王北中郎(王坦之)에게 견줍니다."

王東亭(왕순)이 돌아누워 벽을 향해 탄식했다.

"사람은 참으로 오래 살지 않으면 안 되는구나."

王珣이 **疾臨困**에 **問王武岡 曰**① **世論**은 **以我家領軍**을 **比誰**오하니 **武岡曰 世以比王北中郎**이라하니 **東亭**이 **轉臥向壁歎曰 人固不可以無年**②이로다하다

① ≪中興書≫에 말했다. "王謐은 字가 雅遠으로 丞相 王導의 손자이고 車騎將軍 王劭의 아들이다. 재주와 기량이 있어 武岡侯의 작위를 이어 받았으며[40] 벼슬이 司徒에 이르렀다."
中興書曰 "謐, 字雅遠, 丞相導孫, 車騎劭子. 有才器, 襲爵武岡侯, 位至司徒."

② 領軍 王洽은 王珣의 부친으로 26세에 죽었다. 王珣은 부친의 명망과 덕행이 王坦之보다 낫지만 오래 살지 못했기 때문에 이런 논평이 있게 되었다고 생각했다.
領軍王洽, 珣之父也. 年二十六卒. 珣意以其父名德過坦之而無年, 故致此論.

【頭註】

○ 王世懋 : 〈王珣도〉 자연히 자신의 부친을 높였을 뿐이다. 〈그의 부친인〉 王中郎(王洽)이 어찌 〈더〉 나을 수 있겠는가.
王云 "亦自尊其父耳. 王中郎詎可便勝."

---

39) 王珣이……물었다 : 왕순과 왕밀 모두 王導의 손자로 둘은 사촌 관계이며 왕순이 왕밀보다 10여 살 가량 많다.

40) 武岡侯의……받았으며 : 武岡侯는 王導가 華軼의 난이 평정된 후 받은 작위이다. 伯父 王協의 후사로 갔다가 작위를 이었다.

18-51 桓玄이 劉太常(柳瑾)에게 물었다.

"나는 謝太傅(謝安)와 비교해서 어떻습니까?"

유태상이 답했다.

"공은 높고 사태부는 깊지요."

〈환현이〉 또 말했다.

"그대의 외숙 王子敬(王獻之)과 비교해서는 어떻습니까?"

〈유태상이〉 답했다.

"아그배와 배, 귤과 유자[41]는 각각 〈그 나름의〉 좋은 맛이 있습니다."

桓玄이 **問劉太常曰 我何如謝太傅**①오하니 **劉答曰 公**은 **高**하고 **太傅**는 **深**이라하다 **又曰 何如賢舅子敬**고하니 **答曰 樝梨・橘柚**는 **各有其美**②라하다

① 〈劉瑾集敍〉에 말했다. "劉瑾은 字가 仲璋으로 南陽 사람이다. 조부는 劉遐이고 부친은 劉暢이다. 유창은 王羲之의 딸과 결혼하여 유근을 나았다. 유근은 재주와 능력이 있었고 尙書와 太常卿을 역임했다.

劉瑾集敍曰"瑾, 字仲璋, 南陽人. 祖遐, 父暢. 暢娶王羲之女, 生瑾. 瑾有才力, 歷尙書・太常卿.

② ≪莊子≫ 〈天運〉에 말했다. "아그배와 배, 귤과 유자는 그 맛이 상반되지만 모두 입에 맛있다."

莊子曰"樝・梨・橘・柚, 其味相反, 皆可於口也."

18-52 예전부터 〈사람들은〉 桓謙을 殷仲文에 견주었다. 桓玄이 은중문이 들어오기를 기다렸는데, 〈그가 들어오자〉 뜰 가운데서 그 모습을 바라보고는 같이 자리에 있던 이들에게 말했다.

"우리집 桓中軍(桓謙)이 어찌 저 사람에게 미칠 수 있겠는가."

舊以桓謙比殷仲文①이라 **桓玄**이 **時**[42] **仲文入**이러니 **桓**이 **於庭中 望見之**하고 **謂同坐曰**

---

41) 아그배와……유자 : 아그배는 모양이 배와 비슷하지만 아주 작고 맛이 시고 떫다. 모양은 비슷하지만 맛이 각기 다른 것들을 묶어 열거한 것이다.

42) 時 : ≪世說講義≫의 주석에서는 '待'의 뜻이며, 桓謙을 殷仲文에 견주는 종래의 논평에 桓玄 혼자 마음으로 동의하지 않았기 때문에 殷仲文이 들어오기를 기다렸다가

我家中軍이 那得及此也리오하다

① ≪晉安帝紀≫[43]에 말했다. "殷仲文은 용모와 才器가 뛰어났다."
晉安帝紀曰 "仲文有器貌才思."

18-53【補】[44] 王季琰(王珉)은 형인 王元琳(王珣)과 함께 나란히 명성이 높았는데 왕계염이 왕원림보다 더 뛰어났다. 당시 사람들이 이 때문에 〈이렇게〉 말했다.
"〈형인〉 王法護(왕순)가 훌륭하지 않은 것은 아니지만 〈동생인〉 王僧彌(王珉)가 형이라고 하기가 어렵다."

王季琰은 與兄元琳으로 竝有美稱이나 季琰이 又出元琳右라 時人이 爲之語曰 法護가 非不佳①나 僧彌엔 難爲兄②리라하다

① 法護는 王珣의 어릴 적 이름이다.
法護, 珣小字.
② 僧彌는 王珉의 어릴 적 이름이다.
僧彌, 珉小字.

18-54【補】齊 太祖(蕭道成)는 張思光(張融)을 몹시 아꼈다. 때때로 후하게 대접하였고 〈그를 보면 늘〉 웃으며 말했다.
"이런 사람은 한 명 〈정도〉 없어서는 안 되겠으나 두 명 있어서는 안 곤란하다."

齊太祖奇愛張思光하여 時與款接하고 笑曰 此人은 不可無一이요 不可有二로다하다

① ≪南史≫에 말했다. "張融은 행동거지가 괴이했는데 앉을 때 늘 무릎을 세워서 앉았고 걸을 때면 다리를 질질 끌었으며 상체를 곧추세우고 고개를 젖히니 보는 사람들마다 기이함에 놀랐다."
南史曰 "融, 風止詭越, 坐常危膝, 行則曳步, 翹身仰首, 見者驚異."

자신의 평을 말한 것으로 보았다. 본 번역은 이를 따랐다.

43) ≪晉安帝記≫ : ≪晉安帝陽秋≫, ≪晉記≫라고도 한다. 저자는 南朝 宋의 王韶之이며, 전체 10권으로 東晉 安帝 때의 일을 편년체로 기록하였다. 현재는 일부만 전한다.

44)【補】: 저본에는 '補'가 없으나, 이 일화는 ≪世說新語≫에는 실려 있지 않고 ≪何氏語林≫에 실려 있는 것에 의거하여 '補'자를 보충하였다.

18-55【補】齊의 神武帝(高歡)가 말했다.

"崔㥄은 응당 尙書令이나 僕射(복야)가 될 만한데 유감스럽게도 자기 생각이 너무 강하다."

齊神武言 崔㥄은 應作令僕이로되 恨其神明太遒①라하다

① ≪魏書≫에 말했다. "崔㥄은 字가 長儒이며 淸河 東武城 사람이다. 외모가 준수하며 행동거지가 훌륭했고, 여러 책을 두루 보았으며 아울러 문장력도 겸비하였다. 中興 연간(501~502)에서 孝武帝(元修)에 이르기까지 詔令은 모두 최릉이 지은 것이다. 벼슬이 東兗州刺史에 이르렀다."
魏書曰 "㥄, 字長儒, 淸河東武城人, 狀貌偉麗, 善於容止, 歷覽群書, 兼有詞藻. 自中興迄於武帝, 詔令皆陵所爲. 仕至東兗州刺史."

18-56【補】霍王 李元軌가 徐州를 다스렸을 때 處士 劉玄平과 布衣之交를 맺었다. 혹자가 유현평에게 곽왕의 장점을 물어보자, 유현평이 장점이 없다고 답했다. 사람들이 그 까닭을 묻자 유현평이 말했다.

"대체로 사람은 단점이 있기 때문에 그 장점이 보입니다."

霍王元軌①이 臨徐州에 與處士劉玄平으로 爲布衣之交러니 或이 問玄平王之所長하니 玄平이 答以無長이라 人問其故하니 玄平 曰 夫人有短라 所以로 見長이라하다

① ≪舊唐書≫ 〈霍王元軌列傳〉에 말했다. "李元軌는 唐 高祖(李淵)의 열넷째 아들이다. 처음에 吳王에 봉해졌으며, 어려서부터 재주가 많았다. 太宗(李世民)이 한번은 신하들에게 '朕의 자제들 중 누가 현명한가?'라고 물으니, 魏徵이 '오직 吳王만이 자주 신과 이야기를 나누었는데, 〈그때마다 신은〉 멍하니 할 말을 잃지 않은 적이 없었습니다.'라고 하였다. 上이 '전대의 누구에게 견줄 수 있는가?'라고 묻자, 위징이 '經學과 文雅함으로는 漢나라의 河間王(劉德)과 東平王(劉蒼)입니다.'라고 하였다. 〈나중에 태종이 이원궤를〉 霍王으로 고쳐 봉했다."
唐書曰 "元軌, 唐高祖第十四子也, 始封吳王, 少多才藝. 太宗嘗問群臣 '朕子弟中孰賢?' 魏徵曰 '唯吳王數與臣言, 未嘗不自失.' 上問'前代誰比?' 徵曰 '經學文雅, 漢之間・平也.' 改封霍王."

18-57【補】[45] 唐 中宗(李顯)이 정월 그믐날 昆明池에 나아가 시를 지었는데 신

하들의 應製詩가 백 여 편이었다. 帳殿 앞에 비단으로 장식한 임시 누각을 세우고 上官昭容에게 시를 한 수 뽑아 새로 작곡한 御製曲의 가사로 삼도록 하였다. 〈뽑히지 못한〉 종이가 날리듯이 떨어지자 시종했던 신하들이 각자 그 이름을 확인하고 품 안에 넣었다. 오직 沈佺期와 宋之問 두 사람의 시만 내려오지 않았다. 다시 잠시 후 종이 하나가 떨어졌는데 바로 심전기의 시였다. 상관소용이 품평했다.

"두 시의 기교와 역량은 모두 필적할 만하다. 심전기 시의 마지막 구절인 '미천한 신은 보잘것없는 자질이라 棟梁 보기가 부끄러워라.'는 말의 기세가 이미 다하였는데, 송지문의 시는 오히려 전부 강건하고 힘차다."

中宗이 正月晦日에 幸昆明池①賦詩하니 羣臣應制百餘篇이라 帳殿前에 結綵樓하고 命上官昭容② 選一首하여 爲新翻御製曲이라 紙落如飛하니 從臣이 各認其名而懷之로대 唯沈宋二詩不下③러니 又移時에 一紙飛墜하니 乃沈詩也라 昭容評曰 二詩는 工力悉敵이로되 沈落句 微臣雕朽質 羞覩豫章材는 蓋辭氣已竭이나 宋은 猶陡[46]健擧④라하다

① ≪西京雜記≫에 말했다. "漢武帝(劉徹)가 昆明池를 만들었는데 昆吳夷[47]를 정벌하고자 〈그곳에서 군대에게〉 水戰을 훈련시켰고, 그러면서 호수 위에서 놀이를 벌였다. 곤명지는 둘레가 40리이다."

≪長安志≫에 말했다. "昆明池는 上林苑 안에 있다."

西京雜記曰 "武帝作昆明池, 欲伐昆吾夷, 教習水戰, 因而于上游戲. 池周迴四十里."
長安志曰 "昆明池在上林苑中."

② ≪唐詩紀事≫에 말했다. "上官昭容은 이름이 婉兒이고 西臺侍郎 上官儀의 손녀이다. 부친 上官廷芝가 죽었을 때 모친 鄭氏가 임신 중이었는데 꿈에 巨人이 큰 저울을 주며 '이 저울을 가지고 천하를 저울질하라.'고 하였다. 상관소용이 태어나 한 달이 지났을 때 모친이 장난삼아 '〈천하를〉 저울질할 사람이 어찌 너일까.'라고

---

45)【補】: 저본에는 '補'가 없으나, 이 일화는 ≪世說新語≫에는 실려 있지 않고 ≪何氏語林≫에 실려 있는 것에 의거하여 '補'자를 보충하였다.

46) 陡 : ≪世說講義≫에 "陡 頓也"라고 하였다. '頓'은 '전부'의 뜻이다.

47) 昆吳夷 : '昆明夷'와 같다. 중국의 고대 민족 이름으로, 漢나라에서 唐나라 시기까지 서남쪽인 雲南과 貴州 지역에 퍼져 있었다. 여러 이민족 가운데 인구도 가장 많고 분포하던 지역도 가장 넓었다.

하자 갑자기 입을 벙긋하며 반응했다. 나중에 궁중에서 국가의 중요한 정무를 맡았으니 그 꿈속의 말에 부합되었다. 萬歲通天[48] 연간(696~697) 이래로 궁중에서 詔命을 관장했다. 中宗(李顯)이 등극하고 昭容이 되었다. 황제가 名儒를 불러들여 연회를 베풀고 시를 지을 때면 상관완아가 항상 황제와 황후 그리고 長寧公主와 安樂公主를 대신해 여러 편을 같이 지으니 화려함과 아름다움이 더욱 새로워졌다. 또 여러 신하들이 지은 시에 등급을 매겨 황금 술잔을 내려주니 조정에는 풀이 바람에 쓰러지듯 선풍이 일었다. 그 당시의 文辭들은 대체로 번지르르하고 화려하지만 모두 볼만했던 것은 상관소용의 힘이었다. 韋后가 몰락했을 때[49] 대궐 아래에서 참수되었다."

唐詩紀事曰"昭容, 名婉兒, 西臺侍郎儀之孫. 父廷芝死, 母鄭方妊, 夢巨人畀大秤曰'持此秤, 量天下.' 昭容生踰月, 母戱曰'秤量者, 豈爾耶?' 輒啞然應. 後內秉機政, 符其夢云. 自通天來, 內掌詔命. 中宗立, 進昭容. 帝引名儒賜宴賦詩, 婉兒常代帝及后, 長寧·安樂二公主, 衆篇竝作, 采麗益新. 又差第群臣所賦, 賜金爵, 朝廷靡然成風. 當時屬辭, 大抵浮靡, 然皆可觀, 昭容力也. 韋后之敗, 斬闕下."

③ ≪唐詩紀事≫에 말했다. "宋之問은 字가 延淸으로 汾州 사람이다. 沈佺期와 劉允濟와 함께 張易之에게 아첨하여 달라붙었는데, 〈장역지가〉 몰락하게 되자 瀧州參軍으로 좌천되었고 도망쳐 돌아왔다. 景龍 연간(707~710)에 太平公主에게 아첨하며 섬기다가, 뒤에 安樂公主의 권세가 커지자 다시 가서는 영합하며 결탁하였다. 中宗이 中書舍人으로 기용하려고 했는데, 태평공주가 그가 뇌물 받은 것을 들추어내어 越州長史로 좌천되었다. 그가 지은 시는 京師까지 전해졌다. 睿宗이 즉위하고서 〈그가〉 간사하고 음흉하며 죄악이 많다고 하여 欽州에 유배보냈다가 賜死했다. 沈佺期는 字가 雲卿으로 相州 사람이다. 給事中과 考功郎에 제수되었는데, 뇌물을 받아 탄핵되었다가 〈조사가〉 채 끝나기 전에 마침 張易之의 몰락[50]으로 驩州에 장기간 유배되었다. 얼마 후 台州錄事參軍으로 옮겨져 入計[51]하러 왔다가 〈황

48) 萬歲通天 : 중국 則天武后의 여덟 번째 연호로 약 1년 반 동안 사용되었다.

49) 韋后가 몰락했을 때 : 위후는 唐 中宗(李顯)의 두 번째 황후이다. 宰相 武三思와 자신의 韋氏 집안과 결탁해 국정을 농단하고 사치를 일삼았다. 중종의 사후 溫王 李重茂를 황제로 옹립하고 수렴청정하다가 臨淄王 李隆基가 太平公主와 연합해 일으킨 정변으로 궁중에서 피살당했다.

50) 張易之의 몰락 : 장이지는 則天武后 시기의 사람으로 외모가 수려하고 음악에 뛰어났다. 측천무후의 男寵으로 총애를 받았으며 이를 믿고 권력을 휘둘렀다. 張柬之·崔玄暐 등이 中宗을 복위시키기 위해 정변을 일으켰을 때 궁중에서 죽임을 당하고 효수되었다.

제가〉 불러서 접견하고 修文殿 直學士에 제수되었다. 연회에서 〈황제를〉 시종할 때 농담을 했는데 황제가 기뻐하며 상아와 비단을 하사하였다. 얼마 지나지 않아 太子詹事가 되었다.”

≪唐書≫에 말했다. “심전기는 글을 잘 지었는데 특히 七言詩에 뛰어났다. 송지문과 명성을 나란히 하여 당시 사람들이 ‘沈宋’으로 〈나란히〉 불렀다.”

唐詩紀事曰“宋之問, 字延淸, 汾州人. 與沈佺期·劉允濟媚附易之, 及敗, 貶瀧州參軍, 逃歸. 景龍中, 諂事太平公主, 後安樂公主權盛, 復往諧結. 中宗將用爲中書舍人, 太平發其贓, 遷越州長史. 賦詩流傳京師. 睿宗立, 以獪險盈惡流欽州, 賜死. 沈佺期, 字雲卿, 相州人. 除給事中·考功郎, 受贓, 劾未究, 會張易之敗, 長流驩州. 稍遷台州錄事參軍, 入計召見, 拜修文直學士. 侍宴爲弄辭, 悅帝, 賜牙·緋. 尋爲太子詹事.”

唐書曰“佺期善屬文, 尤長七言. 與宋之問齊名, 時稱‘沈宋’.”

④ 沈佺期의 시[52]는 다음과 같다.

“御駕는 봄 홍취에 이리저리 옮기고, 神池[53]는 은하처럼 휘감아 흐르네. 두 별에는 옛 돌이 남아있을 터이고,[54] 외로운 달은 타다 남은 재 속에 숨었어라. 戰船은 때를 만나 떠나고, 恩魚는 은혜를 바라고 오네.[55] 산꽃은 붉은 옷의 기병이 에워싼 듯하고, 제방의 버들은 휘장을 펼친 것 같아라. 흥겨운 마음에 〈秋風詞〉[56]

---

51) 入計 : 지방관이 도성에 들어와 상급 기관의 심사를 기다리는 것을 말한다.

52) 沈佺期의 시 : 제목은 ‘奉和晦日駕幸昆明池應制’이다.

53) 神池 : 신령한 연못이라는 뜻이다. 황제가 거처해 있는 곳의 연못을 아름답게 부르는 말로 여기서는 昆明池를 가리킨다.

54) 두 별에는……터이고 : 雙星은 北斗와 牽牛 두 별을 가리킨다. 옛날 어떤 사람이 黃河의 발원지를 찾다가 어떤 여인이 비단을 씻고 있는 것을 보고 물어보자, 그 여인이 “이곳은 銀河입니다.”라고 하고 돌 하나를 주었는데, 돌아와 嚴君平에게 물어보자 “이것은 직녀가 베틀을 괴던 돌이다.”라고 하였다는 전설이 있다. 일설에는 그 사람이 漢 武帝 때의 張騫이라고도 한다.

55) 恩魚는……오네 : 昆明池는 漢 武帝가 판 연못으로 白鹿原과 통해 있는데, 어떤 사람이 백록원에서 낚시로 물고기를 낚았다가 줄이 끊어져 물고기가 도망간 일이 있었다. 무제가 낚싯바늘을 없애 달라고 요청하는 물고기의 꿈을 꾼 다음 날 곤명지에서 노닐다가 줄을 물고 있는 물고기를 발견하고는 낚싯바늘을 제거해 주자 夜光珠를 물고 와서 은혜를 갚았다고 한다. 이 고사로 인해 ‘恩魚’는 聖德을 칭송하는 말로 쓰인다.

56) 〈秋風詞〉 : 漢 武帝가 汾陰에서 后土에게 제사를 지내고 기쁜 마음에 신하들과 연회를 열며 지은 노래이다. “누선을 띄워 분하를 건너나니 중류를 가로지를 제 흰 파도

부르고, 흐르는 노래에 君臣은 술 마시네. 미천한 신은 보잘것없는 자질이라 棟梁 보기가 부끄러워라."

宋之問의 시[57]는 다음과 같다.

"봄날 나들이 靈池에서 열리니, 푸른 파도에 帳殿이 펼쳐졌네. 배는 石鯨[58]을 내려 보며 지나고, 뗏목은 북두와 견우성을 스치며 도는구나. 절기가 저물어가니 蓂莢[59]은 전부 떨어지고, 봄이 늦어지니 버들가지 넌지시 꺾이었네. 바다 같음은 목욕하는 해를 보니 알겠고, 燒劫[60] 있었음은 가라앉은 재로 판명되었네.[61] 군신의 술자리에는 周 文王의 음악이요, 汾河의 노래[62]는 漢 武帝의 재주일세. 밝은 달이 사라져도 근심 말지니, 자연히 夜光珠가 오리로다."

莊周

沈詩曰"法駕乘春轉, 神池象漢廻. 雙星遺舊石, 孤月隱殘灰. 戰鷁逢時去, 恩魚望幸來. 山花緹騎遶, 堤柳幔城開. 思逸橫汾唱, 歌流宴鎬杯. 微臣雕朽質, 羞覩豫章材." 宋詩曰"春豫靈池會, 滄波帳殿開. 舟凌石鯨度, 槎拂斗牛迴. 節晦蓂全落, 春遲柳暗催. 象溟看浴景, 燒劫辨沈灰. 鎬飮周文樂, 汾歌漢武材. 不愁明月盡, 自有夜珠來."

이는구나.〔泛樓船兮濟汾河 橫中流兮揚素波〕"라는 구절이 있다.

57) 宋之問의 시 : 제목은 '奉和晦日駕幸昆明池應制'이다.

58) 石鯨 : 昆明池 가운데에 있는 돌로 조각한 고래로, 길이가 세 길이며 우레가 치고 비가 내리면 늘 우는 소리를 내고 수염과 꼬리가 모두 움직였다고 한다.

59) 蓂莢 : 전설 속의 상스러운 풀이다. 매월 초하루에서 보름까지는 매일 잎이 하나씩 나고 열엿새부터 그믐까지는 매일 잎이 하나씩 떨어지기 때문에 잎의 개수로 며칠인지 알 수 있었다고 한다. 그래서 '曆莢'이라고도 한다.

60) 燒劫 : 佛敎에서 쓰는 말이다. 세상이 멸망할 때의 큰 화재를 가리킨다.

61) 바다……판명되었네 : 목욕하는 해는 아침에 바다 위로 떠오르는 해를 비유하는 말이다. 劫은 불교에서 천지가 한번 생성되었다가 소멸되는 기간을 말하는데, 천지가 소멸될 때 큰 화재가 발생하여 모든 것을 태운다고 한다. 漢 武帝가 昆明池를 만들면서 바닥까지 파보도록 하자 바닥이 전부 검은 재였고 흙은 없었다. 조정에서 이것이 무엇인지 아는 사람이 없어 東方朔에게 물어 보자, 동방삭은 자신은 모르고 西域 사람에게 물어봐야 된다고 하였다. 後漢 明帝 때가 되어서 외국의 道人이 洛陽에 왔을 때 동방삭의 이 말을 생각해 낸 사람이 물어보자, 天地의 大劫 끝나려고 하면 큰 화재가 나서 모두 태우는데 이것은 그 화재의 흔적이라고 했다고 한다.

62) 汾河의 노래 : 〈秋風詞〉를 가리킨다.

18-58 【補】 宋나라 때 세상 사람들은 일찍이 莊周(莊子)는 道家의 張儀와 蘇秦[63)]이고 王通은 孔門의 王莽[64)]이라고 품평했었다.

宋世에 嘗目 莊周는 爲道家之儀秦이요 王通은 孔門之王莽[①]이라

① 高似孫의 ≪子略≫에 말했다. "老子의 ≪道德經≫ 3천 글자는 표현이 간결하고 뜻이 심오하여 고요히 六經을 넘어서며 그 쓰임이 간이하다. 莊周의 경우는 그렇지 않으니 깨끗하고 침잠하여 玄妙한 경지에 있어서는 老子와 같지만, 〈그의〉 意境은 깊고 높으며 쓸쓸하여 노자의 경계를 넘어 그 바깥에서 노닐고자 하였다. 이 때문에 그의 말과 뜻은 티끌 하나 없이 비범하고 탁월하며 답습하고 추종하는 누추함이 조금도 없다. 천지의 끝을 탐구하고 인간의 거짓을 궁구하여 거침없이 펼쳤으니, 마치 長江과 黃河가 굽이치며 쏟아내려 천하에 넘치는 것 같았다. 또 마치 세상만물의 모든 소리가 노한 듯 울부짖으며 맞부딪쳐 솟구치다가 소리는 가라앉고 그림자는 사라져 〈아무것도〉 잡을 수 없는 것 같았다. 대체로 황당하고 괴이하며 분방하고 허황되어서 일반 사람들의 생각과 거리가 먼 이야기를 어지러이 홀로 외쳤지만, 法度가 森嚴하고 文辭가 뛰어나고 굳세어 스스로 아름답고 새로운 경지를 이루었으니, 또한 한 시대의 奇才이다! 戰國시대에 奇士가 많았으니, 荀卿(荀子)의 학문은 이 〈현실〉 세상에 뜻을 둔 경우이고, 魯連(魯仲連)의 論辯은 홀로 자신의 몸을 善하게 닦는 경우이다. 한 권의 寓言인 ≪莊子≫는 道에 깊지 않은 사람은 쉽사리 이 책의 경계에 도달하지 못한다. 그러나 滑稽(익살)만으로 道를 밝혔으니, 선비가 재주를

王通

63) 張儀와 蘇秦 : 소진과 장의는 전국시대의 대표적인 遊說客이다. 장의는 秦나라를 섬기자는 連橫說을 주장했고, 소진은 6국이 연합해서 진나라에 대항하자는 合縱說을 주장하였다.

64) 王莽 : 漢나라 외척 출신으로 前漢 말기 平帝가 죽은 뒤 대리하여 집권하다가 국호를 新이라 하고 스스로 황제가 되었는데 15년을 채우지 못하고 망하였다. 왕씨 집안은 황실의 외척으로 부귀와 위세가 대단했는데, 왕망만 유독 소박한 생활을 하고 사람됨이 겸손했으며 부지런히 학문을 닦고 ≪論語≫를 배웠다.

쓸 데가 없게 되었지만 여전히 세속의 폐단을 바로잡으려고 애쓰는 경우라도 〈이 책을〉 염두에 두지 않을 것이다. 그 당시 천하가 크게 무너져 지탱할 수 없을 정도로 요동쳤으니, 〈세상 어디서나〉 약탈과 싸움이 벌어지는 것은 완전히 같았다. 그의 생각으로는 격려하고 되돌리고 바로잡고 안정시킬 수 있다고 여겼고, 거리낌 없이 마음껏 말을 쏟아내 세상의 사사로움을 바로잡은 적이 한두 번이 아니었지만 천하를 어지럽게 한 잘못에서는 벗어나지 못할 것이다. 그 가운데 孔子를 가탁하여 스스로 잘못을 초래한 경우가 29章이 있고, 또 堯임금, 禹임금, 文王, 姜太公의 일을 말한 것은 모두 ≪詩經≫과 ≪書經≫에 보이지 않는데도 근거 없는 주장을 멋대로 하였으니, 성인을 업신여기고 道를 모독함이 이에 또한 심해졌다."

高似孫子略曰"道德三千言, 辭潔旨謐, 澹然六經之外, 其用則易也. 莊周則不然, 浚滌沈潛, 若老於玄者, 而泓崢蕭瑟, 乃欲超遙於老氏之表. 是以其說意, 空一塵倜儻峻拔, 無一毫踏襲沿仍之陋. 極天之荒, 窮人之僞, 放肆迤演, 如長江長河滾滾灌注, 泛濫乎天下. 又如萬籟怒號, 澎湃洶湧, 聲沈影滅, 不可控搏. 率以荒怪詭誕, 狂肆虛眇, 不近人情之說, (瞽)〔瞀〕[65]亂而自呼, 至於法度森嚴, 文辭雋健, 自作瓌新, 亦一代之奇才乎! 戰國多奇士, 荀卿之學, 有志斯世者也. 魯連之辯, 獨善其身者也. 寓言一書, 非深乎道者, 未易造此. 顧獨以滑稽發之, 士至於無所用其才, 而猶區區於矯拂世俗之弊者, 不亦惄惄乎. 方是時, 天下大壞, 蕩不可支, 攘奪爭凌, 斬然一律. 其意思, 有以激之, 回之, 矯之, 夷之, 肆意無忌, 以放乎辭, 矯世之私, 曾不一二, 而亂天下之過, 將不可免. 於中若其言託孔子以自致其過者, 二十有九章, 又言堯禹文王太公之事 皆非詩書所見 而竊快其無稽之論 狎聖侮道 玆亦甚矣."

杜淹이 지은 ≪文中子世家≫에 말했다. "文中子 王氏는 諱가 通이고 字가 仲淹이다. 六代祖 王玄은 劉宋의 큰 유학자로 江左(江南) 지역에서는 그를 王先生이라고 불렀으며, 그에게 도를 전수받은 사람을 '王先生業'이라고 하였다. 문중자의 부친은 銅川府君 王隆으로 선생의 학문을 전수해 門人 천 여 명을 가르쳤다. 開皇 4년(584) 문중자가 태어나자 동천부군이 점을 쳤는데 〈동천부군이〉 '〈이는〉 素王[66]의 卦이다. 어찌하여 〈이 괘가〉 나왔을까. 地二〔陰爻〕가 天一〔陽爻〕이 되고 지극한 德을 지녔으면서도 아래의 자리에 있으니, 능히 많은 이들을 바르게 할 수 있으면 왕 노릇을 할 수 있을 것이다. 〈하지만〉 비록 군왕의 덕은 있지만 〈뜻을 이룰 수 있는〉 때는 아닐

---

65) (瞽)〔瞀〕 : 저본에는 '瞽'로 되어 있으나, ≪子略≫과 문맥에 의거하여 '瞀'로 바로잡았다.

66) 素王 : 왕위가 없지만 왕의 덕망을 갖춘 사람을 이른다. 일반적으로 孔子를 이른다.

것이다. 이 아이는 틀림없이 천하 사람들의 뜻을 〈군왕에게〉 통하게 할 수 있을 것이다.'라고 하고는 이름을 '通'으로 지었다. 〈왕통은〉 관례를 치르고 나서 〈세태를〉 개탄하며 蒼生들을 구제하려는 마음을 품었다. 隋 文帝(楊堅)를 알현하고 〈太平十二策〉을 상주했으나 받아들여지지 않았다. 〈이에〉 〈東征歌〉를 짓고 귀향하였다. 뒤에 재차 부름을 받았으나 가지 않았다. 친한 이들에게 '나의 고조부께서 河汾에 처음 집을 마련하셨고 산소를 쓴 지 이제 4대째가 되었습니다. 쓰러져가는 오두막집이 있는데 띠로 만든 처마에 흙 계단은 손바닥 만합니다. 도가 행해지지 않고 있는데 어디를 가려 하겠습니까. 물러나 도를 지향할 따름입니다.'라고 하고는 ≪詩經≫과 ≪書經≫에 내용을 보태고 ≪禮記≫와 ≪樂記≫를 바로잡으며 ≪元經≫을 짓고 ≪易經≫의 道를 밝히니, 9년 만에 六經이 크게 이루어졌다. 門人이 먼 곳에서 와서 모두 북쪽을 바라보며 〈스승으로 모시고〉 군왕을 보좌하는 도리를 배웠다. 大業 13년(617) 병이 위독해지자 문인들에게 '내 꿈에 顏回께서 孔子의 명이라고 하면서 「돌아가서 쉬자.」라고 하셨다. 아마도 夫子께서 나를 부르시는가보다.'라고 하였다. 병으로 누운 지 이레 만에 운명하였다. 문인들이 시호를 '文中子'라고 했다. 그 저서를 모두 순서에 따라 편집하여 王氏들에게 돌려주었으니, ≪禮論≫ 25편, ≪樂論≫ 20편, ≪續書≫ 150편, ≪續詩≫ 360편, ≪元經≫ 50편, ≪贊易≫ 70편으로 모두 나열하면 80권이 된다."

朱熹가 다음과 같이 주장했다.[67] "王仲淹은 〈공자보다〉 百世 뒤에 태어나 옛 성현의 책을 읽어 그 쓰임을 거칠게나마 알았다. 그렇지만 그 근본을 깊이 탐구하고 그 실질에 힘을 다한 적이 없었다. 명예를 좋아하고 빨리 이루려는 마음을 이기지 못해 책을 지어 이론을 내세우는 것을 자신의 소임으로 여기는 데 급급하였다. 자신의 몸을 의탁할 곳이 없는 상황이 되자 兩漢 이래의 볼품없는 文字와 言語, 그리고 시시한 功名과 事業을 주워 모으고, 자신의 타고난 자질과 어쩌다 들어맞는 것과 엇비슷한 것을 찾아서 六經을 모방해 차례를 매기고 편집하였다. 이렇게 하면서 〈그 안에 나오는〉 인물을 끌어와 五帝[68]와 三王[69]의 반열에 억지로 추어올렸다. 지금 ≪中說≫을 살펴보고 그 규모의 대략을 파악하였다. 저 ≪贊易≫으로 어찌 충분히 先天과 後天이 서로 본질과 작용(用)이 된다는 것을 알 수 있을까. 〈한

67) 朱熹가……주장했다 : 〈王氏續經說〉에 나온다.

68) 五帝 : 중국 고대 전설상의 다섯 제왕이다. 그 대상에 대한 설이 여럿인데, 일반적으로 黃帝, 顓頊, 帝嚳, 唐堯, 虞舜을 가리킨다.

69) 三王 : 중국 고대의 세 임금이다. 일반적으로 夏나라 禹王, 殷나라 湯王, 周나라의 文王을 이른다.

나라〉 高祖(劉邦), 文帝(劉恒), 武帝(劉徹), 宣帝(劉詢)의 제도가 어찌 '精一執中'[70]을 전수한 것이겠는가. 曹操, 劉楨, 顔延之, 謝靈運의 시가 어찌 '모든 사물에는 변하지 않는 도리가 있다.'는 가르침이겠는가. 叔孫通, 公孫述, 曹褒, 荀勖의 禮樂 중에서 또 어느 것이 伯夷, 后夔, 周公의 훌륭함과 함께 하는가. 劉宋과 北魏 이래로 천하의 중심이 한번은 남쪽에 있었고 한번은 북쪽에 있기에 이르렀다. 그 공로와 도덕을 비교하고 헤아려보건대 〈진정한〉 임금이나 신하가 되기에는 부족하였다. 그렇다면 天命과 人心의 향배, 황실의 혈통과 계승의 치우침과 공정함 역시 어찌 논하기에 충분하겠는가. 그런데 그 문제와 관련하여 팔을 걷어붙이고 나서 〈정통을〉 저기에서 빼앗아 여기에 주어 공자의 ≪春秋≫에 자신을 위치시킨다는 말인가. 아마도 이는 자신의 학문이 周公과 孔子의 수준이 되기에 충분하지 않다는 것을 모른 상태에서 兩漢의 군주가 三王과 같은 군주가 되기에 부족하다는 것을 모른채 혼자 그런 보잘것없는 것들을 가지고 모양만 엇비슷한 수준으로 흉내내고는 오만하게 스스로는 전대의 훌륭한 임금을 계승하여 후세의 왕들에게 이어줄 만하다고 여겼을 것이나, 바로 이 때문에 吳나라와 楚나라가 주제넘게 〈스스로를〉 王이라고 칭한 것과 같은 죄에 자신이 빠졌음을 알지 못했을 것이다. 후세의 도를 아는 군자가 비록 그의 말을 취하는 경우가 있더라도 끝내 이러한 점에 대해서는 유감이 없을 수 없을 것이다."

杜淹撰文中子世家曰"文中子王氏, 諱通, 字仲淹. 六代祖玄, 則爲宋弘儒, 江左號王先生, 受其道者曰王先生業. 文中子之父, 銅川府君, 諱隆, 傳先生之業, 教授門人千餘. 開皇四年, 文中子生, 府君筮之, 遇坤之師, 曰'素王之卦也. 何爲而來. 地二化爲天一, 上德而居下位, 能以衆正, 可以王矣. 雖有君德, 非其時乎! 是子必能通天下之志.' 名之曰'通'. 旣冠, 慨然有濟蒼生之心, 見隋文帝, 奏太平十二策, 不用. 作東征之歌而歸. 後再徵, 不至. 謂所親曰'我高祖始家於河汾, 有墳壟於玆四代矣. 有敝廬在, 茅簷土堦撮如也. 道之不行, 欲安之乎. 退志其道而已.' 乃續詩書, 正禮樂, 修元經, 讚易道, 九年而六經大就. 門人自遠而至, 咸北面受王佐之道焉. 大業十三年, 有疾, 謂門人曰'吾夢顔回稱孔子之命曰「歸休乎.」殆夫子召我也.' 寢疾七日而終. 門人諡曰'文中子'. 悉次其書, 還於王氏. 禮論二十五篇, 樂論二十篇, 續書一百五十篇, 續詩三百六十篇, 元經五十篇, 贊易七十篇, 共列爲八十卷."

朱熹論曰"仲淹生乎百世之下, 讀古聖賢之書, 而粗識其用. 然未嘗深探其本, 而盡

---

70) 精一執中 : 순수한 일념으로 中道를 지키는 것을 말한다. ≪書經≫ 〈虞書 大禹謨〉에 "인심은 위태롭고 도심은 희미하니 순수한 일념으로 중도를 지켜야 할 것이다.〔人心惟危 道心惟微 惟精惟一 允執厥中〕"라고 하였다.

力於其實. 不勝其好名欲速之心, 汲汲乎以著書立言爲已任. 及其無以自託, 乃捃拾兩漢以來文字言語之陋, 功名事業之卑, 而求其天資之偶合, 與其近似者, 依倣六經次第采輯. 因以牽挽其人, 强而躋之五帝三王之列. (令)〔今〕[71]考之中說而得其規模之大略, 則彼之贊易, 是豈足以知先天後天之相爲體用. 而高文武(皇)〔宣〕[72]之制, 是豈有精一執中之傳. 曹・劉・顔・謝之詩, 是豈有物則秉彛之訓. 叔孫通・公孫述・曹褒荀(勉)〔勖〕[73]之禮樂, 又孰與伯夷・后夔・周公之懿. 至於宋魏以來, 一南一北, 校功度德, 蓋未有以相君臣也. 則其天命人心之向背, 統緖繼承之偏正, 亦何足論, 而欲攘臂其間, 奪彼予此以自列於孔子之春秋哉. 蓋旣不自知其學之不足以爲周・孔, 不知兩漢之不足爲三王, 而獨以是區區者, 比而效之於形似影響之間, 傲然自謂足以承千聖而紹百王矣. 而不知其適以是而自納於吳楚僭王之誅. 使夫後世知道之君子, 雖或有取於其言, 而終不能無恨於此."

【頭註】

○ 李贄 : 朱子가 자기 이야기를 하였다.
李云 "朱子自道."

○ 李贄 : 이 말은 크게 잘못되었으니, 〈주자가〉 王通 뒤에 있음을 알겠다.
李云 "此言大謬, 見在通後矣."

---

71) (令)〔今〕 : 저본에는 '令'으로 되어 있으나, ≪晦菴集≫에 의거하여 '今'으로 바로잡았다.
72) (皇)〔宣〕 : 저본에는 '皇'으로 되어 있으나, ≪晦菴集≫에 의거하여 '宣'으로 바로잡았다.
73) (勉)〔勖〕 : 저본에는 '勉'으로 되어 있으나, ≪晦菴集≫에 의거하여 '勖'으로 바로잡았다.

世說新語補 卷十一

19. 규잠 상 規箴 上

규잠은 잘못된 것을 고치거나 미리 조심하도록 경계한다는 뜻이다. 본편은 上下 2편으로 나누어져 있으며 전체가 43항목으로 상편이 18항목이고 하편이 25항목이다. 그중 출처가 ≪何氏語林≫인 것은 모두 상편이 6항목이고 하편이 20으로 모두 26항목인데, 이 편은 다른 편에 비해 ≪何氏語林≫이 출처인 경우가 특히 많다. 당시의 명사들이 황제, 권세가, 동료, 아랫사람 등에게 권고하거나 충고하면서 한 운치 있고 재치 있는 말과 행동을 기록하였다.

19-1 **【補】** 嚴子陵(嚴光)이 侯司徒(侯霸)에게 서신을 보냈다.

嚴子陵(嚴光)

"君房 足下께서 지위가 三公에 이르렀으니 아주 잘되었습니다. 仁을 품고 義를 보필하면 天下가 기뻐할 것이요, 아첨하고 〈황제의〉 뜻에 순종한다면 허리와 목이 끊어질 것입니다."

후사도가 서신을 받고 서찰을 봉해 〈황제에게〉 상주하니, 황제가 웃으며 말했다.

"이 미치광이는 예전의 태도 그대로구나."

嚴子陵①이 與侯司徒書曰 君房足下는 位至鼎足하니 甚善이라 懷仁輔義면 天下悅하고 阿諛順旨면 腰領絶하리라 侯得書하여 封奏之하니 帝笑曰 此狂奴故態②로다하다

① 范曄의 ≪後漢書≫에 말했다. "嚴光은 字가 子陵으로 會稽 餘姚 사람이다. 젊어서부터 이름이 높았으며 光武帝(劉秀)와 같이 遊學하였다. 광무제가 즉위하자 〈엄광은〉 姓名을 바꾸고 몸을 감추고서 나타나지 않았다. 광무제가 그를 물색하여 찾도록 하였는데

齊나라에서 '어떤 남자가 있는데 양가죽 옷을 걸치고 못에서 낚시를 하고 있습니다.' 라고 상언하였다. 광무제는 엄광인 듯 생각이 들어 安車를 보내 불렀는데 〈안거가〉 세 번 왕복하고서야 〈엄광이〉 왔지만 끝내 〈그의 뜻을〉 굽히게 하지 못했다."

范曄後漢書曰 "嚴光, 字子陵, 會稽餘姚人. 少有高名, 與光武同遊學. 及光武卽位, 變姓名隱身不見. 帝令以物色訪之, 齊國上言'有一男子, 披羊裘, 釣澤中.' 帝疑是光, 安車聘之, 三反而後至, 終不能屈."

② 皇甫謐의 《高士傳》에 말했다. "侯霸는 엄광과 평소 친분이 있었다. 西曹屬[1]인 侯子道를 시켜 서신을 올렸는데, 엄광은 일어나지 않고 침상 위에서 다리를 벌리고 앉았다가 무릎을 감싸안은 채 서신을 꺼내 다 읽고는 후자도에게 '侯君房은 평소 멍청했었는데 지금은 三公이 되었으니 조금 나아졌는가?'라고 하였다. 후자도가 '지위가 이미 삼공이니 멍청하지 않은 것입니다.'라고 하였다. 엄광이 '그대를 보내면서 무슨 말을 했는가?'라고 하니 후자도가 후패의 말을 전했다. 엄광이 '그대는 〈그가〉 멍청하지 않다고 말하지만 〈그대가 전한 그의〉 이 말은 멍청한 말이 아닌가? 天子께서 나를 세 번 부르시고서야 내가 왔다. 군주조차 뵙지 않았는데 신하된 사람을 보겠는가?' 후자도가 답장을 청하자, 엄광이 '나는 손으로 글씨를 쓰지 못한다.'라고 하고는 입으로 불러주었다. 심부름하는 자가 내용이 적다고 꺼리며 더 보태달라고 하자, 엄광이 '채소를 사는가? 더 달라고 하게!'라고 하였다."

皇甫謐高士傳曰 "霸與光素舊. 使西曹屬侯子道奉書, 光不起, 於牀上箕踞抱膝, 發書讀訖, 問子道曰 '君房素癡, 今爲三公, 寧小差否?' 子道曰 '位已鼎足, 不癡也.' 光曰 '遣卿來何言?' 子道傳霸言, 光曰 '卿言不癡, 是非癡語也. 天子徵我三, 乃來. 人主尙不見, 當見人臣乎?' 子道求報, 光曰 '我手不能書.' 乃口授之. 使者嫌少, 可更足. 光曰 '買菜乎? 求益也.'"

19-2 京房이 漢 元帝(劉奭)와 함께 담론하다가 원제에게 물었다.

"幽王과 厲王[2]은 어떻게 해서 망했으며 임용했던 자들은 어떤 사람들이었습니까?" 원제가 답했다.

---

1) 西曹屬 : 西曹는 벼슬 이름이다. 漢나라 때 丞相과 太尉의 屬吏는 曹를 나누어 일을 처리했는데 西曹가 있었다. 책임자는 掾으로, 부관은 '屬'이라고 불렀다. 처음에는 百官의 奏事를 담당했다가 나중에는 府 내부 관리들의 임용을 주로 했다.

2) 幽王과 厲王 : 중국 周나라 임금들로, 나라를 망친 대표적인 인물들이다. 유왕은 褒姒로 인해 정사를 돌보지 않다가 犬戎의 침입을 받아 죽었고, 여왕은 폭정과 사치를 일삼다가 폭동이 일어나 彘 지역으로 도망가서 죽었다.

"임용했던 사람들이 불충하였다."

경방이 말했다.

"불충한 줄 알면서도 임용했던 것은 어째서입니까?"

〈원제가〉 말했다.

"亡國의 군주는 각각 신하들을 현명하다고 여겼다. 어찌 불충하다는 것을 알고서도 임용했겠는가."

경방이 머리를 조아리며 말했다.

"지금 옛날을 보는 것처럼 훗날도 지금을 마찬가지로 볼까 두렵습니다."

京房이 與漢元帝 共論이라가 因問帝호되 幽厲之君은 何以亡이며 所任은 何人이니이까 答曰 其任人이 不忠이라 房曰 知不忠而任之는 何耶오 曰 亡國之君은 各賢其臣이니 豈知不忠而任之리오 房稽首曰 將恐今之視古에 亦猶後之視今也①라하다

① ≪漢書≫에 말했다. "京房은 字가 君明으로 東郡 頓丘 사람이다. 음률을 특히나 좋아해 음악에 대해 잘 알았으며 孝廉으로 郎官이 되었다. 이때 中書令 石顯이 권력을 마음대로 휘둘렀고 벗인 五鹿充宗[3]이 尙書令이 되었다. 〈그들은〉 경방과 같이 과거에 합격한 사람들로 論議하며 서로 시비를 다투었는데 이 두 사람이 국사를 좌지우지하였다. 경방이 한번은 宴見(연현)[4]에서 황제에게 '幽王과 厲王은 어떻게해서 망했으며 임용했던 자들은 어떤 사람들이었습니까?'라고 묻자, 황제가 '임금도 현명하지 못했지만 신하가 간교하고 아첨하였다.'라고 하였다. 경방이 '간교하고 아첨한다는 것을 알고도 임용했습니까? 아니면 현명하다고 여겼습니까?'라고 하니, 황제가 '현명하다고 생각했다.'라고 하였다. 경방이 '그렇다면 지금은 어찌하여 그들이 현명하지 않다는 것을 아십니까?'하니, 황제가 '시대가 혼란했고 임금이 위태로웠다는 것으로 〈그들이 현명하지 않았다는 것을〉 안다.'라고 하였다. 경방이 '현명한 자를 임용하면 다스려지고 못난 자를 임용하면 어지러워지는 것은 자연의 도리입니다. 유왕과 여왕은 어찌하여 알아차리고서 일찍 현명한 자를 들이지 않았으며 무엇 때문에 못난 자를 끝끝내 임용하여 망하게 된 것입니까?'라고 하니, 이에 황제가 '혼

3) 五鹿充宗 : 五鹿은 複姓이고 이름이 充宗이다. 西漢 시기의 大臣이자 학자이다. 대표적인 저서로 ≪略說三篇≫이 있다.

4) 宴見(연현) : 황제가 공무 외에 신하를 불러서 보는 것을 말한다. 공식적인 朝見과는 차이가 있다.

란과 망국을 초래한 임금은 각각 신하들을 현명하다고 생각했다. 가령 모두가 알아차렸다면 혼란과 망국을 초래한 임금이 어찌 있겠는가.'라고 하였다. 경방이 '齊나라 桓公과 秦나라 二世는 어찌하여 유왕과 여왕의 일을 가지고 의심해 보지 않고 豎刁와 趙高를 임용하여 정치가 날로 혼란해 졌습니까?'라고 하자, 황제가 '오직 道를 체득한 사람만 지난 일을 가지고 올 일을 알 수 있다.'라고 하였다. 경방이 '폐하께서 즉위하신 뒤로 도적은 억제되지 않고 형벌을 받은 사람들이 저자에 가득합니다.……'라고 하며 황제에게 '지금 〈나라가〉 잘 다스려지고 있습니까, 혼란합니까?'라고 물으니, 황제가 '그렇지만 저들보다는 낫다.'라고 하였다. 경방이 '앞의 두 임금이 모두 그러했습니다. 신은 훗날 지금을 보는 것이 지금 옛날을 보는 것과 마찬가지일까 두렵습니다.'라고 하였다. 황제가 '지금 혼란하게 하는 자가 누구인가?'라고 하니, 경방이 '성상께서 帷幄 안에서 친히 함께 일을 도모하는 자들입니다.'라고 하였다. 경방이 石顯과 充宗을 지적해서 말하자, 석현 등이 경방에게 郡守를 맡겨 시험해 보아야 한다고 건의하였고 마침내 경방을 동군 태수로 삼았다. 〈그 뒤〉 석현이 〈경방의〉 사적인 일을 들추어내어 棄市에 처해지도록 하였다."

漢書曰"京房, 字君明, 東郡頓丘人. 尤好鍾律, 知音聲, 以孝廉爲郎. 是時中書令石顯專權, 及友人五鹿充宗爲尙書令. 與房同經, 論議相是非, 而此二人用事. 房嘗宴見, 問上曰'幽厲之君何以亡? 所任何人?' 上曰'君亦不明, 而臣巧佞.' 房曰'知其巧佞而任之耶? 將以爲賢耶?' 上曰'賢之.' 房曰'然則今何以知其不賢.' 上曰'以其時亂而君危知之.' 房曰'是任賢而理, 任不肖而亂, 自然之道也. 幽·厲何不覺悟而蚤納賢? 何爲卒任不肖以至亡?' 於是上曰'亂亡之君, 各賢其臣. 令皆覺悟, 安得亂亡之君.' 房曰'齊桓·二世何不以幽·厲疑之, 而任豎刁·趙高, 政治日亂耶?' 上曰'唯有道者能以往知來耳.' 房曰'自陛下卽位, 盜賊不禁, 刑人滿市云云.' 問上曰'今治也? 亂也?' 上曰'然愈於彼.' 房曰'前二君皆然. 臣恐後之視今, 猶今之視前也.' 上曰'今爲亂者誰?' 房曰'上所親與圖事帷幄中者.' 房指謂石顯及充宗, 顯等乃建言, 宜試房以郡守, 遂以房爲東郡. 顯發其私事, 坐棄市."

19-3【補】[5]高義方(高彪)이 馬季長(馬融)을 찾아 갔는데 〈마계장이〉 사절하고 보지 않았다. 고의방이 명함을 뒤집어 서신을 썼다.

"삼가 높으신 명성을 들은 지 이미 오래되었습니다. 한번 만나 뵙고 마음속의

---

5)【補】: 저본에는 '補'가 없으나, 이 일화는 ≪世說新語≫에는 실려 있지 않고 ≪何氏語林≫에 실려 있는 것에 의거하여 '補'자를 보충하였다.

바람을 말씀드리기를 기대했었는데 편찮으시다고 거절할 줄을 몰랐습니다. 옛날 周公은 文王과 武王을 부형으로 두고 九命[6]으로서 재상이 되어 중국을 다스렸음에도 감던 머리를 손으로 움켜쥐고 먹던 밥을 뱉으면서 가난한 선비를 맞이하니 천하가 〈그 훌륭한〉 德에 귀의하였습니다. 지나간 시대가 까마득하니 지금 그대를 뵙지 못하는 것은 당연합니다."

마계장이 크게 부끄러워하며 〈사람을 시켜〉 쫓아가 청하였으나 그냥 가버렸다.

高義方이 **造馬季長**에 **辭不見**이어늘 **義方**이 **覆刺爲書 曰 伏聞高問爲日已久**하니 **冀一見龍光**①하여 **敍腹心之願**이나 **不圖辭之以疾**이로다 **昔**에 **周公**은 **父兄文武**하고 **九命作相**하여 **以尹華夏**어늘 **猶握沐吐食**하여 **以接白屋之士**하니 **天下歸德**②이라 **歷載邈矣**하니 **今君不能相見宜哉**로다하다 **季長**이 **大愧**하여 **追請**하나 **徑去**③하다

① ≪詩經≫ 〈小雅 蓼蕭〉에 말했다. "이미 군자를 만나보니 영광스러우며 빛나도다."
小雅曰 "旣見君子, 爲龍[7]爲光."

② ≪史記≫에 말했다. "〈周公의 아들인〉 伯禽이 封國으로 나아갈 때 주공이 주의를 주며 '나는 文王의 아들이고 武王의 동생이며 成王의 숙부로 천하에 대해 또한 〈신분이〉 미천하지 않다. 그렇지만 나는 한 번 머리를 감으면서 세 번 머리카락을 움켜쥐고 한 번 밥을 먹으면서 세 번 먹던 밥을 뱉으면서 〈자리에서〉 일어나 선비를 맞이했다. 그럼에도 천하의 어진 사람을 잃을까봐 두려워하였다. 너는 魯나라로 가서 삼가 나라를 가졌다고 사람들에게 교만하게 굴지 말도록 하라.'라고 하였다."
史記曰 "伯禽就封, 周公戒之曰 '我文王之子, 武王之弟, 成王之叔父, 我於天下亦不賤矣. 然我一沐三握髮, 一飯三吐哺, 起以待士, 猶恐失天下之賢人. 子之魯, 愼無以國驕人.'"

③ ≪漢雜事≫에 "高彪는 字가 義方으로 吳郡 사람이다. 이상이 매우 높고 太學에서 공부했으며 經史를 두루 보았고 글을 잘 지었다."라고 하였다.
漢雜事曰 "高彪, 字義方, 吳郡人. 志尙甚高, 遊太學, 博覽經史, 善屬文."

---

6) 九命 : 周나라 때의 관직은 9등급으로 나뉘는데, 一命이 가장 낮고 九命이 가장 높다. 上公이 九命, 王의 三公 즉 太師·太傅·太保가 八命, 侯와 伯이 七命, 王의 卿이 六命, 子와 男이 五命, 王의 大夫 및 公의 孤 즉 少師·少傅·少保가 四命, 公과 侯伯의 卿이 三命, 公과 侯伯의 大夫 및 子와 男의 卿이 二命, 公과 侯伯의 士 및 子와 男의 大夫가 一命이었다.

7) 龍 : '寵'과 같다.

19-4【補】[8] 魏 文帝(曹丕)가 五官中郎將이었을 때 臨淄侯(曹植)의 재주와 명성이 매우 뛰어나고 높았기에 적장자의 지위를 박탈하려는 논의가 몇 번 있었다. 曹公(曹操)이 어느날 賈詡에게 물어보았는데 가후는 잠자코 대답하지 않았다. 조공이 물었다.

曹操

"대답하지 않는 것은 어째서인가?"

가후가 말했다.

"마침 생각난 것이 있습니다."

〈조공이〉 물었다.

"무슨 생각인가?"

〈가후가〉 대답했다.

"袁本初(袁紹)와 劉景升(劉表) 父子를 생각했습니다."[9]

이에 태자가 마침내 정해졌다.

魏文이 爲五官將時에 臨淄侯才名甚盛하여 幾有奪嫡之議①라 曹公이 一日 諮於賈詡②로되 詡默然不對어늘 曹公이 問 不對는 何也오 詡曰 屬有所思라 問 何思오 答曰 思袁本初·劉景升父子也라하니 於是에 太子遂定③하다

① ≪三國志≫에 말했다. "陳思王 曹植은 建安 19년(214) 臨淄侯로 옮겨 봉해졌다. 조식은 이미 뛰어난 재주로 특별한 대우를 받고 있는데다가 丁儀, 丁廙, 楊脩 등이 보좌하여 거의 太子가 될 뻔하였다. 그러나 조식은 마음대로 행동하고 자신의 말과 행실을 꾸미지 않았다. 文帝가 술수로 〈조식을〉 막고 宮人들이 좌우에서 문제를 위해 이야기하였으므로 〈문제가〉 후사로 정해졌다."
三國志曰 "陳思王植, 建安十九年, 徙封臨淄侯. 植旣以才見異, 而丁儀·丁廙·楊脩等爲之羽翼, 幾爲太子. 而植任性不自彫勵. 文帝御之以術, 宮人左右竝爲之說, 故定爲嗣."

② ≪魏略≫에 말했다. "賈詡는 字가 文和로 武威 姑臧 사람이다. 젊었을 때 그를 알

8) 【補】: 저본에는 '補'가 없으나, 이 일화는 ≪世說新語≫에는 실려 있지 않고 ≪何氏語林≫에 실려 있는 것에 의거하여 '補'자를 보충하였다.

9) 袁本初(袁紹)와……생각했습니다 : 원소와 유표 모두 적자를 폐하고 서자를 세워 아들 간에 다툼이 일어나 결국 혼란을 초래하였다.

아주는 사람이 아무도 없었는데 漢陽의 閻忠만이 그를 남달리 여기고 가우에게는 張良과 陳平의 뛰어남이 있다고 여겼다. 太祖(曹操)가 冀州牧을 다스리면서 〈가우를〉 太中大夫로 삼았다. 이때 문제는 五官中郎將이었고 臨淄侯는 재주와 명성이 한창 대단하였는데 각자 黨與가 있었다. 적장자의 지위를 박탈하려는 논의가 있자 文帝가 사람을 시켜 가후에게 자신의 입지를 확고히 하기 위한 방법을 물어보니, 가후가 '원컨대 장군께서는 덕과 국량을 크게 하고 빈한한 선비의 학문을 몸소 실행하며 아침저녁으로 부지런히 힘쓰면서 자식된 도리를 어기지 마십시오. 이와 같을 따름입니다.'라고 하였다."

魏略曰"賈詡, 字文和, 武威姑臧人也. 少時人莫知, 唯漢陽閻忠異之, 謂詡有良・平之奇. 太祖領冀州牧, 以爲太中大夫. 是時, 文帝爲五官將, 而臨淄侯才名方盛, 各有黨與, 有奪宗之議. 文帝使人問詡自固之術, 詡曰'願將軍恢崇德度, 躬素士之業, 朝夕孜孜, 不(湟)〔違〕[10]子道. 如此而已.'"

③ ≪魏志≫에 말했다. "袁紹는 작은아들 袁尙을 아껴 후계자로 삼고자 했으나 〈그 뜻이〉 밖으로 드러나지는 않았다. 審配, 逢紀는 辛評, 郭圖 등과 권력을 두고 다투었는데 심배와 봉기는 〈작은아들인〉 원상의 편에 서고 신평과 곽도는 〈큰아들인〉 袁譚의 편에 섰다. 원소가 죽자 심배 등이 원상을 받들어 원소의 지위를 대신하게 했다. 원담이 〈뒤늦게〉 도착했으나 부친의 뒤를 이을 수 없었다. 이로 말미암아 원담과 원상 사이에 틈이 생겼다. 太祖(曹操)의 군대가 西平에 이르자 원담과 원상이 군대를 일으켜 〈조조의 군대를〉 공격했으나 모두 패주하고 말았다.

劉表와 그의 처는 작은아들 劉琮을 아껴 후계자로 삼고자 하였고 蔡瑁와 張允은 유종의 패거리가 되어 마침내 큰아들 劉琦를 江夏太守로 내보냈다. 유표가 죽자 무리들이 드디어 유종을 후계자로 받들었다. 유기와 유종은 마침내 원수 사이가 되고 〈나라가〉 전복되는 지경에 이르고 말았다."

魏志曰"紹愛少子尙, 欲以爲後而未顯. 審配・逢紀與辛評・郭圖等爭權, 配・紀與尙比, 評・圖與譚比. 紹卒, 配等奉尙代紹位. 譚至, 不得立. 由是譚・尙有隙. 太祖軍至西平, 譚・尙擧兵相攻, 皆敗走. 劉表及妻愛少子琮, 欲以爲後, 而蔡瑁・張允爲之支黨, 乃出長子琦爲江夏太守. 表死, 衆遂奉琮爲嗣, 琦與琮遂爲讎隙, 至於傾覆."

19-5【補】蜀의 先主(劉備)가 가뭄으로 흉년이 들자 금주령을 내린 적이 있었다. 刑吏가 인가에서 술 빚는 도구를 찾아내어 술을 빚는 자와 동일하게 처벌시키

---

10) (湟)〔違〕: 저본에는 '湟'으로 되어 있으나, ≪世說新語≫와 ≪何氏語林≫에 의거하여 '違'로 바로잡았다.

려고 했다. 당시 簡雍이 선주를 따라 밖으로 나가 돌아보고 있었는데, 어떤 남자가 길을 가는 것을 보자 선주에게 말했다.

"저 사람은 음탕한 짓을 하려고 합니다. 어찌하여 포박하지 않으십니까?"

선주가 말했다.

"경은 어떻게 아는가?"

간옹이 말했다.

"저 사람은 음탕한 물건을 갖고 있으니 술을 빚으려 하는 것과 같습니다."

선주가 크게 웃고는 술을 빚으려고 한 자를 용서해 주라고 명하였다.

蜀先主가 **嘗因旱儉禁酒**러니 **刑吏**가 **於人家**에 **檢得釀具**하여 **欲令與釀酒者同罰**이러니 **時**에 **簡雍從先主遊**라가 **見一男子行道**하고 **謂先主曰 彼人欲行淫**이어늘 **何以不縛**고 **先主曰 卿何以知之**오 **雍曰 彼有淫具**하여 **與欲釀同**이라하니 **先主大笑**하고 **命原欲釀者**①하다

① ≪蜀志≫에 말했다. "簡雍은 字가 憲和로 涿郡 사람이다. 젊어서부터 先主와 오랜 친분이 있어 수행하며 일을 처리했다. 선주가 荊州에 이르렀을 때 糜竺, 孫乾과 함께 從事中郎이 되었으며 늘 說客이 되어 〈여러 곳을〉 왕래하며 使命을 수행하였다. 뒤에 昭德將軍에 제수되었다. 풍간을 잘하였으며 성품은 도도하고 구애됨이 없어 선주가 있는 자리에서도 다리를 벌리고 앉거나 비딱하게 서곤 했다. 諸葛亮 이하의 사람을 만나면 혼자 자리를 다 차지하고 베개를 베고 누워 이야기를 하였으며 남에게 굴복하는 일이 없었다."
蜀志曰 "簡雍, 字憲和, 涿郡人. 少與先主有舊, 隨從周旋. 先主至荊州, 與(糜)〔麋〕[11] 竺·孫乾同爲從事中郎, 常爲談客, 往來使命. 後拜昭德將軍. 優游諷議, 性簡傲跌宕, 在先主坐, 猶箕踞傾倚. 適[12]諸葛亮已下, 則獨擅一榻, (頂)〔項〕[13]枕臥語, 無所爲屈."

19-6 孫休는 꿩 사냥을 좋아하여 사냥 시기가 되면 새벽에 나가 저녁에 돌아오곤 했다. 군신들이 모두 만류하며 간언했다.

---

11) 糜麋 : ≪三國志≫ 〈蜀書 簡雍傳〉에는 '麋'로 되어 있다.

12) 適 : ≪三國志≫ 〈蜀書 簡雍傳〉에는 '適' 앞에 "威儀不肅, 自縱"이 있어 '適'이 앞 문장에 포함된다. 이 경우 '縱適'은 선제 앞에서 구애받지 않고 마음대로 행동하는 간옹의 태도를 이르는 말이 된다.

13) (頂)〔項〕: 저본에는 '頂'으로 되어 있으나, ≪三國志≫ 〈蜀書 簡雍傳〉에 의거하여 '項'으로 바로잡았다.

"이것은 하찮은 동물입니다. 어찌 열중할 가치가 있겠습니까."

손휴가 말했다.

"비록 하찮은 동물이지만 군은 절개가 사람보다 뛰어나니[14] 짐이 그래서 좋아하는 것이다."

孫休好射雉하여 至其時면 則晨去夕反하니 羣臣이 莫不止諫호대 此는 爲小物이니 何足甚耽이리오 休曰 雖爲小物이나 耿介過人하니 朕所以好之①라하다

① 環濟의 ≪吳紀≫에 말했다. "孫休는 字가 子烈로 吳 大帝(孫權)의 여섯 째 아들이다. 처음에는 琅琊王에 봉해졌었다. 용을 타고 하늘로 오르는데 뒤를 돌아보아도 꼬리가 보이지 않는 꿈을 꾸었는데, 孫綝이 少主(孫亮)를 폐위하고 손휴를 맞아 황제로 세웠다. 典籍에 오로지 마음을 기울여 百家의 일들을 모두 보고자 하였다. 꿩사냥을 몹시 좋아하여 봄이 되면 새벽에 나가 저녁에 돌아왔으니 오직 이 시기만 손에서 책을 놓았다. 붕어한 뒤 시호를 景皇帝라 하였다."

薛瑩의 ≪條列吳事≫에 말했다. "손휴는 황제의 자리에 있으면서 순수하고 후덕하였으며 처리하지 않고 남긴 일이 없어 〈신하들이〉 오직 꿩사냥에 대해서만 간언할 수 있었다."

環濟吳紀曰"休, 字子烈, 吳大帝第六子. 初封琅琊王. 夢乘龍上天, 顧不見尾. 孫綝廢少主, 迎休立之. (銑)〔鋭〕[15]意典籍, 欲畢覽百家之事. 頗好射雉, 至春, 晨出莫反, 唯此時舍書. 崩謚景皇帝."

條列吳事曰"休在位烝烝, 無有遺事, 唯射雉可譏."

【頭註】

○ 劉辰翁 : 〈군은 절개가 사람보다 뛰어나다는 말에는〉 은근히 풍기는 숨은 뜻이 있다.
劉云"乃是有風."

19-7 孫皓가 丞相 陸凱에게 물었다.

"경의 일족으로 조정에 있는 사람이 몇인가?"

---

14) 군은……뛰어나니 : ≪儀禮≫ 〈士相見禮〉에 "士가 폐백에 꿩을 사용하는 것은 꿩의 곧고 꿋꿋함을 취한 것이다.〔士贄用雉者 取其耿介〕"라고 하였다.

15) (銑)〔鋭〕 : 저본에는 '銑'으로 되어 있으나, ≪世說新語≫(宋本)와 ≪李卓吾批點世說新語補≫(安永本) 등에 의거하여 '鋭'로 바로잡았다.

육개가 말했다.

"재상이 2명, 후작이 5명, 장군이 10여 명입니다."

손호가 말했다.

"성대하구나."

육개가 말했다.

"임금은 현명하고 신하는 충성스러운 것이 국가의 성대함이요, 아버지는 자상하고 아들은 효성스러운 것이 집안의 성대함입니다. 지금 정치는 황폐하고 백성은 피폐하여 나라가 전복될까 두렵습니다. 신이 어찌 감히 〈일족의〉 성대함을 말할 수 있겠습니까."

孫皓①가 **問丞相陸凱曰 卿一宗在朝**는 **有幾人**고하니 **陸曰 二相五侯**와 **將軍十餘人**이니이다 **皓曰 盛哉**로다 **陸曰 君賢臣忠**은 **國之盛也**요 **父慈子孝**는 **家之盛也**라 **今政荒民弊**하여 **覆亡是懼**어늘 **臣何敢言盛**②이리오하다

① 孫皓는 따로 나온다.
皓, 別見.

② ≪吳錄≫에 말했다. "陸凱는 字가 敬風으로 吳 사람이며 丞相 陸遜의 族子이다. 충성스럽고 굳세며 큰 절개가 있었다. 뜻을 돈독히 하고 학문을 좋아하였다. 처음에는 建忠校尉가 되었는데 비록 軍事가 있더라도 손에서 책을 놓지 않았다. 여러 벼슬을 거쳐 左丞相이 되었다. 당시 後主(손호)는 잔인하고 난폭했으나 육개는 마음을 숨기지 않고 힘을 다해 간언했는데, 그의 일족이 강성하여 감히 주벌을 내리지 못했다."
吳錄曰 "凱, 字敬風, 吳人, 丞相遜族子. 忠鯁有大節, 篤志好學. 初爲建忠校尉, 雖有軍事, 手不釋卷. 累遷左丞相. 時後主暴虐, 凱正直彊諫, 以其宗族彊盛, 不敢加誅也."

【頭註】

○ 劉辰翁 : 충신의 말이다.
劉云 "忠臣之言."

○ '建忠'은 어떤 판본에는 '建武'로 되어 있다.
'建忠'一作'建武'.

19-8 何晏과 鄧颺이 管輅에게 〈점을 쳐서〉 卦를 만들어 보라고 하면서 말했다.

"지위가 三公에 이를지 아닐지 모르겠습니다."

괘가 나오자 관로가 옛 해석을 인용하며 엄중하게 경계하였다. 등양이 말했다.

"이는 늙은 서생이 늘 하는 말이지요."

하안이 말했다.

"'기미를 아는 것은 神일진저!'[16] 옛사람들은 〈기미를 아는 것을〉 어렵다고 여겼습니다. 사귐이 오래되지 않은데도 진심을 토로하는 것을 요즘 사람들은 어렵게 여깁니다. 지금 그대는 한번 만났는데 두 가지 어려운 일을 다 하였으니 '밝은 德이 향기롭다.'[17]라고 이를 만합니다. ≪詩經≫에서 말하지 않았습니까. '마음속에 간직하고 있거니 어느 날인들 잊으리오.'[18]라고."

何晏・鄧颺이 **令管輅作卦云 不知位至三公不**아하다 **卦成**에 **輅稱引古義**하여 **深以戒之**하니 **颺曰 此**는**老生之常談**①이라하고 **晏曰 知幾其神乎**인저 **古人 以爲難**하고 **交疎吐誠**을 **今人以爲難**하나니 **今君一面**에 **盡二難之道**하니 **可謂明德惟馨**이라 **詩不云乎**아 **中心藏之**하니 **何日忘之**②오하다

① ≪管輅別傳≫에 말했다. "管輅가 洛陽에 이르자 何尙書(何晏)가 ≪易經≫ 중의 九事에 대하여 질문했는데, 모두 명확하게 대답하였다. 이어 관로에게 '듣자하니 그대는 ≪역경≫을 논하는 데 뛰어날 뿐만 아니라 蓍草를 나누고 爻辭를 생각하는 데에도 신묘하다고 하니, 시험삼아 나를 위해 〈점을 쳐서〉 한번 卦를 만들어 지위가 三公에 이를지 알아봐 줄 수 있겠소? 또 근래 금파리 수십 마리가 코끝에 와서는 쫓아도 가지 않는 꿈을 꾸었는데 무슨 의미입니까?'라고 하니, 관로가 '올빼미와 부엉이는 천하의 천한 새입니다만 숲에서 뽕나무 오디를 먹게 되면 나에게 좋은 소리를 안겨줍니다.[19] 하물며 저는 마음이 〈무정한〉 草木보다야 낫고 〈해를 바

16) 기미를……神일진저 : ≪周易≫ 〈繫辭傳 下〉에 공자가 "기미를 아는 것은 神일진저! 군자는 위로 사귀되 아첨하지 않고 아래로 사귀되 모욕하지 않으니 기미를 아는 것이다.〔知幾其神乎 君子上交不諂 下交不瀆 其知幾乎〕"라고 하였다.

17) 밝은 德이 향기롭다 : ≪書經≫ 〈君陳〉에 "至治는 향기로워서 신명을 감동시켜 이르게 한다. 黍稷이 향기로운 것이 아니라 밝은 德이 향기롭다.〔至治馨香 感于神明 黍稷非馨 明德惟馨〕"라고 하였다.

18) 마음속에……잊으리오 : ≪詩經≫ 〈隰桑〉에 "마음에 사랑하니, 어찌 말하지 않으리오. 마음속에 간직하고 있거니 어느 날인들 잊으리오.〔心乎愛矣 遐不謂矣 中心藏之 何日忘之〕"라고 하였다.

라보는〉 해바라기에 마음을 쏟고 있으니 어찌 충심을 다하지 않겠습니까. 〈저의 말씀을〉 살펴봐 주십시오. 옛날 八元과 八凱[20]가 重華(舜)를 보필하면서 자애롭고 온화하였으니, 이는 仁義의 지극함입니다. 周公이 成王을 보좌하면서 앉은 채로 아침을 기다렸으니,[21] 이는 공경과 삼감의 지극함입니다. 그러므로 온세상에 은택을 베풀어 모든 나라가 다 평안하도록 할 수 있었습니다. 그런 뒤에 鼎足을 붙잡고 金鉉에 올랐으며[22] 陰陽를 조화롭게 하고 모든 사람을 구제하였습니다. 이는 道를 이행하고 난 뒤에 오는 아름다운 결과이지, 점으로 알 수 있는 것이 아닙니다. 지금 君侯(하안)께서는 지위가 산처럼 무겁고 위세가 천둥과 벼락같습니다. 흰 구름을 올려다보고 밝은 해를 향해 달려가듯 〈임금에게 일편단심이고〉 만 리에 교화를 펼치시지만 그 은덕을 마음에 품는 자가 적고 위엄을 두려워하는 자가 많으니, 조심하고 공경하고 삼가하여 복이 많은 선비[23]는 아닐 것입니다. 또 코는 〈주역에서〉 艮卦에 해당합니다. 이는 天中의 山으로, 높지만 위태롭지 않기 때문에 오래도록 귀함을 유지하는 것입니다. 지금 금파리는 냄새나고 더러운 물건인데 코끝에 모였습니다. 지위가 높은 자는 엎어지고 경솔함이 심한 자는 망하는 것이 필연의 이치입니다. 무릇 점진적인 바뀜과 갑작스러운 바뀜은 비록 맞물려 생겨나지만 극도에 이르면 해로움이 생기고, 비워짐과 채워짐은 비록 번갈아 일어나지만 넘쳐버리면 고갈되어 버립니다. 聖人께서 陰陽의 성질을 보고 存亡의 이치

---

19) 올빼미와……안겨줍니다 : ≪詩經≫ 〈泮水〉에 "저 부엉이 퍼덕거리며 날아와서, 반궁(泮宮) 숲 속에 모여 앉도다. 우리 뽕나무 오디를 먹고, 나에게 좋은 소리를 안겨주도다.〔翩彼飛鴞 集于泮林 食我桑黮 懷我好音〕"라고 하였다.

20) 八元과 八凱 : '팔원'과 '팔개'는 각각 고대 전설에 나오는 여덟 명의 才子들로 '팔원'은 伯奮・仲堪・叔獻・季仲・伯虎・仲熊・叔豹・季貍이고, '팔개'는 蒼舒・隤敱・檮戭・大臨・尨降・庭堅・仲容・叔達이다.

21) 周公이……기다렸으니 : ≪孟子≫ 〈離婁 下〉에 "주공은 우・탕・문무 삼왕의 덕을 겸비하여 그들이 행한 네가지 일을 시행하려고 생각하였는데, 그중에 혹 부합되지 않는 일이 있으면 밤낮으로 우러러 생각하였고 다행히 얻어진 것이 있으면 그대로 앉은채로 아침을 기다렸다.〔周公思兼三王 以施四事 其有不合者 仰而思之 夜以繼日 幸而得之 坐以待旦〕"라고 하였다.

22) 鼎足을……올랐으며 : '鼎'은 고대에 희생을 담아 익히는 솥으로 다리가 3개 또는 4개이고 윗부분에 2개의 귀처럼 생긴 고리가 있다. '金鉉'은 이 고리를 통과하여 정을 들어올리는 데 쓰이는 금속 막대기이다. '鼎足'과 '金鉉' 모두 三公 또는 중요한 지위를 비유한다. 여기서는 삼공의 지위에 올랐다는 말이다.

23) 조심하고……선비 : ≪詩經≫ 〈大明〉에 "이 문왕이 조심하여 공경하고 공경하여 상제를 밝게 섬겨 많은 복을 오게 하셨다.〔維此文王 小心翼翼 昭事上帝 聿懷多福〕"라고 하였다.

를 밝게 알아 늘어나는 것을 덜어내어 감소시키고 앞으로 나간 것을 억제하여 물러나게 하였습니다. 이런 까닭에 산이 땅 가운데에 있는 것을 「謙」이라고 하고,[24] 우레가 하늘 위에 있는 것을 「大壯」이라고 합니다.'[25] 「謙」은 많은 데에서 취하여 적은 데에 더해 주고, 「大壯」은 禮가 아니면 행하지 않습니다.[26] 삼가 원하건대 군후께서는 위로 文王이 만든 六爻의 뜻을 탐구하시고 아래로 孔子가 지은 〈彖傳〉과 〈象傳〉의 의의를 생각하신다면 三公이 될 수 있고 금파리를 좇아낼 수 있을 것입니다.'라고 하였다. 등양이 '이는 늙은 서생이 늘 하는 말입니다.'라고 하자, 관로는 '무릇 늙은 서생은 〈남들이〉 살아남지 못하는 것을 보았고, 늘 하는 말에서는 〈남들이〉 말하지 않는 사실을 볼 수 있습니다.'라고 하였다."

輅別傳曰 "輅至洛陽, 何尙書問易中九事, 皆明. 因謂輅曰 '聞君非徒善論易, 至於分蓍思爻, 亦爲神妙, 試爲作一卦, 知位當至三公不? 又頃夢青蠅數十來鼻頭上, 驅之不去, 有何意故?' 輅曰 '鴟鴞, 天下賤鳥也, 及其在林食桑椹, 則懷我好音. 況輅心過草木, 注情葵藿, 敢不盡忠. 唯察之爾. 昔元・凱之相重華, 宣慈惠和, 仁義之至也. 周公之翼成王, 坐以待旦, 敬愼之至也. 故能流光六合, 萬國咸寧, 然後據鼎足而登金鉉, 調陰陽而濟兆民. 此履道之休應, 非卜筮之所明也. 今君侯位重山嶽, 勢若雷霆, 望雲赴景, 萬里馳風, 而懷德者少, 畏威者衆, 殆非小心翼翼, 多福之士. 又鼻者, 艮也. 此天中之山, 高而不危, 所以長守貴也. 今青蠅臭惡之物而集之焉. 位峻者顚, 輕豪者亡, 必至之分也. 夫變化雖相生, 極則有害, 虛滿雖相受, 溢則有竭. 聖人見陰陽之性, 明存亡之理, 損益以爲衰, 抑進以爲退. 是故山在地中曰謙, 雷在天上曰大壯. 謙則裒多益寡, 大壯則非禮不履. 伏願君侯上尋文王六爻之旨, 下思尼父彖象之義, 則三公可決, 青蠅可驅.' 鄧曰 '此老生之長談.' 輅曰 '夫老生者, 見不生, 常談者見不談也.'"

② ≪名士傳≫에 말했다. "이때 曹爽이 정사를 보좌하고 있었는데, 識者들은 위기가 발생할까 염려하였다. 하안은 명망이 두터웠고 魏 황실과 인척[27]이었기에 속으로는 비록 걱정을 품고 있었지만 〈조정에서〉 더 이상 물러날 수 없었다. 그래서 5언시를 지어 자신의 뜻을 말하였으니 시는 다음과 같다. '큰 기러기와 고니는 날개를 나란히 날고, 무리지어 날며 높은 하늘에서 노니네. 큰 법의 그물이 펼쳐질까 늘 두렵나니, 걱정과 禍亂은 하루아침에 닥치는 법이라네. 어찌 五湖에 내려앉자

---

24) 산이……하고 : ≪周易≫ 〈謙卦〉에 나온다. '謙'은 64괘의 하나로 겸손을 뜻한다.

25) 우레가……합니다 : ≪周易≫ 〈大壯卦〉에 나온다. '大壯'은 64괘의 하나로 융성함을 뜻한다.

26) 謙은……않습니다 : 각각 ≪周易≫ 〈謙卦〉와 〈大壯卦〉의 〈象傳〉에 나온다.

27) 魏 황실과 인척 : 하안은 조조의 딸인 金鄕公主에게 장가들었다.

흐르는 물결 따라 浮萍草 쪼아 먹는 것만 같을까. 차라리 가슴속의 생각을 비울 것이지, 어찌하여 두려워하고 놀라면서 살아가랴.' 아마도 관로의 말 때문에 두려운 마음이 들어서 시를 지었을 것이다."

名士傳曰"是時曹爽輔政, 識者慮有危機. 晏有重名, 與魏姻戚, 內雖懷憂, 而無復退也. 著五言詩, 以言志曰'鴻鵠比翼遊, 群飛戲太淸. 常畏大網羅, 憂禍一旦幷. 豈若集五湖, 從流唼浮萍? 永寧曠中懷, 何爲怵惕驚?' 蓋因輅言懼而賦詩."

【頭註】

○ 王世懋 : 何晏이 <관로의 말을 듣고> 기뻐했지만 <그 의미를> 곰곰이 생각해 보지 않았으니, 鄧颺보다 조금 낫긴 했지만 敗亡을 피할 수 없었다.

王云"何晏悅而不繹, 差勝鄧颺, 無救敗亡."

19-9 嵇康이 汲郡의 산 속에서 노닐다가 道士 孫登을 만나 그길로 그와 함께 노닐었다. 계강이 떠나게 되자 손등이 말했다.

"그대는 재주가 높기는 하지만 몸을 보존하는 방도는 부족합니다."

嵇康이 遊於汲郡山中이라가 遇道士孫登하고 遂與之遊라 康臨去에 登曰 君才則高矣나 保身之道不足①이라하다

① ≪嵇康集≫의 〈서문〉에 말했다. "孫登은 어디 사람인지 모른다. 집없이 汲郡의 北山 土窟에서 살았다. 여름이면 풀을 엮어 옷을 만들었고 겨울이면 머리카락을 풀어 헤쳐 자신의 몸을 덮었다. ≪周易≫ 읽기를 좋아하고 一絃琴을 연주하였으며 그를 만나는 사람 모두 그를 친하게 여기고 좋아하였다."

≪魏氏春秋≫[28]에 말했다. "손등은 성품에 기쁨과 노여움의 감정이 없었다. 어떤 사람이 그를 물에 빠뜨렸다가 꺼내서 보았더니, 손등이 도로 큰소리로 웃었다. 때때로 인간 세상에 출입했는데, 그가 들린 집에서 먹을 것과 입을 것을 주면 하나도 사양하지 않았지만 갈 때는 모두 그대로 두고 떠났다."

≪文士傳≫에 말했다. "嘉平 연간(249~254)에 汲縣의 백성들이 같이 산 속에 들어갔다가 어떤 사람을 보았다. 사는 곳은 백 길이나 되는 깎아지른 절벽이고 빽빽한 숲이 무성했는데 정신은 매우 맑고 높았다. 스스로 '성명은 孫登이고 字는 公和입니다.'라고 하였다. 嵇康이 소문을 듣고 그와 3년간 어울렸다. 〈혜강이〉 그에게 뜻하는 바

28) ≪魏氏春秋≫ : 東晉의 학자 孫盛이 지었다. 20권의 편년체 史書로 삼국시대 魏나라 정권의 일을 기술하였다. 현재는 일부만 여러 책에 흩어져 전한다.

를 물어도 끝내 대답하지 않았다. 그렇지만 신묘한 계책에 담긴 바가 참으로 오묘하여 혜강은 매번 크게 감탄하였다. 헤어지려 할 때 〈혜강이〉 '선생은 끝내 한 말씀도 하지 않으시렵니까?'라고 하니, 손등이 이에 '그대는 불에 대해서 아시오? 〈불은〉 생겨나면서 빛이 있기 마련인데, 그 빛을 쓰지 않으면 그만이지만 〈만약 쓴다면〉 빛을 쓰는 방법이 중요합니다. 사람은 태어나면서 재주를 갖는데, 그 재주를 쓰지 않으면 그만이지만 〈만약 쓴다면〉 재주를 쓰는 방법이 중요합니다. 그러므로 빛을 쓰는 것은 땔나무를 구하는 데 달려있으니 〈땔나무를 얻는 것은〉 그 빛남을 보전하기 위한 것이며, 재주를 쓰는 것은 사물의 아는 데에 달려있으니 〈사물을 아는 것은〉 타고난 수명을 온전히 하기 위한 것입니다. 지금 그대는 재주가 많지만 식견이 적으니 요즘 세상에서는 화를 면하기 어려울 것입니다. 그대는 많은 것을 구하지 마시오.'라고 하였다. 혜강은 그의 말을 따르지 못했는데, 呂安의 사건[29]을 만나서 감옥에서 시를 지어 자책하였다. '옛날에는 柳下惠에게 부끄러웠고, 지금은 손등에게 부끄럽구나.'"

王隱의 ≪晉書≫에 말했다. "손등은 바로 阮籍이 만났던 〈바로 그〉 사람이다. 혜강은 제자의 예를 갖추어 그를 스승으로 모셨다. 魏晉 시기에는 〈사람들의〉 去就를 두고 의심이 쉽게 생겨나서 귀한 자나 천한 자나 모두 죽임을 당하였기 때문에 손등이 침묵했을 수 있다."

康集序曰 "孫登者, 不知何許人. 無家, 於汲郡北山土窟住. 夏則編草爲裳, 冬則被髮自覆. 好讀易, 鼓一弦琴, 見者皆親樂之."

魏氏春秋曰 "登性無喜怒. 或沒諸水, 出而觀之, 登復大笑. 時時出入人間, 所經家設衣食者, 一無所辭, 去皆舍去."

文士傳曰 "嘉平中, 汲縣民共入山中, 見一人, 所居懸巖百仞, 叢林欝茂, 而神明甚察. 自云 '孫姓登名, 字公和.' 康聞, 乃從遊三年. 問其所圖, 終不答. 然神謀所存良妙, 康每蕭然嘆息. 將別, 謂曰 '先生竟無言乎?' 登乃曰 '子識火乎? 生而有光, 而不用其光, 果然在於用光. 人生有才, 而不用其才, 果然在於用才. 故用光在乎得薪, 所以保其耀. 用才在乎識物, 所以全其年. 今子才多識寡, 難乎免於今之世矣. 子無多求.' 康不能用, 及遭呂安事, 在獄爲詩自責云 '昔慚下惠, 今愧孫登.'"

王隱晉書曰 "孫登, 卽阮籍所見者也. 嵇康執弟子禮而師焉. 魏・晉去就, 易生嫌疑, 貴賤竝沒, 故登或默也."

29) 呂安의 사건 : 혜강의 친한 벗인 呂安의 아내와 여안의 형인 呂巽 사이에 있었던 성관계 때문에 일어난 사건이다. 여손이 오히려 여안을 불효하다고 죄를 뒤집어 씌웠고, 이에 분노한 혜강은 나서서 여안을 변호하다가 司馬昭의 노여움을 사서 여안과 함께 죽임을 당하였다.(≪晉書≫ 〈嵇康傳〉)

19-10 晉 武帝(司馬炎)가 太子(司馬衷)의 어리석음을 알아차리지 못하고 있었고 〈그래서〉 틀림없이 자리를 물려주려는 생각을 하고 있었을 것이기에, 여러 名臣들 또한 〈태자와 관련하여〉 많이 직언을 올렸다. 무제가 한번은 陵雲臺 위에서 앉아 있었는데 衛瓘이 곁에 있다가 자신의 마음을 드러내 보이려고 취한 척 황제 앞에 꿇어 앉아 손으로 御坐를 어루만지며 말했다.

"이 자리가 참으로 아깝습니다."

무제는 〈그가 무슨 말을 하는지〉 알아차리고 이에 웃으며 말했다.

"공은 취했는가?"

晉武帝가 既不悟太子之愚하고 必有傳後意하니 諸名臣이 亦多獻直言이라 帝嘗在陵雲臺上坐에 衛瓘在側이라가 欲申其懷하여 因如醉跪帝前하여 以手撫牀 曰 此坐가 可惜이로다하니 帝悟[30]하고 因笑曰 公醉耶①아하다

① ≪晉陽秋≫에 말했다. "처음 惠帝(司馬衷)가 太子가 되었을 때, 모두들 〈태자가〉 정사를 직접 맡아 처리할 수 없을 것이라고 생각했다. 衛瓘은 매번 폐위시킬 것을 아뢰려고 했지만 실행에 옮기지 못하고 있었다. 나중에 연회에서 취한 것을 기회로 마침내 어좌 앞에 꿇어 앉아 '신은 아뢸 말씀이 있습니다.'라고 하니, 武帝가 '공이 말하고자 하는 바는 무엇인가?'하였다. 위관이 말하려다가 다시 멈추기를 여러 번 하다가 이에 손으로 어좌를 어루만지며 '이 자리가 참으로 아깝습니다!'라고 하니 무제가 속으로 알아차렸으나, 이에 모르는 척하며 '공은 정말로 크게 취했구려.'라고 하였다. 무제가 뒤에 東宮의 官屬을 모두 불러 모아 크게 연회를 열고, 近臣에게 尙書省에서 처리할 일을 가져오게 하여 태자에게 보이고는 處決하도록 하였다. 태자가 어떻게 대답해야 할 줄을 모르자 賈妃가 외부의 사람에게 물어 태자를 대신해 대답을 작성하도록 했는데, 옛 문장과 내용을 많이 인용했다. 給使인 張泓이 '태자가 학문을 하지 않았다는 것을 폐하께서 알고 계십니다. 마땅히 요즘의 일을 가지고 판단해야 하지 서적을 인용해서는 안 됩니다.'라고 하여 가비가 그 의견을 따랐다. 장홍이 上奏文의 초안을 작성해 태자에게 써서 올리게 하였다. 무제가 크게 기뻐하고 이를 위관에게 보여주었다. 이에 〈부친인〉 賈充이 가비에게 '위관 그 늙은 놈이 하마터면 너의 집안을 망칠 뻔했다.'라고 하니, 가비가 이로 말미암아 위관을 원망하였고, 나중에 마침내 위관을 주살하였다."

30) 帝悟 : ≪世說新語≫에는 '帝雖悟'로 되어 있다.

晉陽秋曰"初惠帝之爲太子, 咸謂不能親政事. 衛瓘每欲陳啓廢之而未敢也. 後因會醉, 遂跪牀前曰'臣欲有所啓.' 帝曰'公所欲言者, 何邪?' 瓘欲言而復止者三, 因以手撫牀曰'此坐可惜!' 帝意乃悟, 因謬曰'公眞大醉也.' 帝後悉召東宮官屬大會, 令左右齎尙書處事, 以示太子, 令處決. 太子不知所對. 賈妃以問外人, 代太子對, 多引古詞義. 給使張泓曰'太子不學, 陛下所知. 宜以見事斷, 不宜引書也.' 妃從之. 泓具草奏, 令太子書呈. 帝大說, 以示瓘. 於是賈充語妃曰'衛瓘老奴, 幾敗汝家.' 妃由是怨瓘, 後遂誅之."

19-11 王夷甫(王衍)의 부인은 郭泰寧(郭豫)의 딸이다. 재주가 없고 성품이 억세며 끝없는 욕심으로 재물을 긁어모으고 다른 사람들의 일에 간섭하여 왕이보가 이를 근심하였으나 막을 수가 없었다. 당시 같은 고향 사람인 幽州刺史 李陽은 京都의 크게 이름난 俠客으로 漢나라 때의 樓護[31]와 같은 존재였는데 곽씨는 그를 껄끄럽게 여겼다. 왕이보가 누차 충고하면서

"나만 당신이 옳지 않다고 말할 뿐만 아니라, 이양도 당신이 옳지 않다고 합니다."

라고 하니, 곽씨가 이로 인해 조금 자제하였다.

王夷甫婦는 郭泰寧女①니 才拙而性剛하고 聚斂無厭하며 干豫人事하여 夷甫患之而不能禁이라 時에 其鄕人幽州刺史李陽은 京都大俠②으로 猶漢之樓護③하니 郭氏憚之라 夷甫驟諫之하고 乃曰 非但我言卿不可라 李陽亦謂卿不可라하니 郭氏小爲之損하다

① ≪晉諸公贊≫에 말했다. "郭豫는 字가 泰寧으로 太原 사람이다. 벼슬은 相國參軍에 이르렀고, 이름은 〈널리〉 알려졌으나 일찍 죽었다."
晉諸公贊曰"郭豫, 字泰寧, 太原人. 仕至相國參軍, 知名, 早卒."

② ≪晉百官名≫에 말했다. "李陽은 字가 景祖로 高尙 사람이다. 武帝(司馬炎) 때 幽州刺史가 되었다."
≪語林≫에 말했다. "李陽은 성품이 遊俠이었다. 〈幽州刺史가 되어 임지에 가야 할 때〉 날씨가 몹시 더웠는데 하루에 수백 집을 찾아가 작별 인사를 하였고 손님들이 그와 작별 인사를 하려고 늘 문을 가득채웠다. 그래서 마침내 〈인사를 나누다가〉 안석에 앉아 있다가 죽고 말았다. 그래서 〈곽씨가 인맥이 풍부하였던〉 그를 두려워하였다."

---

31) 樓護 : 漢나라 成帝 때의 인물이다. 변론에 뛰어나면서도 항상 名節에 맞게 하였으므로 듣는 사람들이 두려워하였고, 당시 권력가인 五侯, 즉 王譚·王根·王立·王商·王逢과 친분이 두터웠다.(≪漢書≫ 〈游俠傳 樓護〉)

晉百官名曰"陽, 字景祖, 高尙人. 武帝時, 爲幽州刺史."

語林曰"陽, 性遊俠. 盛暑, 一日詣數百家別, 賓客與別, 常塡門, 遂死于几下, 故懼之."

③ ≪漢書≫ 〈遊俠傳〉에 말했다. "樓護는 字가 君卿으로 齊 사람이다. 經傳을 배워 〈학문이 높았기 때문에〉 큰 명예를 얻었다. 모친이 사망했을 때 護喪하는 수레가 3천 대였다. 벼슬은 天水太守에 이르렀다."

漢書遊俠傳曰"護, 字君卿, 齊人. 學經傳, 甚得名譽. 母死, 送葬車三千兩. 仕至天水太守."

【頭註】

○ 劉辰翁 : 〈王夷甫는〉 사내가 아니다.

劉云"非夫."

19-12 王夷甫(王衍)는 평소 심오한 이치를 숭상하였는데 늘 부인이 탐욕스럽고 혼탁한 것을 싫어하여 입에 '돈'이라는 말을 올린 적이 없었다. 부인이 그를 시험해 보고자 계집종에게 돈으로 침상을 에워싸서 〈왕이보가〉 다니지 못하게 하라고 시켰다. 왕이보가 아침에 일어나서 돈이 다니지 못하도록 막고 있는 것을 보고는 계집종을 불러 말했다.

"저 물건[32]을 치워버리거라."

王夷甫雅尙玄遠이러니 常嫉其婦貪濁하여 口未嘗言錢字①라 婦欲試之하여 令婢以錢遶牀하여 不得行하니 夷甫晨起하여 見錢閡行하고 呼婢曰 擧卻阿(覩)〔堵〕[33]物하라하다

① ≪晉陽秋≫에 말했다. "王夷甫는 〈사람들에게〉 잘 베풀었다. 부친 생시에 〈돈을〉 빌려갔던 이들을 위해 채무 증서를 모두 태워주었고 재물과 이익에 관한 일을 생각해본 적이 없었다."

王隱의 ≪晉書≫에 말했다. "왕이보는 부귀를 구해 부귀를 얻었다. 재산이 산처럼 쌓여 아무리 써도 다 쓸 수 없었으니 어찌 돈에 관해 물을 필요가 있겠는가. 그런데도 세상에서는 〈그가 돈에 관해〉 묻지 않은 것을 고상하다고 여기니, 잘못 생각하고 있는 것이 아니겠는가."

---

32) 저 물건 : 원문은 '阿堵物'이다. '阿堵'는 '這個' 즉 '이것'의 의미이다.(≪世說音釋≫)

33) (覩)〔堵〕: 저본에는 '覩'로 되어 있으나, ≪世說新語≫(宋本)와 ≪李卓吾批點世說新語補≫(安永本) 등에 의거하여 '堵'로 바로잡았다.

晉陽秋曰"夷甫善施舍, 父時有假貸者, 皆與焚券, 未嘗謀貨利之事."

王隱晉書曰"夷甫求富貴得富貴, 資財山積, 用不能消, 安須問錢? 而世以不問爲高, 不亦惑乎?"

【頭註】

○ 劉辰翁 : 뜻이 돈에 있지 않기만 하면야 돈을 말하는 것이 무슨 해가 되겠는가.
劉云"但意不在錢, 言錢何害."

○ 王世懋 : 사람의 성품은 같지 않으니 청렴과 탐욕은 貧富와 연관되지 않는다. 王隱의 이 말은 잘못되었다. 만약 왕은의 말대로라면 王安豊(王戎)이 어찌 왕이보보다 가난한 것인가."
王云"人性不同, 廉貪不繫貧富, 王隱此言, 非也. 如隱言, 王安豊豈貧于夷甫邪?"

19-13【補】[34] 石季倫(石崇)이 한번은 長水校尉 孫季舒와 크게 술자리를 가진 적이 있었다. 손계서가 지나치게 오만불손하자 석계륜이 表文을 올려 파면시키려고 하였다. 裴叔則(裵楷)이 듣고는 석계륜에게 말했다.

"손계서가 酒狂인 것은 온 세상이 다 아는 일인데, 족하께서 狂藥(술)을 먹여 놓고 반듯한 예절을 요구하는 것 또한 사리에 어긋난 것이 아니겠습니까."

石季倫이 嘗與長水校尉孫季舒로 酣宴이러니 孫이 慢傲過度하여 季倫이 欲表免之라 裴叔則이 聞而謂之 曰 季舒酒狂은 四海所知어늘 足下飮人狂藥하고 責人正禮는 不亦乖乎①아하다

① 王隱의 ≪晉書≫에 말했다. "石崇은 字가 季倫으로 石苞의 아들이다. 靑州에서 태어났기 때문에 어릴 적 이름이 '齊奴'였다. 荊州刺史가 되어 〈사람들을〉 위협하여 〈재물을〉 빼앗고 사람을 죽여 거부가 되었다. 나중에 趙王 司馬倫에게 죽었다."
王隱晉書曰"石崇, 字季倫, 石苞子. 生於靑州, 故小名齊奴. 爲荊州刺史, 劫奪殺人, 以致巨富. 後爲趙王倫所殺."

19-14 元帝(司馬睿)는 長江을 건너 〈강남에 왔어도〉 여전히 술을 좋아하였다. 王茂弘(王導)은 원제와 오랜 친분이 있었는데, 늘 눈물을 흘리며 〈술을 좋아하

34)【補】: 저본에는 '補'가 없으나, 이 일화는 ≪世說新語≫에는 실려 있지 않고 ≪何氏語林≫에 실려 있는 것에 의거하여 '補'자를 보충하였다.

는 것에 대해〉 간언하였다. 원제가 이를 허락하고는 술을 따르도록 명하여 한 번 취하더니 그로부터 마침내 술을 끊었다.

元帝過江에 猶好酒러니 王茂弘이 與帝有舊라 常流涕諫하니 帝許之하고 命酌酒하여 一酣하고 從是遂斷①하다

① 鄧粲의 ≪晉紀≫에 말했다. "황상은 몸소 儉約을 실천하여 時務를 우선하였다. 성품이 평소 술을 좋아했는데, 長江을 건너려고 할 때 王導가 심각하게 〈술에 대해〉 간언하니, 元帝가 이에 좌우의 신하에게 술잔을 올리도록 하여 술을 마시고는 술잔을 엎었다. 그로부터 마침내 다시는 술을 마시지 않았다. 〈원제는〉 克己復禮하고 관리들은 제도를 정비해 中興의 기틀이 공고히 닦였다."
鄧粲晉紀曰"上身服儉約, 以先時務. 性素好酒, 將渡江, 王導深以諫, 帝乃令左右進觴, 飲而覆之, 自是遂不復飲. 克己復禮, 官修其方, 而中興之業隆焉."

【頭註】

○ 劉辰翁 : '한번 취했다'는 말은 잘못된 것이다.
劉云"一酣語謬."

19-15 謝鯤이 豫章太守일 때 大將軍(王敦)을 따라 내려와 石頭城에 이르렀다. 왕돈이 사곤에게 말했다.

"내 더 이상 큰 덕을 베푸는 일을 못하게 되었네."35)

사곤이 말했다.

"어찌 그렇겠습니까. 그냥 지금 이후로는 〈기왕에 받은 혐의가〉 하루하루 사라져 없어지도록 하십시오."36)

그리고 왕돈이 아프다고 핑계대고 조회에 나아가지 않자, 사곤이 왕돈에게 권유하였다.

"근자에 있었던 明公의 행위는 비록 사직을 크게 보존하려던 것이었습니다

35) 내……되었네 : 322년 왕돈은 황제 주변의 간신들을 몰아낸다는 명분으로 황실의 강화를 주장하던 劉隗 등을 제거하려고 거병하였는데, 이 일을 두고 사람들의 비난이 일자 앞으로는 나라와 황제를 위한 일을 하지 못하겠다는 의미로 말한 것이다.

36) 그냥……하십시오 : 황제와 조정에 충성스러운 일을 하여 기왕에 사람들에게 받았던 의심과 미움을 차차 사라지도록 하면 된다는 권고의 말이다.

만, 세상 사람들은 〈명공의〉 참마음을 알아주지 못하고 있습니다. 만약 조정에 나아가 천자를 뵙고 신하들의 의심을 풀 수 있다면 만백성의 마음이 이에 복종할 것입니다. 백성의 바람에 의거하여 사람들의 뜻에 따르고 겸손함을 다하여 主上을 받든다면, 업적은 〈管仲이〉 천하를 한번 바로잡은 일과 나란하고 〈아름다운〉 이름은 천년토록 전해질 것입니다."

管仲

당시 사람들이 〈이 말을〉 명언이라고 하였다.

謝鯤이 **爲豫章太守**에 **從大將軍下**하여 **至石頭**러니 **敦謂鯤曰 余不得復爲盛德之事矣**로다 **鯤曰 何爲其然**고 **但使自今已後**로 **日亡**[37] **日去耳**①라 **敦又稱疾不朝**하니 **鯤**이 **諭敦曰 近者 明公之擧**는 **雖欲大存社稷**이나 **然四海之內**가 **實懷未達**하니 **若能朝天子**하여 **使羣臣釋然**이면 **萬物之心**이 **於是乃服**하리니 **仗民望以從衆懷**하고 **盡沖退以奉主上 如斯則勳侔一匡**하고 **名垂千載**리라하니 **時人**이 **以爲名言**②하다

① ≪謝鯤別傳≫에 말했다. "謝鯤의 풍유와 질책은 기품 있고 반듯하였으니, 모두 이런 식이었다."
鯤別傳曰 "鯤之諷切雅正, 皆此類也."

② ≪晉陽秋≫에 말했다. "사곤이 豫章太守였을 때 王敦이 반란을 일으키려고 하였는데 사곤이 당시에 사람들의 신망을 받고 있었기에 〈왕돈은 사곤에게〉 함께 가자고 압박했다. 도성을 정복하고 나서 武昌으로 돌아가려 하자 사곤이 '황제를 알현하러 가지 않는다면 천하의 사람들이 이러니저러니 말할까 두렵습니다.'라고 하니, 왕돈이 '그대는 〈내가 알현하러 갔을 때〉 아무런 변고가 없으리라 보장할 수 있는가?'하였다. 〈사곤이〉 '제가 근래 들어가서 뵈었더니 主上께서 자리를 비워두고 공을 만나기를 기다리고 계셨고, 궁중은 고요했으니 틀림없이 예기치 못한 염려는 없을 것입니다. 공께서 만약 입조하신다면 제가 모시고 따라가겠습니다.'라고 하니, 왕돈이 '아무리 그대 같은 사람을 수백 명 죽인다 한들 지금 세상에 무슨 손실이나 있겠는가.'[38]라고 하고는 마침내 입조하지 않고 떠났다."

---

37) 亡 : ≪晉書≫ 〈謝鯤傳〉 및 ≪資治通鑑≫ 〈晉紀〉에는 '忘'으로 되어 있다.

晉陽秋曰 "鯤爲豫章太守, 王敦將肆逆, 以鯤有時望, 逼與俱行. 旣克京邑, 將旋武昌, 鯤曰 '不就朝覲, 鯤懼天下私議也.' 敦曰 '君能保無變乎?' 對曰 '鯤近日入覲, 主上側席, 遲得見公, 宮省穆然. 必無不虞之慮. 公若入朝, 鯤請侍從.' 敦曰 '正復殺君等數百, 何損於時?' 遂不朝而去."

【頭註】

○ 王世懋 : 〈사곤의〉 이 말은 참으로 명언이다.
王云 "此乃眞名言."

○ 劉辰翁 : 〈사곤은〉 끝내 晉나라 사람이다.
劉云 "終是晉人."

19-16 陸玩이 司空에 제수되었을 때 어떤 사람이 찾아와 좋은 술을 내오라고 하였다. 술을 내오자 바로 일어나 대들보를 받치는 기둥 사이의 바닥에 붓고는 축원하였다.

"지금 인재가 부족해 그대를 〈나라의〉 기둥과 주춧돌의 용도로 삼았으니, 남의 기둥과 대들보를 넘어지게 하지 마시오."

육완이 웃으며 말했다.

"그대의 훌륭한 경계의 말씀을 마음에 담아두겠습니다."

陸玩拜司空①에 有人詣之하여 索美酒하고 得便自起하여 瀉箸梁柱間地하고 祝曰 當今乏才하여 以爾爲柱石之用하니 莫傾人棟梁하라하니 玩이 笑曰 戢卿良箴하리다하다

① ≪陸玩別傳≫에 말했다. "이때 王導・郗鑒・庾亮이 연달아 사망하여 朝野에서 걱정하고 두려워하였는데 陸玩이 德望이 있다고 하여 司空에 제수하였다. 육완은 사양하였으나 간청이 받아들여지지 않자 이에 탄식하며 벗에게 '나를 三公으로 삼았다는 것은 天下에 사람이 없게 되었다는 것이다.'라고 하였다. 당시 사람들이 〈이 말을〉 식견이 있는 말이라고 하였다."
玩別傳曰 "是時王導・郗鑒・庾亮相繼薨殂, 朝野憂懼. 以玩德望, 乃拜司空. 玩辭讓不獲, 乃嘆息, 謂朋友曰 '以我爲三公, 是天下無人矣.' 時人以爲知言."

---

38) 아무리……있겠는가 : 황제에게 입조하러 간다면 다 같이 불의의 공격을 받아 자신과 사곤을 포함해 많은 사람들이 같이 죽을 수도 있는데, 공격하는 사람들은 사곤 등이 같이 죽는다고 해도 눈하나 깜짝하지 않을 것이라는 말이다.

【頭註】

○ 王世懋 : 이런 도량이라면 스스로 司空이 될 수도 있다.
王云 "卽此量, 亦自可作司空."

19-17 王右軍(王羲之)은 王敬仁(王脩), 許玄度(許詢) 두 사람 모두와 사이가 좋았다. 두 사람이 죽은 뒤 그들에 대한 왕우군의 평론이 더욱 각박해지자, 孔巖이 경계하며 말했다.

"明府께서는 옛날 왕경인, 허현도 두 분과 교유하면서 우정이 깊었는데, 〈그 분들이〉 돌아가시고 나자 처음부터 끝까지 한결같은 우정을 보이지 못하시니 〈이는〉 제가 배울 점은 아니군요."

왕우군이 몹시 부끄러워하였다.

王右軍은 與王敬仁・許玄度으로 竝善이러니 二人亡後에 右軍爲論議更克하니 孔巖이 誡之曰 明府昔與王許周旋有情이러니 及逝沒之後하야 無愼終之好하니 民所不取라하니 右軍甚愧하다

【頭註】

○ 王世懋 : 이렇게 〈잘못을〉 바로잡아 주는 것은 交友의 도리에 크게 유익하다.
王云 "此規大有益交道."

19-18【補】〈동생인〉 謝萬이 〈형〉 謝太傅(謝安)을 찾아가 갖옷을 달라고 부탁하면서 스스로 추위가 걱정된다고 하자, 사태부가 대답했다.

"헛소리를 하고 있구나. 〈너는〉 남들에게 과시하려는 데 쓰려는 것일 뿐이다. 추위가 걱정이라면 솜보다 더 나은 것은 없다."

그리고는 솜 30斤을 사만에게 주었다.

謝萬이 就太傅하여 乞裘自云 畏寒이라하니 太傅答曰 君妄語이로다 正欲以爲豪具耳니 若畏寒이면 無復勝綿者라하고 乃以三十斤綿與萬하다

世說新語補 卷十二

20. 규잠 하 規箴 下

20-1【補】[1] 祖士言(祖納)은 바둑을 몹시 좋아했다. 王處叔(王隱)이 그에게 말했다.
"옛날 禹임금은 寸陰도 아까워하였고, 바둑을 두었다는 소리를 듣지 못했습니다."

조사언이 말했다.

"그나마 걱정을 잊으려고 둡니다."

왕처숙이 말했다.

"옛사람들은 때를 만나면 功을 세워 자신의 이상을 펼치고 때를 만나지 못하면 말로써 자신의 재주를 펼쳤습니다. 그러므로 운수가 막히든 터지든 곤궁하지 않았던 것입니다. 지금 晉나라에는 史書가 없는데 天下가 뒤집어져 옛일들이 남김없이 사라져 버렸습니다. 그대는 젊어서부터 王都에서 자라고 사방에서 벼슬살이를 하여 중국과 이민족의 성공과 패배를 모두 보고 들을 것인데, 어찌하여 〈그 일들을〉 기록하여 책으로 만들지 않는 것입니까. 옛날 應仲遠(應劭)은 ≪風俗通≫을 지었고 崔子眞(崔寔)은 〈政論〉을 지었고 蔡伯喈(蔡邕)는 ≪勸學篇≫을 지었고 史游는 ≪急就章≫을 지었는데 〈그들은〉 죽었어도 〈이름은〉 사라지지 않았습니다. 그 당시에 인물이 어찌 없었겠습니까. 그러나 모두 알려지지 않았으니 저술한 것이 없었기 때문입니다. 그러므로 '군자는 종신토록 이름이 일컬어지지 않는 것을 싫어한다.'[2]라고 하는 것입니다. 더군다나 國史는 得失의 자취를 밝히는 일인데

---

1)【補】: 저본에는 '補'가 없으나, 이 일화는 ≪世說新語≫에는 실려 있지 않고 ≪何氏語林≫에 실려 있는 것에 의거하여 '補'자를 보충하였다.

어찌 군이 바둑을 두고 난 뒤라야 근심을 잊는다는 말입니까."

祖士言深好奕棋러니 王處叔①謂之曰 禹는 惜寸陰②하고 不聞數棋라하니 祖云 聊用忘憂耳라 處叔曰 古人은 遭時則以功達其道하고 不遇則以言達其才라 故否泰不窮也라 今晉未有書而天下傾覆하여 舊事蕩滅이라 君少長王都하고 游宦四方하여 華夷成敗가 皆在耳目이니 何不記述하여 使有裁成가 昔에 應仲遠은 作風俗通③하고 崔子眞은 作政論④하고 蔡伯喈는 作勸學篇⑤하고 史游는 作急就章⑥이니 便爲沒而不朽라 當其同時하여 人豈少哉리오마는 而皆無聞은 由無所述也라 故로 君子疾沒世而名不稱이라 況國史는 明乎得失之迹이니 何必博奕而後忘憂哉⑦리오하다

① ≪晉書≫에 말했다. "王隱은 字가 處叔으로 陳郡 陳縣 사람이다. 대대로 한미하였다. 부친 隱銓은 젊어서부터 학문을 좋아하고 저술하고자 하는 뜻을 가지고 있어 매번 사적으로 晉나라의 일과 功臣의 行狀을 기록하였는데 완성하지 못하고 죽었다. 왕은은 儒學으로 몸가짐을 바르게 지키고 권세가와 교유하지 않았으며 널리 배우고 많이 들어 부친이 남긴 사업을 이어받았는데 西都(洛陽)의 옛일에 대해 자세히 아는 바가 많았다. 집이 가난해 〈책을 만들〉 물자가 없었기에 武昌에서 征西將軍 庾亮에게 의탁하였고, 유량이 그에게 종이와 붓을 공급하였다. 책이 완성되자 대궐로 가서 바쳤다. 왕은은 비록 저술하기를 좋아하였으나 문장이 비루하고 졸렬하며 거칠고 너저분하여 제대로 모양을 갖추지 못했다. 그 책에서 반듯하고 볼만한 것은 모두 그의 부친이 지은 것이고, 문체가 난잡하고 뜻을 이해할 수 없는 것은 왕은이 지은 것이다."

晉書曰 "王隱, 字處叔, 陳郡陳人. 世寒素. 父銓少好學, 有著述之志, 每私錄晉事及功臣行狀, 未就而卒. 隱以(隱)〔儒〕[3]素自守, 不交勢援, 博學多聞, 受父遺業, 西都舊事, 多所諳究. 家貧無資, 依征西將軍庾亮於武昌, 亮供其紙筆. 書成, 詣闕上之. 隱雖好著述, 而文辭鄙拙, 蕪舛不倫. 其書次第可觀者, 皆父所撰, 文體混漫, 義不可解者, 隱之作也."

② ≪帝王世紀≫에 말했다. "禹에게 훌륭한 덕성이 있었는데 堯임금이 명을 내려 司空으로 삼고 〈그의 부친인〉 鯀을 이어 治水하도록 하였다. 이에 직접 애를 쓰면서 돌아다니며 일했는데 직경이 한 자가 되는 璧玉을 중히 여기지 않고 寸陰을 아꼈다."

---

2) 군자는……싫어한다 : ≪論語≫ 〈衛靈公〉에 나오는 말이다.

3) (隱)〔儒〕 : 저본에는 '隱'으로 되어 있으나, ≪晉書≫ 〈王隱傳〉에 의거하여 '儒'로 바로잡았다.

帝王世紀曰"禹有聖德, 堯命以爲司空, 繼縣治水. 乃勞身涉勤, 不重徑尺之璧, 而愛日之寸陰."

③ ≪漢書≫ 〈藝文志〉에 말했다. "應劭는 학문에 전념하고 많은 견문을 쌓았다. ≪風俗通≫을 지어 사물의 이름에 관해 변증하고 당시의 의심스럽고 알기 어려운 일들에 대해 밝혔다."

漢藝文志曰"應劭篤學多聞, 撰風俗通, 以辯物名號, 釋時嫌疑."

④ ≪後漢書≫에 말했다. "崔寔은 字가 子眞으로 젊어서부터 차분하고 조용했으며 典籍을 좋아하였다. 郡의 천거로 公車[4]에 불려가 郎이 되었다. 當世의 일 수십 건에 대해 논하고 이름을 〈政論〉이라고 하였는데, 정곡을 정확히 지적하고 말이 명료하고 적확해 당시 사람들이 칭찬하였다. 仲長統은 '무릇 임금이라면 한 통씩 베껴서 자리 옆에 두어야 할 것이다.'라고 하였다."

後漢書曰"崔寔, 字子眞, 少沈靜, 好典籍, 以郡擧徵詣公車, 除爲郎. 論當世事數十條, 名爲政論, 指切時要, 言辯而確, 當世稱之. 仲長統曰 '凡爲人主, 宜寫一通, 置之坐側.'"

⑤ ≪後漢書≫에 말했다. "蔡邕이 지은 ≪獨斷≫ · ≪勸學≫ · ≪釋誨≫ · 詩와 賦 · 비문과 誄詞 등 모두 104편이 세상에 전한다."

≪唐書≫ 〈藝文志 小學類〉에 채옹의 ≪勸學篇≫ 1권이 있다고 하였다.

後漢書曰"邕所著獨斷 · 勸學 · 釋誨 · 詩賦 · 碑誄, 凡百四篇傳於世."

唐藝文志小學類, 有蔡邕勸學篇一卷.

⑥ ≪漢書注≫[5]에 말했다. "史游는 元帝(劉奭) 때 黃門令[6]이 되었다. ≪急就章≫은 모두 32장으로, 사람의 姓名 · 사물들 · 모든 관직 등에 나오는 글자를 잡다하게 기록하여 아이들을 가르쳤다. '急就'란 알기 어려운 글자를 급할 때 찾아볼 수 있다는 말이다."

漢書注曰"游, 元帝時爲黃門令. 凡書三十二章, 雜記姓名 · 諸物 · 五官等字, 以敎童蒙. 急就者, 謂字之難知者, 緩急可就而求焉."

---

4) 公車 : 漢나라 때의 관서 이름이다. 황제에게 아뢰는 글 및 관리의 소집과 임용 등에 관한 일을 처리하였다. 후에는 이와 비슷한 일을 하는 관청을 가리키는 말로 쓰인다.

5) ≪漢書注≫ : 顔師古가 만년에 지은 저작으로 자음을 읽는 법을 조사하여 결정하고 글자의 뜻을 설명하는 책이다. 이전 주석가들의 주석을 모으고 자신의 고증을 덧붙였다. ≪史記≫ 三家의 주석, ≪三國志≫ 裴松之의 주석, ≪資治通鑑≫ 胡三省의 주석과 함께 '四大注'로 불린다.

6) 黃門令 : 漢나라 때 황제의 사유 재산과 생활을 관리하던 少府의 屬官이다. 宦官으로 임명했으며 환관들을 관리하는 일을 담당하였다.

⑦ 祖士言이 마침내 편지를 보내 王隱이 국사를 편찬하도록 추천하였다. 황제가 〈이 일을〉 鍾雅에게 물어보았으나 〈종아의 반대로〉 일이 끝내 시행되지 않았다.
祖遂發書薦隱修史, 帝以問鍾雅, 事遂不行.[7)]

20-2 郗太尉(郗鑒)는 만년에 담론을 좋아하였다. 〈담론의 대상이 되는 일이〉 평소 〈자신이〉 겪은 것이 아닌데도 매우 자부하였다. 뒤에 조정에 나아가 황제를 알현할 때 王丞相(王導)이 말년에 유감스러운 일을 많이 했다고 여겨 볼 때마다 기어코 잘못을 바로잡고 충고를 하려고 하였다. 王公이 그의 생각을 알고 매번 다른 말을 꺼내 회피하였다. 鎭으로 돌아갈 때가 되자 일부러 거마를 채비하게 하여 왕승상을 찾아갔다. 왕승상은 수염을 치켜세우고 매서운 얼굴을 하고 있었다. 〈치태위는〉 자리에 앉자 바로 말했다.

"이제 이별하게 되었으니 반드시 소견을 말하고자 합니다."

〈하지만〉 생각은 많은데 말이 잘 나오지 않아 언사가 몹시 유창하지 못했다. 왕공이 말꼬리를 물고 말했다. "나중에 언제 만날지 모르니 〈나도〉 또한 생각한 것을 다 드러내고자 합니다. 원컨대 공은 다시는 담론을 하지 마시오."

치태위는 마침내 크게 화가 나서 소매를 털고 일어나 나왔는데 〈반박의 말을〉 한마디도 하지 못했다.

郗太尉는 晩節好談이러니 旣雅非所經而甚矜之①라 後朝覲에 以王丞相末年多可恨이라하여 每見에 必欲苦相規誡하니 王公知其意하여 每引作他言이라 臨還鎭에 故命駕詣丞相하니 丞相이 翹須厲色上坐하여 便言 方當乖別하니 必欲言其所見이라 意滿口重하여 辭殊不流러니 王公이 攝其次曰 後面未期니 亦欲盡所懷라 願公勿復談하라하니 郗遂大瞋하여 冰衿[8)]而出이어늘 不得一言하다

① ≪中興書≫에 말했다 "郗鑒은 젊어서부터 학문을 좋아하고 〈책을〉 널리 보았다. 비록 문장과 구절을 세세히 분석한 것이 비록 장구에는 미치지 못하지만 종합적

---

7) 祖遂發書薦隱修史, 帝以問鍾雅, 事遂不行 : ≪何氏語林≫에는 이 문장이 주석이 아니라 본문에 있다.

8) 冰衿 : 拂袖와 같다. 화가 나서 옷소매를 털고 일어나는 모습을 형용하는 말이다.

으로 완전히 이해하는 책이 많았다."

中興書曰 "鑑少好學博覽, 雖不及章句, 而多所通綜."

【頭註】

○ 劉辰翁 : 〈모습을〉 은근하게 그려냈다. 생각해 볼만하다.
劉云 "寫得鄭重, 可懷."

○ 王世懋 : '冰衿' 두 글자는 무슨 말인지 모르겠다.
王云 "冰衿二字未解."

○ 王世懋 : 形狀을 마치 그림처럼 서술하였다.
又云 "敍得形狀如畫."

20-3 桓南郡(桓玄)은 사냥을 좋아하여 매번 들판으로 사냥을 나갈 때면 〈동원하는〉 車馬가 매우 성대하였다. 5, 6십리에 걸쳐 깃발이 땅을 뒤덮었고 駿馬를 내달려 마치 나는 듯 〈사냥감을〉 쫓아가 잡았으며 좌우의 隊伍는 지시하는 곳이면 언덕이나 골짜기도 피하지 않고 달렸다. 혹 대오가 가지런하지 않거나 노루나 토끼가 튀어서 달아나기라도 하면 보좌관들은 모두 포박당하였다. 桓道恭은 환현의 친족으로 당시 賊曹參軍[9]이었는데 자못 과감하게 직언을 했다. 〈환도공이〉 늘 붉은색 무명실로 만든 밧줄을 허리에 차고 있자 환현이 물었다.

"이것은 무엇을 위한 것인가?"

〈환도공이〉 답했다.

"공께서 사냥하시면서 사람들을 포박하는 것을 좋아하십니다. 〈언젠가〉 포박당하게 될텐데 제 손은 포승줄의 까끄라기를 견뎌내지 못합니다."

환현이 이때부터 조금 나아졌다.

桓南郡은 好獵이러니 每田狩에 車騎甚盛하여 五六十里中에 旌旗蔽隰하고 騁良馬하여 馳擊若飛하며 雙甄는 所指를 不避陵壑이라 或行陳不整하고 麏兎騰逸하면 參佐無不被繫束이라 桓道恭은 玄之族也니 時爲賊曹參軍하여 頗敢直言이라 常自帶絳綿繩箸腰中하니 玄問 此何爲오 答曰 公獵에 好縛人士하니 會當被縛이라 手不能堪芒也라 玄自

9) 賊曹參軍 : 賊曹는 漢, 魏, 晉과 南朝시대에 郡縣에 설치했던 도적에 관한 일을 주관했던 관서로 參軍은 그곳의 長官이다.

此小差하니라

① ≪桓氏譜≫에 말했다. "桓道恭은 字가 祖猷로 桓彝의 사촌동생이다. 부친 桓赤之는 太學博士였다. 환도공은 淮南太守와 僞楚[10]의 江夏相을 역임했다. 義熙 연간(405~418) 초에 주살되었다."
桓氏譜曰 "道恭, 字祖猷, 彝同堂弟也. 父赤之, 太學博士. 道恭歷淮南太守・僞楚江夏相. 義熙初, 伏誅."

20-4 遠公(慧遠)은 廬山에 살고 있었는데 비록 늙었지만 講論하기를 멈추지 않았다. 弟子들 가운데 어떤 이가 게으름을 피우자 원공이 말했다.

"뽕나무와 느릅나무 끝에 걸린 〈저물녘의〉 빛은 멀리까지 비출 리가 없다. 아침햇살은 시기를 놓치지 말고 같이 환하게 밝기를 바랄 따름이다."[11]

그리고는 불경을 들고 자리에 올라 크고 또랑또랑하게 읊었는데, 말과 표정이 매우 간절하였다. 재주가 높은 제자들은 모두 숙연해져 더욱 공경하는 마음을 가졌다.

遠公이 **在廬山中**이러니 **雖老**나 **講論不輟**이라 **弟子中**에 **或有墮**[12]**者**하니 **遠公曰 桑楡之光**은 **理無遠照**니 **但願 朝陽之暉與時竝明耳**라하고 **執經登坐**하여 **諷誦朗暢**하고 **詞色甚苦**하니 **高足之徒皆肅然增敬**하다

慧遠

20-5 殷顗는 병이 심해져 사람을 볼 때 얼굴의 일부만 보였다. 殷荊州(殷仲堪)

10) 僞楚 : 桓玄은 403년에 晉나라 安帝을 위협하여 禪位받고 建康에서 楚나라를 세우고 연호를 '永始'라고 하였다. 얼마 지나지 않아 거병한 劉裕에게 패하여 도망가다가 죽임을 당했다. '僞'는 정통성을 인정받지 못했기 때문에 붙인 것이다.

11) 뽕나무와……따름이다 : '저물녘의 빛'은 노년의 자신을 가리키고 '아침햇살'은 젊은 제자들을 가리킨다.

12) 墮 : '惰'와 통한다.

가 晉陽의 군대[13])를 일으켰을 때 은의에게 작별하러 가서 눈물을 흘리며 병환을 잘 다스리라고 당부하자, 은의가 대답했다.

"내 병이야 자연히 나을 것이다. 정작 너의 병이 걱정될 뿐이다."

殷顗(의)病困하여 看人에 政見半面이라 殷荊州興晉陽之甲①이러니 往與顗別에 涕零屬以消息所患하니 顗答曰 我病은 自當差요 正憂汝患耳라하다

① ≪春秋公羊傳≫에 말했다. "晉나라 趙鞅이 晉陽의 군대를 데려와 荀寅과 士吉射을 축출하였다. 순인과 사길역은 임금 곁에 있던 악한 사람들이다."
春秋公羊傳曰 "晉趙鞅取晉陽之甲, 以逐荀寅·士吉射(역). 寅·吉射者, 君側之惡人."

② ≪晉安帝紀≫[14])에 말했다. "殷仲堪이 擧兵했을 때 은의는 동참하지 않았으며, 또 자신은 작은 직임을 맡고 있으니 오직 맡은 자리만 지킬 뿐이지 晉陽의 일은 관여해야 할 것이 아니라고 하였다. 은중감이 부를 때마다 은의는 번번이 '나로서는 진퇴를 감히 이랬다저랬다 할 수 없습니다.'라고 하였다. 마침내 걱정으로 인해 죽었다."
晉安帝紀曰 "殷仲堪擧兵, 顗弗與同, 且以己居小任, 唯當守局而已, 晉陽之事, 非所宜豫也. 仲堪每邀之, 顗輒曰 '吾進不敢同, 退不敢異.' 遂以憂卒."

【頭註】

○ 劉應登 : '見半面'은 병의 증상이다. '消息所患'은 <은의로> 하여금 병을 잘 다스도록 했다는 의미이다.
應登云 "見半面, 病狀也. 消息所患, 令善治疾."

20-6 〈사촌동생인〉 王緖와 〈사촌형인〉 王國寶는 입술과 이처럼 서로 밀접한 관계로 함께 권력을 주물렀다. 〈왕국보의 동생인〉 王大가 그들의 이런 행동에 불만을 품고 왕서에게 말했다.

---

13) 晉陽의 군대 : 春秋時代 晉나라에서 荀寅과 士吉射(사길역)이 반란을 일으키자 趙鞅이 晉陽의 군대를 취하여 군주 측근의 惡人을 축출한다는 명분을 내세우며 그들을 축출하였다.(≪春秋≫ 定公 13년) '진양의 군대'는, 후세에 지방의 수령이 조정에 불만을 품고 거병하거나, 지방의 수령이 조정의 명령을 받지 않은 상태에서 악인을 공격하는 것을 가리키는 말로 쓰였다.

14) ≪晉安帝紀≫ : 東晉 安帝 때의 일을 기록한 10권의 편년체 史書로 ≪晉安帝陽秋≫ 또는 ≪晉紀≫라고도 한다. 南朝宋 王韶가 지었는데 현재는 일부만 남아있다.

"너는 이렇게 경거망동하는데 獄吏가 얼마나 존귀한지 한번 생각해 본 적이 없는가?"[15)]

王緒·王國寶相爲脣齒하여 **竝(上下)〔弄〕**[16)]**權要**①러니 **王大不平其如此**하여 **乃謂緒曰 汝爲此欻欻**하니 **曾不慮獄吏之爲貴乎**②아하다

① ≪王氏譜≫에 말했다. "王緒는 字가 仲業으로 太原 사람이다. 조부는 王延이며 부친 王乂는 撫軍將軍이었다."

≪晉安帝紀≫에 말했다. "왕서는 會稽王(司馬道子)의 從事中郎이 되어 아첨과 간사함으로 총애를 받았다. 王珣·王恭은 王國寶와 왕서가 정치를 어지럽히는 것을 미워해 殷仲堪과 함께 기일을 정해 같이 거사하여 안으로 조정을 바로잡으려고 하였다. 왕공의 表文이 이르자 〈安帝는〉 이에 왕서를 참수하여 제후들을 달랬다.

왕국보는 平北將軍 王坦의 셋째 아들이다. 太傅 謝安은 왕국보의 장인인데 그를 싫어하여 물리치고 쓰지 않았다. 사안이 죽고 相王[17)](사마도자)이 국정을 보좌하게 되자 〈왕국보는〉 中書令으로 옮겼으며 수백 명의 첩을 두었다. 從弟인 왕서는 상왕의 총애를 받았는데 〈왕국보를〉 위해 좋은 말을 많이 하여 왕국보의 권세가 조정의 안팎에 진동하게 되었다. 王珣·王恭·殷仲堪은 孝武帝(司馬曜)에게 대우를 받았으나 상왕의 눈에는 들지 못했다. 왕공이 〈황제에게〉 표문을 올려 왕국보의 죄를 성토하고 車胤도 간쟁하였다. 회계왕은 제후들의 군대를 막을 수 없게 되자 마침내 왕국보에게 죄를 떠넘기고 廷尉[18)]에게 회부하여 賜死하였다."

王氏譜曰 "緖, 字仲業, 太原人. 祖延, 父乂, 撫軍."

晉安帝紀曰 "緖爲會稽王從事中郎, 以佞邪親幸. 王珣·王恭惡國寶與緖亂政, 與殷仲堪克期同擧, 內匡朝廷. 及恭表至, 乃斬緖以說諸侯. 國寶, 平北將軍坦之第三子.

---

15) 獄吏가……없는가 : 이 말은 漢나라 周勃의 故事에서 나왔다. 周勃이 丞相의 직임에서 물러나 封國으로 돌아갔다가 반란을 꾀한다는 무고를 당하는 바람에 廷尉에게 심문 받고 獄吏에게 능욕을 당하였다. 주발은 감옥에서 나온 뒤에 "내 일찍이 백만의 대군을 거느린 적이 있었다. 그렇지만 獄吏가 얼마나 존귀한지 어찌 알았겠는가?"라고 하였다.(≪史記≫ 〈絳侯周勃世家〉)

16) (上下)〔弄〕 : 저본에는 '上下'로 되어 있으나, ≪世說新語箋疏≫에 의거하여 '弄'으로 바로잡았다.

17) 相王 : 宰相이면서 王으로 封해진 사람을 부르는 말이다. 司馬道子가 會稽王이면서 재상이므로 '상왕'이라고 한 것이다.

18) 廷尉 : 관직명이다. 戰國時代 秦나라에서 처음 설치하였으며 '大理'라고도 부른다. 刑獄을 관장하는 최고의 관원이다.

太傅謝安, 國寶婦父也, 惡而抑之不用. 安薨, 相王輔政, 遷中書令, 有妾數百. 從弟緖有寵於王, 深爲其說, 國寶權動內外. 王珣・王恭・殷仲堪爲孝武所待, 不爲相王所眄. 恭抗表討之, 車胤又爭之. 會稽王旣不能拒諸侯兵, 遂委罪國寶, 付廷尉賜死."

② ≪史記≫에 말했다. "漢나라 丞相(周勃)이 반란을 일으키려고 한다는 上書가 있자 文帝는 廷尉에게 내려 처리하게 하였다. 주발이 〈감옥에서〉 나와서는 탄식하며 '내 일찍이 백만 대군을 거느렸는데 어찌 獄吏가 존귀한 줄 알았겠는가.'라고 하였다." 史記曰 "有上書告漢丞相欲反, 文帝下之廷尉. 勃旣出, 歎曰 '吾嘗將百萬之軍, 安知獄吏之爲貴也.'"

20-7【補】王國寶가 謝太傅를 헐뜯는 말을 孝武帝(司馬曜)에게 하니 사태부가 이를 근심하였다. 효무제가 하루는 桓子野(桓伊)를 술자리에 불렀는데 사태부도 그 자리에 있었다. 효무제가 환자야에게 피리를 불라고 명하자 환자야는 꺼리는 기색 없이 바로 한곡조를 부르고는 피리를 내려놓고 말했다.

"신은 箏을 타는 재주가 피리보다는 못합니다. 그렇지만 그럭저럭 노래와 연주에 충분히 맞출 수 있습니다. 쟁을 타면서 노래를 부르기를 청하며 아울러 피리를 불 한사람을 청합니다."

효무제는 그의 호방함을 칭찬하고 이어 궁중의 妓女에게 피리를 불도록 하였다. 환자야가 또 말했다.

"궁중의 사람은 신에게는 틀림없이 어울리지 않을 것입니다. 신에게 노비가 하나 있는데 신과는 서로 아주 잘 맞습니다."

효무제가 부르게 하였다. 노비가 연주하자 환자야가 바로 쟁을 연주하며 曹子建(曹植)의 〈怨詩〉를 노래했는데 노래의 가락이 慷慨함을 일으키고 생각에 잠기게 한 것이 볼만 하였다. 사태부가 옷깃이 젖도록 눈물을 흘리고는 자리를 넘어 그에게 가서 그의 수염을 쓰다듬으며[19] 말했다.

"使君은 이런 점에서 비범하구려."

王國寶搆謝太傅於孝武帝하니 太傅患之라 帝一日召桓子野飮이러니 太傅亦在坐라 帝命桓吹笛하니 桓神色無忤오 卽吹爲一弄하고 乃放笛云 臣은 於箏에 分乃不及笛이나 然

19) 수염을 쓰다듬으며 : 서로 간에 스스럼없이 친근함을 표하는 행동인 듯하다.

自足以韻合歌管이니 請以箏歌하고 幷請一吹笛人하나이다하니 帝善其調達하고 乃勅御妓吹笛하니 桓又言 御府人은 于臣에 必自不合이라 臣有一奴하니 善相便串이니이다하니 帝令召之하다 奴既吹笛하니 桓便撫箏而歌曹子建怨詩①호대 聲節이 慷慨俯仰하여 可觀이라 太傅가 泣下沾襟하고 乃越席就之하여 捋其鬚曰 使君於此處不凡이라하다

①〈怨歌行〉에 말했다 "임금 되기는 이미 쉽지 않고 신하 되기는 참으로 유독 어려워라. 충성하고 신의 지킨 일은 드러나지 않고 의심 받는 걱정만 있구나. 周公 旦은 文王과 武王을 도와 金縢의 功[20]은 영원하여라. 성심을 다해 왕실을 보필했건만 二叔은 도리어 거짓 소문 퍼뜨렸네."[21]
詩曰 "爲君既不易, 爲臣良獨難. 忠信事不顯, 乃有見疑患. 周旦佐文武, 金縢功不刊. 推心輔王室, 二叔反流言."

20-8 (補)[22] 桓玄이 謝太傅(謝安)의 집을 軍營으로 만들려고 하자, 〈사태부의 손자인〉 謝混이 말했다.

"召伯(召公)은 仁愛를 베풀어 그 은덕이 아직까지도 팥배나무에 미치고 있건만,[23] 文靖公[24]은 恩德을 베풀었는데 더 이상 5畝[25]의 집도 보존하지 못하게 되었습니다."

---

20) 金縢의 功 : 금등은 쇠줄로 봉한 상자이다. 周 武王이 앓고 있을 때 周公이 자신의 목숨으로 무왕을 대신할 것을 기도하고는 그 기도문을 금등의 상자 속에 넣었는데 그 다음날 무왕의 병이 나았다.(≪書經≫ 〈金縢〉)

21) 二叔은……퍼뜨렸네 : 이숙은 周 武王의 동생인 管叔과 蔡叔이다. 조카인 成王이 어린 나이에 제위에 오르고 周公이 섭정을 하자 주공이 성왕에게 이롭지 못할 것이라는 유언비어를 퍼뜨리며 역모를 꾀하였다.(≪書經≫ 〈金縢〉)

22) (補) : 저본에는 '補'가 있으나, 이 일화는 ≪何氏語林≫에는 실려 있지 않고, ≪世說新語≫에 실려 있으므로 '補'자를 삭제하였다.

23) 召伯(召公)은……있건만 : 召公은 周 文王의 아들로 이름은 奭이다. 武王 때 西伯으로서 정사를 베풀면서 팥배나무 그늘 아래에서 휴식을 취했는데, 소공이 떠난 뒤에 백성들이 소공의 덕을 그리워하여 그 팥배나무를 소중히 여겼다.

24) 文靖公 : '문정'은 사안의 諡號이다.

25) 畝 : '묘'는 면적의 단위로 혹자에 따라서 대략 지금의 30평 또는 600제곱미터 정도라고 하나 정확한 넓이는 알 수 없다. 周나라 때에는 6尺이 1步이고 100步가 1畝였고, 秦나라와 漢나라 때에는 5尺이 2步, 240步가 1畝였으며, 唐나라 때에는 너비 1步에 길이 240步가 1畝였다.

환현이 부끄러워하며 〈그 일을〉 중지하였다.

桓玄欲以謝太傅宅爲營하니 **謝混曰 召伯之仁**은 **猶惠及甘棠**[①]이나 **文靖之德**은 **更不保五畝之宅**이라하니 **玄慚而止**하다

① ≪韓詩外傳≫에 말했다. "옛날 周나라의 道가 융성했을 때 召伯이 조정에 있었는데 有司가 백성들을 소환하기를 청하자, 소백이 '나 한사람 때문에 백성들을 수고롭게 하는 것은 나의 先君이신 文王의 뜻이 아니다.'라고 하고는 팥배나무 아래에서 위를 가릴 지붕도 없이 있으면서 송사를 처리하였다. 詩人이 소백이 휴식을 취하던 팥배나무를 보고 찬미하며 노래하기를 '무성한 팥배나무를 자르지도 말고 베지도 말라. 소백이 노숙하셨던 곳이니라.'라고 하였다."

召公

韓詩外傳曰 "昔周道之隆, 召伯在朝, 有司請召民.[26] 召伯曰 '以一身勞百姓, 非吾先君文王之志也.' 乃暴處於棠下而聽訟焉. 詩人見召伯休息之棠, 美而歌之曰 '蔽芾甘棠, 勿翦勿伐, 召伯所茇.'"

20-9 【補】 司徒 王謐이 遠公(慧遠)에게 서신을 보내 말했다.

"몸은 이제 마흔인데 쇠약하기는 耳順(예순)과 같습니다."

원공이 답했다.

"옛사람은 직경 한 자짜리의 벽옥을 아끼지 않고 寸陰을 소중히 여겼습니다. 살펴보건대 〈그대가〉 마음속에 둔 뜻은 장수하는 데 있지는 않은 듯합니다. 檀越[27]께서는 이미 順理에 따라 天性을 노닐게 하고 불교의 가르침에 의지하여 마음을 제어하고 계십니다. 이것을 바탕으로 〈계속〉 밀고 나간다면 어찌 더 이상 장수가 부럽겠습니까. 이러한 이치는 오래전에 벌써 터득하셨으리라 생각합니다만, 보내신 서신에 답장하기 위해 말씀 드리는 것일 뿐입니다."

사람들 모두 원공이 〈다른 사람을〉 잘 인도한다고 칭송하였다.

---

26) 有司請召民 : ≪韓詩外傳≫에는 '有司請營邵以居(유사가 소읍에 집을 짓고 거처하도록 요청하였다.)'로 되어 있다.

27) 檀越 : 梵語를 音譯한 것으로 施主의 뜻이다.

王司徒謐이 與遠公書하여 曰 身年始四十이나 而衰同耳順이라하니 遠이 答曰 古人은 不愛尺璧而重寸陰하니 觀其所存면 似不在長年耳라 檀越은 旣履順而遊性하고 乘佛理以御心하니 因此而推면 復何羨於遐齡邪아 聊想斯理를 久已得之나 爲復酬來信耳라하니 人皆稱公善誘하다

20-10【補】謝康樂(謝靈運)의 부친은 총명하지 못했고 일찍 죽었다. 사강락은 인물을 품평하기를 좋아하였는데, 숙부인 謝混은 이를 염려해 제재를 가하려고 했으나 방법이 없었다. 〈조카인〉 謝宣遠(謝瞻)에게 말했다.

"네가 아니면 할 수 있는 사람이 없다."

그리고는 謝晦·謝曜·謝弘微 등과 함께 놀러나가면서 사첨에게 사영운과 같은 수레를 타게 하였다. 〈사영운은〉 수레에 오르자 바로 인물들을 비교하기 시작했다. 사선원이 그에게 말했다.

"秘書郎(謝瑍)께서는 일찍 돌아가셨는데 담론하는 사람들도 〈비서랑을 두고〉 서로 간에 생각이 일치하지 않더구나."

사영운은 〈이 말을 듣자〉 입을 다물었고 인물에 대한 품평이 이때부터 줄었다.

謝康樂父는 不慧早亡①하고 康樂은 好臧否人物이어늘 叔混이 患之하여 欲加裁折이나 未有方也라 謂宣遠曰 非汝면 莫能②이라하고 乃與晦曜③ 弘微等④共遊戲에 命瞻與靈運共車라 旣上에 便商較人物하니 宣遠謂之曰 秘書早亡에 談者亦互有同異이라하니 靈運이 默然하고 言論이 自此衰止하다

① ≪南史≫에 말했다. "謝靈運은 부친 謝瑍은 나면서부터 총명하지 못했다. 벼슬은 秘書郎이었으며 일찍 죽었다."
南史曰 "靈運父瑍, 生而不慧. 位秘書郎, 早亡."

② 王儉의 ≪七志≫[28]에 말했다. "謝瞻은 字가 宣遠으로 陳郡 사람이다. 어렸을 때부터 글을 잘 지었다. 劉宋의 黃門郎이었다."

28) ≪七志≫ : ≪今書七志≫라고도 한다. 권수에 대해서는 30권, 40권, 70권이라는 세 설이 있다. 劉歆이 지은 ≪七略≫의 체제에 따라 편찬된 도서의 목록과 분류에 관한 전문서이다. 지금은 전하지 않는다.

≪幼童傳≫[29]에 말했다. "사첨은 어려서부터 총명하여 5세에 〈老莊의〉 현묘한 이치에 능통했다."

王儉七志曰"謝瞻, 字宣遠, 陳郡人. 幼能屬文. 宋黃門郎."

幼童傳曰"瞻幼而(聽)〔聰〕[30]悟, 五歲能通玄理."

③ ≪南史≫에 말했다. "謝曜는 어릴 적 이름이 '阿多'로 謝弘微의 형이다. 御史中丞과 彭城王 劉義康의 驃騎長史를 지냈다."

南史曰"曜, 小字阿多, 弘微之兄. 歷御史中丞・彭城王義康驃騎長史."

④ ≪宋書≫에 말했다. "謝弘微는 처음 이름이 密이었다. 증조부 謝萬은 晉의 西中郞將, 조부 謝韶는 車騎司馬, 부친 謝思는 武昌太守였다. 사홍미는 몸가짐이 청정하고 검약하였다. 中庶子를 지냈고, 侍中을 더해 받았다."

(朱)〔宋〕[31]書曰"弘微, 初名密. 曾祖萬, 晉西中郞將, 祖韶, 車騎司馬, 父思, 武昌太守. 弘微居身淸約. 歷位中庶子, 加侍中."

20-11 **【補】** 王仲寶(王儉)가 어렸을 때 숙부인 王僧虔이 그를 쓰다듬으면서 말했다. "나는 이 아이가 이름이 나지 않을까 걱정하지 않고, 다만 이름이 너무 알려질까 두렵다."

그리고는 崔子玉(崔瑗)의 좌우명을 직접 써서 주었다.

王仲寶 小時에 **叔父僧虔**①이 **撫之曰 我不患此兒無名**이요 **政恐名太盛**이라하고 **手書崔子玉 座右銘**하여 (貼)〔**貽**〕[32]**之**②하다

① ≪南史≫에 말했다. "王僧虔은 光祿大夫 王僧綽의 동생이다. 부친 王曇首는 太子詹事였다. 왕승건은 太子舍人으로 벼슬을 시작했는데, 물러나 있고 말이 없어 사람들과의 교제가 적었으나 袁淑・謝莊과는 친하게 지냈다. 원숙이 매번 감탄하며 '경의 문장은 성대하고 화려하며 학식은 심원하고 특출한데 광채를 감추고 실상을

---

29) ≪幼童傳≫ : 저자는 南朝 梁나라 劉昭이며 전체 10권이다. 지금은 전하지 않는다.

30) (聽)〔聰〕: 저본에는 '聽'으로 되어 있으나, ≪何氏語林≫과 ≪李卓吾批點世說新語補≫(安永本)에 의거하여 '聰'으로 바로잡았다.

31) (朱)〔宋〕: 저본에는 '朱'로 되어 있으나, ≪何氏語林≫과 ≪李卓吾批點世說新語補≫(安永本)에 의거하여 '宋'으로 바로잡았다.

32) (貼)〔貽〕: 저본에는 '貼'으로 되어 있으나, ≪李卓吾批點世說新語補≫(安永本)와 ≪南史≫ 〈王儉傳〉에 의거하여 '貽'로 바로잡았다.

숨겨서 아무도 이를 알지 못합니다. 魏陽元(魏舒)의 활쏘기와 王汝南(王湛)의 말타기라도 더 나을 수 없습니다.'라고 하였다."

南史曰"僧虔, 光祿大夫僧綽弟也. 父曇首, 太子詹事. 僧虔釋褐太子舍人, 退默少交接, 與袁淑·謝莊善. 淑每嘆曰'卿文情鴻麗, 學解深拔, 而韜光潛實, 物莫之窺. 雖魏陽元之射, 王汝南之騎, 無以加焉.'"

② ≪後漢書≫에 말했다. "崔瑗은 字가 子玉으로 涿郡 사람이다. 일찍 부친을 여의었으나 뜻을 굳게 가지고 학문을 좋아하여 부친의 학문을 전부 전수할 수 있었다." 〈최완의〉 좌우명은 이렇다. "남의 단점을 말하지 말고, 자신의 장점을 얘기 마라. 남에게 베푼 것은 부디 생각 말고, 받은 것은 제발 잊지 말라. 세상의 명예는 바랄 것 못되니 오직 仁을 법도로 삼아라. 숙고한 뒤에 움직이면 〈남의〉 비방에 어찌 상하랴. 이름이 실상을 지나치게 하지 말지니, 愚拙함을 지키는 것은 성인이 칭찬한 바니라. 진흙 속에서도 더러워지지 않음을 귀히 여기며, 어둠 속에서도 안으로는 빛을 품어라. 柔弱함이 사는 길이니, 老氏(老子)는 굳셈과 강함을 경계하였네. 굳세기만한 비루한 자의 뜻이여, 〈군자의 뜻은〉 長久하여 헤아리기 어렵네. 말에 신중하고 음식을 절제하라. 족함을 아는 것이 不祥事 생기는 것보다 낫나니. 이를 행하되 늘 변함없으면 오래오래 절로 향기로우리라."

後漢書曰"崔瑗, 字子玉, 涿郡人. 早孤. 銳志好學, 盡能傳其父業. 銘曰'無道人之短, 無說己之長. 施人愼勿念, 受施愼勿忘. 世譽不足慕, 唯仁爲紀綱. 隱心而後動, 謗議庸何傷? 無使名過實, 守愚聖所臧. 在涅貴不淄, 曖曖內含光. 柔弱生之徒[33], 老氏誡剛强. 行行鄙夫志, 悠悠故難量. 愼言節飮食, 知足勝不祥. 行之苟有恒, 久久自芬芳.'"

20-12【補】顏延之의 아들 顏竣이 존귀해져 그 권세가 조정을 뒤흔들 정도였는데도, 〈안준이〉 제공한 모든 것을 안연지는 하나도 받지 않았으며 기물과 복식도 바꾸지 않고 집도 예전 그대로였다. 늘 여윈 소가 끄는 망가진 수레를 탔으며 〈길에서〉 안준의 행렬을 맞닥뜨리면 바로 길옆으로 피했다. 한번은 안준에게 말했다.

"내 평생 동안 요직에 있는 사람 보는 것을 좋아하지 않았는데 지금 불행히도 너를 보았다."

---

33) 徒 : '塗'와 통한다.

안준이 큰 저택을 짓자 안연지가 말했다.

"잘해서 후세 사람들이 너의 못남을 비웃게 하지 말라."

顔延之兒竣이 旣貴重하여 權傾一朝러니 凡所資供을 延之一無所受하고 器服不改하며 宅宇如舊하고 常乘羸牛敝車하고 逢竣鹵簿면 卽屛往道側이라 嘗[34]語竣曰 吾平生不喜見要人이러니 今不幸見汝이라하다 竣起大宅하니 延之謂曰 善爲之하여 無令後人笑汝拙也하라하다

20-13【補】孔中丞(孔覬)의 두 동생이 관직에 있으면서 뇌물을 많이 받았다. 한 번은 휴가를 청해 동쪽으로 돌아왔다.[35] 공중승이 맞이하러 물가로 나가보니 크고 작은 배 10여 척이 모두 솜, 명주, 종이, 자리 같은 물건들이었다. 공중승이 〈이를 보고〉 기쁜 척하며 말했다.

"내 근래 빈곤하였는데, 이런 몹시 요긴한 것을 얻었구나."

그리고는 강기슭 옆으로 올려놓도록 하였다. 잠시 후 정색을 하고 말했다.

"너희들은 士流에 속한 사람인데, 어찌하여 동쪽으로 돌아와 장사치 노릇을 하기까지 하느냐!"

좌우의 사람들에게 불을 가져오게 하여 다 태워버리고는 자리를 떴다.

孔中丞二弟在官①에 頗營贓賄라 嘗請假還東에 中丞이 出渚迎之하니 輜重十餘船이 皆是綿絹紙席이어늘 中丞이 僞喜曰 我比困乏이러니 得此甚要라하고 因命上置岸側하고 旣而正色語曰 汝輩는 忝預士流어늘 何至還東作賈客邪아하고 命左右取火하여 燒盡하고 乃去②하다

①〈두 동생은〉 孔覬의 친동생 孔道存과 사촌동생 孔徽이다.
覬弟道存, 從弟徽.

②≪南史≫의 논평에서 말했다. "공기는 몸가짐의 절도에서 또한 당대의 훌륭한 본

34) 嘗 : ≪何氏語林≫에는 '常'으로 되어 있다. '常'과 '嘗'은 통용된다.

35) 동쪽으로 돌아왔다 : 공기의 고향은 會稽 山陰으로, 宋의 수도인 建康의 동쪽에 있으므로 이렇게 말한 것이다.

보기라고 하겠으나 남의 말을 듣는 데에서는 문제가 있어 만년에 몰락에 이르게 되었다."[36)]

南史論曰 "覬持身之節, 亦曰一時之良, 而聽言則悖, 晚致覆沒."

20-14【補】齊 武帝(蕭賾) 때에 여러 동생들 모두 〈무제의〉 사랑을 받지 못했다. 한번은 어전의 작은 연회 자리에서 武陵王(蕭曄)이 술에 취해 바닥에 엎드려 담비 가죽으로 고기 쟁반을 잡으니, 무제가 웃으며 말했다.

齊 武帝(蕭賾)

"담비 가죽이 더러워진다."

무릉왕이 대답했다.

"폐하께서는 어찌하여 〈담비 가죽의〉 털은 아끼고 骨肉은 소원하게 대하시는지요?"

齊武帝時에 **諸弟**가 **皆無寵**이러니 **嘗於御坐曲宴**에 **武陵**이 **因醉伏地**하여 **以貂抄肉柈**하니 **帝笑曰 汙貂**로다 **武陵答曰 陛下**는 **何愛其羽毛**하고 **而疎其骨肉**①이니잇가

① ≪南齊書≫에 말했다. "武陵昭王 蕭曄은 高帝(蕭道成)의 다섯째 아들이다. 모친이 죄를 입어 주살당할 때 소엽은 나이가 5세였는데, 모친을 사모하는 마음이 어른과 다르지 않았다. 高帝는 〈제위에 오르기 전〉 비록 方伯이었지만 생활이 매우 궁핍하여 자식들이 글을 배울 때 종이와 붓도 없었다. 소엽은 늘 손가락으로 공중에 글자를 쓰면서 서법을 공부하였고 마침내 篆書에 뛰어나게 되었다. 성품은 강직하고 영특하였다. 武帝가 즉위하고 나서 中書令・祠部[37)]尙書를 거쳤다. 어떤 무당이 소엽의 관상이 범상치 않다는 말을 했는데 〈소엽은〉 이를 가지고 자부했기 때문에 〈무제에게〉 사랑을 받지 못하여 한 번도 방백이 되어 보지 못했다."

南齊書曰 "武陵昭王曄, 高帝第五子也. 母以罪誅, 曄年四歲, 思慕不異成人. 高帝雖爲方伯, 而居處甚貧, 諸子學書無紙筆. 曄常以指畫空中學字, 遂工篆法. 性剛穎雋

---

36) 남의……되었다 : 宋 明帝 劉彧이 즉위한 뒤 晉安王 劉子勛을 지지하라는 孔璪의 말을 듣고 군대를 일으켰다가 패하여 죽임을 당했다.(≪宋書≫ 〈孔覬傳〉)

37) 祠部 : 三國時代 魏나라 때 祠部曹를 두어 예법에 관한 일을 담당하게 했고 역대로 그대로 이어지다가 北周에서 禮部로 고쳤다. 祭祀, 天文, 卜祝, 醫藥 등의 일을 관장하였다.

出. 武帝卽位, 歷中書令・祠部尙書. 巫覡[38)]或言曄有非常之相, 以此自負, 故無寵, 未嘗處方岳."

20-15【補】王長史(王騫)는 더할 나위 없는 성품에 장중하고 소박하였으며 당시의 권문세가와 친하게 지내지 않았다. 한번은 조용히 자식들에게 말했다.

"우리 집안은 이른바 世族이니,[39)] 자연히 흐름을 따라 차근차근 나아가면 될 것이다. 구차하게 구할 것 없다."

王長史至性凝簡하고 **不狎當世**러니 **嘗從容語諸子曰 吾家門戶**는 **所謂素族**[40)]이니 **自可隨流平進**이요 **不須苟求**①라하다

① ≪南史≫에 말했다. "王騫은 字가 思寂으로 太尉 王儉의 아들이다. 성품이 장중하고 소박하였으며 樂廣의 사람됨을 흠모하였다. 집안의 여자들과 자식・조카들이 모두 王公에게 시집가거나 公主에게 장가갔는데[41)] 〈그들이 인사하러 오느라〉 수레가 붐벼 혼잡하였는데 〈왕건은〉 이러한 것을 원치 않았다. 80여 頃의 전답이 있었는데, 여러 집과 친구들과 공동으로 경작하였다. 항상 〈사람들에게〉 '나는 鄭公業(鄭泰)이 전답 400頃[42)]을 가졌으면서도 먹을 밥이 늘 넉넉하지 못했던 것만 못하다.'라며 이를 부끄러워했다. 벼슬은 度支尙書에 이르렀으며 給事中을 더해 받았다."
南史曰 "王騫, 字思寂, 太尉儉之子也. 性凝簡, 慕樂廣之爲人. 諸女子姪皆嬪王尙主, 輜輧塡咽, 非所欲也. 有田八十餘頃, 與諸宅及故舊共佃之, 常曰 '我不如鄭公業有田四百頃, 而食常不周.' 以此爲愧. 仕至度支尙書, 加給事中."

---

38) 巫覡 : 능히 齋戒하고 귀신을 섬기는 자이니 남자를 '覡'라 하고 여자를 '巫'라 한다. (≪世說音釋≫)

39) 우리……世族이니 : 왕건의 조부 王僧綽은 侍中을 지냈고 조모는 宋文帝의 嫡女인 東陽公主이며 부친 王儉은 中書監이었다. 그리고 황실의 인척이었다.

40) 素族 : ≪世說音釋≫에서는 "'素'는 흼이요 바탕이다. 그러므로 평민이 사는 집을 素門이라 하고 한미한 선비를 素士라고 한다."라고 하여 '素族'을 '한미한 집안'의 뜻으로 보았다. 그러나 '素族'에는 '世族' 즉 '대대로 벼슬한 집안'이라는 뜻도 있다. 역자는 문맥에 의거하여 '세족'의 뜻으로 번역하였다.

41) 집안의……장가갔는데 : 누이는 隨王 蕭子隆에게 시집갔고, 동생 王暕은 齊 高帝의 딸인 淮南公主에게 장가갔고, 딸 王靈賓은 梁 簡文帝 蕭綱에게 시집갔다.

42) 頃 : 토지 면적의 단위이다. 100畝가 1頃이다.

20-16【補】齊 高宗(蕭鸞)의 사촌동생 蕭季敞은 성품이 몹시 호방하고 방종하여 고종이 속으로 그르다고 생각하였다. 한번은 그에게 말했다.

"卿은 자주 王思遠을 찾아가 보는 것이 좋겠다."

齊高宗從弟季敞은 性頗豪縱하여 上心非之①러니 嘗語之曰 卿可數詣王思遠②이라하다

① ≪南史≫에 말했다. "輔國將軍 蕭季敞은 거칠고 사나우며 품행이 단정하지 못했는데 임시변통으로 이리저리 주선하는 데에 능숙했다."
南史曰 "輔國將軍蕭季敞, 麁猛無行, 善於彌縫."

② ≪南史≫에 말했다. "王思遠의 處世는 簡明하고 신중하였다."
南史曰 "思遠立身簡約."

20-17【補】陳江州(陳顯達)의 아들들이 대부분 호사와 사치를 일삼아 진강주는 〈이를〉 탐탁하게 여기지 않았다. 〈아들〉 陳休尙이 郢府主簿가 되어 九江을 지나면서 찾아와 작별을 고하자, 진현달이 말했다.

"큰 사슴 꼬리털로 만든 拂子[43]는 王氏와 謝氏 집안에서나 쓰는 물건이다. 너는 이런 물건을 잡을 것 없다."

그러고는 바로 가져다가 면전에서 불태워 버렸다.

陳江州諸子多事豪侈하니 江州不悅이라 休尙爲郢府主簿하여 過九江에 拜別하니 顯達語之曰 麈尾蠅拂은 是王謝家物이니 汝不須捉此하라하고 卽取於前하여 燒除之①하다

① ≪南齊書≫에 말했다. "陳顯達은 彭城 사람이다. 劉宋에서 벼슬해 軍功을 세워 彭澤縣子에 봉해졌다. 武帝(蕭賾)가 불러서 侍中으로 삼았고, 征南大將軍과 江州刺史로 승진하였다. 겸손하고 후덕하였으며 지략이 있었다. 스스로 사람은 미천한데 지위는 높다고 생각하여 관직과 작위가 오를 때마다 두려워하는 기색을 띠었다. 아들이 십 여 명이었는데 집안이 부귀해지자 王敬則의 자식들과 나란히 車馬를 치장하고 服飾을 화려하게 하였다. 진현달이 훈계하며 '내 본래 이렇게 될 줄은 생각도 못했다. 너희들은 부귀하다고 다른 사람을 깔보지 말도록 하라.'라고

---

43) 큰……拂子 : 원문은 '麈尾蠅拂'이다. '麈尾'로만 쓰는 경우도 많다. 魏晉시대 淸談家들이 담론할 때 벌레를 쫓거나 더위를 쫓는 용도로 썼는데 신분을 나타내는 일종의 도구였다. 고대에는 큰 사슴의 꼬리털로 만들었는데 점차 말총으로 대신하였다.

하였다. 鬱林王(蕭昭業)을 폐위하는 데 참여한 공로로 작위가 公으로 올랐다. 東昏侯(蕭寶卷)가 즉위하자 속으로 의심과 두려움을 품고서 거병하여 建業을 쳤다가 패하여 죽었고 아들들도 모두 伏誅되었다."

南齊書曰 "陳顯達, 彭城人. 仕宋, 以軍功封彭澤縣子. 武帝徵爲侍中, 進征南大將軍・江州刺史. 謙厚有智計. 自以人微位重, 每遷官有畏懼之色. 子十餘人, 家旣豪富, 與敬則諸兒, 竝精車牛, 麗服飾. 顯達誡之曰 '我本意不及此, 汝勿以富貴淩人.' 豫廢鬱林之勳, 進爵爲公. 東昏立, 內懷疑怖, 擧兵襲建業, 敗死, 子皆伏誅."

20-18【補】湘東王 蕭繹이 臺城[44]을 지원하러 들어갔으나 武城에 군대를 주둔시키고 오래 머물면서 나아가지 않았다. 中記室參軍 蕭賁은 소역이 빨리 내려가지 않는 것을 마음 속으로 몹시 옳지 않게 여기고 있었다. 한번은 소역과 雙陸을 두었다. 〈소역이〉 말이 먹었는데도 바로 〈그 말을 말판 밖으로〉 내려놓지 않자 소분이 〈말판에서〉 손을 거두어 들이며 말했다.

"전하께서는 내려놓으실 뜻이 전혀 없으시군요."[45]

湘東王繹①이 入援臺城에 頓軍武城하고 淹留不進②이어늘 中記室參軍蕭賁이 以繹不早下로 心甚非之라 嘗與繹雙陸에 食子未卽下하니 賁이 斂手言曰 殿下都無下意③라하다

① ≪梁書≫에 말했다. "元帝는 諱가 繹으로 武帝(蕭衍)의 일곱 번째 아들이다. 처음에는 湘東王에 봉해졌는데, 簡文帝(蕭綱)가 시해되자 江陵에서 즉위하였다."

梁書曰 "元帝, 諱繹, 武帝第七子也. 初封湘東王, 簡文被弑, 乃卽位於江陵."

② 司馬光의 ≪資治通鑑≫을 살펴보건대, 梁나라 大寶 원년(550)에 湘東王 蕭繹이 격문을 띄워 侯景을 성토하고, 王僧辯을 보내 巴陵에 머무르게 하였다. 소역은 다른 뜻이 있었기에 왕승변이 여러 차례 전공을 세우자 다시 尋陽에 주둔하면서 군대가 모이기를 기다리도록 하였다. 〈簡文帝〉 蕭綱이 시해당하고 〈豫章王〉 蕭棟이 폐위되자 비로소 동쪽으로 내려보냈다.

按司馬光通鑑, 梁大寶元年, 湘東王繹移檄討侯景, 遣王僧辯次巴陵. 繹有他志, 僧

44) 臺城 : 東晉에서 南朝 때까지의 수도인 建康, 즉 지금의 南京에 있던 皇宮으로 建康宮이라고도 한다.

45) 내려놓으실……없으시군요 : 여기서 '내려놓다'는 말은 중의적 표현으로 '내려가다'라는 뜻도 된다. 소분은 소역이 무성에서 주둔만 하고 내려가지 않고 있다는 것을 가리켜 한 말이다.

辯一再有功, 復令且頓尋陽, 以待兵集, 及綱弑棟廢, 始遣東下.

③ ≪南史≫에 말했다. "蕭賁은 字가 文奐이다. 몸은 6척이 되지 않았으나, 文才가 있었고 글씨와 그림에 뛰어났다. 湘東王의 法曹參軍으로 벼슬을 시작했다."

≪梁書≫ 〈侯景傳〉에 말했다. "蕭賁은 강직한 선비였다. 매번 湘東王이 도우려고 들어가지 않는 것을 불만스러워 하였다. 한번은 상동왕과 雙陸을 놀다가 〈상동왕이〉 말을 먹고도 내려놓지 않자, 소분이 '전하께서는 내려놓으실 뜻이 도무지 없으시군요.'라고 하였다. 상동왕이 몹시 괘씸하게 여기고 마침내 다른 일을 계기로 해치고 말았다."

南史曰 "蕭賁, 字文奐. 形不滿六尺, 有文才, 能書善畫. 起家爲湘東王法曹參軍."
梁書侯景傳曰 "賁, 骨鯁士也. 每恨湘東不入援, 嘗與王雙陸, 食子未下, 賁曰 '殿下都無下意.' 王深爲憾, 遂因事害之."

20-19 **【補】** 王方慶이 政府[46]에 있을 때 그의 아들이 眉州의 司士參軍이 되었다. 則天武后가 한번은 물었다.

"경은 재상의 지위에 있는데 어찌하여 아들을 멀리 보냈는가?"

왕방경이 대답하였다.

"廬陵王(李顯)은 폐하께서 사랑하시는 아들인데도 지금 오히려 먼 곳에 있는데 신의 아들을 어찌 감히 가까이 둘 수 있겠습니까."

王方慶在政府①에 **其子爲眉州司士參軍**②이라 **武后嘗問**호되 **卿在相位**어늘 **何子之遠**고하니 **方慶答曰 廬陵是陛下愛子**로되 **今尙在遠**하니 **臣之子**를 **庸敢相近**③이리오하다

① 劉昫의 ≪唐書≫에 말했다. "王方慶은 雍州 咸陽 사람으로 北周 石泉公 王褒의 증손자이다. 관직은 太子左庶子에 이르렀다. 박학다식하였으며 著述하기를 좋아하였는데 특히나 三禮[47]에 정통하였다."

劉昫唐書曰 "王方慶, 雍州咸陽人, 周石泉公褒之曾孫. 官至太子左庶子. 博學好著述, 尤精三禮."

② ≪唐書≫에 말했다. "왕방경의 맏아들 王光輔는 開元 연간(713~741)에 관직이 潞州刺史에 이르렀다."

---

46) 政府 : 唐宋 시대에는 宰相이 정무를 보는 곳을 '정부'라고 한다.(≪世說音釋≫)
47) 三禮 : 유가 경전인 ≪周禮≫ · ≪儀禮≫ · ≪禮記≫를 합하여 부르는 말이다.

唐書曰 "方慶長子光輔, 開元中, 官至潞州刺史."

③ ≪唐紀≫에 말했다. "則天武后는 嗣聖 원년(684) 2월에 皇帝를 폐위하여 廬陵王으로 삼고 다른 곳에 유폐시키고 이어 이름을 '哲'로 바꾸어 내렸다. 그해 여름인 4월에는 여릉왕을 均州로 옮겼고, 다음해 3월에는 여릉왕 李哲을 房州로 옮겼다."
唐紀曰 "則天嗣聖元年二月, 廢皇帝爲廬陵王, 幽於別所, 仍改賜名哲. 夏四月, 遷廬陵王於均州, 明年三月, 遷廬陵王哲於房州."

20-20 **【補】** 高宗(李治)이 사냥을 나갔다가 비를 만나자 諫議大夫 谷那律에게 물었다.

"油衣[48]를 어떻게 하면 비가 새지 않게 할 수 있는가?"

〈곡나율이〉 대답했다.

"기와를 유의로 삼는다면 틀림없이 새지 않을 것입니다."[49]

고종이 이로 인해 다시는 사냥을 나가지 않았다.

高宗이 **出獵遇雨**하여 **問諫議大夫谷那律曰 油衣**가 **若爲不漏**오 **對曰 以瓦爲之**면 **必不漏**하리이다 **上因此不復出獵**①하다

① ≪唐書≫에 말했다. "谷那律은 魏州 사람이다. 여러 書籍에 박식하여 褚遂良이 '九經庫'[50]로 불렀다. 관직은 弘文館 學士에 이르렀다."
唐書曰 "谷那律, 魏州人. 淹識群書, 褚遂良目爲九經庫. 官至弘文館學士."

20-21 **【補】** 蕭至忠은 太平公主에게 의탁하였다. 나중에 國政을 담당하게 되었을 때, 길에서 宋璟을 우연히 만나자 송경이 말했다.

"〈요즘의 처신은〉 蕭傅(소지충)께 기대하던 바가 아닙니다."

蕭至忠依太平公主①러니 **後當國**에 **遇宋璟於道**하니 **宋曰 非所望於蕭傅**②라하다

---

48) 油衣 : 油桐나무 기름을 발라 만든 비옷이다. ≪世說音釋≫에는 "비단에 기름을 먹여 만들며 모자도 기름을 먹인다. 陳나라에서 처음 만들었다."라고 하였다.

49) 기와를……것입니다 : 기와로 된 궁전에 있으면서 나가지 않으면 비에 젖지 않을 것이라는 말이다.(≪世說音釋≫)

50) 九經庫 : 九經은 儒家의 아홉 가지 경전을 말하는데, 그 서목에 대해서는 각각의 설이 다르다. 유교 경전에 정통하다는 말이다.

① ≪唐詩紀事≫에 말했다."蕭至忠은 蕭德言의 증손자이다. 中宗(李顯) 때 재상이었는데 나중에 太平公主를 따라 역모를 도모하였다가 伏誅되었다. 明皇(玄宗)이 '소지충은 참으로 나라를 맡아 다스릴 만한 그릇이었으나 만년에 잘못을 저질렀다.'라고 하였다."

≪唐書≫에 말했다. "神龍 연간(705~707) 초에 武三思가 권력을 마음대로 휘둘렀는데 소지충은 그를 보좌하여 御史中丞에 발탁되었다. 태평공주가 권력을 잡자 소지충은 심부름꾼을 보내 〈지지하는〉 자신의 뜻을 피력하고 중앙관서의 관직을 요청하여 刑部尙書에 제수되었다. 소지충은 청렴하고 검소하며 자신에게 엄격했다. 그렇지만 〈너무〉 아끼고 거만하여 남에게 베푸는 일이 없었다. 籍沒되었을 때 재산이 아주 많았다."

唐詩紀事曰"至忠, 蕭德言之曾孫. 相中宗, 後從太平公主謀逆伏誅. 明皇曰'至忠誠國器, 但晩謬耳.'"

唐書曰"神龍初, 武三思擅權, 至忠輔之, 擢御史中丞. 太平公主用事, 至忠遣使申意, 求爲京職, 召拜刑部尙書. 至忠淸儉刻己, 然簡約自高, 無所賑施. 及籍沒, 財産甚豐."

② ≪唐詩紀事≫에 말했다. "태평공주는 則天武后의 소생인데 측천무후는 다른 여식보다 그녀를 몹시 편애하였다."

≪唐書≫에 말했다. "太平公主는 두 張氏[51]를 주살한 공로로 '鎭國'이라는 칭호를 추가로 받았다. 睿宗(李旦)이 韋氏(韋后)를 주살할 때[52] 태평공주는 모의에 참여하였고, 이로 말미암아 권세가 천하를 뒤흔들 정도였다. 宰相 7명 가운데 5명이 그녀의 門客에서 나왔다."

唐詩紀事曰"太平公主, 武后所生, 后愛之傾諸女."

唐書曰"太平公主以誅二張功, 加號鎭國. 睿宗誅韋氏, 公主與謀, 由此權震天下. 宰相七人, 五出其門."

---

51) 두 張氏 : 張易之, 張昌宗 두 형제를 말한다. 두 사람은 측천무후의 총애를 받아 권력을 농단하여 악명이 높았다. 705년 張柬之·崔玄暐 등이 中宗의 복위를 위해 일으킨 神龍의 정변 때 죽임을 당했다.

52) 睿宗(李旦)이……때 : 中宗이 복위한 뒤에 韋氏가 武三思등과 결탁해 조정을 마음대로 주물렀고, 오빠인 韋溫이 실권을 장악했다. 중종의 사후에 역사에서 少帝로 불리는 아들 李重茂을 황제로 삼았다. 측천무후를 본받아 스스로 황제가 되고자 했다. 李隆基(玄宗)와 태평공주가 일으킨 정변으로 죽었다.

20-22【補】呂太乙이 戶部員外郞이 되었을 때 戶部는 吏部와 관사가 이웃해 있었다. 이부에서 호부로 공문을 보내 관사 건물 둘레 전체에 가시나무를 심어 胥吏들이 서로 왕래하는 것을 막도록 하였다. 여태을이 공문에 회신하였다.

"살펴보건대 저 이부는 인재를 선발하는 관사로 마땅히 간략하면서도 적절하고 깨끗하면서도 합리적으로 일을 처리해야 하지 어찌 굳이 울타리를 세우고 가시나무를 심을 필요가 있겠는가."

尙書省에서 그의 걸출함을 칭찬하였다.

呂太乙爲戶部員外郞에 戶部與吏部鄰司라 吏部가 移牒戶部하여 令牆宇悉樹棘하여 以防令史交通하니 太乙報牒曰 眷彼吏部는 銓總之司니 當須簡要淸通①이어늘 何必設籬種棘이리오 省[53]中이 賞其俊拔②하다

①〈일처리가〉 裵楷는 깨끗하면서도 합리적이었고 王戎은 간략하면서도 적절하였다. 裵楷淸通, 王戎簡要.

②≪大唐新語≫[54]에 말했다. "呂太乙이 처음 御史裏行[55]이 되었을 때 뛰어난 재주를 자부하였으나, 정식 관원이 되지 못하자 관청 뜰에 대나무 무더기를 시로 읊어 자신의 마음을 담았다. '우뚝한 창 앞의 대나무, 푸르름은 모진 추위 견뎠어라. 곧은 마음만 마디에 드러날 뿐, 대껍질 작아 아직 장대가 못되었네.' 나중에 戶部員外로 옮겨갔다."
大唐新語曰 "呂太乙初爲御史裏行, 自負才華而不卽眞, 詠院中叢竹以寄意曰 '擢擢當軒竹, 靑靑重歲寒. 心貞徒見節, 籜小未成竿.' 後遷戶部員外."

【頭註】

○ 王世懋 : <眷彼吏部> 이 구절은 潘安仁(潘安)의 賦에 나오는 말을 차용했다. 마땅히 주석으로 내야 한다.

---

53) 省 : '성'은 중앙관서의 이름으로 中書省·尙書省·侍中門下省을 말하는데, 호부와 이부는 상서성에 속한다.

54) ≪大唐新語≫ : 唐나라 劉肅이 편찬한 筆記小說集이다. ≪唐新語≫·≪大唐世說新語≫·≪唐世說新語≫·≪世說≫·≪大唐新話≫ 등으로도 불린다. 당대 인물들의 언행을 ≪세설신어≫의 체제에 따라 수록하였다. 전체 13권이다.

55) 裏行 : 唐나라 때 처음 설치되었다. 監察御史裏行, 殿中裏行 등이 있었으며 모두 정식 관원이 아니고 정원도 규정되어 있지 않았다.

王云 "此用潘安仁賦語. 當註出."

20-23 【補】 憲宗(李純)이 처음에는 柳宗元과 劉禹錫을 경성으로 불러들였다가 얼마 후 모두 먼 곳으로 내쳤는데, 유종원은 柳州刺史가 되고 유우석은 播州刺史가 되었다. 유종원은 유우석이 늙은 모친을 모셔야 하는데 파주는 가장 험한 곳이라고 하며 유주로 바꾸어 달라고 요청하였으나 헌종이 허락하지 않고 말했다.

"단지 험한 곳을 주려한다. 모친이 있는 것과 무슨 상관이란 말인가."

裴晉公(裴度)가 〈앞으로〉 나서서 말했다.

"폐하께서는 지금 太后를 모시고 계시니 이런 말씀을 하시는 것은 온당하지 않습니다."

柳宗元

憲宗이 初徵柳宗元·劉禹錫至京이러니 俄皆貶謫하여 柳得柳州①하고 劉得播州라 柳가 以禹錫須侍老親하고 播州最爲惡處라하여 請以柳州換하니 上不許 曰但要與惡郡이니 豈繫母在리오 裴晉公進曰 陛下方侍太后하시니 不合發此言②이니이다

① 宋祁의 ≪唐書≫에 말했다 "柳宗元은 字가 子厚이다. 부친 柳鎭은 肅宗(李亨) 때 殿中侍御史였다. 유종원은 進士科와 博學弘詞科에 급제해 御史裏行이 되었다. 王叔文·韋執誼와 친했는데, 두 사람은 그의 재주를 높이 평가해 정권을 잡자 황제 가까이 두고서 크게 쓰고자 하였다. 얼마 지나지 않아서 왕숙문이 몰락하자[56] 永州司馬로 좌천되었

裴度

56) 왕숙문이 몰락하자 : 順宗의 오랜 병이 낫지 않자 중앙과 지방에서 모두 太子를 세우기를 청하였는데 왕숙문은 태자를 세우는 것을 반기지 않았다. 廣陵王 李純을 태자로 삼는다는 칙령이 내려지자 모든 사람이 기뻐했는데 왕숙문만 근심스러운 표정을 지었으며 감히 다른 말은 하지 못하고 杜甫가 諸葛亮의 사당에 쓴 시의 마지막 구절인 "군대가 출정하여 아직 승리하지 못했는데 몸이 먼저 죽어 길이 영웅으로 하여금 옷깃을 눈물로 적시게 하네.〔出師未捷身先死 長使英雄淚滿襟〕"를 읊고 탄식하며 눈물을 흘렸다. 805년 태자가 국정을 대리하면서 渝州司戶參軍으로 내쳐졌고 이듬

다가 柳州刺史로 옮겨졌다. 유종원은 조정에서 멀리 내쳐지자 문장의 정취가 더 심오해졌으며 벼슬길의 험난함과 울분을 한결같이 문장에 담았다. 세상 사람들은 '柳柳州'로 불렀으며 마흔 일곱살에 죽었다."

宋祁唐書曰"柳宗元, 字子厚. 父鎭, 肅宗時, 殿中侍御史. 宗元第進士·博學弘詞科, 爲御史裏行. 善王叔文·韋執誼, 二人者奇其才, 及得政, 引內禁近, 欲大進用. 俄而叔文事敗, 貶永州司馬, 徙柳州刺史. 宗元旣放斥, 其文思益深, 堙厄感鬱, 一寓諸文. 世號柳柳州, 年四十七卒."

② ≪唐書≫에 말했다. "順宗의 莊憲皇后 王氏는 元和 원년(806)에 皇太后로 推尊되었다. 冊禮가 끝나자 憲宗은 紫宸殿으로 나아가 사면령을 선포하였고, 황태후는 興慶宮에 거처하였다."

唐書曰"順宗莊憲皇后王氏, 元和元年, 尊爲皇太后. 冊禮畢, 憲宗御紫宸殿宣赦, 太后居興慶宮."

20-24 **【補】韓魏公**(韓琦)이 국정을 관장할 때 監司 중에 적합하지 않은 인물이 있었다. 崔公孺가 나아가 말했다.

韓琦

"公께서는 인재를 양성하고 단련시키는 지위에 계시니 마땅히 조물주와 같은 마음을 가지셔야 합니다. 조물주는 뱀과 호랑이가 사람을 해치기 때문에 뱀은 호수와 늪에 두고 호랑이는 산과 숲에 두었습니다. 공께서는 지금 어찌하여 그 사람을 큰길에다 두십니까."

韓魏公執政에 **監司有非其人者**라 **崔公孺進曰 公**은 **居陶鎔之地**하니 **宜以造化爲心**이라 **造化**는 **以蛇虎害人**이라 **故**로 **置蛇於藪澤**하고 **置虎於山林**이니 **公**은 **今何乃置之通衢**①오하다

① ≪涑水紀聞≫[57]에 말했다. "崔公孺는 諫議大夫 崔立의 아들이며 韓魏公(韓琦) 夫人의 동생이다. 성품이 진실하고 곧아서 면전에서 남의 잘못을 책망하기를 좋아하

해 죽임을 당했다.

57) ≪涑水紀聞≫ : 北宋의 司馬光이 지었으며 ≪涑水記聞≫이라고도 한다. 사마광이 ≪資治通鑑≫을 편찬한 뒤 ≪資治通鑑後紀≫를 편찬하기 위해 만든 자료집 성격으로 北宋의 逸話를 기록하였다. '涑水'는 출신지인 陝州 夏縣 涑水鄕에서 나왔다. 전체 16권이다.

였기에 한위공이 그를 몹시 꺼렸다."

(涑)〔涑〕[58]水紀聞曰 "崔公孺, 諫議大夫立之子, 韓魏公夫人之弟. 性亮直, 喜面折人, 魏公甚嚴憚之."

20-25【補】陳恭公(陳執中)이 亳州를 다스릴 때 생일을 맞았다. 친족들이 대부분 老人星圖를 바쳤는데 조카인 陳世修만 〈范蠡遊五湖圖〉를 바치고 또 〈그림에〉 贊을 지었다.

"현명하도다, 陶朱公(范蠡)여! 越을 覇者로 만들고 吳를 평정하였네. 명성은 몸이 죽은 뒤에 따라왔고, 일엽편주로 五湖를 떠다녔지."

진공공이 그날로 符節을 반납하였다.

陳恭公①이 **判亳州**에 **遇生日**하여 **親族多獻老人星圖**②어늘 **姪世修**가 **獨獻范蠡遊五湖圖**하고 **且贊曰 賢哉陶朱**하여 **覇越平吳**로다 **名隨身後**하고 **扁舟五湖**라하니 **公卽日納節**③하다

① ≪宋史≫에 말했다. "陳執中은 字가 昭譽이다. 〈명재상인〉 부친 陳恕로 인해 秘書省正字가 되었고, 여러 차례 승진을 거쳐 平章事가 되었으며 사후에 侍中에 추증되었다. 禮官 韓維가 그의 시호를 논의하면서 '諡法에서는 총애와 봉록이 빛나고 큰 것을 「榮」이라 하고, 〈훌륭한〉 이름을 이루는 데 힘쓰지 않은 것을 「靈」이라고 합니다. 진집중은 밖으로 나가서는 장군이 되고 안으로 들어와서는 재상이 되었으며 一品의 관원으로서 벼슬에서 물러나 사저로 돌아갔으니, 총애와 봉록이 빛나고 컸습니다. 벼슬을 얻어 정사를 행하였는데 士大夫 가운데 〈그의 다스림을〉 기술하는 사람이 없으니, 이름을 이루는 데 힘쓰지 않았습니다. 시호를 「榮靈」으로 하기를 청합니다.'라고 하였는데, 시호를 '恭'으로 한다는 조서를 내렸다."

宋史曰 "陳執中, 字昭譽, 以父恕任爲秘書省正字, 累遷平章事, 卒贈侍中. 禮官韓維議謚 言 '謚法, 寵祿光大曰榮, 不勤成名曰靈. 執中出入將相, 以一品就第, 寵祿光大矣. 得位行政, 士大夫無述焉, 不勤成名矣. 請謚爲榮靈.' 詔謚恭."

② ≪春秋元命苞≫[59]에 말했다. "嘉置弧[60]가 북쪽으로 하나의 큰 별을 가리키는데

---

58) (涑)〔涑〕: 저본에는 '涑'으로 되어 있으나, ≪何氏語林≫과 ≪李卓吾批點世說新語補≫(安永本) 등에 의거하여 '涑'으로 바로잡았다.

59) ≪春秋元命苞≫: 漢나라 때의 緯書 가운데 하나로 저자는 알 수 없다. 저작 시기는 대략 동한 말기나 서한 초기이다. 天文, 地理, 역사, 신화 등에 관한 내용이 풍부하다. 지금은 전해지지 않고 여러 책에서 일부만 전한다.

〈이 별이〉 老人星이다. 천하가 다스려지면 보이고, 보이면 군주는 오래 살고 昌盛한다. 항상 秋分에 남쪽 교외에서 관측된다."

春秋元命苞曰 "嘉置弧北指一大星, 爲老人星. 治平則見, 見則主壽昌. 常秋分候之南郊."

③ 趙曄의 ≪吳越春秋≫에 말했다. "범려는 越나라를 도와 吳나라를 멸망시키고 나서 大夫 文種에게 서신을 보내 '내 들으니 하늘에는 4계절이 있어 봄에는 만물을 낳고 겨울에는 거두며, 사람에게는 盛衰가 있어 좋은 운수가 끝나면 반드시 나쁜 운수가 온다고 합니다. 進退와 存亡을 알고 正道를 잃지 않는 사람은 오직 賢人이겠지요. 범려는 비록 재주가 없었지만 進退를 분명하게 알았습니다. 높이 날던 새가 흩어져 버리면 좋은 활도 창고에 들어가고, 약삭빠른 토끼가 잡혀 버리면 좋은 사냥개도 솥에 삶기게 됩니다. 越王의 생김새는 긴 목과 까마귀 부리에 매의 눈빛과 이리의 걸음걸이이니, 함께 환난을 같이 할 수는 있어도 즐거움은 같이 할 수 없으며, 함께 위기를 겪을 수는 있어도 함께 편안할 수는 없습니다. 그대가 떠나지 않는다면 장차 그대에게 해를 끼칠 것임은 분명합니다.'라고 하였는데, 문종은 믿지 않았다. 범려는 마침내 왕에게 작별을 고하고 조각배를 타고서 三江과 五湖를 드나들었는데, 사람들은 그가 어디로 갔는지 알 수 없었다. 나중에 어떤 사람이 왕에게 文種을 참소하자, 왕이 문종에게 屬鏤劍(촉루검)을 내려 자결하게 하였다."

趙曄吳越春秋曰 "范蠡既佐越滅吳, 爲書遺大夫種曰 '吾聞天有四時, 春生冬伐, 人有盛衰, 泰終必否. 知進退存亡而不失其正, 惟賢人乎! 蠡雖不才, 明知進退. 高鳥已散, 良弓將藏, 狡兎已盡, 良犬就烹. 夫越王爲人, 長頸烏喙[61], 鷹視狼步, 可與共患難, 而不可共處樂, 可與履危, 不可與安. 子若不去, 將害於子明矣.' 文種不信. 蠡遂辭於王, 乘扁舟出入三江・五湖, 人莫知其所適. 後有讒文種於王者, 王賜種以屬鏤之劍."

---

60) 嘉置弧 : ≪古微書≫에는 '直弧'로 되어 있다. 문맥에 근거할 때 별자리 이름으로 보인다.

61) 烏喙 : 판본에 따라 烏喙으로 된 곳도 있다. 둘 모두 사람의 입이 튀어나온 것을 형용하는 말이다.

世說新語補 卷十二

21. 첩오 捷悟

捷悟는 '빠르게 깨닫다'라는 의미로, 이 편에는 총명하고 재기발랄한 사람들의 일화가 수록되어 있다. 총 14건의 일화가 실려 있는데, ≪세설신어≫에서 5건, ≪何氏語林≫에서 9건의 일화를 가져왔다. 인물로는 삼국시대 魏나라 曹操의 主簿였다가 결국 조조에게 죽임을 당한 楊修에 관한 일화가 4건으로 가장 많다. 그밖에 王敦・郗愔・顧琛・蕭琛・祖瑩・班蒙・馬希範에 관한 일화가 각각 1건씩 있으며, 여성으로서는 張說의 딸에 관한 일화가 있다.

21-1 楊德祖(楊修)가 魏武帝(曹操)의 主簿가 되었을 때 相國의 門[1]을 만들고 있었는데, 처음에 서까래를 얹었을 때 위무제가 친히 나와서 보고는 사람을 시켜 門에 活자를 쓰게 하고 갔다. 양덕조가 〈그것을〉 보고 즉시 그 문을 허물게 하고 다 허물자 말하였다.

"門 가운데 '活'자가 있는 것은 闊자이니, 王(조조)께서는 즉 문이 큰 것을 싫어하신 것이다."

楊德祖가 爲魏武主簿時에 作相國門한대 始構榱(최)桷에 魏武自出看하고 使人題門作活字하고 便去라 楊見卽令壞之하고 既竟에 曰 門中活은 闊字니 王正嫌門大也①라하다

① ≪文士傳≫[2]에 말하였다. "魏武帝가 승상이었을 때 楊修는 늘 일을 아뢸 때마다 반드

1) 相國의 門 : 相國은 官名으로, 春秋戰國 때부터 楚나라를 제외한 각국은 모두 相이라는 관직을 설치하고 相國, 相邦, 丞相으로 불렀으며, 百官의 수장으로 삼았다. 秦나라와 漢나라 때 그 지위가 丞相과 같아졌으며 이후 宰相의 존칭이 되었다. 여기서 상국은 曹操의 丞相府를 가리킨다.

시 반복되는 지시가 있음을 알고 미리 몇 장의 종이에 답변을 적어 차례대로 문건을 만들어놓고 행하였다. 〈이 일을〉 맡은 자에게 신칙하기를, '지난번에 상주한 일은 반드시 지시가 반복되어 나올 것이니, 너는 이것을 살펴 차례대로 연이어 대답하라.'라고 일렀다. 얼마 뒤에 바람이 불어 〈답변을 적은〉 종이의 차례가 뒤섞이자 맡은 자가 분별하지 못하여 마침내 착오가 생겼다. 공이 노하여 심문하니 양수가 부끄럽고 송구해하였다. 그러나 그가 아뢴 말이 매우 조리가 있어 결국 또 양수를 옳게 여겼다." 文士傳曰 "魏武爲丞相, 修常白事, 知必有反覆教, 豫爲答對數紙, 以次牒之而行. 敕守者曰'向白事[3], 必教出相反覆, 若[4]按此次第連答之.' 已而風吹, 紙次亂, 守者不別, 而遂錯誤. 公怒推問, 修慚懼. 然以所白甚有理, 終亦是修."

21-2 어떤 사람이 威武帝(조조)에게 酪乳[5] 1잔을 주자 위무제가 조금 맛보고는 뚜껑에 '合'자를 써서 사람들에게 보여 주었는데, 사람들은 무슨 뜻인지 알지 못하였다. 차례가 양수에게 이르자, 그가 바로 맛보고서 말하였다.

"公이 사람들에게 한 모금씩 맛보게 하신 것이다.[6] 또 무엇을 의심하는가."

人餉魏武一桮酪(락)한대 魏武噉少許하고 蓋頭上에 題合字以示衆이어늘 衆莫能解라 次至楊修하니 修便噉하고 曰 公教人噉一口也니 復何疑리오라하다

21-3 魏武帝(曹操)가 언젠가 曹娥의 비문 옆을 지날 적에 楊修가 따라 갔다. 비문 뒤에 "黃絹幼婦外孫虀臼"라는 8자가 써진 것을 보고[7] 위무제가 양수에게 물었다.

"무슨 말인지 알겠는가?"

---

2) 文士傳 : 晉나라의 張隱이 편찬한 史部 傳記類에 속하는 책으로, 원본은 5권이었으나 산실되었고 지금 魯迅이 집록한 輯本 등이 남아 있다.

3) 向白事 : 지난번에 상주했던 일을 말한다.(≪世說箋本≫)

4) 若 : 너〔汝〕이다.

5) 酪乳 : 소·양·말 등의 젖을 精制하여 만든 식품이다.

6) 공이……것이다 : 원문은 '公教人噉一口也'인데, '合'字를 破字하면 '人一口'이므로 사람들에게 한 모금씩 맛보게 한 것이다.

7) 비문……보고 : 이 비문은 東漢때의 孝女인 曹娥를 기리는 비문인데, 漢나라 末에 蔡邕이 비문 뒤에 '黃絹幼婦外孫虀臼' 8자를 써넣었다고 한다. ≪後漢書≫ 〈列女傳〉 孝女曹娥 條에는 '虀'가 '齏'로 되어 있다.

양수가 대답하였다.

"압니다."

위무제가 말하였다.

"경은 아직 말하지 말고, 내가 생각해 낼 때까지 기다리라"

30리를 가서 위무제가 마침내 말하였다.

"내가 이제 알겠다."

그리고는 양수에게 알고 있는 내용을 따로 쓰게 하였다. 양수가 쓰기를,

"黃絹은 색깔 있는 실〔色絲〕이니 '絶'자이고, 幼婦는 어린 여자〔少女〕이니 '妙'자이며, 外孫은 딸〔女〕의 아들〔子〕이니 '好'자이고, 齏臼는 매운 것을 받아들이니 글자로는 '辭'이니[8] 이른바 '絶妙好辭'이다."

라고 하였다. 위무제 역시 글로 썼는데 양수와 〈내용이〉 같았다. 위무제가 마침내 탄식하며 말하였다.

"나의 재주가 경에게 미치지 못하는 것이 30리 차이라는 것을 깨달았네."

魏武嘗過曹娥碑下에 楊修從이러 碑背上에 見題作黃絹幼婦外孫齏(제)臼八字라 魏武謂修曰 解不아하니 答曰 解라 魏武曰 卿未可言하고 待我思之하라 行三十里에 魏武乃曰 吾已得이라하고 令修別記所知하니 修曰 黃絹은 色絲也니 於字爲絶이요 幼婦는 少女也니 於字爲妙요 外孫은 女子也니 於字爲好요 齏臼는 受辛也니 於字爲辭니 所謂絶妙好辭也라 魏武亦記之한대 與修同하니 乃歎曰 我才不及卿이 乃覺三十里①라하다

① ≪會稽典錄≫[9]에 말하였다. "효녀 曹娥는 上虞 사람이다. 부친 曹盱는 장단을 맞춰 노래하고 춤을 추어 神을 즐겁게 할 수 있었다. 漢安 2년(143)에 俉君神[10]을

---

8) 齏臼는……'辭'이니 : 齏臼는 양념을 빻는 절구로, 마늘 등 매운 맛이 나는 재료를 그 안에 넣어 잘게 부수는 도구이다. '受'와 '辛' 두 자를 합하면 '辤'이고, 이는 '辭'의 이체자이다.

9) 會稽典錄 : 晉나라 때 虞預(약 285~340)가 會稽 출신 士人들의 전기를 편찬한 책이다. 우예는 東晉의 저명한 역사학자로, 본명은 虞茂이고 字는 叔寧이며 會稽 餘姚(지금의 浙江 餘姚市)사람이다. 저술로 ≪會稽典彔≫ 24권 외에 ≪晉書≫ 44권, ≪諸虞傳≫ 12권, 文集 10권이 있다.(≪晉書≫ 〈虞預傳〉)

10) 俉君神 : 伍子胥의 영혼을 말한다. ≪古文苑≫에 실린 曹娥碑 注에 "伍子胥가 濤神이 되었다."라고 하였다. 오자서는 춘추시대 초나라 사람으로, 이름은 員이고 字가 子胥

맞이하러 물살을 거슬러 올라가다가 물에 빠졌는데 그 시체를 찾을 수 없었다. 이때 조아는 14살이었는데 통곡하며 부친 조우를 그리워하다가, 마침내 강에 옷을 던지며 자기 부친의 屍身에게 빌기를, '아버지가 여기에 계시면 옷이 가라앉게 하소서.' 라고 하였다. 17일 만에 옷이 가라앉자 조아가 마침내 강에 투신하여 죽었다. 縣長 度尙[11]이 조아의 뜻을 가엾게 여겨 그녀를 다시 장사지내주고, 자신의 제자 邯鄲子禮(邯鄲淳)에게 명하여 조아의 비석을 세우게 하였다."

내(劉孝標)가 살피건대, 조아의 비석이 會稽 땅에 있었으나 위무제와 양수는 강을 건너간 적이 없었다.

≪異苑≫[12]에 말하였다. "陳留 사람 蔡邕이 난리를 피해 오나라를 지나다가 비문을 읽고 시인이 지은 내용에 거짓되고 허황한 내용이 없다고 생각하여 비석 옆에 8글자를 새겼다. 위무제가 보고 무슨 뜻인지 알 수 없어 관료들에게 물었으나 아무도 그 뜻을 아는 자가 없었다. 그때 강가에서 빨래하던 부녀자가 말하기를, '4번째 수레〈에 탄 이〉가 알 것입니다.'라고 하였는데, 잠시 후에 〈보니〉 禰正平(禰衡)[13]이었다. 예형은 즉시 글자를 분리하고 합하는 방식으로 그 뜻을 해석하였다. 혹은 이 부녀자가 바로 조아의 혼령이었다고도 한다."

會稽典錄曰 "孝女曹娥者, 上虞人. 父盱能撫節按歌, 婆娑樂神. 漢安二年, 迎(五)〔伍〕[14]君神, 泝濤而上, 爲水所淹, 不得其尸. 娥年十四, 號慕思盱, 乃投(瓜)〔衣〕[15]于江, 存[16]其父尸曰 '父在此, (瓜)〔衣〕當沈.' 旬有七日, (瓜)〔衣〕偶沈, 遂自投於江

인데, 주로 字로 불렸다. 吳王 闔閭을 도와 초나라를 토벌했으나, 나중에 오왕 夫差에게 살해되어 강물에 시체가 버려져 水神이 되었다고 한다.(≪世說音釋≫)

11) 度尙 : 117~166. 字는 博平이며 山陽郡 湖陸(지금의 山東 金鄕西)사람이다. 東漢의 名將이며 '八廚'의 한 사람이다. 上虞長을 지냈고 간악한 죄인을 잘 잡아 神明하다고 일컬어졌다.

12) 異苑 : 10권이며, 宋(南朝)의 劉敬叔이 편찬하였다. 총 383則에 晉文公・秦始皇에서부터 劉裕・劉毅 등에 이르기까지 천문지리・사회인문・자연민속에 관련된 신기하고 괴이한 일들에 대해 기록하였다.

13) 禰衡 : 173~198. 字는 正平이고 青州 平原郡 般縣(지금의 山東省 樂陵市)사람이다. 뛰어난 재능을 지녔으나 오만무례한 태도로 타인을 혹평하여 사람들에게 미움을 받았으며, 曹操・劉表・黃祖를 능멸하다 황조에게 처형되었다. 다만 孔融만은 그를 높이 평가하여 조조에게 그를 추천하였다.(≪後漢書≫〈禰衡傳〉)

14) (五)〔伍〕: 저본에는 '五'로 되어 있으나, ≪古文苑≫〈曹娥碑〉에 의거하여 '伍'로 바로잡았다.(≪世說音釋≫)

15) (瓜)〔衣〕: 저본에는 '瓜'로 되어 있으나, ≪李卓吾批點世說新語補≫(安永本)과 ≪後漢書≫〈曹娥傳〉 등에 의거하여 '衣'로 바로잡았다. 이 기사의 다른 '瓜'도 같다.

16) 在 : ≪後漢書≫〈列女傳〉注에는 '祝'으로 되어 있다.

而死. 縣長度尙悲憐其義, 爲之改葬, 命其弟子邯鄲子禮爲之作碑." 按曹娥碑在會稽中, 而魏武・楊修未嘗過江也. 異苑曰"陳留蔡邕避難過吳, 讀碑文, 以爲詩人之作, 無詭妄也. 因刻石旁作八字. 魏武見而不能了, 以問群寮, 莫有解者. 有婦人浣於汾渚, 曰'第四車解.' 旣而禰正平也. 衡卽以離合義解之. 或謂此婦人卽娥靈也."

【頭註】

○ 劉辰翁 : 〈黃絹幼婦外孫齏臼에 대한 풀이는〉 그것을 논한 주해를 읽어도 여전히 난해하니, 옛사람이 무엇을 보고 이것을 지었는지 모르겠다.
劉云"雖經論註, 猶覺難解, 不知古人何見作此."

21-4【補】[17] 楊德祖(양수)가 〈曹操의〉 주부가 되었을 때, 조조는 이미 漢中을 평정하였으나 劉備를 토벌하려니 진격할 수 없고 〈한중을〉 수비하자니 또 공로가 되기 어려운 형편에 처해 있었다. 護軍[18]이 진격해야 할지 말지 알지 못하자, 조조가 명령을 냈는데 '닭의 갈비뼈〔鷄肋〕로다'라고만 하였다. 外曹가 무슨 의미인지 알지 못하자, 양덕조가 말하였다.

"대개 닭의 갈비뼈는 먹으려 하면 먹을 게 없고 버리려 하면 몹시 아까운 법이다. 공은 回軍하는 것으로 결정할 것이다."

그리고서 외조에 알려 즉시 짐을 대충 꾸리게 하였다. 얼마 뒤 조조가 군대를 돌리니, 당시 사람들이 기미를 보고 결단하는 양수의 능력에 감탄하였다.

楊德祖爲主簿時操旣平漢中이나 欲討劉備而不得進이요 欲守又難爲功이라 護軍不知進止하니 操出教에 唯曰雞肋이라 外曹莫能曉하니 德祖曰 夫雞肋은 食之則無所得이요 棄之則殊可惜이니 公歸計決矣라하고 乃令白外稍嚴[19]이라 俄操廻師하니 時人이 服其幾決이라

---

17)【補】: 저본에는 '補'가 없으나, 이 일화는 ≪세설신어≫가 아닌 ≪何氏語林≫에 실려 있는 것에 의거하여 '補'를 보충하였다.

18) 護軍 : 官職名으로, 秦漢시대 때 필요할 때마다 護軍都尉나 護軍中尉를 설치하여 각 將領 간의 관계를 조절하는 역할을 맡겼다.

19) 嚴 : '행장을 꾸리다'라는 의미이다. ≪後漢書≫〈吳漢傳〉 李賢 注에 "嚴은 즉 裝이니, 명제의 이름(劉莊)을 피하기 위해 고쳤다.〔嚴卽裝也 避明帝諱 故改之〕"라는 내용이 있다.(≪世說音釋≫)

21-5 王敦이 군대를 이끌고 大桁[20]에 거의 도달하자 漢明帝가 친히 中堂[21]으로 나가 주둔하였다. 溫嶠가 丹陽尹이었는데, 명제가 〈그에게〉 大桁을 끊도록 하였지만 그는 일부러 끊지 않았다. 명제가 크게 노하여 눈을 부라리니 좌우의 신하들이 두려워 떨지 않는 이가 없었다. 〈명제가〉 여러 公들을 소집하여 오게 하자, 온교가 와서는 사죄는 하지 않고 다만 술과 산적만 찾았다. 王導가 얼마 뒤에 도착하여 맨발로 땅에 내려가 사죄하며 말하였다.

"天子의 위엄이 눈앞에 있어 마침내 온교로 하여금 사죄할 엄두를 내지 못하게 하였나 봅니다."

이에 온교가 땅에 내려가 사죄하니 황제의 마음이 그제야 풀렸다. 여러 公들이 모두 왕도의 機智와 名言에 탄복하였다.

王敦이 引軍하여 垂至大桁(항)하니 明帝自出中堂[22]이라 溫嶠爲丹陽尹한대 帝令斷大桁이나 故未斷이어늘 帝大怒瞋目하니 左右莫不悚懼라① 召諸公來한대 嶠至不謝하고 但求酒炙라 王導須臾至하여 徒跣下地하여 謝曰 天威在顏[23]하여 遂使溫嶠로 不容得謝니이다 嶠가 於是下謝하니 帝乃釋然이라 諸公이 共嘆王機悟名言이라

①〈유효표가〉 살피건대, ≪晉陽秋≫ 와 鄧粲의 ≪晉紀≫에는 모두 "왕돈이 〈수도에〉 도달하려 하자 온교가 朱雀橋를 불태워 그 군대를 저지하였다."라고 하였는데, 〈이 일화에서〉 "大桁을 끊지 않아 황제의 노여움을 샀다."라고 한 것은 크게 잘못된 것이다. 어떤 본에는 "황제가 친히 온교를 들어오도록 권하였다."라고도 하고, 어떤 본에는 "〈온교가〉 먹고 마셔서 황제가 노했다."라고 하였으니, 이것이 〈이치에〉 가깝다.

---

20) 大桁 : '桁'은 '航'과 같으니 浮橋이다. 六朝때 秦淮河를 건너 수도인 建康으로 들어갈 수 있는 부교가 여러 개 있었는데, 朱雀門으로 들어가는 부교가 大航이고, 東府城으로 들어가는 부교가 小航이었다.(≪世說音釋≫)

21) 中堂 : 南皇堂 또는 中皇堂이라고도 하며, 禁衛軍이 주둔하던 곳이다. 東晉, 南朝時에는 建康城 宣陽門 밖에 중당을 두어 建康에 방비할 일이 생기면 황실의 유력자를 이곳에 보내 주둔하게 하였다.

22) 自出中堂 : 여기서 '出'은 '出屯'을 의미한다. ≪晉書≫ 〈明帝紀〉에는 "帝次中堂"이라 하였고, ≪資治通鑑≫東晉 太寧 2년(324)조에는 "帝屯于中堂"이라 하였다.

23) 天威在顏 : ≪春秋左氏傳≫ 僖公 9년 조에 "천자의 위엄이 나의 얼굴에서 지척도 떨어져 있지 않다.〔天威不違顏咫尺〕"라는 구절에서 원용한 것이다. 천자를 가까이에서 만난 것을 표현한 말이다.

按晉陽秋・鄧紀皆云"敦將至, 嶠燒朱雀橋以阻其兵." 而云"未斷大桁, 致帝怒." 大爲譌(와)謬. 一本云"帝自勸嶠入.", 一本作"噉飲帝怒.", 此則近也.

【頭註】

○ 劉辰翁 : 다리를 끊어야 했는지 말아야 했는지는 보지 못하였으나, 그래도 술과 산적을 찾을 때는 아니었다.
劉云 "未見橋當斷不當斷, 亦非求酒炙時也."

21-6 郗司空(郗愔)이 北府[24]에 있을 때 桓宣武(桓溫)는 치사공이 兵權을 차지한 것을 싫어하였다. 치사공은 본래 일의 기미를 알아차리는데 어두워서 환선무에게 편지를 보내 말하였다.

"앞으로 함께 왕실을 장려하여 園陵을 수복하고자[25] 합니다."

世子 郗嘉賓(郗超)이 출행하였다가[26] 길에서 〈부친의〉 使者가 이르렀다는 소식을 듣고는 급히 편지를 가져다 다 읽고 난 뒤 북북 찢어버리고는 곧바로 돌아가 〈부친 대신〉 다시 편지를 써서 이렇게 말하였다.

"늙고 병든 저는 人事를 감당하지 못하겠으니 한가로운 땅에서 저 자신을 보양하게 해주시기 바랍니다."

환선무가 편지를 받고 크게 기뻐하고는, 즉시 조서를 내려 公을 5개 郡을 감독하는 會稽太守[27]로 임명하였다.

(郄)〔郗〕[28]司空이 在北府할새 桓宣武惡其居兵權이라① (郄)〔郗〕於事機素暗하여 遣牋

24) 北府 : 京口를 말한다. 東晉은 建康을 수도로 하고 京口를 北府, 歷陽을 西府, 姑熟을 南府로 삼았다.(≪世說音釋≫) 太和 2년(367)에 郗愔은 平北將軍에 임명되어 京口에 주둔하고 있었는데, 경구는 수도인 건강과 가까이 있어 군사적으로 중요한 지역이었으므로 桓溫은 그가 평북장군에 임명된 것을 싫어하였다.(≪晉書≫ 〈郗愔傳〉)

25) 園陵을 수복하고자 : 晉나라는 본래 洛陽에 수도를 두고 있었으나 이민족의 침입을 받아 남쪽으로 쫓겨 내려가 建康으로 수도를 옮겼다. 여기서 園陵은 북쪽에 남겨두고 온 선대 황실의 陵廟를 말하며, 이를 수복하자는 것은 北伐을 추진하여 잃어버린 국토를 회복하자는 의미이다.

26) 世子……출행하였다가 : 郗超는 郗愔의 長子인데, 이때 大司馬 桓溫의 參軍으로 있었다.

27) 5개……會稽太守 : 五郡은 會稽・臨海・東陽・永嘉・新安이다. 회계태수로 회계에 머물면서 江東의 5개 郡의 군사를 지휘하는 도독을 말한다. 會稽太守都督五郡軍事 또는 會稽內史鎭軍大將軍都督浙江東五郡諸軍事라고도 한다.(≪太平御覽≫ 권595, ≪資治通鑑≫ 〈晉紀〉)

詣桓호대 方欲共奬王室하여 修復園陵이라 世子[29]嘉賓이 出行이라가 於道上聞信至하고 急取牋視竟에 寸寸毁裂하고 便回還更作牋自陳호대 老病은 不堪人間하니 欲乞閑地自養하노이다하니 宣武得牋大喜하고 卽詔轉公督五郡會稽太守하다②

① ≪南徐州記≫[30]에 말하였다. "徐州 사람들은 대부분 굳세고 거칠어 '精兵'으로 불렸다. 그러므로 桓溫은 '京口의 술은 마실 만하고 키〔箕〕는 쓸 만하며 병사는 부릴 만하다.'라고 늘 말하곤 하였다."

南徐州記曰 "徐州人多勁悍, 號精兵. 故桓溫常曰'京口酒可飮, 箕可用, 兵可使.'"

② ≪晉陽秋≫[31]에 말하였다. "大司馬(桓溫)가 장차 慕容暐를 토벌하려 할 때 황제에게 표문을 올려, 平北將軍 郗愔과 袁眞 등에게 〈출정하기 위한〉 행장을 꾸리도록 거듭 돈유해줄 것을 청하였다. 〈그런데〉 치음이 병에 걸렸다는 이유로 물러나기를 구하니, 〈황제가〉 대사마에게 조서를 내려 치음이 맡았던 일을 맡게 하였다."

〈유효표가〉 살펴보니, ≪中興書≫[32]에는 치음이 출정하지 않으려 하자 환온은 그가 명을 따르지 않았다는 이유로 회계태수로 옮겨 제수하였다고 하였으니, ≪세설신어≫가 틀렸다.

晉陽秋曰 "大司馬將討慕容暐, 表求申勸平北愔及袁眞等嚴辦[33]. 愔以羸疾求退, 詔大司馬領愔所任." 按中興書, 愔辭此行, 溫責其不從, 轉授會稽. 世說爲謬.

---

28) (郄)〔郗〕: 저본에는 '郄(극)'으로 되어 있으나, ≪李卓吾批點世說新語補≫(安永本) 등에 의거하여 '郗(치)'로 바로잡았다. 이하도 같다.

29) 世子 : ≪初學記≫에 "漢나라 제도에 天子의 嫡室 자식은 '皇太子'라 하고, 諸侯王의 적실 자식은 '世子'라 한다."라 하였는데, 후대에 모두 이를 답습하였다.

30) ≪南徐州記≫ : ≪隋書≫ 〈經籍志〉에 따르면, 2권이며 南朝 宋山謙이 편찬하였다고 하였는데, 지금은 逸失되었다. 南徐州는 劉宋이 북방에 있던 서주를 남쪽 京口에 설치하면서 구별하기 위해 '南'자를 붙인 지명이다.(≪史通≫ 〈書志〉)

31) 陽秋 : ≪續晉陽秋≫라고도 하였다. 宋(南朝) 檀道鸞이 20권으로 편찬하였으며, 東晉의 역사를 기술하였다. 원본은 산실되었고, 黃奭이 ≪世說新語≫, ≪文選≫ 등의 注에서 80 여인의 사적을 수집하여 만든 輯本이 있다. 檀道鸞은 字가 萬安이며, 高平(지금의 山東省) 金鄕 사람으로, 관직이 永嘉太守에 이르렀다.

32) 中興書 : 宋(南朝)나라 사람 何法盛이 편찬하였고, 東晉의 事跡을 기록한 紀傳體 史書이다. ≪晉中興書≫라고도 하며 78권이다. 何法盛은 宋 孝武帝때 奉朝請·校書東宮을 지냈다. 李延壽의 ≪南史≫에서는 이 책의 편찬자가 하법성이 아니라 郗紹라고 하였다.

33) 嚴辦 : '행장을 꾸리다'라는 의미이다. 여기서 '嚴'은 '裝'과 같고, 명제의 이름(劉莊)을 피하기 위해 바꿔 쓴 것이다.

【頭註】

○ 劉辰翁 : 〈환온이〉 이러한 後人을 믿지 못하였으니,[34] 슬프다.
劉云 "此等後人不能亮也, 哀哉!"

○ 劉辰翁 : 〈환온이〉 郗嘉賓(郗超)을 어찌 장막에 들이지[35] 않을 수 있었겠는가. 그가 父子間에 처신한 것을 보니 충분히 취할 만한 점이 있다.
劉云 "嘉賓入幕, 豈得已哉! 視其處父子間, 有足取者."

21-7【補】宋文帝때 到彦之가 북벌을 할 적에는 무기와 군수물자가 매우 성대하였는데, 패배하고 돌아올 때는 내버리고 탕진하여 武庫가 텅 비게 되었다. 어느 날 주상이 신하들과 연회를 할 때 항복해 온 魏나라 사람이 반열에 있었다. 주상이 庫部郞 顧琛에게 물었다.

"무고에 무기가 어느 정도 있는가?"

고침이 거짓으로 대답하였다.

"10만 명 분의 무기가 있습니다."

주상이 묻고 나서 아차 싶었다가, 고침의 답변을 듣고는 매우 기뻐하였다.

宋文帝時에 到彦之北伐하야 甲兵資實甚盛①이러니 及敗還하야 委棄蕩盡하여 武庫一空이라 一日에 上與群臣宴할새 有荒外[36]降人在列이어늘 上問庫部郞顧琛호대 庫中仗猶有幾許오하니 琛詭對호대 有十萬人仗이니이다하니 上旣問而悔라가 得琛對甚喜②라

---

34) 이러한……못하였으니 : 郗超는 桓溫의 謀主로 있을 때, 환온에게 황제를 폐위시키고 위력을 떨칠 것을 권하였으나, 환온은 그의 건의를 받아들이지 않아 결국 제 3차 북벌 때 크게 패하여 돌아갔다. 여기서는 환온이 치초를 신뢰하지 않아 그의 건의를 받아들이지 않은 것을 두고 말한 것으로 보인다.

35) 郗嘉賓(郗超)을……들이지 : 謝安이 桓溫을 찾아왔을 때 환온이 자신의 참모인 郗超에게 장막 속에 들어와 엿듣도록 하였는데, 마침 바람이 불어와 장막이 날아가 치초의 모습이 드러나자 사안이 웃으면서 "치생은 入幕賓이라 해야겠군요.〔郗生可謂入幕之賓矣〕"라고 하였다는 일화가 있다. 이후로 機密에 참여하는 幕僚를 일컬어 '입막빈'이라 한다.(≪晉書≫ 〈郗超傳〉)

36) 荒外 : 八荒의 밖이라는 뜻으로, 본래 미개한 지역을 가리키는 말이다. 당시에는 남과 북으로 分治하던 때이므로 자신들이 다스리지 않는 지역을 가리키는 말로 쓰였다.(≪世說音釋≫)

① ≪南史≫에 말하였다. "到彦之는 字가 道豫이고 彭城 武原 사람으로, 楚나라 大夫 屈到의 후손이다. 豫州刺史가 되어 歷陽에 주둔하였는데, 元嘉 7년(430)에 魏나라를 침입하였다가 〈패하여〉 회군할 때 배를 불태우고 걸어서 彭城에 도착하였다."
南史曰 "到彦之, 字道豫, 彭城武原人, 楚大夫屈到後也. 爲豫州刺史, 鎭歷陽, 元嘉七年侵魏回軍焚舟, 步至彭城."

② 沈約의 ≪宋書≫에 말하였다. "顧琛은 字가 弘瑋이고, 吳郡 吳 사람이다. 晉나라 司空 顧和의 증손이고 조부 顧履之와 부친 顧惔은 모두 司徒의 左西曹掾을 지냈다. 고침은 근면하고 정확하였으며, 허황되고 화려한 것은 숭상하지 않았다. 州從事와 駙馬都尉로 벼슬을 시작하여 여러 번 자리를 옮겨 尙書庫部郎으로 있다가 죽었다."
沈約宋書曰 "顧琛, 字弘瑋, 吳郡吳人. 晉司空和之曾孫, 祖履之・父惔, 竝爲司徒左西曹掾. 琛謹確, 不尙浮華, 起家州從事・駙馬都尉, 累遷尙書庫部郎卒."

21-8 **【補】** 梁나라 때 沙門의 토지 소송이 있었는데, 武帝(蕭衍)[37]가 〈판결문에〉 '貞'이라고 크게 썼다. 담당관이 그 뜻을 파악할 수 없어 두루 물어도 아무도 알지 못하였는데, 劉顯이 말하였다.
"貞이라는 글자는 上人(승려)에게 주라는 뜻[38]이다."
무제가 그를 꺼려 〈지방관으로〉 내보냈다.

梁時에 **有沙門訟田**이러니 **武帝大署曰貞**이라 **有司未辯**하여 **徧問莫知**어늘 **劉顯曰 貞文字**는 **爲與上人**이라하니 **帝忌出之**①하다

① ≪梁書≫ 〈劉顯傳〉에 말하였다. "劉顯은 字가 嗣芳이고 沛國 相 사람이었으며 부친 劉瓛은 晉安內史를 지냈다. 유현은 어려서부터 총명하고 민첩하여 당시에 '神童'이라고 불렸다. 배우기를 좋아하여 두루 섭렵하고 여러 가지에 통달하였으며, 벼슬은 平西諮議參軍에 이르렀다."
梁書曰 "劉顯, 字嗣芳, 沛國相人, 父瓛(종), 晉安內史. 顯幼聰敏, 當世號曰神童. 好學博涉多通, 仕至平西諮議參軍."

---

37) 武帝(蕭衍) : 464~549. 字는 叔達이고, 小字는 練儿이다. 南梁의 개국황제로, 廟號는 高祖이다. 소연은 본래 南齊의 宗室로, 그의 부친 蕭順之는 齊 高帝(蕭道成)의 族弟였다.

38) 貞이라는……뜻 : 貞을 破字하면 上・與・人이 되므로 '與上人'으로 해석한 것이다. 上人은 승려를 말한다.

21-9【補】蕭彦瑜(蕭琛)이 한번은 임금이 주최한 연회에 참석여 술에 취해 연석에 엎드려 있었다. 그러자 梁 武帝(蕭衍)가 대추를 그에게 던지니 소언유가 밤을 집어 임금에게 던져 얼굴에 정통으로 맞추었다. 무제가 얼굴빛이 변하며 말하였다.

"네가 어찌 이렇게 할 수 있단 말인가. 무슨 할 말이 있는가."

소언유가 대답하였다.

"폐하께서 신에게 赤心[39]을 던지시니, 신이 戰慄[40]로 보답하지 않을 수 있겠습니까."

무제가 기뻐하였다.

蕭彦瑜가 嘗與(예)御宴한대 醉伏筵中이어늘 武帝가 以棘投之하니 彦瑜가 取栗擲上하여 正中面이라 帝動色言 汝那得如此오 豈有說也아하니 彦瑜答曰 陛下投臣以赤心하시니 臣敢不報以戰栗이니잇가하니 上悅①이라

① ≪南史≫ 〈蕭琛傳〉에 말하였다. "蕭琛(소침)은 字가 彦瑜이고, 南蘭陵 사람이다. 조부 蕭僧珍은 宋(南朝)나라의 廷尉卿[41]이었고 부친 蕭惠訓은 齊(남조)나라의 巴東相이었다. 소침은 어려서부터 총명하였고 언변이 좋았다. 梁武帝와 친분이 있었고, 벼슬은 特進金紫大夫에 이르렀다.

南史曰 "蕭琛, 字彦瑜, 南蘭陵人. 祖僧珍宋廷尉卿, 父惠訓齊巴東相. 琛少明悟, 有才辯. 與梁武有舊, 仕特進金紫大夫."

21-10【補】劉士章(劉繪)이 南康王[42]의 相이 되었을 때 郡人 중에 賴氏 성을 가진 사람이 穢里에 살고 있었는데 명함을 내밀며 유사장을 찾아왔다. 유사장이 그를 조롱하여 말하였다.

"그대는 얼마나 더럽기에 穢里에 사는가?"

---

39) 赤心 : 대추나무의 속이 赤色이므로 '대추'를 뜻하며, '한결같은 마음' 또는 '진실된 마음'을 의미하기도 하여 이중적인 뜻으로 쓰였다.

40) 戰栗 : '밤'을 뜻하기도 하고, 또 '삼가고 공경하는 마음'을 의미하기도 한다. ≪尙書正義≫ 〈舜典〉 注에 "'栗'은 '戰栗'과 같으니, 삼가고 공경하는 모양이다."라고 하였다.

41) 廷尉卿 : 東漢에서 南朝와 北魏 때까지는 廷尉의 존칭이었는데, 梁武帝 天監 7년(508)에 정식 관직명이 되었다. 3品이며 中二千石이다.

42) 南康王 : 齊 明帝의 제8子인 蕭寶融으로, 字는 智昭이다. 江陵에서 起兵하여 황제를 칭하였고(齊 和帝) 梁나라에 禪讓한 제나라 마지막 황제이기도 하다.

이 사람이 곧바로 대답하였다.

"잘은 모르겠으나, 孔丘가 어찌 빠지는 것이 있어 闕里에 사셨겠습니까."

劉士章이 爲南康相①에 郡人有姓賴居穢里한대 投刺謁士章하니 士章嘲之曰 君有何穢而居穢里오 此人應聲答曰 未審케라 孔丘何闕而居闕里②오하다

① ≪南史≫에 말하였다. "劉繪는 字가 士章이고, 彭城 安上里 사람으로 劉勔의 아들이다. 기지가 있고 총명하며 다재다능하였다. 처음에는 齊 高帝(蕭道成)의 行參軍이 되었다가 梁나라에서 벼슬하여 大司馬의 從事中郎이 되었다."
南史曰 "劉繪, 字士章, 彭城安上里人, 劉勔子也. 機悟多能. 初爲齊高帝行參軍, 仕梁, 爲大司馬從事中郎."

② ≪括地志≫[43]에 말하였다. "兗州 曲阜 서남쪽에 있는 세 마을 중에 闕里가 있으며, 그 마을에 공자의 집이 있었다."
≪水經注≫[44]에 말하였다. "孔子廟에서 동남쪽으로 500보 떨어진 곳에 한 쌍의 石闕[45]이 있었기 때문에 '궐리'라고 불렀다."
括地志曰 "兗(연)州曲阜西南三里, 有闕里, 中有孔子宅." 水經注曰 "孔廟東南五百步, 有雙石闕. 故名闕里."

---

43) ≪括地志≫ : 唐 太宗(李世民)의 넷째 아들로 魏王에 책봉된 李泰가 편찬한 地理書이다. 원래는 전 550권이며 〈序略〉 5권이 더 있었다. 당나라는 전국을 10道, 358州, 1551縣으로 나누었는데, ≪괄지지≫는 각 행정구역을 綱으로 삼고, 해당 지방별로 건치 연혁과 산악 형승, 河流溝渠, 풍속물산, 往古遺跡, 人物 故實 등을 수록했다. 양대 先代 지리서인 ≪漢書≫ 〈地理志〉와 顧野王(顧体倫)의 ≪輿地志≫를 계승하면서도 새로운 형태의 지리서 체례를 열었다고 평가된다. 南宋대에 이르러 그 원전은 망실되었고 淸代 이후의 輯本이 남아 있다. 이 책은 貞觀(627~649) 연간에 편찬되었다 해서 후대 사람들이 '貞觀地志'라고 일컫기도 한다.

44) ≪水經注≫ : 40권으로 이루어져 있으며 後魏 酈道元이 편찬하였다. 이 책은 ≪水經≫이란 책에 주석이 추가된 서적이다. 주석이 없는 원본 ≪수경≫은 前漢 때 桑欽이 지었다고 하나, ≪隋書≫ 〈經籍志〉에는 작자 미상이라고 하였고, ≪舊唐書≫와 ≪新唐書≫에는 晉나라의 학자 郭璞이 저자라고 하였다. ≪수경주≫의 주요 내용은 고대 중국의 水路를 기술하였으며. 추가적으로 지역의 특색을 기술하였다. 본문의 내용에 주석을 붙이는 형식으로 되어있다. 酈道元은 字가 善長이고 范陽 사람이며 관직은 御史中尉에 이르렀다. 事迹이 ≪魏書≫ 〈酷吏傳〉에 전한다.

45) 石闕 : 임금 또는 왕후의 무덤이나 역대 제왕의 위패를 모신 왕실의 사당 앞에 좌우 한 쌍으로 돌을 쌓아 만든 장식적인 문으로, 사면에 인물・동물 따위가 새겨져 畫像石과 비슷하며, 중국 漢나라 때부터 시작되었다.

21-11【補】祖元珍(祖瑩)이 彭城王(元勰)의 參軍으로 있을 적에, 尙書令 王肅[46]이 省 안에서 '悲平城' 시를 읊은 적이 있었다. 팽성왕이 그 시의 훌륭함에 깊이 감탄하여 〈왕숙에게〉 다시 읊게 하고자 하다가 말을 잘못하여 '悲彭城'이라고 하였다. 왕숙이 놀리며 말하였다.

"무슨 뜻으로 '비평성'을 '비팽성'이라 하십니까?"

조원진이 그 자리에 있다가 즉시 말하였다.

"'비팽성'이라는 시도 있는데 왕공께서 아직 보지 못하셨을 뿐입니다."

왕숙이 말하였다.

"읊어 보라."

〈조원진이〉 즉시 응대하였다.

"彭城[47]을 슬퍼하노라
楚나라 노래 사방에서 일어나니
시신이 石梁亭에 쌓여 있고
핏물이 睢水(수수)로 흘러드네."[48]

팽성왕이 물러나와 조원진에게 말하였다.

"경은 정말 귀신같은 언변을 지녔구려. 오늘 경이 없었더라면 吳子[49]에게 꿀릴 뻔 했소."

祖元珍①이 爲彭城王參軍②時에 尙書令王肅이 曾於省中에 詠悲平城詩③라 彭城이 甚嗟其美하여 欲使更詠호대 乃失語云 悲彭城詩라하니 肅因戲云 何意悲平城을 爲悲彭

46) 王肅 : 464~501. 字는 恭懿, 琅邪郡 臨沂(지금의 山東 臨沂) 사람이다. 처음에 齊 武帝(蕭賾)에게 벼슬하였는데, 太和 17년(493)에 父兄이 모두 제 무제에게 죽임을 당하여 北魏로 망명하여 북위의 名臣이 되었다.

47) 彭城 : 徐州의 옛 명칭으로 지금의 江蘇省을 가리킨다. 이곳은 기원전 205년에 楚나라와 漢나라가 일대 결전을 치른 역사적인 곳으로, 56만의 보병을 이끈 한나라의 劉邦이 3만의 기병 정예군을 이끈 초나라 項羽에게 궤멸당한 곳이다.

48) 핏물이……흘러드네 : ≪史記≫ 〈高祖本紀〉에 "項羽가 漢나라 군사를 격퇴하고 穀水·泗水 및 睢水에 들어가니 죽은 자가 20 여만 명이어서 물이 흐르지 않았다."라고 하였는데, 徐廣이 주를 달기를 "수수는 彭城 靈壁縣 동쪽에 있다."라고 하였다.(≪世說音釋≫)

49) 吳子 : 王肅은 齊에서 처음 벼슬하였는데, 제나라는 建康에 수도를 두었다. ≪史略≫ 注에 "建康은 吳地이기 때문에 〈왕숙을〉 '오자'라고 한 것이다."라 하였다.(≪世說音釋≫)

城也오 祖在坐라가 卽云 有所悲彭城이로대 王公自未見耳이니이다 肅云 可爲誦之하라 卽應聲曰 悲彭城하노라 楚歌四面起하니 屍積石梁亭하고 血流睢(수)水裏로다 彭城退謂祖曰 卿은 定是神口라 今日不得卿이면 幾爲吳子所屈이라하다

① ≪北史≫ 〈祖瑩傳〉에 말하였다. "祖瑩은 字가 元珍이고, 范陽 遒사람이다. 조부 祖嶷은 馮翊太守를 지냈고 부친 祖季眞은 中書侍郞을 지냈다. 조형은 8세 때 ≪시경≫과 ≪서경≫을 암송할 수 있었는데, 부모는 그가 책에 탐닉하여 병을 얻게 될까 두려워하였다. 조형은 몰래 불을 감추어두었다가 부모가 잠이 들면 불을 켜고 책을 읽었다. 인재로 이름나 太學博士에 제수되었고, 國子祭酒・黃門侍郞을 역임하였다. 文學으로 당대에 인정을 받았다."

北史曰 "祖瑩, 字元珍, 范陽遒(주)人也. 祖嶷(억), 馮翊太守, 父季眞, 中書侍郞. 瑩八歲能誦詩書, 父母恐其耽書成疾. 瑩密藏火, 父母寢, 燃火讀書. 以才名, 拜太學博士, 歷國子祭酒・黃門侍郞. 以文學見重一時."

② ≪北史≫에 말하였다. "彭城王 元勰[50]은 獻文皇帝(拓跋弘)의 아들이다. 영민하고 학문에 탐닉하였고 평소 문장 짓는 것을 좋아하였다."

北史曰 "彭城王勰(협), 獻文皇帝子. 敏而耽學, 雅好屬(촉)文."

③ 悲平城詩의 내용은 이렇다.

"平城[51]을 슬퍼하노라
말 달려 雲中에 들어가니
陰山은 늘 음침하고 눈발 내려
황량한 소나무 바람 잘 날 없구나."

詩云 "悲平城 驅馬入雲中 陰山常晦雪 荒松無罷風"

【頭註】

○ 王世懋 : 元勰이 '悲彭城'이라 잘못 말했던 것이, 또한 결국 讖言이 되었다.

王云 "勰誤道悲彭城, 亦竟成讖.

---

50) 元勰 : 473~508. 字는 彦和이고 北魏 獻文帝(拓跋弘)의 여섯째 아들이다. 원협은 北魏 孝文帝(拓跋宏)의 이복동생으로서 효문제의 신임을 받았으나, 효문제 사후에 반역에 가담했다는 모함을 받아 조카인 宣武帝(拓跋恪)에 의해 죽임을 당하였다. 옛 帝王・賢人들부터 魏나라 자손에 이르기까지를 기록한 30권의 ≪要略≫을 편찬했다고 하는데 현재 전해지지 않는다.

51) 平城 : 古地名으로 지금의 山西省 大同市에 해당한다. 漢 高祖(劉邦)가 직접 군대를 인솔하고 흉노를 치기 위해 출정했다가 7일 동안 흉노의 30만 대군에게 포위를 당했던 곳이다.(≪史記≫ 〈韓信列傳〉)

21-12【補】張說의 딸이 盧氏에게 시집갔다. 그 딸이 한번은 자신의 시아버지를 위해 벼슬을 부탁하니, 장열이 아무 말도 하지 않고 다만 상을 받치고 있는 거북이를 가리켜 보였다. 딸이 돌아와 남편에게 말하였다.

"아버님은 詹事가 되실 겁니다."[52]

張說(열)女가 嫁盧氏라 女嘗爲其舅求官하니 說不語하고 但指搘(지)牀龜①하여 示之하니 歸告其夫曰 舅得詹事矣②리라하다

① ≪史記≫ 〈龜筴傳〉에 말하였다. "남방에 사는 노인이 거북이로 상의 다리를 지탱하였는데, 20여 년이 지나 노인이 죽은 뒤 상을 옮기는데 거북이 죽지 않고 여전히 살아 있었으니, 그 거북은 行氣導引術[53]을 부릴 수 있었던 것이다."

史記龜筴(책)傳曰"南方老人用龜支牀足, 行[54]二十餘歲, 老人死, 移牀, 龜尙生不死, 龜能行氣導引也."

② ≪史記≫ 〈龜筴傳〉에 말하였다. "거북을 태워 조짐을 관찰하면 변화가 무궁하다. 이 때문에 현인을 택하여 그것으로 점을 쳤다."

≪易經≫ 〈繫辭傳〉에 말하기를 "占事로 미래를 안다"라 하였는데, 거북으로 〈앞일을〉 보여주는 것이 占事이다.

龜筴傳曰"灼龜觀兆, 變化無窮. 是以擇賢而用占焉." 易曰"占事知來" 以龜示知爲占事也.

21-13【補】令狐相(令孤綯)이 〈지방관으로〉 나가 淮海에 주둔하고 있을 적에 한번은 大明寺에 놀러 갔는데, 西壁에 '一人堂堂 二曜同光 泉深尺一 點去氷傍 二人相連 不欠一邊 三梁四柱烈火然 除却雙鉤兩日全'이란 글씨가 써 있었다. 여러 빈객과 막료들 중 아무도 그 의미를 해독할 수 없었는데, 支師[55] 班蒙이 말하였다.

"一과 人을 합하면 '大'자가 아니겠습니까. '두 개의 빛나는 것〔二曜〕'는 日과 月이니, '明'자가 아니겠습니까. '한 자 한 치〔尺一〕'는 十一寸이니 '寺'자가 아니겠습

52) 詹事가……겁니다 : '詹'은 '占'과 음이 같기 때문에 이렇게 말한 것이다.(≪世說音釋≫)

53) 行氣導引術 : 고대 醫家나 道家에서 쓰던 養生術로, 호흡과 신체 운동 등을 통해 양생을 추구하는 방법이다.

54) 行 : ≪國語≫ 注에 "行은 歷이다."라고 하였다.(≪世說音釋≫)

55) 支師 : ≪唐詩貫珠≫에 "支師는 절도사의 幕府에서 錢穀의 출입을 관장하는 관직이다."라고 하였다.(≪世說音釋≫)

니까. 氷 자 옆의 점을 제거한 것〔點去氷傍〕은 '水'자이고, 二와 人이 서로 이어지면 '天'자이며, '不'자에서 한 변이 없으면 '下'자이고, 3개의 대들보와 4개의 기둥이 있는데 불에 타면 '無'자이며, 2개의 '日'자에서 갈고리 2개를 없애면 '比'자이니,[56] '대명사의 물은 천하에 비할 바가 없다.〔大明寺水天下無比〕'는 것이 아니겠습니까."

사람들이 모두 속이 시원해졌다.

令狐相이 出鎭淮海日①에 嘗遊大明寺러니 西壁에 題云 一人堂堂 二曜同光 泉深尺一 點去氷傍 二人相連 不欠一邊 三梁四柱烈火然 除却雙鉤兩日全이라 諸賓幕이 莫能辯이어늘 有支師班蒙曰 一人은 非大字乎아 二曜者는 日月이니 非明字乎아 尺一者는 十一寸이니 非寺字乎아 點去氷傍은 水字요 二人相連은 天字요 不欠一邊은 下字요 三梁四柱而烈火는 無字요 兩日除雙勾는 比字니 得非大明寺水天下無比乎아하니 衆皆洗然②이라

① 劉昫의[57] ≪唐書≫에 말하였다. "令狐綯는 字가 子直이다. 부친은 楚나라 관원으로 관직이 僕射에 이르렀다. 영고도는 太和 4년(830)에 進士에 급제하였고 開成(836~840) 초에 左拾遺가 되었으며, 여러 관직을 거친 뒤 吏部尙書·右僕射에 이르렀다. 咸通 3년(862)에 淮南節度使가 되었다."
≪唐書≫曰 "令狐綯(도), 字子直. 父楚官, 至僕射(야). 綯太和四年, 登進士第, 開成初爲左拾遺, 累官至吏部尙書·右僕射. 咸通三年節度淮南."

② 張又新의 ≪煎茶水記≫[58]에 陸羽[59]가 〈차 끓이기에 알맞은〉 물 20곳의 차례를 매

---

56) 2개의……'比'자이니 : 2개의 '日'자에서 갈고리에 해당하는 'ㄱㄱ' 부분을 없애면 '比'자가 된다는 설명이다.

57) 劉昫의 : 저본에는 없으나, ≪何氏語林≫에 의거하여 보충하였다.

58) ≪煎茶水記≫ : 1권이며 唐 張又新이 편찬하였다. 이 책은 차를 달이기에 알맞은 물에 대해 기록한 것이다. 이 책 앞부분에 刑部侍郎 劉伯芻가 품평한 일곱 등급의 물이 실려 있고, 다음에 陸羽가 품평한 스무 등급의 물이 열거되어 있다. 장우신은 字가 孔昭이고, 深州 陸澤 사람이다. 司門員外郎 張鷟의 증손이고, 工部侍郎 張薦의 아들이다.(≪新唐書≫ 〈張又新傳〉)

59) 陸羽 : 733~804. 字는 鴻漸이다. 부모는 알 수 없고, 一說에 승려가 거두어 길렀다고 한다. 장성한 뒤 ≪易經≫ 〈漸卦〉의 "기러기가 점점 하늘 높이 날아가니, 그 깃이 儀法이 될 만하다.〔鴻漸于陸 其羽可用爲儀〕"에 의거하여 스스로 '陸'을 姓氏로 삼고 이름을 '羽', 字를 '鴻漸'으로 삼았다. 自號로 竟陵子·桑苧翁·東岡子·茶山御史가 있다. 최초로 茶에 대한 전문 서적인 ≪茶經≫을 편찬하여 차문화를 형성하는데 크게 공헌하였으므로 茶聖·茶仙·茶神으로 불린다.

긴 것을 실었는데, 揚州 大明寺는 12번째였다.
張又新水記載陸羽次第二十水, 揚州大明寺第十二.

21-14【補】湖南의 馬希範이 唐나라 同光(923~926) 연간에 〈조정에〉 朝貢을 바치러 들어갔는데 莊宗(李存勖)이 洞庭湖가 얼마나 넓은지를 묻자 대답하였다.
"동정호는 매우 협소하여 〈황제의〉 車駕가 남쪽을 巡狩하시면 겨우 말에게 물을 먹일 수 있을 만한 정도입니다."
장종이 〈마희범의〉 등을 어루만지며 가상하게 여겼다.

湖南馬希範①이 唐同光中入貢한대 莊宗②이 問洞庭廣狹③하니 對曰 洞庭至狹하여 若車駕南巡이면 止可飮(임)馬니이다 莊宗이 拊背嘉之④라

① ≪五代史≫ 〈楚世家〉에 말하였다. "馬希範은 字가 寶規이고, 馬殷의 넷째 아들이다. 마은이 죽은 뒤 마희범이 楚王의 작위를 이어 받았다. 학문을 좋아하고 시를 잘 지었다. 文士 廖光圖·徐仲雅·李皐·拓拔常 등 18인이 모두 예전 마은 때의 학사였다."
五代史楚世家曰"馬希範, 字寶規, 馬殷第四子. 殷卒, 希範襲爵楚王. 好學善詩. 文士廖光圖·徐仲雅·李皐·拓拔常等十八人, 皆故殷時學士也."

② ≪五代史≫에 말하였다. "莊宗은 諱가 存勖이다. 본래 沙陀 종족[60]이었는데, 조부 國昌이 唐 咸通(860~873) 연간에 功을 세워 李氏 성을 하사 받았고 부친 李克用이 晉王에 봉해졌다. 이존욱은 특출한 풍모를 지녔고 말타기와 활쏘기에 뛰어났으며, 後梁을 대신하여 천하를 소유하였다.
五代史曰"莊宗, 諱存勖. 本沙佗之種, 祖國昌, 唐咸通中, 以功賜姓李氏, 父克用封晉王. 存勖有奇表[61]善騎射, 代梁有天下."

③ ≪山海經≫[62]〈中山經〉에 말하였다. "洞庭湖는 沅水와 澧水가 교차하는 곳이고, 瀟

---

60) 沙陀 종족 : 8세기에서 10 세기경까지 華北에서 山西 주변 지역까지 번영한 突厥의 한 부족이다. 돌궐이 붕괴된 후 吐蕃에 속했다가 唐나라에 투항하였다. 五代十國이 화북지방을 지배하였을 때 오대 왕조 중 後唐(李克用·李存勗·李嗣源), 後晉(石敬瑭·石重貴), 後漢(劉知遠), 北漢(劉崇)은 이 사타 종족 출신이었다.

61) 奇表 : 여기서 '表'는 '貌'와 같다.(≪世說音釋≫)

62) ≪山海經≫ : 중국 각지의 산과 바다에 나오는 풍물을 기록한 대표적인 신화집 및 지리서이다. 禹의 협력자 伯益의 저서라고도 전하나 이것은 가설이고, 春秋시대부터 漢代 초기에 걸쳐서 학자들이 한 가지씩 첨가한 것으로 추정된다. 山經 3권, 海經 15권 총 18권으로 이루어져 있다. 晉나라 郭璞이 기존의 자료를 모아 편찬하여 注를 달았다.

江과 湘江이 모이는 곳이며 九江[63]의 입구이다."

≪楚志≫에 말하였다. "洞庭湖는 그 넓이가 수 백리이다."

山海經曰 "洞庭乃沅澧之交, 瀟湘之淵, 九江之口." 楚志曰 "洞庭湖濶數百里"

④ ≪三楚新錄≫[64]에 말하였다. "莊宗(李存勖)이 反正을 일으킨 뒤[65] 조서를 내려 제후들을 소집하여 〈조정에〉 들어와 알현하게 하였는데, 武穆(馬殷)[66]이 연로하여 갈 수 없자 장자인 마희범에게 入朝하도록 명하였다. 마희범은 말을 잘하였고 응대에 뛰어났다. 〈조정에〉 도착한 뒤 장종이 그에게 말하기를, '짐이 듣기에 경의 경내에 있는 洞庭湖는 그 물결이 끝이 없다고 하는데, 과연 그러한가?'라고 하니 〈마희범이〉 '있긴 합니다만, 폐하께서 어느 날 남쪽을 巡狩하시면 이 호수는 말에게 물을 먹이기에도 부족합니다.' 라고 대답하였다. 장종이 크게 기뻐하였다."

三楚新錄曰 "莊宗反正, 下詔徵諸侯入覲, 武穆以年老不行, 命長子希範入朝. 希範多辯善應對. 及至, 莊宗謂曰'朕聞卿部內有洞庭湖, 其波無際, 有之乎?' 對曰'有之. 陛下一旦南巡狩, 則此湖不足以飲(임)馬耳.' 莊宗大悅."

---

63) 九江 : 蔡沉이 말하기를, "九江은 바로 오늘날의 洞庭湖이다. 지금의 沅水·漸水·元水·辰水·敘水·酉水·澧水·資水·湘水가 모두 동정호에 합하므로 동정호를 구강이라 부른다."라고 하였다.(≪世說音釋≫)

64) ≪三楚新錄≫ : 3권이며 宋나라 周羽翀이 편찬하였다. 주우충은 어디 출신인지 알 수 없으며, 스스로를 儒林郎·試秘書省校書郎·前桂州修仁令 등으로 칭하였는데 대개 송나라 초기의 인물로 보인다. '三楚'는 長沙의 馬殷, 武陵의 周行逢, 江陵의 高季興인데, 이들은 楚地에서 王을 칭한 자들이다. 각각 한 권에 한 나라씩 기술하였다. 이 책의 내용은 故老들에게 들은 내용을 채록하여 正史와 다른 내용이 많은 반면 정사에서 볼 수 없는 풍부한 내용을 담고 있다.

65) 莊宗(李存勖)이……뒤 : 李存勖은 後唐의 개국 황제이다. 그는 同光 元年(923) 12월에 後梁을 멸망시키고 洛陽을 도읍으로 하여 國號를 唐이라 하였는데, 이를 역사가들은 '後唐'이라 부른다.

66) 武穆(馬殷) : 武穆은 馬殷의 시호이다. 楚(五代十國)나라를 세운 초대 군주로 896~930년까지 재위하였다. 唐나라 멸망 후 後梁이 서자 入朝하여 侍中兼中書令楚王에 봉해져 湖南 지역과 廣州까지 통치하였다. 後梁을 이어 後唐이 서자 아들 馬希을 사신으로 보내 조공을 바치고, 天成 2년(927)에 다시 楚王에 봉해졌다.

世說新語補 卷十二

22. 숙혜 夙惠

'숙혜'는 어린 나이에 총명한 것을 말한다. 본편에는 어린 아이의 총명한 재능과 천진난만한 감성에 대한 일화가 주를 이루며, 인물로는 陳紀·陳諶 형제, 徐穉, 黃琬, 孔融의 두 아들, 孫策, 何晏 등이 거론되었다. 모두 33건의 일화가 실려 있는데, ≪세설신어≫에서 19건, ≪何氏語林≫에서 14건을 가져왔다. ≪세설신어≫ 〈숙혜〉편에는 7건의 일화만 실려 있는데, 본편에는 그 7건의 일화 외에도 〈言語〉편에서 8건, 〈方正〉편에서 2건, 〈雅量〉편에서 1건 등을 더 옮겨다 실은 것이 주목된다. 반면 ≪하씨어림≫에서 가져 온 13건의 일화는 모두 〈숙혜〉편에서 가져왔다.

22-1 빈객이 陳太丘(陳寔)를 찾아와 묵을 때, 진태구가 〈아들인〉 元方(陳紀)과 季方(陳諶)에게 밥을 짓게 하였다. 빈객이 진태구와 담론을 할 때 두 사람이 불을 때다가 둘 다 그냥 내버려 두고 〈대화를〉 엿듣느라 밥할 때 대나무 받침 까는 것을 잊어 밥이 솥 안으로 떨어졌다. 태구가 물었다.

"밥을 지으면서 어찌 제대로 익히지도 못했느냐?"

원방과 계방이 단정히 무릎 꿇고 말하였다.

"대인과 빈객이 나누는 대화를 같이 엿듣다가 밥을 지으면서 대나무 받침 까는 것을 잊어 밥이 지금 죽이 되었습니다."

태구가 말하였다.

"너희들이 〈들은 것 중〉 약간 기억나는 것이 있느냐?"

〈둘이〉 대답하였다.

"대략 기억합니다."

그리고서 두 아들이 같이 말하며 서로 주거니 받거니 하는데, 빠지거나 잘못된 말이 없었다. 태구가 말하였다.

"이와 같다면 죽이라도 괜찮다. 어찌 굳이 밥일 필요가 있겠느냐."

賓客이 詣陳太丘宿할새 太丘가 使元方季方炊러니 客與太丘論議에 二人進火라가 俱委而竊聽하여 炊忘箸箄(폐)[1]하니 飯落釜中이라 太丘問 炊何不餾아하니 元方季方長跪曰 大人與客語시늘 乃俱竊聽이라가 炊忘箸箄하여 飯今成糜니이다 太丘曰 爾頗有所識(지)不아하니 對曰 彷佛志之니이다 二子俱說에 更相易奪한대 言無遺失이라 太丘曰 如此면 但糜自可니 何必飯也리오

22-2 陳太丘(陳寔)가 친구와 〈어디를〉 가기로 약속하며 정오에 만나기로 하였다. 그러나 정오가 넘었는데도 친구가 오지 않자 태구는 떠났고, 그가 떠나고 나서 〈친구가〉 도착하였다. 당시 7세인 元方이 대문 밖에서 놀고 있었는데, 손님이 원방에게 물었다.

"부친이 계시느냐?"

〈원방이〉 대답하였다.

"어르신을 오래 기다리다가 오시지 않아 떠나셨습니다."

그 친구가 대번에 화를 내며 말하였다.

"사람도 아니다. 남과 어디를 가기로 약속을 해놓고 내팽개치고 가버렸구나."

원방이 말하였다.

"어르신이 제 아버님과 정오에 만나기로 약속하고 정오에 오지 않았으니 이는 신의가 없는 것이고, 자식을 대하여 그 부친을 욕하였으니 이는 예의가 없는 것입니다."

그 친구가 무색하여 수레에서 내려 〈원방을〉 끌어당기려 하자 원방이 대문 안으로 들어가 돌아보지도 않았다.

---

1) 箸箄(폐) : 箄는 시루 아래에 까는 대나무 그릇으로 시루 밑바닥을 가려 밥을 찌는 것이다.

陳太丘가 與友期行하되 期日中이나 過中不至하니 太丘舍去하고 去後乃至라 元方時年七歲에 門外戲러니 客問元方호대 尊君在不아하니 答曰 待君久라가 不至已去니이다 友人便怒曰 非人哉로다 與人期行어늘 相委而去라하니 元方曰 君이 與家君期日中하고 日中不至하니 則是無信이요 對子罵父하니 則是無禮라하니 友人慙하여 下車引之로대 元方이 入門不顧하다

【頭註】

○ 王世懋 : 어린 아이의 말이 참으로 方正하다.
王云 "小兒語故自方正."

22-3 徐孺子(徐穉)가 9세 때 한번은 달밤에 놀고 있었는데, 어떤 사람이 그에게 말하였다.

"만약에 달 속에 아무 것도 없게 한다면 매우 밝겠지?"

서유자가 말하였다.

"그렇지 않습니다. 비유하면 사람의 눈 속에 눈동자가 있는 것과 같으니, 이것이 없으면 절대 밝게 볼 수 없습니다."

徐孺子年九歲에 嘗月下戲러니 人語之曰 若令月中無物이면 當極明邪(야)①아하니 徐曰 不然이니이다 譬如人眼中有瞳子하니 無此면 必不明이리이다

① ≪五經通議≫[2]에 말하였다. "달 속에 토끼와 두꺼비가 있는 것은 어째서인가? 달은 陰이고 두꺼비도 陰이나 토끼까지도 함께 밝아지는〔明〕 것은 陰이 陽에 매여 있기 때문이다."[3]
五經通議曰 "月中有兎蟾蜍者何?[4] 月陰也, 蟾蜍亦陰也[5], 而與兎竝明, 陰繫於陽也."

---

2) ≪五經通議≫ : 劉向의 저술 중 하나인데, 지금은 逸失되었고 淸나라 때 馬國翰의 輯本이 전한다.

3) 달은……때문이다 : 달 속에 두꺼비와 토끼가 있다는 전설이 문헌상에 나타난 것은 西漢 末부터였다. 西漢의 문인 劉向(B.C. 77~B.C. 6)이 달에 두꺼비와 토끼가 같이 있는 것은 陰(토끼)과 陽(두꺼비)이 서로 제어하고 의지함을 밝힌 것이라고 '陰陽論'의 관점에서 해석하였다.

4) 月中有兎蟾蜍者何 : ≪讕言長語≫(明나라 曹安 撰)에 인용된 ≪五經通議≫에는 '何'자가

【頭註】

○ 劉辰翁 : 이 말은 극히 〈이해하기〉 쉽지 않으니, 정말 세속을 초월한 경지이다.
劉云"此語極不易, 正是玄勝."

22-4【補】[6] 黃子琰(黃琬)은 어려서 언변이 뛰어나고 총명하였다. 建和(147~149) 연간에 한번은 日食이 있었는데 수도에서 그것을 보지 못하였다.[7] 황자염의 조부 太尉(黃瓊)가 狀啓를 올려 보고하니, 太后가 詔書를 내려 일식의 정도가 어떠한 지 물었다. 태위가 대답할 말을 생각하였으나 어떻게 비유해야 할지 모르자, 당시 7세였던 자염이 곁에 있다가 말하였다.

"어찌하여 日食의 나머지가 달이 처음 생길 때의 모습과 같다고 말씀하지 않으십니까."

黃子琰은 少卽辯惠라 建和中嘗日食에 京師不見이라 子琰祖太尉가 以狀(장)聞한대 太后詔問所食多少어늘 太尉思其對나 而未知所況[8]이라 子琰年七歲時在側이라가 曰 何不言日食之餘 如月之初①잇가

① ≪東觀漢記≫에 말하였다. "黃琬은 字가 子琰이고, 江夏 安陸 사람이다. 황완은 어려서 부친을 여의었고, 증조부 黃香과 조부 黃瓊은 모두 높은 명성을 지녔다."

없다.

5) 月陰也 蟾蜍亦陰也 : ≪古微書≫(孫瑴 1585~1643 撰) 권27에는 "兎陰也 蟾蜍陽也"로 되어 있고, ≪漢魏遺書鈔經翼四集≫에는 "月陰也 蟾蜍亦陽也"로 되어 있다. 역자 생각에는 ≪古微書≫의 기록이 타당하게 생각되나 확신하기 어려워 원문대로 번역하였다. ≪古微書≫의 내용을 따른다면, "달 속에 토끼와 두꺼비가 있는 것은 어째서인가? 토끼는 陰이고 두꺼비는 陽이나 토끼까지도 아울러 밝은 것은 陰이 陽에 매여 있어서이다.〔月中有兎與蟾蜍何 兎陰也 蟾蜍陽也 而與兎竝明 陰係於陽也〕"가 된다.

6)【補】: 저본에는 '補'가 없으나, 이 일화는 ≪世說新語≫가 아닌 ≪何氏語林≫에 실려 있는 것에 의거하여 '補'를 보충하였다.

7) 수도에서……못하였다 : ≪後漢書≫ 〈五行志〉에 "桓帝 建和 元年 正月 辛亥日에 日蝕이 있었는데, 營室星 3度에서 일어나 史官이 그 현상을 보지 못하여 郡國이 狀聞하였다. 이때 梁太后가 攝政중이었다.〔桓帝建和元年正月辛亥朔 日有蝕之 在營室三度 史官不見 郡國以聞 是時梁太后攝政〕"라는 기록이 있다.

8) 況 : '比'의 뜻이다.(≪世說音釋≫)

≪後漢書≫ 〈黃瓊傳〉에 말하였다. "〈조부〉 황경이 司徒가 되자 황완은 公의 손자이므로 童子郎[9]에 임명되었다. 당시 司空 盛允[10]이 병들어 태위(황경)가 자염을 보내 병문안을 하게 하였다. 마침 江夏에서 올린 蠻賊의 일에 대한 副本이 있었는데, 성윤이 문건을 열어 다 읽고 나서 자염을 은근히 놀리며 말하기를, '강하는 큰 지역인데 오랑캐가 많고 선비는 적구만.'이라고 하자, 자염이 손을 받들어 읍하며 대답하기를 '蠻夷가 中夏를 어지럽히는 것은 그 책임이 司空에게 있습니다.'라고 하고는 옷자락을 떨치며 하직하고 떠났다. 관직이 司徒·太尉에 이르렀다. 王允과 함께 董卓[11]을 죽이기로 모의하였으나 성공하지 못하고 下獄되어 죽었다."

東觀漢記曰"黃琬, 字子琰, 江夏安陸人. 琬少失父, 曾祖香·祖瓊, 竝有高名." 後漢書曰"瓊爲司徒, 琬以公孫拜童子郎. 時司空盛允有疾, 太尉遣子琰候問. 會江夏上蠻賊事副府[12], 允發書, 視畢微戱子琰曰'江夏大邦, 而蠻多士少.' 子琰奉手, 對曰'蠻夷猾夏, 責在司空.' 因拂衣辭去. 官至司徒·太尉. 與王允謀誅董卓, 不遂, 下獄死."

【頭註】

○ 王世懋 : 注가 틀린 것 같다. 子琰(黃琬)은 하옥되지 않았다.
王云"注恐誤. 子琰不下獄."

22-5 孔文擧(孔融)가 열 살 때 부친을 따라 洛陽에 갔다. 당시 李元禮(李膺)는 성대한 명성이 있었고 司隷校尉였기 때문에 그 집에 찾아온 사람은 모두 뛰어난 인재나 깨끗한 명성을 지닌 사람들이거나 내외 친척이라야 문을 통과할 수 있었다. 공문거가 문에 이르러 아전에게 말하였다.

"나는 李府君의 친척이다."

문을 통과하고서 〈이원례〉 앞에 앉았다. 이원례가 물었다.

---

9) 童子郎 : 公卿의 자식을 불러 들여 諸生으로 삼고 그 중 志操가 있는 자를 기록하여 동자랑으로 삼았다.(≪世說音釋≫)

10) 盛允 : 字는 伯世이고 梁國 虞縣 사람이다. 東漢 桓帝 때 黃瓊이 太尉, 祝恬이 司徒, 盛允이 司空에 임명되었다.(≪後漢書≫ 〈孝桓帝紀〉)

11) 董卓 : ?~192. 後漢 말의 武將으로 字는 仲穎이며 凉州 臨洮縣 사람이다. 변방에서 무공을 쌓아 靈帝 사후 十常侍의 난 등 정치적 혼란을 틈타 정권을 잡았다. 少帝를 폐하고 온갖 폭정을 휘둘러 관리들의 대규모 무장 항명사태인 反동탁연합군이 결성되었고 수차 암살 시도가 있었으며 결국 王允·呂布에게 죽임을 당하였다.

12) 副府 : 上書의 副本을 司空府에 보낸 것을 말한다.(≪世說音釋≫)

"그대는 나와 어떤 친분이 있는가?"

공문거가 대답하였다.

"옛날에 나의 선조인 仲尼(공자)께서 당신의 선조인 伯陽[13]에게 가르침을 받은 친분[14]이 있으니, 저는 어르신과 수 세대에 걸친 친분이 있는 셈입니다."

이원례와 빈객들이 모두 그를 기이하게 여겼다. 太中太夫 陳韙가 뒤늦게 도착하였는데 다른 사람이 그에게 〈공문거가〉 한 말을 이야기해주자, 진위가 말하였다.

"어렸을 때 똑똑하다고 커서 다 훌륭해지는 것은 아니지."

공문거가 말하였다.

"당신은 어렸을 때 분명 똑똑하셨나 봅니다."

진위가 몹시 어쩔줄 몰라 하였다.

孔文擧年十歲에 隨父到洛이라 時李元禮有盛名하고 爲司隸校尉러니 詣門者皆儁才淸稱及中表[15]親戚이라야 乃通이라 文擧가 至門謂吏曰 我是李府君親이라하고 旣通前坐라 元禮問曰 君與僕有何親고하니 對曰 昔先君仲尼與君先人伯陽으로 有師資之親하니 是僕與君으로 奕世爲通好也니이다 元禮及賓客이 莫不奇之라 太中太夫陳韙後至한대 人以其語語之하니 韙曰 小時了了라도 大未必佳라하거늘 文擧曰 想君小時에 必當了了라하니 韙太踧踖(축적)①이라

① 〈孔融別傳〉에 말하였다. "孔融이 네 살 때 형과 함께 배를 먹는데, 번번이 작은 배를 집었다. 사람들이 그 이유를 묻자 그가 대답하기를, '작은 아이는 응당 작은 것을 먹는 법입니다.'라고 하였다. 열 살 때 부친을 따라 수도에 갔는데, 河南尹 李膺이 명망이 두터웠다. 공융이 그의 인물됨을 관찰하고 싶어 마침내 그를 찾아갔다. 이응이 '그대의 부친이나 조부가 나와 교유한 적이 있는가?'라고 묻자 공융이 대답하였다. '그렇습니다. 나의 선조인 공자께서 당신의 선조인 李老君과 德과 義가 비

---

13) 당신의 선조인 伯陽 : 백양은 老子의 字이다. 노자(李耳)는 성이 李氏이므로 李膺의 선조라고 한 것이다.(≪史記≫ 〈老子韓非列傳〉)

14) 나의……친분 : 老子가 周나라 藏書室의 史로 있을 때 공자가 그를 찾아와 禮에 대해 물었다는 일화가 있다.(≪史記≫ 〈老子韓非列傳〉)

15) 中表 : 조부와 부친의 여자형제의 자녀, 조모나 모친의 형제자매의 자녀에 해당하는 친척을 말한다.

등하였으니, 공융과 당신은 수 세대에 걸쳐 通交한 집안입니다.' 자리에 있던 사람들이 감탄하지 않는 자가 없어 모두 말하기를, '신기한 동자이다.'라고 하였다. 太中大夫 陳韙가 뒤늦게 도착하였는데, 같은 좌석에 있던 이가 〈공융이 한 말을〉 알려주자, 진위가 '어렸을 때 똑똑한 사람이 장성하여서 반드시 奇人이 되는 건 아니지.'라고 말하였다. 공융이 〈그 말을 듣자마자〉 곧바로 소리쳐 말하기를, '말씀하신 대로라면 당신은 어렸을 때 아마도 참 총명하셨겠죠?'라고 하였다. 이응이 크게 웃고 공융을 돌아보며 말하였다. '장성하여서는 반드시 큰 그릇이 되겠구나.'"

融別傳曰 "融四歲, 與兄食梨, 輒引小者. 人問其故, 答曰'小兒法當取小者.' 年十歲, 隨父詣京師, 河南尹李膺有重名. 融欲觀其爲人, 遂造之, 膺問'高明[16]父祖, 嘗與僕周旋乎?' 融曰'然. 先君孔子與君先人李老君, 同德比義, 而相師友, 則融與君, 累世通家也.' 衆坐莫不歎息, 僉曰'異童子也.' 太中大夫陳韙後至, 同坐以告, 韙曰'人小時了了者, 長大未必能奇.' 融應聲曰'卽如所言, 君之幼時, 豈實慧乎?' 膺大笑, 顧謂融曰'長大必爲偉器.'"

22-6 孔融이 체포되자[17] 전국이 두려워 떨었다. 이때 공융의 큰 아이는 9살이고 작은 아이는 8살이었는데, 두 아이가 못치기놀이[18]를 하면서 전혀 당황하는 모습이 없었다. 공융이 사자에게 말하였다.

"죄는 나한테서 그치기를 바라니, 두 아이는 온전할 수 없겠는가?"

아이가 천천히 나아와 말하였다.

---

16) 高明 : 漢나라 사람들은 後輩를 부를 때 高明이라 하였다. 고명이란 人性이 '강직하고 솔직하다.〔高亢明爽〕'는 의미이다.(≪世說音釋≫)

17) 孔融이 체포되자 : 공융은 孔子의 子孫으로 後漢 말에 將作大匠·少府·太中大夫를 역임하였고 뛰어난 文才를 지녀 '建安七子'의 한 사람으로 꼽히는 인물이다. 공융은 당시의 권력자인 曹操와 사사건건 대립하여 사이가 나빴는데, 조조가 南方으로 遠征을 떠날 무렵인 建安 13년(208)에 孫權의 使者에게 조조를 비방하는 발언을 하였다는 죄목으로 체포되었다. 이 일로 처자 모두 처형되어 공융의 자손 모두가 절멸되었다.(≪後漢書≫ 〈孔融傳〉)

18) 못치기놀이 : 원문은 '琢釘戲'이다. 이 놀이에 대해서는 周亮工의 ≪因樹屋書影≫에 "金陵의 동자들은 못치기놀이〔琢釘戲〕를 하였는데, 땅에 경계를 그리고 가운데에 못을 박는다. 작은 못을 땅에 박아 이를 '籤'이라 한다. 첨이 있는 곳을 둘레로 하여 경계를 벗어난 자는 지고, 피차 맞추지 못하는 자도 지며, 맞추되 첨과 닿아도 진다."라는 내용이 있다.

"大人께서는 어찌 엎어진 새집 속에 온전한 알이 있는 걸 보셨습니까."

얼마 뒤 아이들도 잡혀가게 되었다.

孔融被收에 中外惶怖라 時融兒大者九歲요 小者八歲라 二兒故琢釘戲하고 了無遽容이어늘 融謂使者曰 冀罪止於身하노니 二兒可得全不아 兒徐進曰 大人은 豈見覆巢之下에 復有完卵乎잇가하다 尋亦收至①라

① ≪魏氏春秋≫[19]에 말하였다. "孔融이 孫權의 사자에게 〈조조를〉 비방하는 말을 하여, 죄에 걸려 처형되었다. 두 아이가 당시에 8살과 9살이었는데, 공융이 체포되었는데도 바둑을 두며 단정히 앉아 일어나지 않았다. 좌우 사람들이 '너희 부친이 잡혀갔다.'라고 하자 두 아이는 '어찌 새집이 엎어졌는데 〈그 안에 있던〉 알이 깨지지 않을 수 있겠습니까.'라고 하였다. 결국에 모두 죽임을 당하였다."

≪魏晉世語≫[20]에 말하였다. "魏太祖(曹操)가 흉년이 들었기 때문에 술 빚는 것을 금지하자 공융이 '술로 예를 거행하니 금지해서는 안 됩니다.'라고 하였다. 이로 인해 대중을 미혹시켜 위태조가 공융을 체포하여 처벌하였다. 〈공융의〉 어린 두 아이가 체포되자 공융이 두 아이를 돌아보며 말하였다. '어찌하여 피하지 않았느냐?' 두 아이가 말하였다. '아버지께서 오히려 이와 같으신데, 〈저희들이〉 더 이상 어느 곳으로 피하겠습니까.'"

裴松之가 〈≪三國志≫ 〈魏志〉 注에서〉 말하였다. "≪위진세어≫에서 공융의 자식이 〈화를〉 피하지 않은 것은 필시 다 죽을 것을 알아서 그랬다고 한 것은 그래도 조금 이해할 만하지만, 孫盛이 〈≪魏晉春秋≫에서〉 한 말은 참으로 이해하지 못하겠다. 8살 어린애가 화란과 근심을 잘 이해할 수 있었다면 〈그 아이는〉 특출하게 총명하며 뛰어나게 탁월한 것이니 근심과 즐거움에 대한 아이의 감정 역시 실로 어른을 뛰어넘었을 텐데, 어찌 부친이 체포되는 것을 보면서도 태도가 변하지 않고 바둑이나 두며 일어나지 않아 마치 한가롭게 놀고 있는 자와 같았겠는가. 옛날

---

19) ≪魏氏春秋≫ : 東晉의 孫盛이 편찬한 책으로 20권이며, 삼국시대 曹魏의 역사를 기술하였다. 원본이 散失되어 지금 ≪弘明集≫, ≪全晉文≫, ≪三國志≫ 裴松之 注, ≪世說新語≫ 등에 일부가 남아 있다. 孫盛(302~374)은 東晉의 관원으로, 字가 安國이고, 太原 中都(지금의 山西 平遙) 사람이다.

20) ≪魏晉世語≫ : 西晉의 문인이자 사학자였던 郭頒(곽반)이 편찬한 필기소설집으로, 魏晉代에 실존했던 인물들의 단편적인 언행과 일화를 기록하였다. 원서는 10권이었으나 元代에 이미 망실된 것으로 보인다. 그 佚文이 ≪三國志≫ 裴松之의 注와 ≪世說新語≫ 劉孝標의 注 등에 산재되어 총 159조가 전해진다.

에 申生이 죽을 때[21] 부친을 잊지 않는 말을 하였으니, 자신이 장차 죽게 되었는데도 부친을 염려하는 정을 끊지 못하였던 것이다. 부친이 편안한데도 오히려 이와 같았는데 하물며 위태로운 처지에 처한 경우에는 어떠하겠는가. 손성은 이 일화를 美談으로 여긴 것이니 사람의 자식을 해치는 자가 아니겠는가. 이는 신기한 것을 좋아하고 생각이 많아서 말이 이치를 손상시킨 것을 알지 못한 것이다."

魏氏春秋曰 "融對孫權使, 有訕謗之言, 坐棄市. 二子方八歲九歲, 融見收, 奕棊端坐不起, 左右曰'而父見執.' 二子曰'安有巢覆, 而卵不破者哉!' 遂俱見殺." 世語曰 "魏太祖以歲儉禁酒, 融謂'酒以成禮, 不宜禁.' 由是惑衆, 太祖收寘法焉. 二子齠齔(초츤)見收, 顧謂二子曰'何以不辟(피)?' 二子曰'父尙如此, 復何所辟?'" 裴松之以爲"世語云融兒不辟, 知必俱死, 猶差可安, 孫盛之言, 誠所未譬. 八歲小兒, 能懸了[22]禍患, 聰明特達, 卓然旣遠, 則其憂樂之情, 固亦有過成人矣. 安有見父被執, 而無變容, 奕棊不起, 若在暇豫者乎? 昔申生就命, 言不忘父, 不以己之將死 而廢念父之情也. 父安尙猶若玆, 而況顚沛哉! 盛以此爲美談, 無乃賊夫人之子與? 蓋由好奇情多, 而不知言之傷理也."

22-7【補】[23] 孔北海(孔融)가 체포되었을 때 아들은 당시 9살이고 딸은 겨우 7살이라 어렸기 때문에 목숨을 보전하여 다른 집에 의탁하여 살았다. 집 주인이 고기 국물을 주어 아들이 그것을 마시자 딸이 말하였다.

"오늘 같은 환란에서 어찌 오래 살 수 있겠어요? 무엇을 믿고 고기 맛을 안단 말인가요."

혹은 다른 일화가 있는데, 조조가 〈공융을〉 체포하여 형륙을 가하려 할 때 딸이 오라버니에게 이렇게 말하였다고 한다.

"만약 죽어서 지각이 있다면 부모님을 만날 수 있게 되니, 〈죽는 것이〉 어찌 지극한 소원이 아니겠어요."

---

21) 申生이 죽을 때 : 申生(?~B.C. 656)은 姬姓이고 이름이 申生이다. 晉(春秋)나라 獻公과 그 부인 齊姜 사이에서 난 아들로 晉나라의 太子였다. 제강이 죽은 뒤, 진헌공이 驪姬를 총애하자 여희가 자신이 낳은 아들 奚齊를 태자로 삼으려 하여 여러 차례 신생을 모함하고 박해하였다. 결국 태자 신생은 新城 曲沃에서 목매어 자살하였다. (≪史記≫ 〈晉世家〉)

22) 懸了 : 여기서 '了'는 '悟'의 뜻이다.(≪世說音釋≫)

23)【補】: 저본에는 '補'가 없으나, 이 일화는 ≪세설신어≫가 아닌 ≪何氏語林≫에 실려 있는 것에 의거하여 '補'를 보충하였다.

마침내 목을 길게 빼고 죽음을 맞았다고 한다.

孔北海被收時에 男方九歲요 女纔七歲라 以幼弱得全하여 寄住他舍러니 主人遺以肉汁에 男飮之하니 女曰 今日之禍에 豈得久活이리오 何賴知肉味乎아 或有言於曹操收之하여 將加戮할새 女謂兄曰 若死而有知면 得見父母리니 豈非至願이리오하고 乃延頸就刑이라하다

22-8【補】孫策[24]이 14살이었을 때 袁術을 찾아갔는데 잠시 후 밖에서 劉豫州(劉備)가 도착했다는 전갈이 왔다. 손책이 바로 떠나겠다고 하자 원술이 말하였다.

"유예주가 〈그대와〉 무슨 상관〈이기에 바로 떠나는 것〉인가?"

손책이 대답하였다.

"英雄은 〈뛰어난〉 사람을 꺼리는 법입니다."[25]

〈손책이〉 나가서 동쪽 계단으로 내려갈 때 劉玄德(유비)이 서쪽 계단으로 올라오다가 몸을 돌려 손책의 발이 계단을 내려가는 것만 바라보며 거의 더 이상 앞으로 나아가지 못하였다.[26]

孫策年十四에 詣袁術한대 俄而外通劉豫州①來하니 孫便求去어늘 袁曰 劉豫州何若고하니 答曰 英雄忌人이라하다 旣出下東堦할새 劉玄德從西堦上이라가 但得轉顧하여 視孫足下行하고 殆不復能前이라

① ≪三國志≫ 〈蜀志〉에 말하였다. "先主(劉備)가 동쪽으로 齊땅에 주둔하였는데, 徐州牧 陶謙이 상주하여 豫州刺史로 삼게 하였다."
蜀志曰 "先主東屯齊, 徐州牧陶謙, 表爲豫州刺史."

---

24) 孫策 : 175~200. 자는 伯符이며 양주 오군 富春縣 사람이다. 孫堅의 장남이자 孫權의 형이다. 손견 사후에 어린 나이에도 불구하고 江東을 정벌하여 吳나라의 기반을 닦아 小霸王이라 불렸으며, 198년 曹操와 袁術과의 교전 중 조조를 도와 그의 천거로 討逆將軍의 칭호와 함께 吳侯의 작위를 받았다.

25) 英雄은……법입니다 : 劉備는 영웅이라 자신과 같은 人材를 꺼릴 것이므로 만나지 않고 가겠다는 의미이다.(≪世說講義≫)

26) 손책의……못하였다 : 劉備가 孫策의 기상과 위엄에 눌려 똑바로 쳐다보지 못하고 계단을 내려가는 그의 발만 쳐다보았다는 뜻이다.(≪世說箋本≫)

22-9 張純과 張儼과 朱異는 모두 어려서부터 이름이 알려졌다. 한번은 같이 驃騎將軍 朱據를 찾아갔는데, 주거가 그들을 시험하여 말하였다.

"늙은이가 소문을 듣고 〈만나기를〉 매우 갈망하였네. 대개 駿馬는 날렵하게 달리는 것을 공으로 삼고, 맹금류는 날렵하고 빨리 나는 것을 오묘함으로 삼으니, 그대들은 나를 위해 각각 한 가지 물건에 대해 賦를 지은 뒤에 들어와 앉게나."

그러자 세 사람이 모두 눈에 띄는 대로 글을 지어 완성하니, 주거가 크게 웃으며 기뻐하였다.

張純①·**張儼**②·**朱異**③가 **俱童少知名**이라 **嘗同詣驃騎將軍朱據**④한대 **據欲試之**하여 **語曰 老鄙相聞**하고 **饑渴甚矣**라 **夫騕褭**(요뇨)[27]는 **以迅驟爲功**하고 **鷹隼**[28]은 **以輕疾爲妙**하니 **其爲吾各賦一物然後**에 **入坐**하라하니 **三人**이 **皆隨目賦成**이라 **據大笑悅**⑤하다

① ≪吳書≫에 말하였다. "張純은 字가 元基이고, 張敦의 아들이다."
≪吳錄≫에 말하였다. "장순은 어려서부터 품행이 방정하였고, 박식하고 재주가 빼어났으며 절실히 묻고 신속하게 대답하였고 용모와 행동거지가 볼 만하였다. 郎中에 임명되었고 廣德令에 보임되었는데 뛰어난 治積이 있어 太子輔義都尉에 발탁되었다."
吳書曰 "張純, 字元基, 敦之子." 吳錄曰 "純, 少厲操行, 學博才秀, 切問捷對, 容止可觀. 拜郎中, 補廣德令, 治有異迹, 擢太子輔義都尉."

② ≪吳錄≫에 말하였다. "張儼은 字가 子節이고, 吳郡 사람이다. 弱冠의 나이에 이름이 알려졌으며, 박학다식하여 大鴻臚[29]에 임명되었다. 晉나라에 사신 갈 때 孫皓[30]가 말하기를, '지금 남쪽과 북쪽이 우호적으로 교통하는데 그대가 국경을 초

---

27) 騕褭(요뇨) : 고대의 駿馬 명칭이다. ≪文選≫ 〈思玄賦〉의 李善 注에 "요뇨는 고대의 준마인데, 주둥이는 붉고 몸체는 검은 색이며 하루에 5천리를 간다.〔騕褭 古之駿馬也 赤喙玄身 日行五千里〕"라고 하였다.

28) 鷹隼 : '鷹鶽'이라고도 쓴다. '鷹'은 '매'이고 '隼'은 '독수리'를 가리키므로, '응준'은 猛禽의 총칭이다.

29) 大鴻臚 : '鴻'은 大聲, '臚'는 傳達이란 뜻이다. 秦代의 중앙관으로, 귀순한 蠻夷를 관할하는 '典客'에서 비롯되었는데 漢武帝 太初 1년(B.C. 104)에 '대홍려'로 개칭되었다. 九卿의 하나였는데, 후대에 禮部나 太常寺로 병합되었다.(≪漢書≫ 〈百官公卿表 上〉)

30) 孫皓 : 242~284. 吳나라 최후의 황제로 字는 元宗이고, 어릴 적 이름은 彭祖이다. 孫權의 손자이며 孫和의 아들로 재위기간은 264~280년이다. 짧은 善政을 베푼 이

월한 재주를 지녔으니 다녀오시오.'라고 하자, 〈장엄이〉 답하기를, '使臣으로 가는 영광을 받았으니 옛사람의 영예로운 아름다움은 없으나 칼날을 갈아 군주의 명을 욕되게 하지 않으려 합니다.'라고 하였다. 〈진나라에〉 도착한 뒤 賈充·裴秀·荀勖 등이 그가 모르는 것을 가지고 업신여기려 하였으나 그를 꺾을 수 없었다. 복야 羊祜와 상서 何禎이 모두 그와 두터운 友誼를 맺었다."

吳錄曰"張儼, 字子節, 吳人. 弱冠知名, 以博聞多識, 拜大鴻臚. 使于晉, 皓曰'今南北通好, 以君有出境之才. 故相屈行.' 對曰'皇皇者華[31], 蒙其榮耀, 無古人延譽之美, 磨厲鋒鍔, 思不辱命.' 旣至, 賈充·裴秀·荀勖等, 欲傲以所不知, 而不能屈. 僕射(야)羊祜·尙書何禎竝結縞帶之好[32]."

③ ≪吳志≫에 말하였다. "朱異는 字가 季文이고 吳郡 吳 사람이며 朱桓의 아들이다. 부친 덕으로 郎이 되었고, 騎都尉에 임명되어 〈부친인〉 주환을 이어 군대를 이끌었다. 孫權이 그와 함께 공격전에 대해 논의할 때 응대하는 것이 자신의 뜻과 맞자 異從父인 표기장군 周據에게 말하기를, '본래 季文(주이)이 명쾌한 사람이라는 것은 알고 있었는데, 만나보니 듣던 것보다 더합니다.'라고 하였다."

吳志曰"朱異, 字季文, 吳郡吳人, 朱桓子也. 以父任爲郎, 拜騎都尉, 代桓領兵. 孫權與論 攻戰, 辭對稱意, 權謂異從父驃騎將軍據曰'本知季文傖(쾌)[33]定, 見之復過所聞.'"

④ ≪吳志≫에 말하였다. "朱據는 字가 子範이고, 吳郡 吳縣 사람이다. 〈뛰어난〉 외모와 완력을 지녔고 또 토론을 잘 하였다. 黃武(222~229) 연간에 五官郎中에 임명되었다. 당시 選曹尙書 曁豔(기염)[34]이 탐욕스럽고 부패한 자들이 관직에 있는 것

후 暴政을 행하여 결국 국력이 쇠퇴해져 晉나라에 항복하였다. 항복 후, 歸命侯에 봉해졌고, 284년에 진나라의 수도 洛陽에서 사망하였다.(≪三國志≫ 〈吳書 孫晧傳〉)

31) 皇皇者華 : ≪詩經≫ 〈小雅〉의 편명이다. 〈황황자화〉는 "빛 어려 환한 꽃은 언덕이며 진벌에 피어 있네. 부지런히 달리는 사나이는 행여 못 미칠까 걱정일세.〔皇皇者華 于彼原隰 駪駪征夫 每懷靡及〕" 라는 내용인데, 그 小序에 "〈황황자화〉는 임금이 사신을 보내는 것이다.〔皇皇者華 君遣使臣也〕"라고 하였다. 이후로 '황황자화'는 명을 받들어 出使하는 자, 곧 使臣을 가리키거나 그를 贊頌하는 典故로 쓰인다.

32) 縞帶之好 : 춘추시대 吳나라 季札이 鄭나라에 사신으로 가서 子産을 만나서는 오랜 친구처럼 여겨 흰 명주 띠〔縞帶〕를 선물하자 자산이 답례로 모시옷〔紵衣〕을 보낸 고사가 있는데, 여기서는 매우 두터운 友誼를 맺었음을 뜻한다.(≪春秋左氏傳≫ 襄公 29년)

33) 傖 : '快'와 같으며, '명쾌하다'는 의미이다.(≪世說音釋≫)

34) 曁豔(기염) : ?~224. 字는 子休이고, 三國시대 孫吳의 吳郡(지금의 江蘇 蘇州) 사람이다. 같은 군 사람인 張溫이 孫權에게 천거하여 選曹郎에 임명되었고 후에 尙書에 이르렀다. 성품이 강개하고 淸議를 좋아하였으나, 반대 세력에 의해 모함을 받아 자살하였다. 문집 3권이 있다.

을 싫어하여 내쫓으려고 하였는데, 주거가 말하기를 '천하가 아직 안정되지 않았으니 공로로써 잘못을 덮어주어야 합니다. 하자 있는 자를 버리고 쓸모 있는 자를 기용하며 청렴한 자를 등용하고 부패한 자를 처벌한다면 악한 자를 저지하고 선한 자를 장려하기에 충분할 것입니다. 한꺼번에 내쫓는다면 후환이 생길까 두렵습니다.'라고 하였다. 그러나 기염은 그의 말을 듣지 않다가 결국 패배하였다. 손권은 군사를 거느릴 〈장수가 부족함을〉 탄식하며 뒤늦게 呂蒙과 張溫을 그리워하였는데, 주거가 재주와 문무를 겸비하여 그들을 이을 수 있다고 여겨 그를 建義校尉에 임명하였다."

吳志曰 "朱據, 字子範, 吳郡吳人. 有姿貌膂力, 又能論難. 黃武初, 拜五官郎中, 時選曹尙書曁豔, 疾貪汙在位, 欲沙汰之, 據以爲'天下未定, 宜以功覆過, 棄瑕取用, 擧淸厲濁, 足以沮勸. 若一時貶黜, 懼有後咎,' 豔不聽, 卒敗. 權咨嗟將率, 追思呂蒙·張溫, 以據才兼文武 , 可以繼之, 拜建議校尉."

⑤ 張儼은 개〔犬〕에 대해 賦를 짓기를, "집 지킬 땐 엄하고 나가서는 사냥해오네. 韓나라의 盧요, 宋나라의 鵲이니 竹帛에 그 이름 기록되었네."라고 하였고, 張純은 돗자리〔席〕에 대해 부를 짓기를, "돗자리는 겨울에 깔고 대자리는 여름에 펴네. 읍양하고 앉으니 군자에게 합당하리."라고 하였으며, 朱異는 쇠뇌에 대해 부를 짓기를, "南嶽의 줄기와 鍾山의 쇠로 만들어, 기회 잡아 명중시켜 높은 담장의 독수리를 잡도다."라고 하였다.

儼賦犬曰 "守則有嚴, 出則有獲, 韓盧宋鵲[35], 書名竹帛." 純賦席曰 "席以冬設, 簟(점)爲夏施, 揖讓而坐, 君子攸宜." 異賦弩曰 "南嶽之幹, 鍾山之銅, 應機命中, 獲隼高墉."

22-10 何晏이 7살 때 총명하기가 마치 神童 같아 魏 武帝(曹操)가 그를 총애하였다. 하안이 궁궐 안에 살게 되자 〈위 무제가〉 그를 아들 삼으려 하니 하안이 땅에 네모나게 금을 긋고 스스로 그 가운데 거처하였다. 사람들이 그 이유를 묻자 하안이 대답하였다.

"何氏의 집입니다."

위 무제가 알아차리고 즉시 돌려보냈다.

---

35) 韓盧宋鵲 : ≪字林≫ (晉人 呂忱 撰)에 "盧는 韓나라의 명견이고 浞은 宋나라의 명견이다."라고 하였는데, 여기서 '浞'은 '鵲'과 같다. 盧는 黑色이고 鵲은 白色이다.(≪世說音釋≫)

何晏七歲에 明惠若神하니 魏武奇愛之라 因晏在宮內하여 欲以爲子하니 晏乃畫地令方하고 自處其中이라 人問其故하니 答曰 何氏之廬也라하니 魏武知之하고 即遣還하다①

① ≪魏略≫에 말하였다. "하안의 부친은 일찍 죽었다. 太祖(曹操)가 司空이었을 때 하안의 모친을 〈첩으로〉 받아들였다. 당시에 秦宜祿의 아들 阿蘇(秦朗)도 모친을 따라 궁궐에 있었는데,[36] 그도 자식처럼 총애를 받았다. 〈조조의 아들 曹丕는〉 항상 하안을 '假子'[37]라고 하였다."
魏略曰 "晏父蚤亡, 太祖爲司空時納晏母. 其時秦宜祿〔兒〕阿(鰾)〔蘇〕[38], 亦隨母在宮, 竝寵如子. 常謂晏爲假子也."

22-11 王戎이 7살 때 한번은 아이들과 놀러 다니다가 길가에 있는 자두나무에 열매가 가지가 휘어질 정도로 달려 있는 것을 보았다. 아이들이 다투어 〈따려고〉 달려갔는데, 오직 왕융은 움직이지 않았다. 사람들이 그 이유를 묻자, 그가 대답하였다.

"나무가 길가에 있는데도 열매가 많으니, 이는 필시 맛없는 자두일 것입니다."
먹어 보니 과연 그러하였다.

王戎年七歲時에 嘗與諸小兒遊矚이라가 看道邊李樹有子扳折이라 諸小兒競走之로대 唯戎不動이라 人問之하니 答曰 樹在道邊而多子하니 此必苦李라하야늘 取之信然이라

36) 秦宜祿의……있었는데 : 秦宜祿(?~200)은 三國시대 呂布의 부하였는데, 여포의 사자로 袁術에게 갔을 때 漢나라 종실인 杜氏를 배필로 얻었다. 여포가 패한 후 曹操의 신하가 되었다가 張飛에게 피살되었다. 그의 前妻 杜氏는 조조의 첩으로 들어갔고, 그의 아들 秦朗은 조조에게 양육되어 魏나라의 驍騎將軍이 되었다.(≪三國志≫ 〈明帝紀〉)

37) 假子 : 前妻의 아들이나 妻의 전 남편의 아들을 가리킨다. 曹操가 何晏을 太子처럼 총애하자, 曹丕는 그를 미워하여 하안의 姓氏를 부르지 않고 '假子 晏'이라고 불렀다고 한다.(≪續後漢書≫ 권48 〈魏臣傳〉)

38) 秦宜祿〔兒〕阿(鰾)〔蘇〕: 원문은 "秦宜祿阿鰾"인데, ≪何氏語林≫·≪三國志≫ 〈魏志〉 권9, ≪續後漢書≫ 권48 등에 의거하여 '祿' 아래에 '兒'를 보충하고, '鰾'를 '蘇'로 바로잡았다. 阿蘇는 진의록의 아들 '秦朗'의 어릴 적 이름으로, 그는 字가 元明이며 曹操의 繼子 겸 養子로 자라 관직이 驍騎將軍에 이르렀다.

22-12 鍾毓 형제가 어렸을 때 마침 부친이 낮잠을 자는 틈을 타 같이 藥酒를 훔쳐 마셨다. 부친이 이때 잠에서 깨어났으나 잠시 잠자는 척하며 그들을 관찰하니, 종육은 절한 뒤에 약주를 마셨고, 鍾會는 약주는 마셨으나 절하지 않았다. 얼마 뒤 부친이 종육에게 물었다.

"어째서 절하였느냐?"

종육이 대답하였다.

"술로써 禮를 완성하니, 절하지 않아서는 안 됩니다."

또 종회에게 물었다.

"어째서 절하지 않았느냐?"

종회가 말하였다.

"훔치는 것은 본래 禮가 아니니, 그래서 절하지 않았습니다."

鍾毓兄弟小時에 値父晝寢하여 因共偸服藥酒라 其父時覺이로대 且託寐以觀之하니 毓은 拜而後飮하고 會는 飮而不拜라 既而問毓何以拜오하니 毓曰 酒以成禮[39]하니 不敢不拜니이다하다 又問會何以不拜오하니 會曰 偸本非禮라 所以不拜니이다라하다

22-13 梁國의 楊氏 아들이 9살이었는데 매우 총명하였다. 孔君平(孔坦)[40]이 그 부친을 찾아갔는데 부친이 집에 없자 아이를 불러 과일을 차려오게 하였는데 그 중에 楊梅가 있자 공군평이 아이에게 양매를 가리켜 보이면서 말하였다.

"이것은 너희 집의 과일이구나."

아이가 그 말에 응답하여 말하였다.

"孔雀이 어르신 집의 새라는 말은 못 들었는데요."

---

39) 酒以成禮 : 酒을 사용하여 禮儀를 완성한다는 뜻으로, 옛사람들은 飮酒를 禮를 행하는 것으로 인식하였다. ≪春秋左氏傳≫ 莊公 22년 조에 "술로써 禮를 이루고 지나치게 계속하지 않은 것이 義이다.〔酒以成禮 不繼以淫 義也〕"에서 유래하였다.

40) 孔君平(孔坦) : 孔坦(285~335)은 孔子의 26대 후손이다. 君平은 그의 字이다. 世子文學에 임명되었다가 후에 太子舍人·尙書郞·吳郡太守 등을 역임하였다. 刑法을 관장하는 廷尉를 지냈으므로 그를 '孔廷尉'라고도 부른다.

梁國楊氏子 九歲에 甚聰惠라 孔君平이 詣其父에 父不在하여 乃呼兒出爲設果한대 果有楊梅어늘 孔指以示兒曰 此是君家果라하니 兒應聲答曰 未聞孔雀이 是夫子[41]家禽이니이다

22-14 【補】 愍懷太子(司馬遹)[42]는 어려서부터 총명하여 武帝(司馬炎)가 그를 매우 총애하였다. 예닐곱 살 무렵에 한번은 한밤중에 궁궐 안에 불이 나자 무제가 누각에 올라가 그것을 바라보았는데, 태자가 주상의 옷자락을 끌어당겨 어두운 곳으로 들어가게 하였다. 주상이 그 이유를 묻자, 태자가 대답하였다.

"어두운 밤에 갑작스런 일이 생겼으니 응당 비상사태를 대비해야 합니다. 불빛 가까이 다가가 人主를 비추게 해서는 안 됩니다."

愍懷太子가 少便聰慧하여 武帝甚愛之라 六七歲時에 宮中嘗夜失火하여 武帝가 登樓望之하니 太子가 牽上衣裾하여 使入闇中이라 上問其故하니 太子對曰 暮夜倉卒에 宜備非常하니 不宜親近火光하여 令照見人主①니이다하다

① ≪晉書≫ 〈愍懷太子列傳〉에 말하였다. "愍懷太子 司馬遹은 字가 熙祖이고, 惠帝(司馬衷)의 맏아들이다. 어려서부터 총명하여 武帝(司馬炎)가 매우 총애하여 늘 곁에 두었다. 한번은 무제를 따라 돼지우리를 보러 갔는데, 무제에게 말하기를 '돼지가 매우 살졌는데 어째서 잡아서 군사들을 먹이지 않고 오래도록 오곡을 허비하십니까.'라고 하니, 무제가 그의 뜻을 가상히 여겨 즉시 돼지를 삶게 하였다. 그리고서 〈태자의〉 등을 쓰다듬으며 廷尉 傅祗에게 말하였다. '이 아이가 우리 집안을 일으킬 것이다.' 한번은 신하들을 만나 '태자가 宣帝(司馬懿)[43]를 닮았다.'라고 칭찬하였다. 이

司馬懿

41) 夫子 : 여기서는 孔坦을 가리킨다. ≪字典≫에 "先生長者를 夫子라고 한다."라고 하였다.(≪世說音釋≫)

42) 愍懷太子(司馬遹) : 278~300. 제2대 황제 司馬衷(惠帝)의 맏아들이고 生母는 側室인 淑妃(謝玖)이다. 어려서부터 총명하여 조부인 武帝(司馬炎)의 총애를 받았고, 무제가 죽어 부친인 司馬衷이 즉위하자 皇太子가 되었다. 하지만 혜제의 황후인 嫡母 賈南風에게 모함을 받아 庶人으로 폐위되었다가 결국 죽임을 당하였다.(≪晉書≫ 〈愍懷太子列傳〉)

로부터 아름다운 명성이 천하에 퍼졌다."

晉書曰"愍懷太子遹, 字熙祖, 惠帝長子. 幼聰慧, 武帝愛之, 恒在左右. 嘗從帝觀豕牢, 言於帝曰'豕甚肥, 何不殺以享士, 而使久廢五穀?' 帝嘉其意, 卽便烹之. 因撫其背, 謂廷尉傅祗曰'此兒當興我家.' 嘗對群臣, 稱'太子似宣帝.' 於是令譽流於天下."

22-15 晉 明帝(司馬紹)[44]가 서너 살 때 元帝(司馬睿)의 무릎 위에 앉아 있을 때, 어떤 사람이 長安에서 오자 원제가 낙양의 소식을 묻고는 눈물을 흘렸다. 명제가 물었다.

"어찌하여 우십니까?"

〈원제가〉 동쪽으로 건너오게 된 사정을 다 고해주고는 명제에게 물었다.

"네 생각에 장안과 해는 어느 것이 더 멀겠느냐?"

명제가 대답하였다.

"해가 멉니다. 사람이 해 있는 곳에서 왔다는 말은 못 들었으니 확실히 알 수 있습니다."

원제가 신기하게 여겼다. 다음날 신하들이 모인 연회에서 이 내용을 고하고서 거듭 묻자 명제가 대답하였다.

"해가 가깝습니다."

원제가 실망하면서 말하였다.

"너는 어찌하여 어제 한 말과 다르게 하느냐?"

명제가 대답하였다.

"눈을 들어 보니 해는 보여도 장안은 보이지 않아서입니다."

晉明帝數歲에 **坐元帝膝上**이러니 **有人從長安來**어늘 **元帝問洛下消息**하고 **潸**(산)**然流**

---

43) 宣帝(司馬懿) : 179~251. 字는 仲達이다. 三國시대 曹魏의 權臣으로 蜀漢의 승상 諸葛亮의 北伐軍을 맞아 영토를 굳건히 지켰고 曹操·曹丕·曹叡·曹芳 4대 군주를 섬겼으나, 만년에 曹魏의 정권을 탈취하였다. 손자인 司馬炎이 稱帝한 뒤 高祖宣皇帝로 추존하였다.

44) 晉 明帝(司馬紹) : 299~325. 字는 道畿이고, 東晉의 제2대 황제로 晉元帝(司馬睿)의 맏아들이다. 어려서부터 총명하여 부친 司馬睿의 총애를 받았다. 재위 기간은 3년도 안 되나 이 기간 중에 王敦의 亂을 평정하였다.

涕라 明帝問 何以致泣잇가하여 具以東渡意告之하고 因問明帝호대 汝意謂長安何如日遠고하니 答曰 日遠이니 不聞人從日邊來하니 居然可知니이다하니 元帝異之라 明日에 集群臣宴會에 告以此意하고 更重問之한대 乃答曰 日近이니이다하니 元帝失色曰 爾何故異昨日之言邪(야)아한대 答曰 擧目見日이로대 不見長安일새니이다하다

22-16 司空 顧和가 당시 현자들과 淸談을 나누고 있었는데, 張玄之와 顧敷는 그의 친손자와 외손자로 둘 다 7살이었다. 탁자 곁에서 놀고 있었는데 이때 들은 말에 대하여 신경을 쓰지 않는 것 같더니, 밤이 되어 등불 아래서 두 아이가 함께 손님과 주인이 나눴던 담론을 서술하는데 전혀 빠뜨린 것이 없었다. 顧公(고화)이 자리를 건너가 그들의 귀를 당기며 말하였다.

"쇠퇴한 집안에 이런 보물이 날 줄은 생각지도 못했구나."

司空顧和가 與時賢共淸言이러니 張玄之・顧敷는 是中外孫으로 年竝七歲라① 在床邊戲호대 于時聞語에 神情如不相屬(촉)이러니 瞑於燈下에 二兒共敍客主之言한대 都無遺失이라 顧公이 越席而提其耳曰 不意衰宗에 復(부)生此寶라하다

① ≪顧愷之家傳≫에 말하였다. "顧敷는 字가 祖根이고 吳郡 吳縣 사람이다. 막힘이 없어 대성할 기량이 있었다. 벼슬이 著作郎에 이르렀으며 23세에 죽었다."
顧愷之家傳曰 "敷字祖根, 吳郡吳人. 滔然有大成之量. 仕至著作郎, 二十三卒."

【頭註】

○ 王世懋 : 나이가 뒤〈에 나오는 일화 22-17〉와 맞지 않는다.
王云 "年歲與後矛盾."

22-17 張玄之와 顧敷는 어렸는데도 총명하여 顧和가 둘 다 인정해주었지만, 늘 고부가 더 낫다고 말하여 친손자를 더 편애하자 장현지가 매우 불만스러워하였다. 이때 장현지는 9살이고 고부는 7살이었다. 고화가 둘을 데리고 절 안에 가서 부처가 열반에 드는 그림을 구경하였는데, 〈부처의〉 제자 중에는 우는 자도 있고 울지 않는 자도 있었다. 고화가 두 손자에게 그 이유를 묻자 장현지가 대답하였다.

“사랑 받았기 때문에 우는 것이고, 사랑 받지 못했기 때문에 울지 않는 것입니다.”

고부가 말하였다.

“그렇지 않습니다. 情을 망각하였기 때문에 울지 않는 것이고, 정을 망각하지 못하였기 때문에 우는 것일 겁니다.”

張玄之・顧敷는 **皆少而聰惠**하여 **和竝知之**로대 **而**(嘗)〔**常**〕[45] **謂顧勝**하여 **親重偏至**하니 **張頗不懕**이라 **于時**에 **張年九歲**요 **顧年七歲**러니 **和與俱至寺中**하여 **見佛般泥洹**[46]**像**에 **弟子有泣者**하고 **有不泣者**라 **和以問二孫**하니 **玄謂被親**이라 **故泣**이요 **不被親**이라 **故不泣**이라한대 **敷曰 不然**하니 **當由忘情**이라 **故不泣**이요 **不能忘情**이라 **故泣**①이라하다

① ≪大智度論≫[47]에 말하였다. “부처가 菴羅雙樹[48] 사이에서 열반에 들 때 머리를 북쪽으로 하고 누우니 땅이 크게 진동하였다. 三學人[49]들은 모두 기뻐하지 않고 슬퍼하며 눈물을 흘렸으나 다만 無學人[50]들은 佛法이 다 무상함을 생각하였다.” 大智度論曰 “佛在陰菴羅雙樹間入般涅槃(열반), 臥北首, 大地震動, 諸三學人, 僉然

45) (嘗)〔常〕: 저본에는 ‘嘗’으로 되어 있으나, ≪세설신어≫에 의거하여 ‘常’으로 바로잡았다.

46) 佛般泥洹 : 泥洹(니원)은 즉 涅槃(열반)이니, 佛般泥洹은 부처가 열반에 드는 것을 말한다. ≪翻譯名義集≫에서 “이는 大滅定을 말한다.”라고 하였다.(≪世說音釋≫) 滅定은 ‘滅盡定’이라고도 하는데, 불교 수행의 최고 단계로, 모든 번뇌가 사라진 경지를 말한다. ≪번역명의집≫은 北宋시대 蘇州의 景德寺 승려인 法雲(1088~1158)이 漢譯된 불경의 용어를 梵語로 정리, 해설한 일종의 사전이다.

47) ≪大智度論≫ : 大乘佛教 中觀派의 시조인 龍樹의 ≪摩訶般若波羅蜜經≫에 대한 100권에 달하는 주석서이다. 초기 불교에서부터 인도 중기 불교까지의 術語를 상세하게 서술하는 형식이기 때문에 불교백과사전으로 분류하기도 한다. 鳩摩羅什에 의하여 漢譯되었다.

48) 菴羅雙樹 : 菴羅는 西域에서 나는 자두처럼 생긴 과일이며, 이 나무는 사방에 각각 쌍으로 심었기 때문에 ‘雙樹’라 명명하였다.(≪世說音釋≫)

49) 三學人 : 梵語 ‘Śaikṣa’의 意譯으로, 온갖 번뇌를 끊으려고 戒・定・慧 三學을 배우고 닦는 聲聞의 지위에 있는 사람을 말하는데 여기서는 부처의 가르침을 따르는 사람을 포괄하여 지칭한 것으로 보인다.

50) 無學人 : 小乘 4果 중 가장 최후의 一果 즉 阿羅漢果를 가리키는 佛教語이다. 무학인은 學道가 圓滿하여 더 이상 수행이 필요하지 않은 단계의 사람이다. 나머지 一과, 2과, 3과의 사람들을 ‘有學人’이라 한다.

不樂, 郁伊[51)]交涕, 諸無學人, 但念諸法[52)]一切無常."

【頭註】

○ 劉應登 : 〈被親, 不被親에서〉'被'자는 모두 '彼'자가 되어야 한다.
應登云 "被皆作彼字."

○ 劉辰翁 : 어린아이의 말이 아니다.
劉云 "非小兒語."

○ 王世懋 : 우열을 따지지 않고 사람으로 하여금 스스로 알게 한다. 注에서 인용한 〈大智度論의〉 경론이 더욱 마음에 든다.
王云 "不辨優劣, 使人自見. 注引經論, 又恰破的."

22-18 孫齊由(孫潛)와 孫齊莊(孫放) 두 사람이 어렸을 때 庾公(庾亮)에게 갔는데, 유공이 제유에게 물었다.

"字가 무엇이냐?"

제유가 대답하였다.

"자는 제유입니다."

유공이 말하였다.

"누구와 같이 되고 싶은 것이냐?"

제유가 대답하였다.

"許由[53)]와 같이 되고 싶습니다."

齊莊에게 자가 무엇인지 묻자, 제장이 대답하였다.

"자는 齊莊입니다."

許由

51) 郁伊(욱이) : ≪文選≫ 〈琴賦〉의 李善 注에서 "噢咿의 음은 郁伊이니 속으로 슬픈 것이다.〔噢咿音郁伊 內悲也〕"라고 하였다.

52) 諸法 : 본래 梵語 'dharma'의 意譯으로, 事物과 그 現象을 말한다. 여기서는 佛法을 의미한다.

53) 許由 : 中國 古代 三皇五帝時代의 隱者이다. 전설에 의하면 堯 임금이 허유에게 帝位를 물려주려 하자, 허유는 더러운 말을 들었다며 潁水에서 귀를 씻고 箕山에 들어가 은거하였다고 한다.

孔子

유공이 말하였다.

"누구와 같이 되고 싶은 것이냐?"

제장이 대답하였다.

"莊周[54]와 같이 되고 싶습니다."

유공이 말하였다.

"어찌 仲尼(孔子)를 본받지 않고 莊周를 본받으려 하느냐?"

제장이 대답하였다.

"성인께서는 나면서부터 〈만물의 이치를〉 아시는 분이기 때문에 같아지기 어렵기 때문입니다."

유공이 아이들의 대답에 크게 기뻐하였다.

孫齊由・齊莊二人이 **小時詣庾公**한대 **公問齊由何字**오하니 **答曰 字齊由**라 **公曰 欲何齊邪**(야)오하니 **曰 齊許由**①라 **齊莊何字**오하니 **答曰 字齊莊**이라 **公曰 欲何齊**오하니 **曰齊莊周**라 **公曰 何不慕仲尼**하고 **而慕莊周**오하니 **對曰 聖人**은 **生知**[55]라 **故難企慕**라하니 **庾公**이 **大喜小兒對**②라

① ≪晉百官名≫에 말하였다. "孫潛은 字가 齊由이고, 太原 사람이다."

≪中興書≫에 말하였다. "손잠은 孫盛의 큰아들이다. 豫章太守 殷仲堪이 王國寶를 토벌하러 내려갔을 때, 손잠은 당시 郡에 있다가 억지로 咨議參軍에 임명되었으나 극력 사양하고 취임하지 않다가 결국 근심으로 인해 죽었다."

晉百官名曰"孫潛, 字齊由, 太原人." 中興書曰"潛, 盛長子也. 豫章太守殷仲堪, 下討王國寶, 潛時在郡, 逼爲咨議參軍, 固辭不就, 遂以憂卒."

② 〈孫放別傳〉에 말하였다. "孫放은 字가 齊莊이고, 監君[56]의 둘째 아들이다. 8살 때

---

54) 莊周 : 戰國時期 道家學派의 대표적인 인물로, 저술로 ≪莊子≫가 있으며 그 안에 〈逍遙游〉〈齊物論〉〈養生主〉 등의 名篇이 포함되어 있다. 老子와 더불어 '老莊'으로 병칭된다.

55) 生知 : '生而知之'의 준말로, 태어나면서부터 알아 배움이 필요 없는 사람을 말한다. 공자가 三知를 말하며 生知・學知・困知를 들었는데 그중 생지를 으뜸으로 들었다.(≪論語≫〈季氏〉)

56) 監君 : 孫盛을 말한다. 손성이 秘書監이었기 때문에 감군이라 하였다.(≪世說音釋≫)

太尉 庾公(庾亮)이 손방을 불러 만나보니 성품이 맑고 재주가 뛰어났다. 시험을 해보려고 마침내 종이와 붓을 주어 쓰게 하니 손방이 대번에 자신의 이름과 字를 썼다. 유공이 글씨를 써준 뒤 그에게 "莊周를 본받으려 하느냐?"라고 묻자, 손방이 글로 써서 "그분을 본받으려고 생각하고 있습니다."라고 답하였다. 유공이 "무엇 때문에 仲尼(孔子)를 본받지 않고 장주를 본받으려 하느냐?"라고 묻자, 손방이 "중니께서는 나면서부터 아는 분이니 그분에게 미치기를 바라지 못하지만, 장주의 경우는 그 아래에 해당하는 분이기 때문에 본받으려한 것일 뿐입니다."라고 대답하였다. 유공이 빈객들에게 "王輔嗣(王弼)[57]의 대답도 이 아이의 대답보다 나을 수는 없을 듯합니다."라고 말하였다. 〈손방은〉 長沙王[58]의 宰相으로 있다가 죽었다.

王弼

孫放別傳曰"放, 字齊莊, 監君次子也. 年八歲, 太尉庾公召見之, 放淸秀. 欲觀試, 乃授紙筆令書, 放便自疏名字. 公題後問之曰'爲欲慕莊周邪(야)?' 放書答曰'意欲慕之.' 公曰'何故不慕仲尼, 而慕莊周?' 放曰'仲尼生而知之, 非希企所及, 至於莊周, 是其次者, 故慕耳.' 公謂賓客曰'王輔嗣應答, 恐不能勝之.' 卒長沙王相."

22-19 孫盛이 庾公의 記室參軍이었을 때 사냥을 따라가는데 자신의 두 아들을 데리고 함께 갔다. 유공은 이를 알지 못하다가 갑자기 사냥터에서 齊莊(孫放)을 보았는데 제장의 나이가 당시에 일고여덟 살쯤이었다. 유공이 말하였다.

"너도 왔느냐?"

곧바로 제장이 대꾸하였다.

"'어른 아이 할 것 없이 멀리 가는 公을 따른다.'라고 하였습니다."

---

57) 王輔嗣(王弼) : 輔嗣는 王弼(226~249)의 字이다. 왕필은 삼국시대 魏나라의 관원이자 經學家·哲學家로, 魏晉玄學의 대표 인물이자 창시한 사람 중 하나이다. 명철하고 지혜로우며 老子를 좋아하였고 언변에 능통하였다. 저술로 ≪老子注≫·≪老子指略≫·≪周易注≫·≪周易略例≫ 등이 있다.

58) 長沙王 : 장사왕은 諸侯王의 王號로, 漢나라 때부터 여러 인물들이 이에 봉해졌는데, 西晉 때는 司馬乂와 그의 아들 司馬碩이었다. 이 일화는 사마석이 장사왕으로 있을 때이다.

孫盛이 爲庾公記室參軍이러니 從獵에 將其二兒俱行이라 庾公不知라가 忽於獵場見齊莊한대 時年七八歲라 庾謂曰 君亦復來邪(야)아하니 應聲答曰 所謂無小無大히 從公于邁[59]라하다

22-20[60] 王子敬(王獻之)이 서너 살 때 한번은 門生들이 摴蒱(저포)[61]놀이를 하는 것을 바라보다가 승부가 난 것을 알아차리고는 말하였다.

"남쪽이 지겠구나."

門生들이 그가 어린 아이라고 깔보고는 말하였다.

"이 도련님 역시 대롱을 통해 표범을 보는구먼. 가끔 〈표범〉 무늬 하나만 볼 뿐이지."

그러자 子敬이 눈을 부라리며 말하였다.

"멀리는 荀奉倩(荀粲)에게 민망하고, 가까이는 劉眞長(劉惔)에게 부끄럽다."[62]

마침내 옷자락을 떨치며 가버렸다.

王子敬數歲時에 嘗看諸門生摴蒱라가 見有勝負하고 因曰 南風不競①이라하니 門生輩輕其小兒하여 迺曰 此郎亦管中窺豹라 時見一斑이라하니 子敬瞋目曰 遠慚荀奉倩하고 近愧劉眞長이라하고 遂拂衣而去하다

① ≪春秋左氏傳≫ 襄公 18년조에서 말하였다. "楚나라가 鄭나라를 치려고 하자 師

59) 無小無大 從公于邁 : ≪詩經≫의 한 구절로, 魯나라 僖公이 泮宮으로 행차할 때 신하들이 따라간 일을 노래한 것이다. 이때의 '無小無大'는 '높은 관직에 있는 관원이든 낮은 관직에 있는 관원이든'을 말하나, 이 일화에서는 '어른 아이 할 것 없이'의 의미로 보았다.(≪詩經≫ 〈魯頌 泮水〉)

60) 【補】: 저본에는 '補'가 있으나, 이 일화는 ≪何氏語林≫에 실려 있지 않고 ≪세설신어≫에 실려 있는 것에 의거하여 '補'를 삭제하였다.

61) 摴蒱(저포) : 고대 놀이의 일종으로, 주사위를 던져서 나온 색깔로 승부를 내는 방식이다. 漢나라 때부터 있었고 晉나라 때 성행하였다.

62) 멀리는……부끄럽다 : 荀粲과 劉惔은 모두 조숙한 천재로 이름난 인물들이다. 자신을 모욕하는 것은 왕헌지 자신과 마찬가지로 조숙한 천재였던 두 사람을 모욕하는 것이라는 의미이다.

曠[63]이 말하기를 '문제없습니다. 제가 자주 南方의 음악을 노래해보니 남방의 음악은 굳세지 않고 미약한 소리가 많으니 초나라는 필시 성공하지 못할 것입니다.' 라고 하였는데, 杜預가 〈注에서〉 말하기를, '노래하는 것은 律管을 불어 八方의 음악을 읊조리는 것이다. 남방의 음악은 소리가 약하기 때문에 굳세지 않다고 한 것이다.'라 하였다."

春秋傳曰 "楚伐鄭, 師曠曰'不害. 吾驟歌南風, 南風不競, 多死聲, 楚必無功.' 杜預曰 '歌者 吹律以詠八風. 南風音微. 故曰不競也.'"

【頭註】

○ 劉辰翁 : 결국 어린아이이다.
劉云 "竟是小兒."

○ 王世懋 : 자경(王獻之)은 본래 이 두 사람을 흠모하였다.
王云 "子敬故慕此二人."

22-21 韓康伯(韓伯)이 서너 살 때 집안이 몹시 가난하였다. 大寒이 되어서야 겨우 솜을 얻어 모친인 殷夫人이 직접 옷을 짓고는 강백에게 熨斗(울두)[64]를 잡고 있게 하면서 말하였다.

"우선 솜옷도리를 입어라. 얼마 뒤에 또 겹바지를 만들어 주겠다."

熨斗

아이가 말하였다.

"이미 충분하니, 겹바지는 필요 없습니다."

모친이 그 이유를 묻자, 아이가 대답하였다.

"불이 울두 안에 있으니 울두 자루도 뜨거워지니, 이제 솜옷을 입었으니 아랫도리도 따뜻해질 것이기에 필요 없을 뿐입니다."

모친이 매우 남다르게 여기고 그가 나라의 큰 그릇이 될 것을 알았다.

韓康伯數歲에 家酷貧이라 至大寒에 止得襦하여 母殷夫人이 自成之하여 令康伯捉熨

---

63) 師曠 : 春秋시대 晉 平公 때의 樂人으로 字는 子野이다. 맹인으로 가야금의 명인이었고 五音과 六律에 대해 남보다 월등한 청력을 가진 사람이었다고 한다.

64) 熨斗(울두) : 쇠붙이로 만들며 숯불을 넣어 바닥을 뜨겁게 달구어 옷이나 천 따위의 주름이나 구김을 펴고 줄을 세우는 데 쓰는 다리미이다.

斗하고 謂康伯曰 且(箸)〔著〕[65](착)襦하라 尋作複褌(곤)[66]하리라 兒云 已足이니 不須複褌也니이다 母問其故하니 答曰 火在熨斗中而柄熱하니 今旣著襦니 下亦當煖이리니 故不須耳니이다 母甚異之하고 知爲國器라

【頭註】

○ 劉應登 : 〈'兒云'의〉 '兒'는 '乃'가 되어야 한다.
應登云 "兒作乃."

22-22 (補)[67] 簡文帝(司馬昱)가 崩御했을 때 孝武帝(司馬曜)는 10살 남짓에 즉위하였다. 밤이 되었는데도 哭하지 않자 좌우의 신하가 효무제에게 아뢰었다.

"常禮에 따라 곡하셔야 합니다."

효무제가 말하였다.

"슬픔이 지극하면 곡하기 마련이니, 상례가 무슨 상관인가."

簡文崩에 孝武年十餘歲立이라 至暝不臨[68]이어늘 左右啓호대 依常應臨이라하니 帝曰 哀至則哭하리니 何常之有리오라하다

22-23 晉 孝武帝(司馬曜)가 12살 때 겨울이었는데 낮에는 겹옷을 입지 않고 단지 명주 홑옷을 대여섯 개만 입고 밤에는 요를 여러 장 포개 깔았다. 謝公(謝安)이 간하였다.

"성상의 몸은 항상 일정하게 해야 마땅한 법인데, 폐하께서는 낮에는 너무 차게 하고 밤에는 너무 덥게 하니 몸을 섭양하는 방법이 아닌 듯합니다."

---

65) (箸)〔著〕 : 저본에는 '箸'로 되어 있으나, ≪李卓吾批點世說新語補≫(安永本) 등에 의거하여 '著'로 바로잡았다. 이때 '著'는 '착'으로 읽으며 '입다'라는 뜻이다.

66) 幝(곤) : 褌(곤)과 같으며, 가랑이가 무릎까지 내려오는 바지이다.

67) (補) : 저본에는 '補'가 있으나, 이 일화는 ≪何氏語林≫에 실려 있지 않고 ≪세설신어≫에 실려 있는 것에 의거하여 '補'를 삭제하였다.

68) 臨 : 亡者를 哭하여 애도하는 것이다. ≪儀禮≫ 〈士虞禮〉 鄭玄의 注에서 "臨은 朝夕으로 哭하는 것이다.〔臨 朝夕哭〕"라 하였다.

효무제가 말하였다.

“낮에는 움직이고 밤에는 고요히 있기 때문입니다.”

사공이 만나고 나와서 감탄하며 말하였다.

“주상의 玄理는 先帝에 못지않다.”

晉孝武年十二時에 冬天이어늘 晝日에 不著(착)複衣하고 但著單練衫(삼)五六重이요 夜則累茵褥하니 謝公諫曰 聖體는 宜令有常이어늘 陛下는 晝過冷하고 夜過熱하니 恐非攝養之術이니이다 帝曰 晝動夜靜①일새라하니 謝公出歎曰 上理不減先帝②라하다

① ≪老子≫에 “바쁘면 추위를 이기고 고요히 있으면 더위를 이긴다.”라고 하였으니, 이는 밤에는 고요히 있어 추우니 요를 포개 깔아야 한다고 말한 것이다.
老子曰 “躁勝寒, 靜勝熱.” 此言夜靜寒, 宜重(肅)〔茵〕也.[69]

② 簡文帝(司馬昱)는 玄理에 대한 말을 잘하였다.
簡文帝善言理也.

【頭註】

○ 劉辰翁 : 대답을 다 하지는 않았으나 〈논리가〉 갖추어졌다.
劉云 “不盡答而具.”

22-24 桓宣武(桓溫)가 죽었을 때 桓南郡(桓玄)은 5살이었다. 상복을 막 벗었을 때 〈숙부인〉 桓車騎(桓沖)가 같이 예전 문무 관원들을 전송하면서, 그 참에 南郡에게 〈그들을〉 가리키며 말하였다.

“이 사람들은 모두 너희 집안의 故吏들이다.”

환현이 그 소리를 듣자마자 통곡하여 곁에 있던 사람들이 무척 슬퍼하였다. 환거기는 매번 스스로 자기 자리를 가리키며 말하였다.

“靈寶(환현)가 성인이 되면 이 자리를 그에게 돌려줄 것이다.”

〈그는〉 친 자식보다 더 〈환현을〉 사랑하였다.

桓宣武薨에 桓南郡年五歲라 服始除에 桓車騎가 與送故文武別①이라가 因指與南郡호대

69) (肅)〔茵〕 : 저본에는 “夜靜寒 宜重肅”으로 되어 있으나, 唐本 ≪世說新語≫ 劉孝標 注에 “夜靜則寒 宜重茵”이라 한 것에 의거하여 ‘肅’을 ‘茵’으로 바로잡았다.(≪世說新語箋疏≫)

此皆汝家故吏佐[70)]라하니 **玄應聲慟哭**하여 **酸感傍人**이라 **車騎每自目**(巳)〔**己**〕[71)]**坐曰 靈寶成人**이면 **當以此坐還之**라하고 **鞠愛過於所生**이라

①〈桓沖別傳〉에 말하였다. "桓沖은 字가 玄叔이고 桓溫의 아우이다. 여러 번 자리를 옮겨 車騎將軍, 都督七州諸軍事를 지냈다."
桓沖別傳曰"沖, 字玄叔, 溫弟也. 累遷車騎將軍·都督七州諸軍事."

22-25【**補**】[72)] 王養(王泰)이 서너 살 때 조모가 여러 손자와 조카를 모아 놓고 상에 대추와 밤을 벌여놓자 아이들이 다투어 그것을 집었는데, 왕태만은 꼼짝하지 않았다. 조모가 그 이유를 묻자, 그가 대답하였다.
"집지 않아도 〈내려주시는 것을〉 자연히 얻게 될 것이기 때문입니다."

王養①**年數歲時**에 **祖母集諸孫姪**하고 **散棗栗於牀**하니 **群兒競取之**로대 **泰獨不動**이라 **祖母問其故**하니 **曰 不取**라도 **自當得賜**②라하다

①〈養은〉 王泰의 어릴 적 이름이다.
泰小字.

②≪梁書≫ 〈王泰傳〉에 말하였다. "王泰는 字가 仲通이다. 어려서부터 총명하고 학문을 좋아하여 직접 필사한 책이 2천 여 권이었다. 성장하여서는 온화하고 점잖아서 집안사람들이 그가 기뻐하거나 성 내는 기색을 보지 못하였다. 王筠[73)]과 명성이 나란하였는데, 沈約은 늘 말하기를 '王氏 집안에는 王養과 王炬가 있고 謝氏 집안에는 謝覽과 謝擧가 있다.'라 하였다. 王炬는 바로 王筠의 어릴 적 이름이다."
梁書曰"王泰, 字仲通. 幼敏悟好學, 手所抄寫二千許卷. 及長, 通溫和雅, 家人不見喜慍之色. 與王筠齊名, 沈約常曰'王有養炬, 謝有覽擧.' 炬卽筠小字也."

---

70) 故吏佐 : 漢 武帝때 郡國에서 孝廉과 秀才를 천거하여 대대로 직분을 계승하게 하고 이들을 '故吏'라고 칭하였다. 佐는 部下, 僚屬이다.(≪世說音釋≫)

71) (巳)〔己〕: 저본에는 '巳(사)'로 되어 있으나, ≪세설신어≫에 의거하여 '己(기)'로 바로잡았다.

72)【補】: 저본에는 '補'가 없으나, 이 일화는 ≪세설신어≫에 실려 있지 않고 ≪何氏語林≫에 실려 있는 것에 의거하여 '補'를 보충하였다.

73) 王筠 : 482~550. 梁(南朝)나라의 관원이자 시인으로, 字는 元禮 또는 德柔이고, 侍中 王僧虔의 손자이다. 秘書監·太府卿·度支尙書·太子詹事 등을 지냈으며 ≪洗馬≫·≪中書≫ 등 문집 100권이 있다.

22-26【補】李百藥[74)]이 7살 때 한번은 中書舍人 陸乂가 그의 부친 李德林을 찾아왔을 때였다. 徐陵[75)]의 글을 읽는 자가 "瑯琊의 벼를 베다."라는 구절을 말하자, 좌중에 있던 빈객들 모두 그 일이 어디에서 나왔는지 알지 못하였는데, 이백약이 나아와 말하였다.

"≪춘추좌씨전≫에 '鄅人이 藉田의 모내기를 巡行하였다.'[76)]라고 하였는데, 그 注에 '鄅國은 瑯琊 開陽縣에 있다.'라고 되어 있습니다."

사람들이 모두 그의 명민함에 탄복하였다.

李百藥七歲時에 **中書舍人陸乂**가 **嘗過其父德林**러니 **有讀徐陵文者云 刈瑯琊之稻**라하니 **坐客竝不識其事**어늘 **百藥進曰 傳稱鄅人藉稻**①라하야늘 **注云 鄅國在瑯琊開陽縣**이라하니 **人皆服其機穎**이라

① ≪春秋左氏傳≫ 昭公 18년조에 있다.
左傳昭公十八年.

22-27【補】謝元正(謝貞)은 어려서부터 총명하였다. 8살 때 〈봄날 한가히 지내면서〉라는 시를 지었는데, 외종숙인 상서 王筠이 그 시에 뛰어난 운치가 있는 것을 기특하게 여겨 친한 이에게 말하였다.

"이 아이는 앞으로 대성할 것입니다. '바람 고요한데 꽃은 여전히 떨어지네'와 같은 구절은 謝惠連을 능가하지요."

---

74) 李百藥 : 564~648. 字는 重規이고, 隋·唐나라 때의 大臣·史學家·詩人이다. 隋나라의 內史令 李德林의 아들이다. 그는 어렸을 때 잔병이 많아 祖母가 '百藥'으로 이름 지었다고 한다. 인품이 강직하고 直言을 잘 하였으며, 저술로 ≪封建論≫과 ≪北齊書≫가 있다.

75) 徐陵 : 507~583. 字는 孝穆이고, 東海郡 郯縣(지금의 山東 郯城) 사람이다. 東海徐氏 출신으로 南朝의 저명한 詩人·文學家이다. 어려서부터 詩文으로 이름났고 梁武帝(蕭衍) 때 宮體詩로 庾信과 함께 명성이 높아 '徐庾'로 병칭되었다. 시호는 孝穆이다. 현재 ≪徐孝穆集≫ 6권과 ≪玉臺新咏≫10권이 전한다.

76) 鄅人이……巡行하였다 : 원문은 '鄅人藉稻'인데, ≪春秋左氏傳≫ 昭公 18년 注에 "鄅는 妘姓國이다. 그 임금이 직접 藉田의 벼 심는 곳으로 나간 것이니, 이는 그곳을 巡行한 것이다.〔鄅 妘姓國也 其君自出藉稻 蓋履行之〕"라고 하였다.

謝元正이 **幼便聰慧**①라 **八歲**에 **爲春日閒居詩**하니 **從舅**[77] **尙書王筠**②이 **奇其有佳致**하여 **謂所親曰 此兒方當大成**이라 **至如風定花猶落**하얀 **乃追步惠連矣**③라하니라

① ≪陳書≫ 〈謝貞傳〉에 말하였다. "謝貞은 字가 元正이고, 陳郡 陽夏 사람이다. 晉太傅 謝安의 9세손이고, 부친 謝藺은 효성스럽고 의로운 사람으로 칭송되었다. 사정은 어려서부터 탁월한 성품을 지녔다. 始興王(陳叔陵)의 錄事參軍을 지냈다."
陳書曰 "謝貞, 字元正, 陳郡陽夏人. 晉太傅安九世孫, 父藺(린)以孝義稱. 貞少有至性. 仕始興王錄事參軍."

② ≪梁書≫ 〈王筠傳〉에 말하였다. "王筠은 字가 元禮이고, 瑯琊 臨沂 사람이다. 조부 王僧虔은 齊나라의 司空이었고, 부친 王揖은 大中大夫였다. 왕균은 16살 때 〈芍藥賦〉를 지었는데, 매우 훌륭하였다. 관직은 太子詹事에 이르렀다."
梁書曰 "王筠, 字元禮, 瑯琊臨沂人. 祖僧虔齊司空, 父揖大中大夫. 筠年十六, 爲芍藥賦, 甚美. 官至太子詹事."

③ ≪南史≫ 〈謝惠連傳〉에 말하였다. "사혜련은 10살 때 문장을 지을 수 있었다."
鍾嶸의 ≪詩品≫[78]에 말하였다. "小謝(사혜련)는 재능이 풍부하고 민첩하였다. 그런 인재가 일찍 죽었으니, 탁월한 재능을 지니고도 발휘하지 못한 것이 애석하다."
南史曰 "惠連十歲能屬文." 鍾嶸詩品曰 "小謝才思富捷. 恨其蘭玉早凋. 故長轡[79]未騁."

22-28 **【補】 蘇頲**이 5세 때 **裵談**이 그의 부친을 방문하였다. 소정이 한창 庾信의 〈枯樹賦〉를 암송하고 있다가 〈배담의〉 談자를 피하기 위하여 그 운을 바꾸어 읊었다.[80]

---

77) 從舅 : 어머니의 종형제를 말한다. 謝貞의 어머니는 王氏이다.

78) 鍾嶸의 ≪詩品≫ : 鍾嶸은 字가 仲偉이고 魏(三國)나라 太尉였던 鍾繇의 11대손으로, 易學에 정통하였으며 벼슬은 梁(南朝)나라 晉安王의 記室을 지냈다. ≪詩品≫의 原名은 ≪詩評≫인데 唐代에 ≪시품≫으로 바뀌었다. 중국 제일의 詩論 전문서로, 모두 3권으로 되어 있는데 漢魏 이래 103인의 五言詩를 우열에 따라 上·中·下 3品으로 분류하였으며 ≪文心雕龍≫과 竝稱되는 뛰어난 저술이다.

79) 長轡 : 轡는 말고삐로, 이것이 길어야 말 수레를 끌기에 편하고 말을 통제하기 쉬워 먼 길을 가는데 필수적인 장비이다. 여기서는 탁월한 재능을 가진 것을 긴 말고삐를 가진 것에 비유하였다.

80) 談자를……읊었다 : 원문의 韻은 南·潭·堪자인데, 소정이 '談'자와 같은 운을 피하기 위해 陰·潯·任으로 바꾼 것을 말한다.

"왕년에 심은 버드나무
漢水 남쪽에 늘어졌더니
지금 흔들려 떨어진 것 바라보니
강가에서 처량하고 쓸쓸하구나
나무도 오히려 이와 같은데
사람이 어찌 당해내리오"[81)]
〈좌중이〉 모두 감탄하고 남다르게 여겼다.

蘇頲年五歲①에 **裵談**②이 **嘗過其父**③러니 **頲**이 **方誦庾信枯樹賦**라가 **避談字諱**하여 **因易其韻曰 昔年移柳 依依漢陰**이러니 **今看搖落**하여 **悽愴江潯**이라 **樹猶如此**어늘 **人何以任**④이리오하니 **皆歎異之**⑤라

① ≪唐詩紀事≫[82)]에 말하였다. "蘇頲은 字가 廷碩이다. 어려서부터 총명하여 한 번에 천 자를 기억하였다. 吏部侍郎 馬載가 말하기를, '옛 말에 하루에 천리를 간다[83)]고 하였는데, 蘇生이 그런 사람이다.'라고 하였다. 長安(701~705) 연간에 中書舍人이 되었다. 父子가 같이 요직에 있었으므로[84)] 〈조정이〉 그것을 영예롭게 여겼다. 開元(713~741) 연간에 재상이 되었다."
唐詩紀事曰 "蘇頲, 字廷碩. 幼敏悟, 一覽至千言. 吏侍馬載曰'古稱一日千里, 蘇生是矣.' 長安中, 爲中書舍人. 父子同在禁筦(관),[85)] 榮之. 開元中爲相."

---

81) 왕년에……당해내리오 : 이 시는 桓溫이 江陵에서 북쪽으로 가다가 젊었을 때 심은 버드나무가 아름드리나무가 된 것을 보고 탄식하며 지은 것으로, 후에 庾信의 〈枯樹賦〉에 포함되었다.

82) ≪唐詩紀事≫ : 唐代의 詩歌 자료를 모은 것으로 1,150여 명의 시인을 수록했으며 모두 81권이다. 南宋의 計有功이 점차 失傳되는 당대 작가의 작품을 보존하기 위한 목적으로 편찬하였다.

83) 하루에 천리를 간다 : ≪莊子≫ 〈秋水〉에 "〈名馬인〉 騏·驥·驊·騮는 하루에 천리를 달린다.〔騏驥驊騮 一日而馳千里〕"라는 말에서 인용한 것이다. 이후에 빠르게 진보하는 사람을 표현하는 말로도 쓰였다.

84) 父子가……있었으므로 : 이때 蘇頲의 부친 蘇瓌(소괴)가 同中書門下 3品으로 있었기 때문에 이렇게 말한 것이다. ≪新唐書≫ 〈蘇頲傳〉에 "중서사인에 임명되었는데 이때 〈부친〉 왕괴가 동중서문하 3품이어서 부자가 같이 요직에 있었으므로 조정이 그것을 영예롭게 여겼다.〔拜中書舍人 時瓌同中書門下三品 父子同在禁筦 朝廷榮之〕"라고 하였다.

85) 禁筦 : 管과 같으며, 열쇠〔鍵〕를 말한다. 조정의 요직을 뜻하는 것으로 변화하였다.

② 孟啓의 ≪本事詩≫[86]에 말하였다. "배담은 唐 中宗(李顯)때 어사대부가 되었고 부처를 신봉하였다. 그의 처는 사납고 질투가 심하여 배담이 처를 마치 부친처럼 두려워하였다."

孟啓本事詩曰 "談, 中宗朝爲御史大夫, 崇奉釋氏. 妻悍妬, 談畏如嚴君."

③ ≪唐詩紀事≫에 말하였다. "蘇頲의 부친 蘇瓌는 字가 昌容이고 武功 사람이다. 올바름으로 관직에 임하여 中宗(李顯)과 睿宗(李旦)의 재상이 되었다."

唐詩紀事曰 "頲父瓌, 字昌容, 武功人. 以正立朝, 相中睿二宗."

④ ≪周書≫ 〈庾信傳〉에 말하였다. "庾信과 徐陵의 문체는 둘 다 뛰어나 세간에서 '徐庾體'라고 불렀다."

〈枯樹賦〉에 말하였다. "왕년에 심은 버드나무, 漢水 남쪽에 늘어졌더니, 지금 흔들려 떨어진 것 바라보니, 강가에서 처량하고 쓸쓸하구나. 나무도 오히려 이와 같은데, 사람이 어찌 감당하리오."

周書曰 "庾信與徐陵, 文竝綺艶, 世號徐庾體." 枯樹賦曰 "昔年移柳, 依依漢南, 今看搖落, 悽愴江潭, 樹猶如此, 人何以任."

⑤ 鄭棨의 ≪開天傳信記≫[87]에 말하였다. "蘇瓌는 처음에 蘇頲이 어디에 거처하는지 몰랐는데, 소정은 마굿간에서 머슴들과 섞여 일하고 있었다. 어느 날 손님이 소괴를 찾아왔다. 소정이 빗자루를 들고 마당을 빨리 지나다가 문서를 떨어뜨리자, 손님이 그것을 집어 살펴보니 崑崙奴[88]를 읊은 시였다. 소괴가 나오자, 손님이 〈좀 전의 아이가〉 누구냐고 묻고는 '당신의 종족의 서얼이 아닙니까? 만약 예를 갖추어 거두어 키운다면 필시 소씨 가문의 뛰어난 인물이 될 것입니다.'라고 하였다. 소괴가 이로부터 점점 소정을 가까이 하였다. 마침 어떤 사람이 토끼를 바치자 소괴가 소정을 불러 그것을 읊게 하니, 소정이 즉시 시를 지어 바쳤다. 소괴가 크게

---

86) 孟啓의 ≪本事詩≫ : 孟啓는 唐나라 때 사람으로 관직과 출신은 미상이다. 孟棨라고도 한다. 그가 편찬한 ≪본사시≫는 당나라 때 시인들의 시를 지은 동기와 배경 등의 에피소드를 7類로 나누어 서술하였다. 이 책은 光啓 2년(886)에 완성되었으며 唐代 詩人의 傳記資料로 귀중하다.

87) 鄭棨의 ≪開天傳信記≫ : 1권이며 일명 ≪開天傳信錄≫이라고도 한다. '開天'은 唐玄宗의 연호인 開元(713~741)과 天寶(742~756)를 말하며, '傳信'은 믿을 수 있는 사실을 후인에게 전한다는 의미이다. 鄭棨는 字가 蘊武이고, 河南 滎陽 사람으로 右散騎常侍, 禮部侍郎同中書門下平章事를 역임하였다.(≪舊唐書≫, ≪新唐書≫ 〈鄭棨傳〉)

88) 崑崙奴 : 외모가 崑崙國 사람 같은 이를 말한다. 곤륜국은 林邑 남쪽에 있었다.(≪世說音釋≫) ≪宋史≫ 〈外國列傳〉에는 "눈이 깊고 몸이 검은 사람을 곤륜노라 한다.〔目深體黑 謂之崑崙奴〕"라고 하였다.

놀라 대번에 더욱 예의를 갖추어 존중해 주었다. 소정은 이로부터 학문이 일취월장하여 문장이 당대에 드날렸다. 황제가 내란을 평정한[89] 뒤로 황제의 제서와 칙서 중에 소정에게서 나오지 않은 것이 없었다. 별명이 小許公[90]이다.

鄭綮開天傳信記曰 "瓌, 初未知頲處, 頲於馬廐中, 與傭僕雜作. 一日有客詣瓌. 頲擁篲趨庭, 遺墜文書, 客取視之, 乃詠崑崙奴詩也. 瓌出, 客問何人, '非足下宗族庶孼邪(야)? 若加禮收擧, 必蘇氏之令子也.' 瓌自是稍親之. 適有人獻兎, 瓌乃召頲詠之, 立呈詩. 瓌大驚, 驟加禮敬. 由是學問日新, 文章蓋代. 及上平內難, 制詔無非頲出. 代稱小許公也."

22-29【補】高定은 貞公 高郢(고영)의 아들이다. 7세 때 책을 읽다가 〈牧誓〉[91] 편에 이르러 물었다.

"어떻게 신하가 군주를 친단 말입니까?"

정공이 말하였다.

"천명에 부응하고 인심에 순응한 것일 뿐이다."

그러자 고정이 다시 물었다.

"'명령을 따르면 宗廟에서 상을 주고 명령을 따르지 않으면 社에서 죽인다.'[92] 라고 하였는데, 어찌 이것이 인심을 따른 것입니까?"

정공이 대답하지 못하였다.

高定은 **是貞公郢之子**라 **年七歲時**①에 **讀書至牧誓**②하여 **問 奈何以臣伐君**이니잇가하니 **貞公曰 應天順人耳**③라 **又問 用命**이면 **賞於祖**[93]하고 **不用命**이면 **戮於社**[94]라하니 **豈是**

---

89) 황제가 내란을 평정한 : 唐 睿宗(李旦)이 中宗(李顯)의 皇后인 韋氏(則天武后)의 세력을 물리친 것을 말한다. 韋后가 중종을 독살하고 위씨 세력을 모아 專橫하자 臨淄王 李隆基(후의 唐 玄宗)이 禁軍을 이끌고 궁성에 공격해 들어가 韋后를 죽이고 부친인 李旦을 황제로 세웠다.

90) 小許公 : 부친이 許國公에 봉해졌는데 소정이 아들로서 이를 물려받았으므로 '소허공'이라 한 것이다.(≪世說音釋≫)

91) 牧誓 : 牧은 지명이다. 周나라 武王이 殷나라의 紂를 정벌하기에 앞서 목 땅에서 군사들에게 맹세한 내용이다.(≪書經≫ 〈周書 牧誓〉)

92) 명령을……죽인다 : ≪書經≫ 〈甘誓〉에서 인용한 말이다. 감서는 夏나라 임금이 有扈(유호)와 싸울 때 이곳에서 군사들에게 맹세한 글이다.(≪書經≫ 〈夏書 甘誓〉)

93) 賞於祖 : 여기서 '祖'는 宗廟를 말한다. ≪周禮≫ 〈考工記 匠人〉의 "左祖右社" 구절에 鄭玄이 "祖는 宗廟이다"라고 주를 달았다.

順人이니잇가 貞公不能對④라

① 劉昫의 ≪唐書≫에 말하였다. "高定의 어릴 적 이름은 董二이며 총명함이 남들보다 빼어났다. 사람들이 그가 어려서부터 총명했기 때문에 대부분 어릴 때의 이름으로 불렀다. 王氏易[95]에 더욱 정통하여 ≪周易外傳≫[96] 22권을 저술하였다.
劉昫唐書曰"高定小字董二, 聰明絶倫. 人以其幼惠, 多以小字呼之. 尤精王氏易, 著易外傳二十二卷."

② 孔氏(孔穎達)이 ≪書經集傳≫〈周書 牧誓〉疏에 말하였다. "牧은 朝歌 남쪽에 있다. 武王이 牧 땅 들판에 주둔하여 전투에 나가기 전에 대중에게 맹세한 말이다."
孔氏疏曰"牧在朝歌南. 武王軍於牧野, 臨戰誓衆之言."

③ ≪주역≫〈革〉에 말하였다. "〈商나라의〉 湯王과 〈周나라의〉 武王이 革命한 것은 천명에 순응하고 인심에 순응한 것이다."
易曰"湯武革命, 應乎天而順乎人."

④ ≪舊唐書≫〈高郢傳〉에 말하였다. "高郢은 字가 公楚이고, 渤海 蓨 사람이다. 9살 때 ≪춘추≫를 이해하였고 문장을 지을 수 있었다. 茂才異行科[97]에 올라 華陰尉에 임명되었다. 한번은 魯나라가 천자의 예악을 사용하는 것은 맞지 않다고[98] 생각하여 마침내 ≪春秋公羊傳≫을 인용하여 〈魯議〉를 저술하였다. 여러 번 승진하여 벼슬이 中書侍郞에 이르렀다."
唐書曰"高郢字公楚, 渤海蓨(수)人. 九歲通春秋, 能屬(촉)文. 登茂才異行科, 授華陰尉. 嘗以魯不合用天子禮樂, 乃引公羊傳, 著魯議. 累官中書侍郞."

---

94) 戮於社 : 戮은 사람을 죽이는 것을 말한다. 社는 땅을 맡은 土地神을 모시는 곳인데, 土地神은 陰을 주관한다. 그러므로 사람을 죽일 적에는 서쪽에 있는 社에서 행하고, 상을 내릴 적에는 동쪽에 있는 宗廟에서 행하였다.

95) 王氏易 : 王弼(226~249)이 해설한 ≪주역≫을 말한다. 왕필은 字가 輔嗣이고 魏(삼국)나라의 尙書郞을 지냈으며, 正始 10년에 24세의 나이로 요절하였다. 저술로 ≪老子注≫·≪老子指略≫·≪周易注≫·≪周易略例≫가 있다.

96) ≪周易外傳≫ : 원문에는 "易外傳"이라 하였으나, ≪新唐書≫〈藝文志≫에는 ≪周易外傳≫으로 되어있다. 高定에 대해서는 '京兆府參軍'이라 하였다.

97) 茂才異行科 : 唐나라 11대 황제 代宗의 大曆(766~779) 연간에 紫宸殿에서 실시한 科擧 중 하나이다. 四科가 있었는데, 茂才異行외에도 安貧樂道·孝悌力田·高蹈不仕科가 있었다.

98) 魯나라가……않다고 : 周公의 제사에 천자의 예악을 쓰고 郊祭를 지낸 것을 말한다. 노나라는 제후국이므로 천자가 사용하는 예악과 천자만이 지낼 수 있는 교제를 쓸 수 없다.

22-30【補】嚴挺之는 자신의 처는 박대하였으나 그 아들 嚴武는 사랑하였다. 엄무가 8살 때 자신의 어머니에게 물었다.

"아버지께서는 항상 玄英에게는 후하게 대하시면서 한번도 〈어머니를〉 찾아주지 않으시니 어찌하여 이렇게 되었습니까?"

어머니가 말하였다.

"너의 아버지는 나의 외모가 못생긴 것을 싫어하여 며칠 밤을 같이 지내 너를 임신하자 그 후로 나를 버리셨다."

어머니는 말을 마치고 슬피 흐느꼈다. 엄무 역시 분한 마음을 품어 아버지가 출타하기를 기다려 현영이 잠이 들었을 때 작은 쇠망치를 가지고 가 그녀의 머리를 부수어버렸다. 엄정지가 귀가하여 깜짝 놀라니 좌우 사람들이 둘러대었다.

"도련님이 쇠망치를 가지고 장난치며 놀다가 이렇게 되었습니다."

엄정지가 아들을 불러 물었다.

"너는 어찌 이리 심하게 놀았느냐?"

엄무가 말하였다.

"어찌 天子의 조정 관원 중에 시중드는 첩에게는 후하게 대하고 자식의 어미에게는 모욕을 주는 사람이 있단 말입니까? 그래서 쳐서 죽인 것이지 장난으로 〈그렇게 한〉 것이 아닙니다."

엄정지가 말하였다.

"참으로 나 엄정지의 아들이로다."

嚴挺之가 薄妻而愛其子武라 武年八歲에 詢其母曰 大人은 常厚玄英①이나 未嘗慰省하니 何至於斯잇가하니 母曰 汝父는 嫌吾寢陋하여 枕席數宵하여 卽懷汝하니 自後相棄라 語罷에 悽咽하니 武亦憤惋하여 候父出하여 玄英方睡어늘 持小鐵鎚하여 擊破其首라 挺之歸하여 驚愕하니 左右抵言[99]호대 小郎君이 戲運鎚而致此니이다하니 挺之呼武曰 汝何戲之甚가 武曰 焉有大朝人士가 厚其侍妾하고 困辱兒之母乎잇가 故須擊殺이오 非戲也니이다하니 父曰 眞嚴挺之兒②라하다

---

99) 抵言 : 託辭(둘러대다, 핑계대다)의 의미이다.(≪世說音釋≫)

① 〈玄英은〉嚴挺之의 妾이다.
挺之妾.

② 劉昫의 ≪唐書≫에 말하였다. "嚴挺之는 華陰 사람이다. 체질이 남보다 출중하였고 평소 관리로서의 능력이 있어 姚崇이 그를 매우 인정해주고 남다르게 여겼다. 또 張九齡과 친했는데, 장구령은 그를 이끌어 함께 재상의 지위에 있게 해주고자 하여 그에게 말하기를, '李尙書(李林甫)가 주상의 총애를 두텁게 받고 있으니 그대는 한번 그를 찾아가게.'라고 하였는데 엄정지는 평소 자존심이 강하여 끝끝내 찾아가려고 하지 않아 이임보에게 매우 질시를 받았다. 아들 嚴武는 기상이 빼어났으며 보고 들은 것을 빨리 습득하였고 어려서부터 어른의 풍모가 있었다. 관직이 劍南西川節度使에 이르렀다."

張九齡

劉昫唐書曰"嚴挺之, 華陰人. 體質昂藏, 雅有吏幹, 姚崇深器異之. 又與張九齡善, 張欲引之同居相位, 謂之曰'李尙書深承聖眷, 足下宜一造門.' 挺之素負氣, 竟不肯詣, 深爲林甫所嫉. 子武神氣雋爽, 敏於聞見, 幼有成人之風. 官劍南西川節度使."

22-31【補】開元(713~741) 연간에 〈황제가〉 佛敎·道敎와 孔子의 도에 관해 담론을 잘 할 수 있는 사람을 모두 불러 대궐에서 서로 대담을 하게 하였는데, 9살인 員俶이 그 자리에 올라 변론을 쏟아내니 좌중이 모두 굴복하였다. 황제가 그를 기특하게 여겨 말하였다.

"員半千의 손자이니 당연히 그래야지."

그리고서 물었다.

"어린 아이 중에 어찌 너와 같은 아이가 있겠는가."

원숙이 무릎 꿇고 아뢰었다.

"신의 외삼촌의 아들인 李泌이 있습니다."

황제가 즉시 달려가 그를 불러오게 하였다. 이필이 왔을 때 황제가 마침 張說과 함께 바둑을 구경하고 있다가, 장열에게 이필의 재능을 시험하게 하였다. 장열이 方圓動靜에 관해 글을 짓기를 청하자, 이필이 머뭇거리다가 말하였다.

"그 대략에 관해 듣고 싶습니다."

장열이 말하였다.

"方은 바둑판과 같고 圓은 바둑알과 같으며, 動은 바둑이 사는 것과 같고 靜은 바둑이 죽는 것과 같다."

이필이 즉시 대답하였다.

"方은 의리를 실행하는 것과 같고 圓은 지혜를 사용하는 것과 같으며, 動은 재능을 발휘하는 것과 같고 靜은 뜻을 얻는 것과 같습니다."

그 말을 듣고 장열이 황제에게 신동을 얻은 것을 축하하였다. 황제가 크게 기뻐하며 말하였다.

"이 아이는 정신이 신체보다 더 크구나."

開元間에 悉召能言佛道孔子者하여 相答禁中이러니 有員俶九歲升座하여 詞辯注射하니 坐人皆屈이라 帝異之曰 半千孫이니 固應耳①라하고 因問 童子豈有類若者乎아한대 俶跪奏호대 有臣舅子李泌이니이다하여 帝卽馳召之하다 泌至에 帝方與張說觀奕이라가 因使說試其能하니 說請賦方圓動靜하니 泌逡巡曰 願聞其略이라 說因曰 方若棋局하고 圓若棋子하고 動若棋生하고 靜若棋死라하다 泌卽答曰 方若行義하고 圓若用智하고 動若騁材하고 靜若得意라하니 說因賀帝得奇童이라 帝大悅曰 是子는 精神이 要大於身②이라하다

① 劉昫의 ≪唐書≫ 〈文苑傳〉에 말하였다. "員半千은 晉州 臨汾 사람이다. 본명은 餘慶이었는데, 〈스승인〉 王義方이 그에게 말하기를 '5백년에 賢人 한 사람이 나는데, 그대가 거기에 해당된다.'라고 하여 '半千'으로 개명하였다. 唐 睿宗(李旦) 때 崇文館學士를 지냈다."

劉昫文苑傳曰 "員半千, 晉州臨汾人. 本名餘慶, 王義方謂之曰'五百年一賢, 足下當之.' 因改名半千. 睿宗朝崇文館學士."

② 劉昫의 ≪唐書≫에 말하였다. "李泌은 字가 長源이다. 어려서부터 총명하여 經書와 史書를 두루 섭렵하였고 易象을 정밀하게 연구하였으며 문장을 잘 지었다. 본인 스스로 제왕을 보좌할 인물로 자부하여 天寶(742~756) 연간에 上書하니 황제가 그를 불러들여 만나보고 翰林待詔[100]로 삼았다. 楊國忠이 그를 꺼리자, 몰래 名山으로

---

100) 翰林待詔 : 待詔는 원래 士人이나 宮女 등이 君主의 詔令을 기다리는 것을 가리키는데, 후에는 점차 관직명으로 굳어졌다. 唐 玄宗이 즉위하여 張說·陸堅·張九齡 등을 대궐로 불러들여 전국에 반포하는 表·疏·批答 등의 문장을 짓게 하고 그들

달아나 隱居를 익히는 것으로 소일하였다. 唐 肅宗(李亨)이 靈武에 이르렀을 때[101] 이필이 崇山의 潁水에서 行在所로 달려가 古今의 成敗에 관한 일에 대해 상주하니 〈숙종이〉 그를 寢所에까지 불러들여 번번이 모든 일에 자문을 구하였다. 이필이 자신을 山人이라 칭하며 관직을 고사하여 다만 散官[102]을 주어 그를 총애하였다."

劉昫唐書曰 "李泌, 字長源. 少聰敏, 博涉經史, 精究易象, 善屬文. 以王佐自負, 天寶中上書召見, 待詔翰林. 楊國忠忌之, 潛遁名山, 以習隱自適. 肅宗至靈武, 泌自嵩潁赴行在, 陳古今成敗之機, 延致臥內[103], 動皆顧問. 泌稱山人, 固辭官秩, 特以散官寵之."

22-32【補】王元澤(王雱)이 서너 살 때 어떤 빈객이 노루 한 마리와 사슴 한 마리를 같은 우리에 넣어 바쳤다. 그가 왕원택에게 물었다.

"어느 것이 노루이고, 어느 것이 사슴이겠느냐?"

원택은 사실 구별하지 못하였으나 한참 만에 대답하였다.

"노루 옆에 있는 것이 사슴이고, 사슴 옆에 있는 것이 노루입니다."

빈객이 그를 대단히 기이하게 여겼다.

王元澤數歲時에 **客有以一獐一鹿同籠以獻**이어늘 **問元澤**호대 **何者是獐**이며 **何者爲鹿**가하니 **元澤實未識**이나 **良久對曰 獐邊者是鹿**이요 **鹿邊者是獐**이라하니 **客大奇之**①라

① ≪宋史≫ 〈王雱傳〉에 말하였다. "王雱은 字가 元澤이고 王安石의 아들이다. 왕안석이 執政할 때 太子中允·崇政殿說書에 제수되었다."
宋史曰 "雱, 字元澤, 安石之子. 安石執政, 除太子中允崇政殿說書."

을 '翰林待詔'라 칭하였다.(≪舊唐書≫ 〈職官志〉)

101) 唐……때 : 당 숙종은 玄宗의 셋째 아들 李亨이다. 天寶(742~756) 연간에 安祿山의 난이 일어나자 현종이 西蜀의 성도로 피란하면서 태자인 李亨에게 分朝를 세우게 하였는데, 이형은 도중에 禁軍의 추대를 받아 靈武에서 황제에 즉위하였다. 이 소식이 촉에 있던 현종에게 전해지자, 마침내 현종은 태자 이형에게 제위를 물려주고 太上皇으로 물러앉았다.

102) 散官 : 官名만 있고 일정한 직무가 없는 벼슬을 이른다. 漢代에 고관이나 중신에게 본래의 벼슬 외에 명예직으로 더해준 데서 시작되었다.

103) 臥內 : ≪資治通鑑綱目≫ 제5권 癸巳年(B.C. 88) 條 "走趨臥內"의 注에 "臥內는 天子가 눕는 곳이다.〔臥內 天子臥處也〕"라고 하였다.

22-33【補】岳柱가 8살 때 畵師인 何澄이 〈陶母剪髮圖〉[104)]를 그리는 것을 구경하다가 〈그림속〉 陶侃 모친의 손에 있는 금가락지를 가리키며 따져 말하였다.

"이것이 있으면 술을 살 수 있는데 무엇 때문에 머리카락을 자르나요?"

하징이 크게 놀라 즉시 고쳐 그렸다.

岳柱年八歲時①에 觀畵師何澄②이 畵陶母剪髮圖③라가 指陶母手中金釧詰之曰 有此면 可易酒어늘 何用剪髮爲也아하니 何大驚하여 卽易之하다

① ≪元史≫ 〈岳柱傳〉[105)]에 말하였다. "岳柱는 字가 止所인데 일설에는 兼山이라고도 한다. 어려서부터 용모가 단정하고 행동거지가 발랐으며, 성품이 명민하였고 멀리 내다보는 식견을 지녔다. 大中(847~860) 연간에 集賢殿學士에 제수되었다."
元史曰 "岳柱, 字止所, 一字兼山. 自幼容止端嚴, 性穎悟, 有遠識. 至大中, 授集賢學士."

② ≪圖繪寶鑑≫[106)]에 말하였다. "何澄은 長沙 사람이다. 神佛畵를 잘 그렸다."
圖繪寶鑑曰 "何澄, 長沙人. 工畵神佛."

③ 陶侃의 모친에 관한 일은 따로 보인다.
陶母事別見.

---

104) 〈陶母剪髮圖〉 : 陶侃은 東晉의 名將인데, 그는 어렸을 때 집안이 빈궁하였다. 눈이 많이 온 어느 날 같은 郡사람인 范逵가 車馬와 하인을 많이 거느리고 그의 집을 방문했는데, 집안에 대접할 것이 없자 도간의 모친인 湛氏(243~318)가 자신의 머리카락을 잘라 팔아서 쌀을 사다 손님을 접대했다는 일화가 있다. 이 일화를 묘사한 그림이 〈도모전발도〉이다. 도간의 모친은 孟母(孟子의 모친), 歐母(歐陽脩의 모친), 岳母(岳飛의 모친)와 함께 중국의 4대 賢母 중 한 사람으로 꼽힌다.

105) 〈岳柱傳〉 : ≪元史≫에는 '岳柱'를 '約珠'로 표기하였는데, ≪大淸一統志≫ 〈名宦〉에 따르면 "約珠는 예전에 '岳柱'로 썼다.〔約珠舊作岳柱〕"라고 하였다.

106) ≪圖繪寶鑑≫ : 元代에 夏文彦이 至正 25년(1365)에 편찬한 회화 전문서적이다. 夏文彦은 字가 士良이고, 號는 蘭渚生이며, 吳興 사람이다. 餘姚州事를 지냈다. 많은 작품을 收藏하였고 書畵에 능하였으며 鑑賞을 잘하였다. 전체는 5권이고 2編으로 구성되어 있는데, 上編(권1)은 이전 화가들의 회화에 대한 논평과 감상이고, 下編(권2~권5)은 고대부터 元代까지의 畵家들의 傳記이다.

世說新語補 卷十三

23. 호상 豪爽

豪爽은 성격이 호탕하고 일처리가 명쾌함을 말한다. 본편에는 趙溫의 기상, 王敦의 호방함, 왕돈을 호통 친 祖逖 등 남자답고 호방한 성품에 관한 일화를 모아놓았다. 모두 총 22건의 일화가 실려 있는데, ≪세설신어≫에서 11건, ≪何氏語林≫에서 11건을 가져왔다.

23-1【補】趙溫이 평소 탄식하며 말하였다.

"대장부는 힘차게 날아야 마땅하거늘, 어찌 다소곳이 엎드려 있을 수 있겠는가."

趙溫이 居常歎曰 大丈夫當雄飛어늘 安能雌伏①가라하다

① 范曄의 ≪後漢書≫에 말하였다. "趙溫은 字가 子柔이고 蜀郡 成都 사람이다. 앞서 趙典이 衛尉가 되어, 조전의 형의 아들 趙謙, 조겸의 아우 조온이 서로 이어 三公이 되었다."
范曄後漢書曰 "溫字子柔, 蜀郡成都人. 先是趙典爲衛尉, 典兄子謙·謙弟溫, 相繼爲三公."

23-2 孔北海(孔融)가 권력을 잃고 집에 있을 때 빈객이 매일 집안에 가득하였는데도 인재를 아끼고 선비를 좋아하는 데 늘 부족한 듯이 여겨 매번 탄식하며 말하였다.

"좌석에 빈객이 항상 가득하고 술동이 안에 술이 비지 않는다면 나는 근심이 없겠다."

孔北海居家失勢에 賓客日滿其門이로대 愛才樂士하여 常若不足하여 每歎曰 坐上客

常滿하고 尊中酒不空이면 吾無憂矣라하다

23-3 王大將軍(王敦)은 젊었을 때 평소 '촌뜨기'라는 평판이 있었고 말투도 楚 지역 말을 썼다.[1] 武帝(司馬懿)가 당시의 현자들을 불러 함께 기예에 대한 담론을 하는데 사람들이 모두 아는 것이 많았으나,[2] 왕대장군만은 도무지 관련된 것이 없어 기색이 매우 나빴다. 〈왕대장군이〉 자신은 북을 칠 줄 안다고 말하자 무제가 북을 가져오게 하여 그에게 주니, 그가 자리에서 소매를 떨치고 일어나 북채를 휘두르며 북을 치는데 음절이 딱 맞고 빠르며 기상이 호탕하여 곁에 사람이 없는 듯 거리낌이 없었다. 좌중에 있던 사람들이 그의 씩씩하고 호쾌함에 감탄하였다.

王大將軍年少時에 舊有田舍名하고 語音亦楚라 武帝가 喚時賢하여 共言伎藝事에 人皆多有所知나 唯王都無所關하고 意色殊惡이라 自言知打鼓(吹)[3]라하여 帝令取鼓與之하니 於坐振袖而起하여 揚槌奮擊호되 音節諧捷하고 神氣豪上하여 傍若無人이라 擧坐歎其雄爽이라

【頭註】

○ 劉辰翁 : 王敦은 楚 지역 말을 썼다.
劉云"王敦楚語."

23-4 王處仲(王敦)을 세상 사람들은 高尙하다고 품평하였다. 한때 여색에 빠져 그로 인해 건강이 나빠지자 좌우 사람들이 간언을 하니, 왕처중이 말하였다.

"내가 깨닫지 못하였을 뿐이니, 이와 같이 하기는 매우 쉽다."

그리고서 곁문을 개방하여 婢妾 수십 명을 내쫓아 길로 내보내 제 갈 길로

---

1) 말투도……썼다 : 王敦은 琅琊 臨沂 출신인데, 그 지역은 魯나라 땅에 속하고 노나라는 戰國시대 때 楚에 정복되었다. 西晉시대에 洛下의 사대부들은 다른 지역 출신을 깔보아 예전의 秦나라나 漢나라 지역 출신을 다 楚 땅 출신이라고 비하하였다.

2) 기예에……많았으나 : 西晉시대의 사대부들은 여러 가지 기예를 할 줄 아는 것을 고상하게 여겼다.

3) (吹) : 원문에는 이 글자가 있으나, ≪晉書≫ 〈王敦傳〉에 의거하여 삭제하였다.

가게 하니, 당시 사람들이 감탄하였다.

王處仲을 世許高尙之目이라 嘗荒恣於色하여 體爲之敝하여 左右諫之하니 處仲曰 吾乃不覺爾니 如此者甚易(이)耳라하고 乃開後閤[4]하여 驅諸婢妾數十人出路하여 任其所之하니 時人歎焉①이라

① 鄧粲의 ≪晉紀≫에 말하였다. "왕돈은 대범하고 소탈한 성품을 지녔고, 재물에 관한 말을 입에 담지 않았으니, 그가 자신의 고상함을 보존하는 것이 이와 같았다."
鄧粲晉紀曰 "敦性簡脫, 口不言財, 其存尙[5]如此."

【頭註】

○ 劉辰翁 : 〈이 일은〉 본래 전할 만한데, 전하는 자가 적다.
劉云 "自是可傳, 傳之者少."

23-5 王處仲(王敦)은 술이 거나할 때마다 읊조렸다.

"늙은 준마는 마구간에 엎드려 있어도
뜻이 천리 밖에 있고
烈士는 늘그막에도
장대한 마음 멈추지 않네."

〈박자를 맞추느라〉 如意棒으로 唾壺[6]를 쳐서 타호의 주둥이가 다 망가졌다.

王處仲이 每酒後輒詠호대 老驥伏櫪이나 志在千里요 烈士暮年에 壯心不已라하고① 以如意[7]打唾(타)壺하여 壺口盡缺이라

① 魏武帝(曹操)가 지은 樂府詩[8]이다.

---

4) 後閤 : 閤門의 곁문〔傍戶〕이다.(≪世說音釋≫)

5) 存尙 : 자신의 고상한 뜻을 보존한다는 뜻이다.(≪世說音釋≫)

6) 唾壺 : 가래나 침을 뱉는 그릇으로 '唾具'라고도 한다.

7) 如意 : 원래 인도에서 전래된 것으로 등 긁는 도구를 말한다. 마음대로 긁을 수 있다 하여 '如意'라 하였으며, 후에는 완구로도 쓰이고 그 판에 글씨를 쓰기도 하였다.

8) 樂府詩 : "樂府"는 본래 漢武帝가 설립한 음악을 담당하던 관사로, 樂工을 육성하고 樂譜를 만들며 민간의 歌詞를 수집하는 일을 하였는데 후에는 음악성이 있는 詩體의 명칭이 되었다. 이 악부시는 曹操가 지은 〈龜雖壽〉에 나온다.(≪樂府詩集≫ 권37 〈步出夏門行〉)

魏武帝樂府詩.

【頭註】

○ 劉辰翁 : 4句〈의 내용〉은 모두 處仲(王敦)이 여기에 이르러야 끝내려는 것이다.
劉云 "四則皆處仲至此欲盡."

○ 王世懋 : 老賊(왕돈)은 본래 호방하였으니, 이러한 뜻이 더욱 처량하다.
王云 "老賊故自豪, 此意尤可怜."

23-6 晉明帝(司馬紹)[9]가 池臺를 지으려 하였는데, 〈부친인〉 元帝(司馬睿)가 허락하지 않았다. 명제는 당시 태자의 신분이었는데 무사를 양성하는 것을 좋아하였다. 하룻저녁 안에 연못을 만들어 새벽 무렵에 완성시키니, 오늘날의 太子西池가 이것이다.

晉明帝가 欲起池臺로대 元帝不許라 帝時爲太子러니 好養武士라 一夕中作池하여 比曉便成하니 今太子西池是也①라

① ≪丹陽記≫[10]에 말하였다. "西池는 孫登[11]이 만들었으니, 吳나라 史書에서 말하는 西苑이다. 명제는 그것을 수리하여 복구했을 뿐이다."
丹陽記曰 "西池, 孫登所創, 吳史所稱西苑也. 明帝修復之耳."

【頭註】

○ 劉辰翁 : 이와 같다면, 더 무엇을 청하였는가.
劉云 "如此, 復何請爲."

23-7 王大將軍(王敦)이 처음에 수도로 내려가[12] 〈정사를〉 나누어 처리하고 〈관

---

9) 晉 明帝(司馬紹) : 299~325. 字는 道畿이고, 東晉의 제 2대 황제로 晉元帝(司馬睿)의 長子이다. 在位는 3년 미만이었으나 이 기간 중에 王敦의 亂을 평정하였다.

10) 丹陽記 : 南北朝시대 建康(오늘날 南京市) 주변의 地方史로, 丹陽郡과 소속 縣의 地理와 風俗 특히 山河와 古跡에 대한 기술이 상세하다. 劉宋代의 山謙之가 편찬하였다. 原本은 일실되었고 현재 淸代에 抄錄한 본이 남아 있다.

11) 孫登 : 209~241. 字는 子高이고 吳(三國) 황제 孫權의 長子이다. 손권에게 여러 차례 간언을 올리고 정무 처리를 잘하였다. 33세에 죽었는데, 손권은 그의 죽음을 슬퍼하여 손등 말만 나오면 눈물을 흘렸다고 한다.

12) 수도로 내려가 : 당시 수도가 長江 하류에 있어 서북쪽에서 수도로 오는 것은 '내려

사를〉 세우려고 했을 때[13], 우선 參軍을 보내 조정에 고하고 당시 명사들에게 넌지시 뜻을 전하였다. 祖車騎(祖逖)가 아직 壽春을 다스리지 않고 있을 때였는데[14], 눈을 부릅뜨고 목소리를 엄하게 하여 사자에게 말하였다.

"경은 阿黑(왕돈)에게 전하라. 어찌 감히 불손하게 구는가. 속히 〈군대를〉 거두어 돌아가라. 즉각 이렇게 하지 않으면 내가 삼천 명의 병사를 거느리고 짓밟아 〈쫓겨〉 올라가게 할 것이다."

왕돈이 그 말을 듣고는 중지하였다.

王大將軍이 **始欲下都**하여 **處分樹置**할새 **先遣參軍**하여 **告朝廷**하고 **諷旨時賢**하니 **祖車騎**가 **尙未鎭壽春**이로대 **瞋目厲聲**하여 **語使人曰 卿語阿黑**①하라 **何敢不遜**가 **催攝回去**하라 **須臾不爾**면 **我將三千兵**하여 **槊脚**[15]**令上**하리라하니 **王**이 **聞之而止**하다

①〈阿黑은〉 王敦의 어릴 적 이름이다.
敦小字也.

【頭註】

○ 劉辰翁 : 〈樹置는〉 아마도 '檻致'를 말하는 것 같다. 〈檻致와 樹置는〉 옛 말의 俗字로, 간혹 통용되었다.
劉云 "〔樹置〕[16]似謂檻致之耳. 古言俗字, 容有通用."

오다〔下〕'라고 하고, 수도에서 서북쪽으로 돌아가는 것은 '올라가다〔上〕'라고 하였다.(≪世說箋本≫) 왕돈은 東晉 元帝 永昌 원년(322)에 황제 주변의 姦臣을 제거한다는 명분으로 수도를 공격해 들어가려 했다.

13) 나누어……때 : 왕돈은 명문 집안인 琅琊 王氏 출신으로, 西晉시기에 揚州刺史를 지냈으며 永嘉의 亂 이후 晉元帝를 도와 東晉을 세우는데 공로가 커 大將軍·江州牧에 제수되고 漢安侯에 봉해졌던 인물이다. 그러나 이후 그는 長江 중상류의 군대를 장악하고 州郡을 통할하여 스스로 貢賦를 거두는 등 야심을 드러내어 동진 조정에 큰 위협이 되었다. 이때는 왕돈이 이러한 야욕을 추진하려던 때를 말한다.(≪世說新語補觽≫)

14) 壽春을……때였는데 : 壽春은 豫州에 속한 지명이니, 조적이 豫州刺史가 되기 전이라는 말이다. 조적은 당시에 徐州刺史로 京口에 있었고, 얼마 뒤에 奮威將軍·예주자사가 되었다.(≪世說箋本≫)

15) 槊脚 : 槊는 8자 길이의 창이다. 脚은 발로 물건을 밟는 것을 말한다.(≪世說音釋≫) 여기서는 '짓밟다', '무찌르다'의 뜻으로 보았다.

16) 〔樹置〕 : 원문에는 없으나, ≪世說箋本≫에 의거하여 보충하였다.

23-8 桓宣武(桓溫)가 蜀 땅을 평정한 뒤 보좌했던 요속들을 소집하여 李勢[17)]의 궁전에서 술자리를 베푸니, 巴 지역과 蜀 지역의 사대부들이 모두 와서 모였다. 환선무는 본래 웅대한 뜻과 호쾌한 기상을 지녔는데다가 그날은 더한층 목소리에 생기를 띠고, 古今의 성공과 실패가 인재에서 비롯되고 존망이 인재에 달려 있음을 말하니, 그 호방한 기상에 좌중의 사람들 모두가 탄복하였다. 술자리가 파한 뒤에도 사람들이 내내 그의 말을 되새기니, 이에 尋陽의 周馥이 말하였다. "경들이 왕대장군(왕돈)을 만나지 못한 것이 아쉽구려."

桓宣武가 平蜀하고 集參僚하여 置酒於李勢殿하니 巴蜀縉紳이 莫不來萃라 桓旣素有雄情爽氣이오 加爾日音調英發하여 敍古今成敗由人存亡繫才하니 其狀磊落하여 一坐歎賞이라 旣散에 諸人追味餘言하니 于時潯陽周馥曰 恨卿輩不見王大將軍①이라하다

① ≪中興書≫에 말하였다. "周馥은 周撫의 손자이다. 자는 湛隱이다. 장수의 기략이 있었으며, 한때 王敦의 관속이 된 적이 있다."
中興書曰 "馥, 周撫孫也. 字湛隱. 有將略, 曾作敦掾."

【頭註】

○ 劉辰翁 : 周馥은 마음속에서 환온에 복종하지 않았기 때문에 왕돈을 칭찬하여 환온을 그만 못하다고 한 것이다. 그러나 환온이 실로 왕돈보다 낫다.
劉云 "馥心不服桓, 故稱王以劣桓. 然桓寔勝王."

○ 王世懋 : 왕돈은 실패하긴 하였으나 그래도 사람들을 두렵게 하는 힘이 남아 있었다. 桓溫이 그 때문에 '쓸 만한 사람'이라고 감탄한 것이다.[18)]
王云 "敦雖敗, 猶令人有餘畏. 桓溫所以嘆爲可兒."

23-9 桓公(桓溫)이 ≪高士傳≫[19)]을 읽다가 於陵仲子(陳定)에 관한 대목에 이르

---

17) 李勢 : 字는 子仁이다. 蜀 땅을 다스리던 李壽의 장자로 부친이 죽자 대를 이어 成都를 중심으로 웅거하였다. 환온이 촉 땅을 다스리던 이세를 평정하고 그 궁전에서 연회를 연 것을 말한다.

18) 桓溫이……것이다 : 본서 〈賞譽〉-76의 일화 내용을 가리킨다. 桓溫이 행차하다가 王敦의 무덤가를 지나면서 "쓸 만한 사람이었지. 쓸 만한 사람이었지.〔可兒 可兒〕"라 하였다. 이때 '兒'는 '人'의 의미이다.

19) ≪高士傳≫ : 3권으로 되어 있으며, 西晉의 皇甫謐이 편찬하였다. 四庫全書 중 史部

러서는 책을 내던지며 말하였다.

"어느 누가 이렇게 각박하게 처신할 수 있겠는가."

桓公이 **讀高士傳**이라가 **至於**(오)**陵仲子**하여 **便擲去曰 誰能作此溪刻**[20] **自處**①아하다

① 皇甫謐의 ≪高士傳≫에 말하였다. "陳仲子(陳定)는 字가 子終이고 齊(戰國)나라 사람이다. 형 陳戴가 제나라의 재상이 되어 녹봉이 萬 鍾[21]이었는데, 진중자는 형이 받는 녹봉을 의롭지 못하다고 여겨 마침내 楚나라로 가서 於陵(오릉)에서 살았다. 한번은 3일 동안 식량이 없어 〈굶다가〉 엉금엉금 기어서 우물가의 자두를 먹고는 세 번 삼킨 뒤에야 눈이 훤해졌다. 자신은 직접 신발을 짜고 아내에게는 베를 짜게 하여 옷감과 식량을 바꾸어 살았다. 언젠가 모친을 찾아갔을 때 형에게 산 거위를 선물한 자가 있었는데, 진중자가 인상을 쓰며 말하기를 '이 꽥꽥거리는 것을 어디에 쓴단 말인가.'라고 하였다. 나중에 모친이 거위를 잡아 요리하였는데, 진중자는 그 사실을 모른 채 그것을 먹었다. 형이 밖에서 돌아와 말하기를, '〈이것이〉 꽥꽥거리는 것의 고기인가?' 하자 진중자는 문 밖에 나가 〈먹은 것을〉 게워냈다. 楚王이 그의 명성을 듣고 초빙하여 재상을 삼으려 하자, 부부가 달아나 남의 농사를 지으며 살았다."
皇甫謐高士傳曰"陳仲子字子終, 齊人. 兄戴相齊, 食祿萬鍾, 仲子以兄祿爲不義, 乃適楚, 居於陵. 曾乏糧三日, 匍匐而食井李之實, 三咽而後能視. 身自織屨, 令妻擗纑, 以易衣食. 嘗歸省母, 有饋其兄生鵝者, 仲子嚬顣曰'惡(오)用此鶂鶂(역역)爲哉?' 後母殺鵝, 仲子不知而食之. 兄自外入曰'鶂鶂肉邪(야)?' 仲子出門, 哇(왜)而吐之. 楚王聞其名, 聘以爲相, 乃夫婦逃去, 爲人灌園."

【頭註】

○ 劉辰翁 : '溪刻'이 무슨 뜻인지 알 수 없으나, 요컨대 쓴소리이다.
劉云"溪刻雖不可知, 要是苦語."

23-10 **【補】**[22] 王世將(王廙)은 활달하고 호방하였다. 王丞相(王導)과 庾太尉(庾亮)

傳記類 總錄에 속한다. 三代·秦·漢부터 曹魏까지 살았던 高節한 人士 72인의 전기를 수록하였고 宋朝 ≪太平御覽≫에 全書가 포함되어 있다.

20) 溪刻 : 엄격하고 각박하다는 뜻이다.

21) 鍾 : 예전의 분량을 헤아리는 데 쓰는 그릇 또는 부피의 단위로, 1종은 6斛(1곡은 10斗) 4두이다.

22) 【補】 : 저본에는 '補'가 없으나, 이 일화는 ≪世說新語≫에는 실려 있지 않고 ≪何氏語林≫에 실려 있는 것에 의거하여 '補'를 보충하였다.

가 石頭에서 노닐 때 마침 왕세장이 도착하였는데, 그날 바람이 거세게 불어 돛이 날아갈 듯하였다. 〈그런데도〉 왕세장이 船樓에 기대 길게 휘파람을 부니 그 기상이 매우 빼어났다. 왕승상이 위태위에게 말하였다.

"왕세장이 다시 이치에 통달하게 되었군요."

유태위가 말하였다.

"〈이러한 바람은〉 그의 기상을 펼치기에 충분할 뿐이지요."

王世將이 高朗豪率이러니 王丞相과 庾太尉遊于石頭에 會世將至한대 爾日迅風飛颿(범)이어늘 世將이 倚船樓長嘯하니 神氣甚逸이라 丞相謂太尉曰 世將爲復(부)識事[23]라하니 太尉曰 正足舒其逸耳①라하다

① ≪王廙別傳≫에 말하였다. "王廙(왕이)는 字가 世將이고, 조부는 王覽, 부친은 王正이다. 왕이는 성품이 거만하여 자기 뜻에 맞지 않는 자는 면전에서 거절하였기 때문에 남에게 질시를 받았다. 平南將軍을 지냈다."
王廙別傳曰"廙, 字世將, 祖覽, 父正. 廙性倨傲, 不合己者, 面拒之. 故爲物所疾. 加平南將軍."

23-11 【補】[24]桓宣武(환온)가 殷浩·劉惔와 담론할 때 〈자신의 담론이〉 그들만 못한 것이 심하면 좌우를 불러 황색 가죽으로 만든 기마복을 가져오게 하고는 말을 타고 창을 휘두르며 몇 바퀴 돌다가 은호를 향하기도 하고 유담을 겨누기도 하고나서야 비로소 의기가 장대해지곤 하였다.

桓宣武與殷劉談할새 不如甚하면 喚左右하여 取黃皮袴褶(고습)[25]하고 上馬舞矟(삭)數廻라가 或向殷或擬[26]劉에야 意氣始得雄이라

---

23) 識事 : '解事'와 같으니 즉, '이치에 통달하다〔達理〕'는 의미이다.(≪世說箋本≫)

24) 【補】: 저본에는 '補'가 없으나, 이 일화는 ≪世說新語≫에는 실려 있지 않고 ≪何氏語林≫에 실려 있는 것에 의거하여 '補'를 보충하였다.

25) 袴褶(고습) : 服裝의 명칭으로, 위에는 사마치〔褶〕를 입고, 아래에는 기마용 바지〔褲〕를 입는 것이다. 漢나라 末부터 기마복을 가리키는 명칭으로 사용되어 南北朝 시대에 성행하였으며, 唐나라 말에 점차 없어졌다.

26) 擬 : 창을 들어 그 사람을 향하고 마치 찌르려는 듯이 하는 것을 말한다.(≪世說音釋≫)

23-12【補】[27]王右軍(王羲之)이 會稽內史로 있을 때 謝公(謝安)이 편지지를 달라고 청하였다. 왕우군이 창고를 점검해보니 편지지 9만장이 있었는데 모두 사공에게 주었다. 桓宣武(桓溫)가 그 말을 듣고는 말하였다.

"逸少(왕희지)가 무절제하군."

王右軍이 爲會稽內史에 謝公就乞[28]牋紙한대 右軍이 檢校庫中하니 有九萬이어늘 悉以乞[29]謝公하니 桓宣武가 聞之曰 逸少不節이라하다

23-13 陳林道(陳逵)가 〈建康의〉 西岸에 있을 때[30] 수도에 사는 사람들이 모두 그를 초대하여 牛渚[31]에서 만났다. 진임도는 〈담론의〉 논리가 뛰어나 사람들이 모두 그를 꺾어보고자 하였으나 진임도는 여의봉으로 턱을 괴고 鷄籠山[32]을 바라보며 탄식하였다.

"孫伯符(孫策)는 〈큰〉 뜻과 공업을 이루지 못하였구나."[33]

이리하여 결국 좌중은 담론을 할 수 없었다.[34]

陳林道在西岸①에 都下諸人이 共要[35]至牛渚會러니 陳理既佳하여 人欲共言折이나 陳

27) 【補】: 저본에는 '補'가 없으나, 이 일화는 ≪世說新語≫에는 실려 있지 않고 ≪何氏語林≫에 실려 있는 것에 의거하여 '補'를 보충하였다.

28) 就乞 : '구하다〔求〕'라는 뜻이다.(≪世說音釋≫)

29) 以乞 : '주다〔與〕'라는 뜻이다.(≪世說音釋≫)

30) 西岸에 있을 때 : 진규는 이때 西中郎將·領淮南太守으로 歷陽(安徽省 和縣)에 있었다. 역양은 수도인 健康의 강 건너편 서남쪽에 있으므로 '西岸'이라 한 것이다.

31) 牛渚 : 歷陽의 건너편에 있는 地名이다.

32) 鷄籠山 : 역양의 서북쪽 교외에 있는 산이다.

33) 孫伯符(孫策)는……못하였구나 : 孫策(175~200)은 부친인 孫權의 뒤를 이어 江南 지역을 통일하는데 성공하여 吳(삼국)왕조의 기초를 세웠고, 강남 지역 뿐 아니라 널리 中原을 통일하려는 큰 뜻을 품었으나 결국 그 대업을 이루지 못하고 죽었다. 여기서 진규는 자신도 손책과 마찬가지로 中原을 평정해야 하는 사명을 완수하지 못했다고 한탄한 것이다.(≪世說箋本≫)

34) 이리하여……없었다 : 좌중의 빈객들이 진규의 이런 호방함에 눌려 담론할 맛을 잃은 것이다.(≪世說箋本≫)

35) 要 : 邀와 같다. 부르다, 초대하다의 의미이다.(≪世說音釋≫)

以如意拄頰하고 **望鷄籠山歎曰 孫伯符志業不遂**②라하니 **於是竟坐不得談**이라

① ≪陳逵別傳≫에 말하였다. "陳逵는 字가 林道이고, 潁川 許昌 사람이다. 조부 陳淮는 太尉였고, 부친 陳畛(진진)은 光祿大夫였다. 진규는 어려서부터 재능이 있었고 깨끗한 인품과 명민함으로 명성을 얻었다. 廣陵公을 세습하였으며 黃門郎과 西中郎將을 역임하였고 梁州와 淮南州 2개 州를 다스리는 太守를 지냈다.

≪晉陽秋≫에 말하였다. "진규는 서중랑장, 淮南을 다스리는 태수가 되어 歷陽을 지켰다."

陳逵別傳曰"逵, 字林道, 潁川許昌人. 祖淮太尉, 父畛光祿大夫. 逵少有幹, 以淸敏立名. 襲封廣陵公, 黃門郎・西中郎將・領梁淮南二州太守." 晉陽秋曰"逵爲西中郎將・領淮南太守, 戍歷陽."

② ≪吳錄≫[36]에 말하였다. "長沙桓王 孫策은 어려서부터 걸출한 용모와 기품이 있었고 19세에 왕업을 계승하여 사람들이 그를 '孫郎'이라 불렀다. 江東 지역을 평정할 때 許貢[37]의 빈객에게 화살을 맞아 얼굴을 다쳤다. 거울로 자신의 얼굴을 비춰 보고는 좌우에게 이르기를, '얼굴이 이와 같으니 어찌 다시 功業을 세울 수 있겠는가.'라고 하고서 張昭[38]에게 말하였다. '중국이 한창 혼란스러우니 吳・越 땅의 군사와 三江의 견고함으로 충분히 성패를 볼 만하다. 공들이 내 아우를 잘 보필하라.' 大皇帝(孫權)를 불러 印信과 인끈을 주며 말하였다. '강동의 군사를 동원하여 두 진영 사이에서 〈전투의〉시기를 결정하는 것은 경이 나만 못하지만, 어진 사람을 임명하고 인재를 부려 각각 충성을 바치게 하는 것은 내가 경만 못하다. 부디 북쪽으로 건너가지 말라.' 말을 마치고 죽으니, 26세였다."

吳錄曰"長沙桓王策, 少有雄姿風氣, 年十九而襲業, 衆號孫郎. 平定江東, 爲許貢客射破其面, 引鏡自照, 謂左右曰'面如此, 豈可復立功乎?' 乃謂張昭曰'中國方亂, 夫

---

36) ≪吳錄≫ : 吳(三國)나라 歷史를 기술한 史書로, 晉나라 사람 張勃이 편찬하였다. 현재 1권이 남아 있으며, 이는 淸나라 때 重修한 본이다. ≪三國志≫의 ≪吳書≫ 중 상당 부분을 이 책에서 근거하였다고 한다.

37) 許貢 : 東漢末의 官吏로, 吳郡都尉・太守였을 때 몰래 曹操에게 전갈하여 孫策을 경계하게 하였다가 도리어 손책에게 발각되어 피살되었다.(≪三國志≫ 〈蜀志 許靖傳〉, ≪三國志≫ 〈吳志 孫策傳〉)

38) 張昭 : 156~236. 後漢 말기에서 吳(三國)나라에 걸쳐 활동했던 관원으로, 字는 子布이고 諡號는 文侯이다. 孫策이 揚州에서 擧兵했을 때 그의 參謀로 초빙되었고, 손책의 신임을 받아 정치・군사 일체를 관장하였다. 손책이 急死할 때 그를 침석에 불러 아우 孫權을 補佐하도록 부탁하였고, 손권에게 內政에 대해서는 張昭에게 相談하라고 명하였다.

以吳・越之衆, 三江之固, 足以觀成敗. 公等善相吾弟.' 呼大皇帝授以印綬曰'擧江東之衆, 決機於兩陣[39]之間, 卿不如我, 任賢使能, 各盡其心, 我不如卿. 愼勿北渡!' 語畢而薨, 年二十有六."

【頭註】

○ 劉辰翁 : 〈진규의 호방함이〉 탄복할 만하다.
劉云"可嘆."

23-14 桓石虔은 司空 桓豁(환할)의 庶子 중 맏이였고 어릴 적 이름은 鎭惡이었다. 17,8세에 아직 천거를 받지 못하였으나 어린 머슴들은 이미 그를 '鎭惡郞'이라 불렀다. 언젠가 宣武(환온)의 집 書齋에 살다가 枋頭[40]에 종군하였을 적에 車騎將軍 桓沖이 적진에 빠졌으나[41] 좌우의 누구도 앞장서 구제할 수 있는 사람이 없었다. 선무가 그에게 말하였다.

"너의 숙부가 적에 수중에 빠졌는데 너는 그 사실을 아느냐?"

환석건이 그 말을 듣고 기세가 매우 등등하여 朱辟에게 명하여 副將을 삼고 수만 명의 적병 속으로 말을 달려가니, 어느 누구도 그에게 대항할 자가 없었다. 곧장 환충을 데리고 돌아오니 三軍이 탄복하였다. 河西와 朔方 지역에서는 나중에 그의 이름으로 학질을 물리쳤다.[42]

桓石虔은 司空豁之長庶也①라 小字鎭惡이라 年十七八에 未被擧로대 而童隸已呼爲鎭惡郞이라 嘗住宣武齋頭라가 從征枋頭할새 車騎沖沒陳[43]이어늘 左右莫能先救하니

---

39) 兩陣 : 이쪽과 저쪽이 대적하므로 '兩陣'이라 한 것이다.

40) 枋頭 : 방두는 河南省의 지명으로, 홍수를 막기 위해 漢 建安 9년(204)에 魏武王이 이곳에 제방을 쌓아 홍수를 막고 漕運을 통하게 한 데서 유래한 명칭이다. 東晉 太和 4년(369)에 桓溫과 前燕의 慕容垂가 이곳에서 전투하여 환온의 군대가 大敗한 곳이기도 하다.

41) 車騎將軍……빠졌으나 : 桓沖이 前秦의 초대 황제인 苻健에게 포위되어 거의 함락될 지경에 빠졌던 것을 말한다.

42) 그의……물리쳤다 : 당시 학질이 유행하였는데, 사람들이 병자에게 '환석건이 온다.'라고 말하면 병이 나았다고 한다. 당시인들이 환석건을 극히 두려워하였음을 보여준다.(≪晉書≫ 〈桓石虔傳〉)

43) 陳 : 陳은 '陣'의 이체자이다. 沒陳은 적진에 빠졌다는 뜻이다.

宣武謂曰 汝叔落賊이어늘 汝知不아 石虔聞之하고 氣甚奮하여 命朱辟爲副하고 策馬於數萬衆中하니 莫有抗者라 徑致沖還하니 三軍歎服이라 河朔後以其名으로 斷瘧②이라

① ≪桓豁別傳≫에 말하였다. "桓豁은 字가 朗子이고, 桓溫의 아우이다. 여러 번 자리를 옮겨 荊州刺史가 되었으며 司空에 추증되었다."
豁別傳曰 "豁, 字朗子, 溫之弟. 累遷荊州刺史, 贈司空."

② ≪中興書≫에 말하였다. "桓石虔은 재간이 있었고 史學에 조예가 있었으며 여러 번 戰功을 세웠다. 벼슬이 豫州刺史에 이르렀으며 後軍將軍에 추증되었다."
中興書曰 "石虔有才幹, 有史學, 累有戰功. 仕至豫州刺史, 贈後軍將軍."

【頭註】

○ 劉辰翁 : 〈桓石虔의〉 어릴 때 이름이 '鎭惡'이더니 마침내 학질을 물리칠 수 있었다. 다만 당시에 桓溫이 이 아이를 부끄러워했는지 아닌지는 모르겠다.
劉云 "小名鎭惡, 遂能斷瘧. 第不知當時桓溫媿此兒不."

23-15 王司州(王胡之)가 謝公(謝安)의 연회에 참석했을 때 이렇게 읊었다.

"들어올 때도 말 없이 나갈 때도 인사 없이
돌개바람 타고 구름 깃발 싣고 가는구나."[44)]

읊고 나서는 다른 사람에게 말하였다.

"이러한 때가 되면 좌중에 아무도 없는 것처럼 느껴집니다."

王司州가 在謝公坐詠에 入不言兮出不辭하고 乘回風兮載雲旗①라하고 語人云 當爾時하야 覺一坐無人이라하다

① ≪離騷≫ 〈九歌〉[45)] 중 〈少司命〉의 歌辭이다.

---

44) 들어올……가는구나 : 天神인 司命이 인간세계를 방문할 때도 말이 없이 오고, 떠날 때도 인사도 없이 傲然하게 바람과 구름을 타고 천상세계로 돌아가는 모습을 노래한 것이다.

45) ≪離騷≫ 〈九歌〉 : 〈離騷〉는 ≪楚辭≫의 한 編名인데, 여기서는 ≪초사≫의 별칭으로 사용한 듯하다. 〈이소〉는 戰國時代의 辭賦로, 楚國의 귀족인 屈原의 작품인 ≪楚辭≫ 중 가장 알려진 작품이며 총 2477字로 이루어진 自傳的인 내용의 抒情詩이다. 〈九歌〉 역시 ≪초사≫의 한 篇名으로, 원래 중국의 神話傳說 속 歌曲의 명칭이었는데, 굴원이 楚나라 민간에서 신에게 제사할 때 쓰던 樂歌에 의거하여 다시 改作하여 완

離騷九歌少司命之辭耳.

【頭註】

○ 劉辰翁 : 이것이 또 어찌 남에게 말할 만하겠는가.
劉云 "此復何足語人!"

23-16 桓玄이 서쪽으로 내려가 石頭에 들어갔을 때[46] 밖에서 보고하기를 "司馬梁王(司馬珍之)이 배반하고 달아났습니다."라고 하였다. 환현이 이때 事勢가 이미 자신에게 기울었다고 여겨 배의 누각에서 피리와 북을 같이 연주하게 하며 곧장 소리 높여 읊었다.

"관현악 소리 귓가에 쟁쟁한데 梁王은 어디에 있는가."[47]

桓玄이 西下하여 入石頭할새 外白司馬梁王奔叛①이라하니 玄이 時事形已濟하고 在平乘[48]上하여 笳鼓竝作하고 直高詠云 簫管有遺音이어늘 梁王安在哉②오라하다

① ≪續晉陽秋≫에 말하였다. "梁王 司馬珍之는 字가 景度이다."
≪中興書≫에 말하였다. "처음에 桓玄이 帝位를 찬탈하자 國人 중에 孔璞이라는 자가 사마진지를 받들어 潯陽으로 달아났다가 義軍이 일어난 뒤에 조정으로 돌아왔다. 벼슬이 太常卿에 이르렀다. 죄를 지어 伏誅되었다."
續晉陽秋曰 "梁王珍之, 字景度." 中興書曰 "初 桓玄簒位, 國人有孔璞者, 奉珍之奔潯陽, 義旗旣興, 歸朝廷. 仕至太常卿. 以罪誅."

② 阮籍의 〈詠懷詩〉의 구절이다.
阮籍詠懷詩也.

【頭註】

○ 劉辰翁 : 이것을 통달이라고 여겼으니, 가소롭다.

성하였으며, 〈東皇太一〉·〈雲中君〉·〈湘君〉·〈湘夫人〉·〈大司命〉·〈少司命〉·〈東君〉·〈河伯〉·〈山鬼〉·〈國殤〉·〈禮魂〉 11편으로 되어 있다.

46) 桓玄이……때 : 환현은 荊州刺史로 있다가 東晉 元興 원년(402)에 반란을 일으켜 수도인 健康 근처까지 공격해 들어갔다. 石頭는 건강의 서쪽 교외에 있다.

47) 관현악……있는가 : 이 구절은 阮籍의 〈詠懷詩〉 82首 중 한 구절로, 원래 ≪戰國策≫ 魏策에 보이는 梁王 魏嬰의 고사를 노래한 것이다. 여기서 양왕은 司馬梁王을 빗대어 말한 것이다.

48) 平乘 : 누각이 있는 배의 명칭이다.(≪世說音釋≫)

劉云 "以此爲達, 可笑."

23-17【補】宗元幹(宗慤)이 어렸을 때 숙부 宗少文이 그에게 뜻한 바를 묻자 종원간이 대답하였다.

"큰 바람을 타고 만리의 파도를 헤쳐가고 싶습니다."

宗元幹小時에 叔父少文이 問其所志하니 元幹答曰 願乘長風[49)]하고 破萬里浪①이라하다

① 孫巖의 ≪宋書≫에 말하였다. "宗慤은 字가 元幹이고 南陽 沮사람이다. 兄 宗泌(종필)이 장가 들어 아내가 처음 왔을 때 밤에 겁탈을 당하게 되었는데, 당시 14살이었던 종각이 홀로 나서서 항거하자 무리가 모두 흩어졌다. 숙부 宗少文은 평소 절조가 높은 것으로 이름났고 子弟들은 학문과 의리를 본업으로 삼았으나, 종각은 기분 내키는 대로 행동하고 용맹을 좋아하여 향리에서 인정을 받지 못하였다." 孫巖宋書曰 "宗慤, 字元幹, 南陽沮人. 兄泌娶妻始入門, 夜被劫, 慤年十四, 挺身與拒, 衆皆披散. 叔少文素著高節, 子弟以文義爲業, 慤任氣好勇, 不爲鄕曲所知."

23-18【補】李永和(李謐)는 대문을 닫고 〈人事를〉 사절하였으며, 발길을 끊고 휘장을 내린 채 집안 살림을 내평개치고 서책에만 신경 썼다. 손수 서적을 刪削할 때마다 매번 탄식하며 말하였다.

"장부가 만 권의 서적을 지녔는데, 어느 겨를에 높은 벼슬을 하여 많은 城을 다스릴 수 있겠는가."

李永和가 杜門却掃하고 絶跡下帷[50)]하며 棄産營書이라 手自刪削에 每歎曰 丈夫擁書萬卷이어니 何假南面[51)]百城①이리오하다

---

49) 長風 : 大風을 말한다.(≪康熙字典≫)

50) 下帷 : '장막을 내리다', '휘장을 치다'라는 뜻으로, 독서하는 것을 말한다. 西漢의 학자 董仲舒가 장막을 드리운 채 강론을 하였으므로 제자들 중에서도 그의 얼굴을 한 번도 보지 못한 자가 있었으며, 독서에 심취한 나머지 3년 동안 집의 뜨락을 내다보지도 않았다는 고사가 전한다.(≪史記≫ 〈儒林列傳 董仲舒〉)

51) 南面 : 古代에는 북쪽에 앉아 남쪽에서 하는 인사를 받는 것을 존귀한 지위로 생각하였으므로, 남면은 곧 帝王이나 諸侯 또는 卿大夫의 지위를 가리켰다. 후에는 존귀한 지위나 관원의 지위를 말하는 것으로 확대되었다.

① ≪北史≫ 〈李謐傳〉에 말하였다. "李謐은 字가 永和이다. 어려서부터 학문을 좋아하여 諸子百家를 두루 섭렵하였다. 처음에 소학박사 孔璠을 스승 삼았는데, 몇 년 뒤에는 공번이 도리어 이밀에게 나아와 배우기를 청하였다. 같은 문하의 생도들이 말하기를, '靑色이 藍色을 만들었으나 남색이 청색만 못하구나. 스승이 어찌 일정하겠는가. 經書에 밝은 데 달려 있다.'라고 하였다. 著作佐郎에 초빙되었으나 아우 李郁에게 제수하는 것으로 사양하니 황제가 조서를 내려 허락하였다. 州에서 재차 그를 秀才로 천거하였고 公府에서 두 번이나 그를 초빙하였으나 모두 나가지 않았다. 오로지 가야금 연주와 독서로 본업을 삼고 세상과 단절하려는 마음을 지녔다. 그가 죽자 박사 공번 등이 諡號를 내려줄 것을 상주하여 '貞靜處士'가 되었다."
北史曰 "李謐, 字永和. 少好學, 周覽百氏. 初師小學博士孔璠, 數年後璠還就謐請業. 同門生爲之語曰'靑成藍,[52] 藍謝靑, 師何常? 在明經.' 徵拜著作佐郎, 辭以授弟郁, 詔許之. 州再擧秀才, 公府)二辟, 竝不就. 唯以琴書爲業, 有絶世之心. 及卒, 博士孔璠等奏謚, 爲貞靜處士."

23-19【補】裴寬이 군수에서 파직되어 서쪽으로 돌아갈 때 나무 밑에 앉아 있던 선비 한 사람을 만났는데, 그는 몹시 가난해 보였다. 함께 대화해보고는 그를 특별하게 여겨 배에 있던 금과 비단을 모두 다 주자, 그 사람은 이를 사양하지 않았다. 그가 배에 올라 말을 듣지 않는 노비를 대번에 채찍질하니, 바로 張徐州(張建封)였다.

裴寬이 **罷郡西歸**①에 **見一士坐樹下**한대 **甚貧**이라 **與語奇之**하고 **擧一船金帛**하여 **盡與之**하니 **此人不辭**하다 **登舟**하여 **奴婢偃蹇者**를 **輒鞭之**하니 **乃張徐州也**②라

① 宋祁의 ≪唐書≫에 말하였다. "裴寬은 聞喜 사람이며 성품이 화통하고 명민하였다. 景雲(710~711) 연간에 潤州參軍이었는데, 刺史 韋詵(위신)이 누각에 올라 보니 뒷밭에서 〈무언가를〉 파묻고 있는 사람이 있어 찾아가보니 裴參軍의 거처였다. 무슨 일인가 묻자 그가 대답하기를, '저 배관은 도의상 뇌물 때문에 가문을 더럽히지 않습니다. 마침 어떤 사람이 사슴고기를 선물로 놔두고 가버려 감히 스스로를 속일 수 없기에 〈그것을〉 파묻었습니다.'라고 하였다. 위신이 감탄하고 특별하게 여겨 그에게 딸을 시집보냈다. 天寶(742~756) 연간에 벼슬하여 관직이 戶部

52) 靑成藍 : ≪荀子≫ 〈勸學〉篇의 "청색은 남색에서 얻었으나 남색보다 푸르다.〔靑取之于藍 而靑于藍〕"에서 나온 말이다. 後人이 前人보다 낫다는 의미로 사용된다.

尙書와 御史大夫를 역임하였는데, 李林甫가 그를 미워하여 睢陽太守로 좌천되었다. 東海太守로 옮겨갔다가 중앙에 들어가 禮部尙書가 되었다."

宋祁唐書曰 "寬, 聞喜人, 性通敏. 景雲中爲潤州參軍, 刺史韋詵(신)[53]登樓, 見人於後圃有所瘞藏者, 訪是裴參軍居. 問狀, 答曰 '寬義不以苞苴[54]汙家. 適有人以鹿爲餉, 致而去, 不敢自欺. 故瘞之.' 詵嗟異, 妻以女. 天寶中歷仕至戶部尙書·御史大夫, 李林甫惡之, 貶睢陽太守. 遷東海, 入爲禮部尙書."

② ≪新唐書≫ 〈張建封傳〉에 말하였다. "張建封은 字가 本立이고 鄧州 南陽 사람인데, 兗州에서 타향살이를 하며 은둔하였다. 부친은 張玠이다. 장건봉은 어려서부터 문장을 좋아하고 변론에 능했으며, 강개하고 義氣를 숭상하여 스스로 功名으로 현달하게 될 것이라 자부하였다. 湖南觀察使 韋之晉이 초빙하여 兵曹參軍에 임명하였으나 직분을 좋아하지 않아 별안간 떠나갔다. 馬燧가 평소 그를 알아주어 〈황제에게〉 상주하여 判官으로 삼고 監察御史에 발탁하였다. 李希烈이 평정되자[55] 그 功으로 御史大夫·徐泗濠節度使로 승진하였다. 서주를 다스린 10년 동안에 군대가 크게 다스려졌고 手下가 모두 그를 두려워하고 좋아하였으며 선비들이 마치 〈제집으로〉 돌아오듯이 찾아왔다."

唐書曰 "張建封, 字本立, 鄧州南陽人, 客隱兗州, 父玠. 建封少喜文章, 能辯論, 慷慨尙氣, 自許以功名顯. 湖南觀察使韋之晉, 辟授兵曹參軍, 不樂職輒去. 馬燧雅知之, 表爲判官, 擢監察御史. 李希烈平, 以功進御史大夫·徐泗濠節度使. 治徐凡十年, 一軍大治, 下皆畏悅, 士往如歸."

23-20 **【補】** 李白이 華山의 落雁峯에 올라 말하였다.

"이곳은 최고의 호흡하는 기운이 있어 天帝의 星座와 통할 것으로 생각되니, 사람을 놀라게 하는 謝朓의 시를 가져오지 않은 것이 한스러워, 머리를 긁적이며 푸른 하늘에 물을 뿐이로다."

---

53) 詵(신) : 詵은 '선'으로 읽을 수도 있고 '신'으로 읽을 수도 있는데, ≪世說音釋≫에서 音을 '莘(신)'이라 하였다.

54) 苞苴 : 苞는 '包'와 통하며 뇌물을 뜻한다. ≪荀子≫ 〈大略〉의 楊倞의 注에 "뇌물은 반드시 물건을 포장하기 때문에 통틀어 '苞苴'라고 한다〔貨賄必以物苞裹 故總謂之苞苴〕"라고 하였다.

55) 李希烈이 평정되자 : 唐 德宗 建中 3년(782)에 淮寧節度使였던 李希烈이 자칭 天下都元帥라고 하며 반란을 일으켜 汝州(지금의 河南省 臨汝縣)을 함락시키고 洛陽 부근으로 진출하여 조정에 큰 타격을 주었다.

李白①이 **登華山落雁峯**②**曰 此處呼吸之氣**는 **想通帝坐**③하니 **恨不携謝眺驚人詩來**하여 **搔首問靑天爾**④라하다

① 錢希白(錢易)의 《南部新書》[56]에서 말하였다. "李白은 山東 사람인데, 부친이 任城尉를 지내 그곳에 살았다. 젊어서 魯中(지금의 山東省)의 諸生인 孔巢父(공소보)·韓沔(한면)·裴政·張叔明·陶沔과 더불어 徂徠山에 은거하여 '竹溪六逸'이라 불렸다. 天寶(742~756) 연간 중에 會稽를 유람하다가 吳筠과 함께 剡縣(섬현)에 은거하였다. 오균이 황제의 부름을 받아 궁궐로 갔을 때 조정에 그를 천거하여 待詔翰林이 되었다."

《舊唐書》〈文苑 下〉에 말하였다. "이백은 뛰어난 재주를 지녔고 志氣가 자유분방하며 세속을 초월하는 마음을 지녔다. 唐 玄宗(李隆基)이 樂府의 새 歌詞를 짓고자 하여 이백을 불렀는데, 이백은 이미 취해서 酒店에 누워 있었다. 이백을 불러 들여 물을 얼굴에 뿌리자, 그가 즉시 붓을 잡고 10여 章을 완성하니 주상이 가상하게 여겼다. 한번은 전각 위에서 만취하여 발을 들어 高力士에게 신발을 벗기게 하였고, 이로 인해 내쫓겨 강호를 떠돌게 되었다. 언젠가 달 밝은 밤에 배를 타고 采石에서부터 金陵에 이를 때까지 배안에서 황제가 하사한 비단 도포를 입은 채 웃으며 오만하게 굴어 마치 곁에 아무도 없는 듯 처신하였다. 후에 永王 李璘의 사건에 휘말려 오랫동안 夜郎에 유배되었다가[57] 사면 받고 돌아와 宣城에서 죽었다."

李白

56) 《南部新書》: 10권이며, 北宋의 錢易(전이)가 편찬하였다. 典章制度·風俗·音樂·百戲 등을 폭넓게 수록하고 있어 唐代와 五代의 正史를 보완해주는 좋은 자료이다. 錢易(968~1026)는 字가 希白·寶月이고, 號가 慧照大師이다. 宋朝의 學者·政治家이다.(《宋史》〈錢易傳〉)

57) 永王……유배되었다가: 李璘(720?~757)의 本名은 李澤이고, 唐 玄宗의 16째 아들로 永王에 봉해졌다. 당 肅宗 至德 2년(757)에 반란을 일으켰으나 江西採訪使 皇甫銑에게 사로잡혀 처형되었다. 李白은 56세 때인 756년 겨울에 永王의 水軍이 尋陽에 왔을 때 세 차례나 사신을 보내 그를 초빙하여 영왕의 막부에 참여하였고 〈贈韋秘書子春二首〉·〈別內赴征三首〉등의 시를 지은 적이 있다. 영왕이 처형된 후 이백 역시 하옥되었으나 宋若思와 崔渙에 의해 救命되었다. 그러나 영왕의 막부에 참여

錢希白南部新書曰"李白, 山東人, 父任城尉, 因家焉. 少與魯中諸生孔巢父・韓沔・裴政・張叔明・陶沔, 隱於徂徠山, 號竹溪六逸. 天寶中游會稽, 與吳筠隱剡中. 筠徵赴闕, 薦之於朝,待詔翰林." 唐書曰"白有逸才, 志氣宏放飄然, 有超世之心. 玄宗欲造樂府新詞, 召白, 白已醉臥酒肆. 召入, 以水灑面, 卽秉筆, 成十餘章, 上嘉之. 嘗沉醉殿上, 引足令高力士脫靴, 由是斥去, 浪迹江湖. 嘗月夜乘舟, 自采石達金陵, 衣宮錦袍舟[58]中, 笑傲傍若無人. 後坐永王璘事, 長流夜郎, 遇赦還, 卒於宣城."

② ≪山海經≫에 말하였다. "태화산은 깎아지른 듯이 이루어져 사방의 높이가 오천 길〔仞〕이다."

≪華山志≫에 말하였다. "세 봉우리가 곧게 솟은 것을 맑게 갠 날에 볼 수 있다."
山海經曰"泰華之山削成, 而四方高五千仞." 華山志曰"三峯直上, 晴霽可覩."

③ ≪史記≫ 〈天官書〉에 말하였다. "가운데가 端門이다.[59] 단문의 좌우에 있는 것이 掖門이다. 문 안에 있는 6개의 별은 제후이고, 그 안에 있는 5개의 별은 五帝의 자리이다."
史記曰"中, 端門. 門左右, 掖門. 門內六星, 諸侯也. 其內五星, 五帝座."

④ ≪詩品≫에 말하였다. "謝朓가 지은 기발한 문장과 뛰어난 구절은 종종 사람들을 놀라게 하여 후배 선비들이 감탄하고 사모하는 대상이 되었다."
詩品曰"朓奇章秀句, 往往警遒(주), 至爲後進士子之所嗟慕."

23-21 **【補】** 滕達道(滕元發)가 한미했던 때 范文正(范仲淹)의 館客으로 있었는데, 항상 사사로이 기생집에 가서 술을 마시니 范公(범중엄)이 그것을 걱정하였다. 어느 날 저녁에 등달도가 나가기를 기다렸다가 〈범공이〉 미리 그의 서실에 앉아 불을 밝히고 책을 읽으면서 그가 돌아오기를 기다렸다. 등달도가 드디어 만취하여 들어와 길게 읍하고는 범공에게 무슨 책을 읽고 계셨냐고 물었다. 범공이 ≪漢書≫라고 대답하니 그가 다시 물었다.

한 일로 인해 이백은 조정에 진출하지 못하고 오랫동안 夜郎에 유배되었다.

58) 宮錦袍 : 황제가 하사한 비단 도포를 가리킨다. 이후로 李白을 가리키는 말로 쓰이기도 한다.

59) 가운데가 端門이다 : 고대인들은 천체가 3垣(紫微垣・太微垣・天市垣)과 28宿(수), 기타의 별들로 이루어져 있다고 생각하였다. 그 중 태미원에는 天帝가 거처하는데 그 동쪽에는 左執法, 서쪽에는 右執法이 있고 그 두 별자리 사이에 '端門'이 있다고 하였다. 즉 단문은 태미원의 南門에 해당한다.(≪史記≫ 〈天官書〉)

"漢 高帝(劉邦)는 어떤 사람이었습니까?"[60]

범공이 우물쭈물하며 달아나 들어갔다.

滕達道가 **微時**①**爲范文正館客**에 **常私就俠邪**[61]**飮**하니 **范病之**라 **一夕**에 **候其出**하여 **徑坐達道書室**하여 **明燭讀書**하여 **以俟其至**한대 **達道大醉**하여 **竟入長揖**하고 **問范公讀何書**오 **曰 漢書**라 **復問漢高帝何如人**잇가하니 **范**이 **逡巡走入**하다

范仲淹

漢 高祖

① ≪東都事略≫에 말하였다. "滕元發은 字가 達道이고, 東陽 사람이다. 范仲淹이 그를 보고 특별하게 여겼다. 神宗(趙頊)때 翰林學士에 임명되었다. 성품이 대범하고 활달하여 주상 앞에서 일을 논할 때 마치 一家나 父子 사이처럼 말에 虛飾이 없고 속마음을 환히 볼 수 있어 신종이 그가 충성스런 사람임을 인정하였다. 후에 新法의 폐해에 대해 극력 간언하다가 筠州知事로 좌천되었는데, 어떤 이가 장차 이어지는 명이 있을 거라고 하자 등원발이 말하였다. '하늘이 나의 올곧음을 알고 주상이 나의 忠情을 아니 내가 어찌 두려워하겠는가.' 상소를 올려 스스로 자책하였는데, 그 내용 중에 '樂羊이 공을 세웠는데도 비방하는 글이 상자에 가득하였고[62], 卽墨이 무슨 죄가 있다고 비방하는 말이 날마다 들렸단 말입니까.[63]'라고

---

60) 漢……사람이었습니까 : 漢 高帝(劉邦 B.C. 247~B.C. 195)는 前漢의 초대 황제로서, 沛縣의 亭長으로 있다가 秦나라에 맞서는 봉기에 가담하여 진의 수도 咸陽을 함락시키고 項羽를 토벌하여 천하를 통일하였다. 하지만 농민 반란에 가담하기 전의 유방은 家業은 뒷전이고 酒色에 빠져 살던 일개 狹客이었다. 여기서는 滕元發이 자신이 현재는 주색에 빠져 있으나 앞으로 한 고제처럼 큰 인물이 될 수도 있음을 암시한 것으로 보인다.(≪史記≫ 〈高祖本紀〉, ≪漢書≫ 〈高帝紀〉)

61) 俠邪 : 좁은 골목을 의미하는데, 娼妓들이 주로 이런 골목에 살았기 때문에 기생집을 가리키는 말로 쓰였다. '俠'은 '狹'과 통한다.(≪世說音釋≫)

62) 樂羊이……가득하였고 : 樂羊은 戰國時代 때 魏文侯의 장수이다. 위문후의 명을 받아 中山을 치러 가서 3년 뒤에 승리하고 돌아와 공로를 보고하자, 위문후가 그간에 사람들이 악양을 참소했던 글 두 상자를 보여주었다는 고사가 있다.(≪說苑≫ 〈復恩〉)

63) 卽墨이……말입니까 : 卽墨은 본래 齊(戰國)나라의 지명인데, 여기서는 卽墨大夫를 가리킨다. 제나라 威王 때 卽墨大夫를 헐뜯는 말과 阿大夫를 칭찬하는 말이 날마다 올

하였다. 주상이 그 상소를 보고는 마음이 풀어져 揚州知事로 바꿔 제수하였다. 죽은 뒤 시호는 章敏이다.”

東都事略曰“滕元發，字達道，東陽人．范仲淹見而奇之．神宗朝拜翰林學士．性疎達，在上前論事如家人父子，言無文飾，洞見肝膈，神宗知其誠盡．後力言新法之害，落職知筠州，或以爲且有後命，元發曰‘天知吾直，上知吾忠，吾何憂哉．’上章自訟，有曰‘樂(善無)〔羊有〕[64]功，謗書滿篋，卽墨何罪，毁言日聞?’上覽之，釋然改知揚州．卒謚章敏．”

② 文正公(范仲淹)의 〈年譜〉에 말하였다. “공의 이름은 仲淹이고 字는 希文이며 蘇州 사람이다. 宋 仁宗(趙禎) 때 관직이 參知政事에 이르렀고 시호는 文正이다.”

文正公年譜曰“公諱仲淹，字希文，蘇州人．仁宗朝，官至參知政事，謚文正.”

【頭註】

○ 〈俠邪의〉 ‘俠’은 ‘狹’의 오류인 듯하다.

俠疑狹誤.

23-22【補】蘇子美(蘇舜欽)는 호방하고 〈형식에〉 얽매이지 않았으며 술 마시는 것을 좋아하였다. 장인 杜祁公(杜衍)의 집에 있을 때 매일 저녁 독서할 때마다 술 한 말을 기본으로 삼아 마셨다. 공이 매우 의심스럽게 여겨 몰래 엿보게 하였다. 소자미가 ≪漢書≫ 〈張良傳〉을 읽다가 장량이 자객과 함께 秦 皇帝(秦始皇)를 공격하는 대목에 이르자 손바닥을 쓰다듬으며 말하였다.

杜衍

“안타깝구나. 공격이 적중하지 못하다니.”

그리고는 마침내 잔에 가득 따라 마셨다. 또 읽

라왔는데, 위왕이 사람을 시켜 두 고을을 살펴보니, 卽墨 땅은 잘 다스려지고 있었고 阿 땅은 백성들이 고통을 당하고 있었다. 위왕이, 즉묵대부는 임금의 측근에게 뇌물을 주어 청탁하지 않았고 아대부는 뇌물을 주어 청탁하였여 그렇게 되었다는 것을 알고는 즉묵대부는 승진시키고 아대부는 처형하였다.(≪史記≫ 〈田敬仲完世家〉)

64) (善無)〔羊有〕: 저본에는 ‘樂善無功’으로 되어 있으나, ≪世說新語補≫(安永本) 등에 의거하여 ‘樂羊有功’으로 바로잡았다. ≪宋史≫ 〈滕元發傳〉에는 ‘樂羊無功’으로 되어 있다.

다가 장량이 "처음에 신이 下邳에서 일어나 주상과 留에서 만났으니, 이는 하늘이 〈신을〉 폐하께 준 것입니다."라는 대목에 이르자 또 書案을 쓰다듬으며 말하였다.

"임금과 신하가 서로 만나는 것이 이처럼 어렵구나."

그리고는 다시 한 잔을 들었다. 공이 웃으면서 말하였다.

"이와 같은 안주거리가 있으니, 술 한 말도 많은 게 아니다."

秦始皇

蘇子美는 豪放不羈하고 好飮酒①러라 在外舅杜祁公家②에 每夕讀書호되 以一斗爲率(율)하니 公이 深以爲疑하여 密使覘之라 子美가 讀漢書張良傳이라가 至良與客狙擊秦皇帝하여 撫掌曰 惜乎라 擊之不中이로다하고 遂滿引一大白[65]하고 又讀至良曰始臣起下邳하여 與上會於留하니 此天以授陛下하여 又撫案曰 君臣相遇가 其難如此라하고 復擧一大白하니 公笑曰 有如此下物[66]하니 一斗不足多也③라하다

① ≪宋史≫ 〈蘇舜欽傳〉에 말하였다. "蘇舜欽은 字가 子美이고, 參知政事 蘇易簡의 손자이다. 강개하고 원대한 뜻을 지녔다. 范仲淹이 천거하여 集賢校理에 試用하였고 進奏院[67]을 감독하게 하였다. 소순흠은 재상 杜衍의 딸을 아내로 취하였다. 당시 두연은 범중엄 · 富弼과 같이 政府에 있으면서 당대의 名士들을 많이 끌어들였는데, 어사중승 王拱辰 등은 그들의 행태를 불편하게 여겼다. 마침 진주원에서 신에게 제사할 때면 소순흠이 번번이 故紙를 팔아 마련한 公錢으로 妓樂을 부

張良

---

65) 大白 : 太白이라고도 하며, 큰 술잔을 말한다.(≪世說音釋≫)

66) 下物 : 下酒物 즉 안주〔飮儲〕를 말한다.(≪世說音釋≫)

67) 進奏院 : 唐 왕조 때 처음 설치한 관사로, 지방관들이 수도인 長安에 상경하였을 때 머물던 숙소이자 사무를 처리하던 곳이었다.

르고 손님을 불러 모았다.[68] 왕진공이 그것을 탐지해내고 넌지시 자신의 하속에게 탄핵상주를 올리게 하여 그 참에 두연을 동요시키려 하였다. 소순흠은 공금횡령죄에 걸려 〈官籍에서〉 除名되었는데, 관직에서 쫓겨난 뒤 吳 땅에 살면서 水石을 사들여 滄浪亭을 짓고는 더욱 독서에 힘쓰며 스스로 기뻐하였다. 때때로 詩歌에 분노를 드러내었는데 〈그 시가 뛰어나〉 종종 사람들을 놀라게 하였다.

宋史曰"蘇舜欽, 字子美, 參知政事易簡之孫. 慷慨有大志. 范仲淹薦, 試集賢校理, 監進奏院. 舜欽娶宰相杜衍女. 衍時與仲淹·富弼在政府, 多引用一時聞人, 御史中丞王拱辰等, 不便其所爲. 會進奏院祠神, 舜欽輒〔用〕[69]鬻(육)故紙公錢, 召妓樂會客. 拱辰廉得之, 諷其屬劾奏, 因欲搖動衍. 舜欽坐自盜[70]除名, 旣放廢, 寓居吳中, 買水石, 作滄浪亭, 益讀書自喜, 時發憤懣於歌詩, 往往驚人.

② ≪宋史≫ 〈杜衍傳〉에 말하였다. "杜衍은 字가 世昌이고, 越州 山陰 사람이다. 부친 杜遂良은 尙書員外郎이었다. 두연은 의지가 굳고 절조가 엄하였으며, 특히 학문에 독실하여 進士科의 甲科에 발탁되었다. 龍圖閣學士·刑部侍郎·樞密院副使를 역임하였다."

宋史曰"杜衍, 字世昌, 越州山陰人. 父遂良, 尙書員外郎. 衍苦志厲操, 尤篤於學, 擢進士甲科. 歷龍圖閣學士·刑部侍郎·樞密副使."

③ ≪史記≫ 〈留侯世家〉에 말하였다. "張良은 그의 선조 5대가 韓나라의 재상이었다. 秦나라가 한나라를 멸망시키자 장량은 자신의 재산을 다 들여 刺客을 구해 秦王을 죽이려 하였다. 그는 淮陽에서 禮學을 배우고 동쪽에서 倉海君[71]을 만나 力士를 구하고는 쇠망치를 만들었는데 무게가 120근이었다. 秦皇帝가 동쪽을 유람할 때 장량이 자객과 함께 博浪沙에서 진황제를 공격하였으나 잘못하여 뒤따르던 수레를 맞추어서 성명을 바꾸고 下邳로 도망하여 숨었다. 漢나라 6년(201)에 功臣

---

68) 故紙를……모았다 : 여기서 故紙는 상주하는 문건이나 관사에서 장부로 이미 사용했던 종이를 말한다. 송나라 때의 고지는 두껍고 뒷면까지도 광택이 날 정도로 질이 좋아 뒷면에 다른 서책을 인쇄하기도 하였는데 ≪北山小集≫ 40권, ≪樂府詩集≫ 100권 등은 송나라 때 고지에 인쇄한 서적들이다.

69) 〔用〕: 원문에는 이 글자가 없으나, ≪宋史≫ 〈蘇舜欽傳〉에 의거하여 보충하였다.

70) 自盜 : 監守自盜를 말한다. 관원이 자신이 관장하는 公物을 함부로 사용한 죄를 말한다. 오늘날의 횡령죄에 해당한다.

71) 倉海君 : ≪漢書≫ 〈武帝紀〉에, "元年에 東夷 濊君 南呂 등이 항복하자 그를 倉海君으로 삼았으니, 지금의 貊穢國이다."라는 내용이 있는 것으로 보아, 창해군은 한나라에 투항하여 정착한 東夷의 군장으로 추정된다. 倉은 滄으로도 쓴다.(≪史記≫ 〈留侯世家〉, ≪漢書≫ 〈武帝紀〉)

을 봉할 때, 장량은 전투에서 세운 공로가 없었으나 漢 高帝(劉邦)가 말하기를, '장막 안에서 전략을 짜고 천리 밖에서 승리를 결정한 것은 子房(장량)의 공로이다. 스스로 齊나라의 3만 戶를 택하라.'라고 하니, 장량이 말하였다. '과거에 신이 하비에서 일어나 주상과 留에서 만났으니, 이는 하늘이 신을 폐하께 준 것입니다. 신을 留 땅에 봉해주시는 것만으로도 충분합니다.' 마침내 장량을 임명하여 留侯로 삼았다."

史記曰"張良, 其先五世相韓. 秦滅韓, 良悉以家財求客, 刺秦王. 嘗學禮淮陽, 東見倉海君, 得力士, 爲鐵椎, 重百二十斤. 秦皇帝東游, 良與客狙擊秦皇帝博浪沙中, 誤中副車[72], 更名姓, 亡匿下邳. 漢六年封功臣, 良未嘗有戰鬥功, 高帝曰'運籌策帷帳中, 決勝千里外, 子房功也. 自擇齊三萬戶.' 良曰'始臣起下邳, 與上會留, 此天以臣授陛下. 臣願封留足矣.' 乃授張良爲留侯."

【頭註】

○ 李贄 : 祁公(杜衍)은 상당히 통달하였으니, 기공이 이와 같았을 리 없다.
李云"祁公頗通, 祁公不應如此."

72) 副車 : 皇帝를 따르는 수레이다. 36乘의 부거에 奉車郎이 타서 몰고 황제 뒤를 따른다.(≪漢官儀≫)

世說新語補 卷十三

24. 용지 容止

〈용지〉편은 인물의 풍모나 행동거지에 대한 일화를 기술하고 있다. ≪世說新語≫에서 36항목, ≪何氏語林≫에서 13항목을 뽑아 총 49항목으로 구성하였다. '용지'의 의미는 인물의 용모와 행실, 두 인물 사이의 비교, 용모 꾸미기를 좋아하는 태도 등을 포괄하는데, 인품에 대한 칭찬(24~21항), 못난 용모에 개의치 않고 자유분방하게 행동하는 태도(24~14항, 24~22항), 용모를 보고 위험하다고 생각한 판단(24~47항) 등의 내용도 있다.

24-1 **【補】** 陸子春(陸閎)은 외모가 〈아름다운〉 옥과 같고 행동거지가 남다르게 빼어났다. 〈後漢〉 光武帝(劉秀)가 한번은 누대에 올랐다가 그를 보고는 훌륭하다고 여기면서 감탄하였다.

"남방에는 정말 훌륭한 인물이 많구나."

光武帝

陸子春은 姿容如玉하고 威儀秀異①라 光武가 嘗登臺라가 見而偉之하고 歎曰 南方에 故多佳人②이로다하다

① 陸廣微[1]의 ≪吳地記≫에 말하였다. "陸閎은 字가 子春으로, 吳郡 吳中 사람이며, 陸暢의 아들이다." 吳地記曰"陸閎, 字子春, 吳郡吳人, 陸暢之子."

② 謝承[2]의 ≪後漢書≫ 〈陸閎列傳〉에 말하였다. "陸

1) 陸廣微 : 唐 吳郡 吳中 사람이다. 대략 僖宗 乾符 3년(876)에 ≪吳地記≫ 1권을 찬술했는데, 대부분 삼국시대 오나라와 관련된 일을 기록하였다.

2) 謝承 : 三國 吳 會稽郡 山陰縣 사람으로, 字는 偉平이고, 孫權의 부인 謝夫人의 아우이

閎은 〈後漢 光武帝〉 建武 연간(25~56)에 尙書令이 되었다. 외모가 아름다웠고 越布[3]로 만든 홑옷의 착용을 좋아했는데, 광무제가 그것을 보고는 좋아하여 이때부터 항상 會稽郡에 월포를 바치라는 칙명을 내렸다."

謝承後漢書曰 "陸閎, 建武中, 爲尙書令. 美姿貌, 喜着(착)越布單衣, 上見而好之, 自是常勑會稽郡獻越布."

24-2 〈三國〉 魏 明帝(曹叡)가 皇后[4]의 아우인 毛曾[5]으로 하여금 夏侯玄[6]과 함께 앉도록 했는데, 당시 사람들이 〈이에 대해〉 말하였다.

"갈대〔소인〕가 玉樹〔군자〕에 기대 있는 꼴이네."

魏明帝가 **使后弟毛曾**으로 **與夏侯玄共坐**하니 **時人**이 **謂蒹葭倚玉樹**①라하다

① ≪三國志≫ 〈魏書 夏侯玄傳〉에 말하였다. "夏侯玄이 黃門侍郞으로 있을 때 毛曾과 함께 앉았는데, 하후현은 〈그 상황을〉 매우 부끄러워하여 불쾌한 기색이 얼굴에 드러났다. 〈三國 魏〉 明帝(曹叡)가 그것을 매우 유감스럽게 여겨 하후현을 羽林監으로 좌천시켰다."

魏志曰 "玄爲黃門侍郞, 與毛曾竝坐, 玄甚恥之, (曾)〔不〕[7]說(열)形於色. 明帝恨之,

다. 박학다식하고 이전에 보거나 알았던 내용을 종신토록 잊지 않았는데, 특히 東漢의 역사와 회계군의 고사에 정통하였다. 武陵太守를 역임하였고, ≪後漢書≫ 143권을 저술하였다.

3) 越布 : ≪越絶書≫에 "白越이라는 가는 베이다.〔白越 細布也〕"라고 하였다.

4) 皇后 : 明悼毛皇后(?~237)로, 河內郡 사람이다. 三國 魏 明帝(曹叡) 黃初 7년(226)에 貴嬪이 되고, 太和 1년(227)에 황후가 되었다. 이후에 명제의 총애가 郭夫人(明元郭皇后)에게 쏠리자 박대를 받다가 景初 1년(237)에 賜死되었다.

5) 毛曾 : 毛嘉의 아들이고, 三國 魏 明帝(曹叡)의 부인인 明悼毛皇后의 아우이다. 누이가 황후가 되자 郎中이 되고, 騎都尉로 승진하고 駙馬都尉가 되며, 散騎常侍·羽林虎賁中郎將 등을 역임하였다.

6) 夏侯玄 : 209~254. 沛國 譙縣 사람으로, 字는 泰初·太初이다. 征南大將軍 夏侯尙의 아들이고 右將軍 夏侯霸의 조카이며 大將軍 曹爽의 외사촌 아우이다. 그는 조상이 위나라의 國政을 담당했을 때 武官의 선발을 주관하고 征西將軍과 雍凉州諸軍事都督이 되었는데, 司馬氏들에게 조상이 죽임을 당한 뒤 하후현도 羽林監으로 좌천당하였다. 李豐·張緝 등과 함께 대장군 司馬師를 모살하려 했으나 사전에 발각되어 주살 당했다.

7) (曾)〔不〕: 저본에는 '曾'으로 되어 있으나, ≪三國志≫ 〈魏書 夏侯玄傳〉에 의거하여 '不'로 바로 잡았다.

左遷玄爲羽林監."

24-3 何平叔(何晏)은 아름다운 외모에 얼굴이 몹시 희었다. 〈三國〉 魏 明帝(曹叡)[8]는 그가 분을 발랐다고 의심하여 한여름에 그에게 뜨거운 湯餠[9]을 〈먹으라고〉 주었다. 〈하평숙이 탕병을〉 먹자 많은 땀이 흘러 〈입고 있던〉 붉은 옷으로 스스로 닦으니, 〈붉은 옷의〉 색깔이 하얗게 변하였다.[10]

何平叔은 **美姿儀**에 **面至白**이라 **魏明帝**가 **疑其傅粉**하여 **正夏月**에 **與熱湯餠**하니 **既噉**에 **大汗出**하여 **以朱衣自拭**하니 **色轉皎然**①이라

① 魚豢의 ≪魏略≫[11]에 말하였다. "何晏의 성품이 〈용모 꾸미기를〉 좋아하였기 때문에 움직이거나 가만히 있을 때나 하얀 분을 손에서 놓지 않았고, 걸어 다닐 때는 〈자부심으로 자신의〉 그림자를 돌아보았다."
魏略曰 "晏性自喜, 動靜粉帛[12]不去手, 行步顧影."

---

8) 明帝(曹叡) : 文帝(曹丕)의 誤記이다. ≪初學記≫ 권10에 인용된 魚豢의 ≪魏略≫, 虞世南의 ≪北堂書鈔≫ 권128·135에 인용된 ≪語林≫, ≪太平御覽≫ 권21·379에 인용된 ≪어림≫에는 '문제'로 되어 있고, 劉孝標의 按語에서 "황제와 함께 성장했다.〔與帝相長〕"라고 했는데 何晏은 曹操의 양자로서 문제와 함께 궁중에서 성장하였다.

9) 湯餠 : 뜨겁게 끓인 국수이다. 옛날에는 태어난 지 사흘째 되는 날과 한 돌이 되는 날에 탕병을 먹으면서 잔치를 열어 축하하기도 하였다.

10) 〈붉은 옷의〉……변하였다 : 주석에 의거하여 해석했는데, 이와 반대로 '안색이 더욱 하얗게 되었다'고 해석하기도 한다.

11) ≪魏略≫ : 三國 魏의 郎中이었던 魚豢이, 晉 武帝 太康 연간(280~289)에 私撰한 위나라의 역사서로, 紀·志·列傳의 체제로 되어 있다. 원문은 산실되어 전해지지 않으나, ≪三國志≫ 裴松之의 注 및 ≪太平御覽≫과 ≪翰苑≫ 등에 逸文이 있으며, 淸나라의 張鵬一이 그것을 집성하여 ≪魏畧輯本≫ 25권을 편찬하였다. 陳壽가 지은 ≪삼국지≫도 이 ≪위략≫을 토대로 서술된 부분이 많다.

12) 粉帛 : 帛은 白과 통용자이다. ≪禮記≫ 〈玉藻〉에 "부모님이 돌아가시면 다팔머리를 달지 않고, 흰 베로 만든 모자에 수실을 늘어뜨리지 않는다.〔親沒不髦 大帛不緌〕"라고 했는데, 鄭玄의 주석에 "大帛不緌의 帛은 白이 되어야 하니, 발음의 오류이다. 大帛은 흰 베로 만든 모자를 가리킨다.〔帛 當爲白 聲之誤 大帛 謂白布冠也〕"라고 하였다. 淸나라 洪頤煊의 ≪讀書叢錄≫에 "白과 帛은 옛날에 서로 통용되던 글자이다."라고 하였다. ≪三國志≫ 〈魏書 曹爽傳〉의 裴松之 주석에 인용된 ≪魏略≫과 ≪資治通鑑≫ 〈魏紀〉에는 '粉白'으로 되어 있다.

≪위략≫의 내용을 살펴보면, 하안의 아름다운 외모는 본래 외적인 화장에 근거한 것이 된다. 또한 하안은 궁중에서 양육되어 황제와 함께 성장했으니,[13] 어찌 다시 그의 외모를 의심하여 시험해본 뒤에야 알았겠는가.

按此言, 則晏之妖麗, 本資外飾. 且晏養自宮中, 與帝相長, 豈復疑其形姿, 待驗而明也.

【頭註】

○ 劉辰翁 : 何晏은 궁중에서 양육되었고, 당시에 아직 〈三國 魏〉 明帝(曹叡)가 있지 않았으니, 주석의 논박은 타당하지 않다.

劉云 "晏養宮中, 時尙未有明帝, 註駁未當."

24-4 【補】 劉季和[14]가 일찍이 말하였다.

"荀令君[15](荀彧)이 남의 집을 방문하면, 〈그가〉 앉았던 곳에서 언제나 항상 3일 동안 향기가 풍긴다."

劉季和가 嘗言하되 荀令君①이 至人家면 坐處에 常三日香②이라하다

① 魚豢의 ≪典略≫[16]에 말하였다. "荀彧은 字가 文若으로 潁川 사람이며, 漢나라의 侍中과 守[17]尙書令을 역임하였다. 순욱은 사람됨이 훤칠하고 영민하며, 자신을 낮추어 선비를 대접하여 앉을 때 방석을 포개지 않았다. 그는 臺閣(尙書臺)에 있을 때에도 사욕으로 마음을 흔들지 않았다. 50세에 세상을 떠나자 敬侯라는 시호를 받았고, 명성과 덕망이 높다는 이유로 太尉에 추증되었다."[18]

---

13) 궁중에서……성장했으니 : 曺操가 司空이었을 때 何晏의 모친을 거두면서 하안도 양자로 들였기 때문에 궁중에서 성장하게 되었다.(≪魏略≫)

14) 劉季和 : ≪水經≫의 箋에서 인용한 〈襄陽耆舊傳〉에 "유홍은 자가 계화로, 패국 상현 사람이다.〔劉洪 字季和 沛國相人〕"라고 하였다.(≪世說音釋≫)

15) 令君 : 魏晉시대에 尙書令을 높여 불렀던 호칭으로, 荀彧이 상서령이었기 때문에 이렇게 호칭한 것이고, 이후에는 지위가 높은 大臣을 지칭하였다.

16) ≪典略≫ : 三國 魏의 郎中이었던 魚豢이 편찬한 책으로, 周나라·秦나라로부터 삼국시대까지의 역사를 다룬 野史인데 현재는 散失되었으며, 淸나라 학자 納蘭性德이 집록한 輯本이 남아 있다.

17) 守 : 품계와 관직을 서로 견주어 관직의 앞에 붙이는 규례 가운데 하나이다. 품계가 높고 관직이 낮은 경우에는 관직 앞에 行을 붙이고, 품계가 낮고 관직이 높은 경우에는 관직 앞에 守를 붙인다.

典略曰 "荀彧, 字文若, 潁川人, 爲漢侍中・守尚書令. 彧爲人美偉, 折節待士, 坐不累席. 其在臺閣間, 不以私欲撓意. 年五十薨, 諡曰敬侯, 以其名德高, 追贈太尉."

② 習鑿齒[19]의 ≪襄陽記≫에 말하였다. "劉季和는 성품이 향기를 좋아하여 항상 측간에 갔다가 돌아오면서 향로 위를 지나왔다. 主簿인 張坦이 '사람들이 공에 대해 속된 사람이라고 하던데 빈말이 아닙니다.'라고 하니, 유계화가 말하였다. '荀令君(荀彧)이 남의 집을 방문하면, 〈그가〉 앉았던 곳에서 3일 동안 향기가 풍긴다네. 나를 순영군과 비교하여 어떻다고 생각하길래 내가 향기를 좋아하는 것을 싫어하는가?' 장탄이 말하였다. '옛날에 어떤 아름다운 부인(春秋 越나라 西施)이 병을 앓아 가슴을 움켜쥐고 눈썹을 찡그렸는데, 〈이 모습을〉 본 자들이 모두 아름답다고 했습니다. 그녀의 이웃 가운데 못생긴 부인(東施)이 이 행동을 흉내내니 보는 자들이 도망쳤습니다.[20] 공께서는 下官으로 하여금 달아나게 하고자 하십니까?' 유계화가 크게 웃고는 이 일로써 장탄을 〈제대로〉 알게 되었다."

襄陽記曰 "劉季和, 性愛香, 嘗上厠還, 過香罏上, 主簿張坦曰 '人名公作俗人, 不虛也.' 季和曰 '荀令君至人家, 坐處三日香, 爲我如何令君, 而惡我愛(我)〔香〕[21]也?' 坦曰 '古有好婦人, 患而捧心嚬眉, 見者皆以爲好. 其鄰醜婦法之, 見者走. 公便欲使下官遁走邪?' 季和大笑, 以是知坦."

24-5 당시 사람들이 품평하였다.

"夏侯太初(夏侯玄)는 해와 달이 품에 들어온 듯 밝고 맑으며, **李安國**(李豐)은 玉山[22]이 무너지려는 듯 비틀거린다."[23]

---

18) 太尉에 추증되었다 : 三國 魏 元帝(曹奐) 咸熙 2년(265)에 추증되었다.

19) 習鑿齒 : 317~384. 魏晉시대 晉 襄陽 사람으로, 字는 彦威이다. 桓溫의 從事・西曹主簿가 되었는데, 환온의 簒位 계획에 반대하여 戶曹參軍으로 좌천되었고, 이후에 滎陽太守를 역임하였다. 그는 玄學・佛學・史學에 정통하였고, 저서로 ≪漢晉春秋≫・≪襄陽耆舊記(襄陽記)≫・≪逸人高士傳≫・≪習鑿齒集≫ 등이 있다.

20) 어떤……도망쳤습니다 : ≪莊子≫ 〈天運〉에 보이는 내용이다.

21) (我)〔香〕 : 저본에는 '我'로 되어 있으나, ≪何氏語林≫에 의거하여 '香'으로 바로 잡았다.

22) 玉山 : 전설상 신선이 거주하는 산으로, 西王母가 거주했다고 한다.

23) 비틀거린다 : 원문은 '頹唐'인데, ≪世說音釋≫과 ≪世說新語補考≫에서는 '무너지는 모양'이라고만 했고, ≪世說新語補觿≫에서는 '쓰러질 듯 흔들린다'는 뜻으로 李豐이 '살이 찌고 체격이 큰 것'이라고 했으며, ≪世說啓微≫에서는 '그 형세가 어떤 물건도 지탱하지 못한다'는 뜻으로 이풍이 '잘 생기고 연약한 것'이라고 했고, ≪世說箋

時人이 **目夏侯太初**하되 **朗朗如日月之入懷**라하고 **李安國**하되 **頹唐如玉山之將崩**①이라하다

① 魚豢의 ≪魏略≫에 말하였다. "李豐은 字가 安國으로, 衛尉 李義의 아들이다. 인물을 잘 감별하여 천하 사람들이 중시하였다. 〈三國 魏〉 明帝(曹叡)가 吳나라의 투항자를 잡아 江東에 알려진 중원의 명사가 누구인지 물었더니, 이안국이라고 대답하였다. 그 당시 이풍은 黃門郎이었는데, 宣으로 개명한 상태였다. 명제가 이안국의 소재를 묻자, 좌우의 公卿들이 즉시 모두 이풍이라고 대답하니, 명제가 '이풍의 이름이 吳越 지역에까지 퍼졌단 말인가?' 하였다. 〈그는〉 관직이 中書令에 이르렀고, 晉王(司馬師)에게 주살당하였다."[24]

魏略曰 "李豐, 字安國, 衛尉李義子也. 識別人物, 海內注意. 明帝得吳降(항)人, 問江東聞中國名上爲誰, 以安國對之. 是時豐爲黃門郎, 改名宣. 上問安國所在, 左右公卿卽具以豐對, 上曰 '豐名乃被於吳·越邪(야)?' 仕至中書令, 爲晉王所誅."

【頭註】

○ 劉辰翁 : 夏侯太初(夏侯玄)는 얼마나 밝고 맑았던가.
劉云 "何其開爽."

24-6 嵇康은 키가 7척 8촌에 풍모가 매우 뛰어났기 때문에 보는 사람들이 〈이렇게〉 감탄하였다.

"소탈하면서도 엄정하며, 밝고 맑으며, 잘 생기고 고상하다."

혹자는 〈이렇게〉 말하였다.

"솨아솨아 소나무 아래의 바람이 높이 불다가 천천히 이어지는 것과 같다."

山公(山濤)[25]은 〈이렇게〉 말하였다.

"嵇叔夜(혜강)의 사람됨은 한 그루 소나무가 홀로 서 있는 것처럼 우뚝하고, 그가 취했을 때는 玉山이 무너지려는 듯 비틀거린다."

嵇康은 **身長七尺八寸**이요 **風姿特秀**①하니 **見者歎曰 蕭蕭肅肅**하고 **爽朗清擧**라하고 **或云**

本≫에서는 '무너지는 모양'으로 '단속하지 않는 모습'을 말한다고 하였다.

24) 晉王(司馬師)에게 주살 당하였다 : 張緝·夏侯玄 등과 함께 대장군 司馬師를 모살하려 했는데, 사전에 발각되어 주살당했다.(≪三國志≫ 〈魏書 夏侯玄傳〉)

25) 山濤 : 205~283. 河內郡 懷縣 사람으로, 字는 巨源이다. 魏晉시대에 활동한 名士로, 竹林七賢의 한 사람이다.

肅肅如松下風이 高而徐引이라하다 山公曰 嵇叔夜之爲人也는 巖巖若孤松之獨立하고 其醉也엔 傀俄若玉山之將崩이라하다

① 〈嵇康別傳〉에 말하였다. "嵇康은 키가 7척 8촌에 용모가 훌륭하였다. 육체를 土木처럼 여겨 꾸미지 않았으나, 용과 같은 풍채와 봉황과 같은 자태는 타고난 바탕이 원래 이와 같았기 때문에 정작 많은 사람들 속에 〈섞여〉 있으면 즉시 비범한 인재라는 것을 저절로 알 수 있었다."
康別傳曰 "康長七尺八寸, 偉容色. 土木形骸, 不加飾厲, 而龍章鳳姿, 天質自然, 正爾在羣形之中, 便自知非常之器."

24-7 裴令公(裴楷)[26]이 품평하였다.
"王安豐(王戎)은 그 눈빛이 번쩍여 바위에 내려치는 번개와 같다."

裴令公이 目王安豐하되 眼爛爛하여 如巖下電①이라하다

① 王戎은 외모가 왜소했으나, 눈빛이 매우 맑고 빛나 해를 보아도 눈이 부시지 않았다.
王戎, 形狀短小, 而目甚淸炤, 視日不眩.

24-8 潘岳은 아름다운 용모를 지니고 표정이 멋졌다. 젊을 때 彈弓을 〈옆구리에〉 끼고 洛陽 거리에 나서면 〈그를〉 만난 여인들이 〈서로〉 손을 맞잡고 함께 〈그를〉 에워싸지 않은 적이 없었다. 左太沖(左思)은 매우 못생겼는데, 역시 반악을 흉내내어 놀러 나갔다. 이에 여러 아낙네들이 일제히 함께 〈그에게〉 마구 침을 뱉으니, 〈그는〉 기가 꺾인 채 돌아왔다.

潘岳은 妙有姿容하고 好神情①하니 少時에 挾彈하여 出洛陽道하면 婦人遇者가 莫不連手共縈之라 左太沖은 絶醜②한대 亦復效岳遨遊하니 於是에 羣嫗가 齊共亂唾之하니 委

26) 裴楷 : 237~291. 河東郡 聞喜縣 사람으로, 字는 叔則, 시호는 元이며, 三國 魏의 冀州刺史 裴徽의 아들이다. 젊을 때부터 명성이 있었고 오로지 ≪老子≫와 ≪周易≫에 대해서만 담론했다. 鍾會가 司馬昭에게 추천하여 相國掾이 되고, 吏部郎·散騎常侍·侍中 등을 역임했다. 외척인 楊駿과 교제했으나 평소 양준을 경시하여 양준이 정권을 잡았을 때 한직으로 나가 재앙을 피했다. 양준이 피살된 뒤에 연좌되어 체포되었는데 시중 傅祗의 도움으로 재앙을 피하고, 이후에 太保 衛瓘과 汝南王(司馬亮)의 추천으로 臨海侯에 봉해졌다.

頓而返③이라

①〈潘岳別傳〉에 말하였다. "潘岳은 용모가 매우 수려하고, 풍채가 우아하고 온화하였다."

岳別傳曰 "岳姿容甚美, 風儀閑暢."

② 傅亮[27]의 ≪續文章志≫에 말하였다. "左思는 용모가 추하고 야위며, 儀飾[28]을 지니지 않았다."

續文章志曰 "思貌醜顇(췌), 不持儀飾."

③ ≪語林≫에 말하였다. "潘安仁(潘岳)은 매우 잘생겨서 〈길에〉 다닐 때마다 노파들마저도 〈그에게〉 과일을 던져[29] 〈그가 탄〉 수레에 가득 찼다. 張孟陽(張載)[30]은 매우 못생겨서 〈길에〉 다닐 때마다 아이들이 〈그에게〉 기와 조각[31]을 던져 역시 〈그가 탄〉 수레에 가득 찼다."

語林曰 "安仁至美, 每行, 老嫗以果擲之, 滿車. 張孟陽至醜, 每行, 小兒以瓦石投之, 亦滿車."

〈본문과 ≪語林≫의〉 두 설명이 같지 않다.

二說不同.

【頭註】

○ 劉辰翁 : 행실이 여러 아낙네들을 모욕하지도 않았는데, 어찌 기가 꺾이는 지경에 이르렀는가.

---

27) 傅亮 : 374~426. 北地郡 靈州縣 사람으로, 字는 季友이다. 東晉의 建威參軍과 黃門侍郎을 역임했다. 南朝 宋 武帝(劉裕)가 즉위한 뒤에 太子詹事・中書令・尙書左仆射(상서좌복야)를 역임하고 封建城縣公에 봉해지며, 少帝 때에 中書監・尙書令・領護軍將軍을 역임했다. 文帝 때에 散騎常侍・左光祿大夫・開府儀同三司를 역임하고 始興郡公으로 승진했다. 元嘉 3년(426)에 죄에 연루되어 죽임을 당하였다.

28) 儀飾 : 禮儀와 制度에 맞게 몸에 지니는 장식물이다.

29) 과일을 던져 : 중국은 예로부터 마음에 드는 남자에게 여자가 과일을 던지는 풍습이 있었다. 이는 상고시대에 남자는 수렵을, 여자는 식물과 과일의 채집을 위주로 생활했기 때문에 꽃과 과일이 여성성의 상징이 되었다. 그래서 남녀가 교제할 때 여자는 종종 과일이나 꽃을 보내 자신의 마음을 표현한 데서 기인한 듯하다.

30) 張載 : 博陵郡 安平縣 사람으로, 字는 孟陽이다. 著作郎・記室督・中書侍郎 등을 역임하고, 西晉 말엽에 세상이 혼란해지자 병을 핑계로 낙향하였다. 그의 아우 張協・張亢과 함께 문학으로 이름을 떨쳐 당시에 '三張'이라고 불렸다. 명나라 張溥가 장재와 장협의 작품을 집록하여 ≪張孟陽景陽集≫을 편찬하였다.

31) 기와 조각 : 가치가 없는 물건을 비유한다.

劉云 "理不犯羣嫗, 何至委頓?"

○ 王世懋 : 못생긴 사람은 여러 아낙네들이 반드시 침을 뱉는다는 말을 들은 적이 없으니, 好事者의 이야기이다. ≪語林≫의 내용도 마찬가지이다.

王云 "未聞醜人必爲羣嫗所唾, 好事者之談也. 語林亦然."

24-9 王夷甫(王衍)는 용모가 단정하고 수려하며 玄談에 정통하였다. 항상 白玉 자루가 달린 麈尾(주미)[32]를 들고 있었는데, 〈그의 흰〉 손과 전혀 구별되지 않았다.

王夷甫는 容貌整麗하고 妙於談玄한대 恒捉白玉柄麈尾에 與手都無分別이라

24-10 潘安仁(潘岳)과 夏侯湛은 모두 아름다운 용모를 지녔고, 함께 다니기를 좋아했으니, 당시 사람들이 그들에 대해 連璧[33]이라고 하였다.

潘安仁과 夏侯湛은 竝有美容하고 喜同行하니 時人謂之連璧①이라하다

① 盧綝(노침)의 ≪晉八王故事≫[34]에 말하였다. "潘岳은 夏侯湛과 의기투합했기 때문에 함께 다니기를 좋아하였다."

八王故事曰 "岳與湛著契, 故好同遊."

24-11 裴令公(裴楷)은 준수한 용모와 자태를 지녔는데, 어느 날 병이 들어 매우 위험한 지경에 이르자, 〈魏晉시대 晉〉 惠帝(司馬衷)가 王夷甫(王衍)에게 문병하

---

32) 麈尾(주미) : 麈는 고라니류의 큰 사슴의 일종인데, 이것의 꼬리가 움직이는 대로 뭇 사슴들이 따라간다고 한다. 주미는 가늘고 긴 나무 끝에 사슴의 꼬리털을 달아 부채 비슷하게 만든 것으로, 처음에는 먼지떨이나 파리채로 썼으나 魏晉시대에 清談을 하는 사람들이 이것을 손에 쥐고 휘두르면서 청담을 나누었고 뒤에는 佛徒들이 威儀를 정돈하는 기구로 사용하였다.

33) 連璧 : 한 쌍의 아름다운 옥으로, 우열을 가릴 수 없을 정도로 똑같이 뛰어난 것을 이르는데, 聯璧·雙璧이라고도 한다.

34) 盧綝(노침)의 ≪晉八王故事≫ : 노침은 范陽郡 涿縣 사람으로, 관직이 西晉의 尙書郞에 이르렀고, 廷尉에 증직되었다. ≪진팔왕고사≫는 서진시대 말기에 발생한 '八王의 亂'을 기록한 역사서로, ≪晉書≫ 〈八王列傳〉의 누락과 오류를 보완할 만하다.

러 가게 하였다. 배영공이 줄곧 벽을 향해 누워 있다가 〈왕이보가〉 왕의 사자로 도착했다는 소식을 듣고는 억지로 돌아보았다. 왕이보가 나와서 사람들에게 말하였다.

"두 눈동자가 번쩍번쩍하여 바위에 내려치는 번개와 같으니, 정신은 생생히 살아있으나 몸은 조금 나쁜 상태요."

裴令公은 **有儁容姿**한대 **一旦有疾至困**하니 **惠帝**①가 **使王夷甫往看**이라 **裴**가 **方向壁臥**러니 **聞王使至**하고 **强回視之**라 **王出**하여 **語人曰 雙眸閃閃**하여 **若巖下電**하니 **精神挺動**이나 **體中故小惡**②이라하다

① ≪晉書≫ 〈惠帝紀〉에 말하였다. "惠帝는 諱가 衷으로, 武帝(司馬炎)의 태자이다. 재위 17년 만에 독살되어 세상을 떠났다."[35)]
晉書曰"帝諱衷, 武帝太子. 在位十七年, 中毒而崩."

② 袁宏의 ≪正始名士傳≫[36)]에 말하였다. "裴楷가 병이 들어 위독해지자, 黃門郞인 王夷甫(王衍)를 보내 문안하라고 조서를 내렸다. 〈왕이보가 배해의 집에 도착하자〉 배해가 눈동자를 돌려 왕이보를 응시하면서 '끝내 알고 지내지 못했습니다.'라고 하였다. 왕이보가 돌아와서 또한 그의 뛰어난 정신에 대해 감탄하였다."
名士傳曰"楷病困, 詔遣黃門郞王夷甫省之. 楷回眸, 屬夷甫云'竟未相識.' 夷甫還, 亦歎其神儁."

24-12 裴令公(裴楷)은 준수한 용모와 자태를 지녀서 모자를 벗고 있거나 허름한 옷에 머리를 풀어헤치고 있어도 모두 멋졌으니, 당시 사람들이 〈그를〉 玉人(옥 같은 사람)이라고 하였다. 〈그를〉 만난 사람이 말하였다.

"裴叔則(배영공)을 만나면 玉山 위를 걸어 그 빛이 나를 비추는 것과 같다."

裴令公은 **有儁容儀**하여 **脫冠冕**이어나 **麤服亂頭**라도 **皆好**하니 **時人**이 **以爲玉人**이라 **見**

35) 재위……떠났다 : 魏晉시대 晉 惠帝(司馬衷) 光熙 元年(307) 11월 17일 밤중에 혜제가 洛陽의 顯陽殿에서 갑자기 사망했는데, 東海王(司馬越)에게 독살되었다고 전해진다.

36) 袁宏의 ≪正始名士傳≫ : 원굉(328~376)은 字가 彦伯이고, 어릴 때 이름이 虎이다. 陳郡 陽夏縣 사람으로, 東晉의 文學家이자 史學家이다. ≪정시명사전≫은 志人小說集으로, 魏晉시대 名士들의 遺聞과 軼事를 수록했는데, 원본은 散失되었고 ≪世說新語≫의 주석, ≪水經注≫·≪文選≫의 주석 등에 佚文 20여 항목이 남아 있다.

者曰 見裴叔則하면 如玉山上行하여 光映照人이라하다

24-13 어떤 사람이 王戎에게 말하였다.

"嵇延祖(嵇紹)는 야생의 학이 닭의 무리 속에 있는 것처럼 탁월합니다."

〈왕융이〉 대답하였다.

"그대는 아직 그의 부친(嵇康)을 보지 못했군요."

有人語王戎曰 嵇延祖는 卓卓如野鶴之在雞羣이라하니 答曰 君未見其父耳①라하다

①〈그의 부친은〉 嵇康이다.
康也.

24-14 劉伶은 신장이 6척이고 용모가 매우 추하고 야위었으나, 여유롭고 〈人事에〉 개의치 않으며 육체를 土木처럼 여겼다.

劉伶은 身長六尺이요 貌甚醜顇(췌)나 而悠悠忽忽하며 土木形骸①라

① 梁祚의 ≪魏國統≫[37]에 말하였다. "劉伶은 용모가 추하고 비루하며 신장이 6척이었다. 그러나 구속받지 않고 마음 가는 대로 행동하고, 한적하게 홀로 기뻐하며, 한 시대에 自得하면서 항상 우주를 좁다고 여겼다."
梁祚魏國統曰 "伶形貌醜陋, 身長六尺. 然肆意放蕩, 悠焉獨暢, 自得一時, 常以宇宙爲狹."

24-15 【補】 陸士龍(陸雲)은 웃는 것을 좋아하였다. 한번은 〈喪服 차림인〉 縗幘(최책)을 쓰고 배에 올랐는데, 물속에 비친 자신의 그림자를 보자마자 멈추지 않고 크게 웃다가 거의 물에 빠질 뻔하였다.

---

37) 梁祚의 ≪魏國統≫ : 양조(402~489)는 北朝 北魏 北地郡 泥陽縣 사람이다. 학문을 좋아하고 여러 경전을 연구했는데, 특히 ≪春秋公羊傳≫과 鄭氏의 ≪周易≫에 정통하였다. 秘書中散·秘書令·中書博士 등을 역임했다. 陳壽의 ≪三國志≫를 편집하여 ≪위국통≫을 저술했고, 〈代都賦〉는 세상에 유행하였다. ≪新唐書≫ 〈藝文志〉에 '양조의 ≪위서국기≫ 10권〔梁祚魏書國記十卷〕'이라고 하였다.

陸士龍이 好笑러니 嘗著(착)縗幘[38] 上船한대 水中自見其影하고 便大笑不已하여 幾落水라

24-16 驃騎將軍 王武子(王濟)는 衛玠의 외숙부이다. 준수하고 영특하며 훌륭한 자태를 지녔는데, 위개를 만날 때마다 번번이 감탄하였다.

"珠玉이 곁에 있으니 내 모습이 초라해지는 느낌이다."

驃騎王武子는 是衛玠之舅라 儁爽하고 有風姿로되 見玠에 輒歎曰 珠玉在側하니 覺我形穢①라하다

① 〈衛玠別傳〉에 말하였다. "驃騎將軍 王濟는 衛玠의 외숙부이다. 한번은 〈위개와〉 함께 놀러 갔었는데, 〈다음 날〉 사람들에게 말하였다. '어제 내가 외조카와 함께 앉았는데, 밝은 구슬이 곁에 있어 환하게 나를 비추는 것과 같았다.'"
玠別傳曰 "驃騎王濟, 玠之舅也. 嘗與同遊, 語人曰 '昨日吾與外生共坐, 若明珠之在側, 朗然來照人.'"

【頭註】

○ 劉辰翁 : 〈王武子(王濟)가 초라한 느낌이라고 말한 것은〉 외조카인 衛玠의 모습이 훌륭한 것을 느꼈기 때문이다.
劉云 "覺甥之好."

24-17 衛玠가 豫章으로부터 下都(建業)[39]에 이르렀는데, 사람들은 오랫동안 그의 명성을 들어왔던 터라 만나러 오는 자들이 담장을 둘러친 것처럼 많았다. 위개는 이전부터 병약했기 때문에 몸이 피로를 견디지 못하여 마침내 병이 들어 죽으니, 당시 사람들은 "구경꾼들이 위개를 죽였다."고 하였다.

衛玠가 從豫章至下都한대 人久聞其名하여 觀者如堵牆이라 玠는 先有羸(리)疾하여 體不堪勞하여 遂成病而死하니 時人이 謂看殺衛玠①라하다

① 〈衛玠別傳〉에 말하였다. "衛玠는 여러 사람들 속에 있으면 진실로 남다른 자태가

---

38) 幘 : ≪晉書≫ 〈陸雲傳〉에는 '絰'로 되어 있다.(≪世說新語補考≫)

39) 下都(建業) : 건업은 建康으로, 西晉의 도읍이 洛陽이었기 때문에 건업을 '하도'라고 하였다.

있었다. 髫齔(초츤)[40] 때에 洛陽의 시가지에 白羊車[41]를 타고 가면 〈사람들이〉 모두 '누구 집안의 璧人(玉人)인가?' 하였다. 이 때문에 〈그의〉 가문과 고을에서 〈그를〉 벽인이라고 불렀다."

玠別傳曰 "玠在羣伍之中, 寔有異人之望. 髫齔時, 乘白羊車於洛陽市上, 咸曰 '誰家璧人?' 於是, 家門・州黨號爲璧人."

살펴보건대, ≪永嘉流人名≫에 "위개는 永嘉 6년(312) 5월 6일에 豫章에 이르렀고, 그해 6월 20일에 죽었다."고 하였다. 이와 같다면 위개가 남쪽으로 예장에 온 뒤 45일 동안에 어찌 下都에 갔다가 〈돌아와〉 죽을 겨를이 있었겠는가. 또한 여러 책에서 모두 위개는 예장에서 죽었다고 하였지, 하도에서 죽었다고 하지 않았다.

按永嘉流人名曰 "玠以永嘉六年五月六日至豫章, 其年六月二十日卒." 此則玠之南度豫章四十五日, 豈暇至下都而亡乎. 且諸書皆云玠亡在豫章, 而不云在下都也.

【頭註】

○ 劉辰翁 : 〈구경꾼들이 위개를 죽였다는 것은〉 인사하러 온 자들이 많았으나, 단지 〈위개를〉 구경하고자 했을 뿐이라는 말이다.

劉云 "謂候見者多, 徒欲看耳."

24-18 王丞相(王導)이 衛洗馬(衛玠)를 만난 뒤에 말하였다.

"확실히 몸이 쇠약하니, 비록 온종일 몸조리한다 해도 비단옷조차 감당하지 못할 듯하다."

王丞相이 見衛洗馬曰 居然有羸(리)形하니 雖復終日調暢이라도 若不堪羅綺①라하다

①〈衛玠別傳〉에 말하였다. "衛玠는 평소에 질병을 안고 살았다."

玠別傳曰 "玠, 素抱羸(리)疾"

張衡의 〈西京賦〉[42]에 말하였다. "〈무희들이〉 처음에 천천히 들어오는데 몸이 연

40) 髫齔(초츤) : 머리를 뒤로 늘어뜨리고 치아를 갈 무렵인 7,8세 쯤 되는 어린아이를 이른다.

41) 白羊車 : 흰 양이 끄는 작은 수레이다.

42) 張衡의 〈西京賦〉 : 장형(78~139)은 南陽郡 西鄂縣 사람으로, 字가 平子이며, 後漢의 문학가이자 과학자이다. 〈二京賦〉・〈歸田賦〉 등의 문학작품을 남기고, 天文・陰陽・曆算에 뛰어나 渾天儀・指南車・候風地動儀를 제작하였다. 〈서경부〉는 班固의 〈二京賦〉를 본떠 지은 작품으로, 〈東京賦〉와 함께 장형의 대표작인데, 낭만적이고 과장된 수법으로 서경인 長安의 경치를 섬세하게 묘사하고 그곳의 풍속과 인정을

약하니, 비단옷조차 이기지 못하는 듯하네."
西京賦曰 "始徐進而羸(리)形, 似不勝乎羅綺."

【頭註】
○ 劉辰翁 : 아낙네들이 하는 말이다.
劉云 "婦人語."

24-19 어떤 사람이 王太尉(王衍)를 방문했다가 그 자리에 있던 安豐(王戎)과 大將軍(王敦)과 丞相(王導)을 만났으며, 별채로 가서 季胤(王詡)과 平子(王澄)를 만나고는 돌아와서 사람들에게 말하였다.

"오늘의 행차에서는 눈길이 가는 곳마다 琳瑯[43]과 珠玉을 보았다."

有人詣王太尉한대 遇安豐과 大將軍과 丞相이 在坐하며 往別屋하여 見季胤과 平子①하고 還하여 語人曰 今日之行은 觸目에 見琳瑯珠玉이라하다

① 石崇의 〈金谷詩敍〉[44]에 말하였다. "王詡는 字가 季胤으로, 瑯邪 사람이다."
石崇金谷詩敍曰 "王詡, 字季胤, 瑯邪人."
≪王氏譜≫에 말하였다. "王詡는 王夷甫(王衍)의 아우이며, 관직이 修武縣令에 이르렀다."
王氏譜曰 "詡, 夷甫弟也, 仕至修武令."

24-20 【補】 庾公(庾琮)이 말하였다.

"王尼는 사안마다 〈그 처리 솜씨가〉 남보다 뛰어날 뿐만 아니라 수염과 눈썹

생동감 있게 표현하였다.

43) 琳瑯 : 琳琅으로도 쓰는데, 아름다운 玉石으로, 어질고 재주 있는 인재를 비유한다.

44) 石崇의 〈金谷詩敍〉 : 석숭(249~300)은 渤海郡 南皮縣 사람으로, 字는 季倫, 어릴 때 이름은 齊奴이다. 젊을 때 城陽太守·散騎侍郎·黃門郎 등을 역임하고, 吳나라가 멸망한 뒤에 荊州刺史·南蠻校尉·鷹揚將軍 등을 역임해는데, 부임지에서 왕래하는 富商을 약탈하여 巨富가 되었다. 魏晉시대 晉 惠帝(司馬衷) 永康 원년(300)에 趙王(司馬倫)이 당시 실권자였던 황후 賈南風을 죽이고 정권을 장악했는데, 조왕의 黨與인 孫秀가 석숭의 寵妾인 綠珠를 달라고 했으나 주지 않자 亂黨이라고 모함하여 三族을 죽였다. 〈금곡시서〉는 석숭이 洛陽縣 금곡에 건축한 金谷園에서 1차 연회를 베풀 때 빈객들이 지은 시를 모은 시집의 서문이다.

을 정리하는 것도 남보다 뛰어나니, 우리들은 모두 그 아래에 있다."

庾公道 王尼는 非唯事事勝人이요 布置須眉가 亦勝人하니 我輩皆出其轅下①라하다

① 何法盛의 ≪晉中興書≫[45]에 말하였다. "王尼는 字가 孝孫으로, 洛陽이 함락되자 江夏로 피난하였다. 王澄이 당시에 荊州를 다스리고 있었는데, 그를 만나 매우 기뻐하여 〈필요한 물품을〉 풍부하게 공급해주었다."
晉中興書曰"王尼, 字孝孫, 洛陽覆沒, 避亂江夏. 王澄時爲荊州, 見之欣喜, 厚供給之."

24-21 周伯仁(周顗)이 桓茂倫(桓彝)를 평가하였다.
"〈인품이〉 남보다 훌륭하고 소탈하여 타인으로 하여금 흠모하게 만든다."
혹자는 〈이 평가가〉 謝幼輿(謝鯤)의 말이라고 하였다.

周伯仁이 道桓茂倫하되 嶔(금)崎歷落하여 可笑人이라하다 或云 謝幼輿言이라하다

【頭註】

○ 劉辰翁 : 李太白(李白)이 이 평가를 완전히 차용했으니,[46] 절도에 가깝다.
劉云"太白全用此語, 似切似偸."

24-22 庾子嵩은 키가 7척도 되지 않았으나 허리띠는 10圍[47]가 되었으며, 〈예법에〉 구애받지 않고 자유분방하게 행동하였다.

庾子嵩은 長不滿七尺이나 腰帶十圍요 頹然自放이라

---

45) 何法盛의 ≪晉中興書≫ : 하법성은 南朝 宋 孝武帝 때 奉朝請·校書東宮·湘東太守를 역임했다. ≪진중흥서≫는 東晉의 事跡을 기록한 紀傳體 史書로, 78권이다. 劉知幾는 이 책이 東晉의 史書 중에 가장 뛰어나다고 평가했는데, 원본은 산실되었고, 黃奭의 輯本 등 여러 종의 집본이 있다. 李延壽의 ≪南史≫에서는 이 책의 편찬자가 하법성이 아니라 郗紹(치소)라고 하였다.

46) 李太白(李白)이……차용했으니 : 唐의 이백(701~762)이 729년에 쓴 〈上安州李長史書〉에 "저는 〈인품이〉 남보다 훌륭하고 소탈하여 타인으로 하여금 흠모하게 만듭니다.〔白 嶔崎歷落 可笑人也〕"라고 한 것을 가리킨다.

47) 圍 : ≪莊子音義≫에 "둘레가 5촌인 것을 위라고 한다. 또 한 아름을 위라고 한다.〔圍五寸曰圍 又一抱曰圍〕"고 하였다.(≪世說音釋≫)

24-23 周侯(周顗)가 長史(王濛)의 부친(王訥)을 평가하였다.[48]

"용모가 훌륭한 데다가 고상한 성품에는 기개가 깃들어 있으니, 保擧[49]하여 임용한다면 허다한 일을 해낼 수 있을 것이다."

周侯가 說長史父①하되 形貌旣偉하고 雅懷有槩하니 保而用之면 可作諸許物也리라하다

① ≪王氏譜≫에 말하였다. "王訥은 字가 文開로, 太原 사람이다. 조부 王默은 尙書를, 부친 王祐는 散騎常侍를 역임하였다. 왕눌이 처음 강남으로 건너왔고, 관직이 新淦縣令에 이르렀다."

王氏譜曰"訥, 字文開, 太原人. 祖默, 尙書, 父祐, 散騎常侍. 訥始過江, 仕至新淦令."

【頭註】

○ 劉辰翁 : 〈본문의〉 '諸許'는 '一切〔모든〕'라고 말하는 것과 같다.

劉云"諸許猶言一切."

24-24 祖士少(祖約)가 衛君長(衛永)을 만난 뒤에 말하였다.

"이 사람은 旄仗 아래에 있을 모습[50]을 지니고 있다."

祖士少가 見衛君長하고 云 此人은 有旄仗下形이라하다

24-25 庾太尉(庾亮)가 武昌을 다스릴 때, 기운이 맑고 경치가 아름다운 가을밤에 막료인 殷浩와 王胡之 등이 南樓에 올라 시를 읊었다. 음조가 막 높아지려고 할 때 函道(누각의 계단)에서 나막신 소리가 매우 크게 들렸는데, 틀림없이 庾公(유태위)이었다. 잠시 뒤에 〈유태위가〉 종자 10여 인을 거느리고 걸어오자 여러 현자들이 일어나 그를 피하려 하니,[51] 유공이 천천히 말하였다.

---

48) 평가하였다 : 원문은 '說'인데, ≪世說新語補觿≫에서는 '悅(좋아하다)'의 뜻이라고 하였다.

49) 保擧 : 고위직 관원이 담당 관아의 관원 가운데 재주와 학식이 있고 공로가 많은 이를 자기가 책임지고 임금에게 천거하는 것이다.

50) 旄仗……모습 : 모장은 쇠꼬리나 새 깃털을 끝에 장식한 깃대로 儀仗이나 閱兵 때 사용하는데, 모장 아래에 서 있는 위풍당당한 모습, 즉 장수가 될 만한 인물이라는 뜻이다.

"여러분들은 잠시 머무시오. 이 늙은이도 이러한 일에 흥취가 적지 않소."

그리고는 즉시 胡床[52]에 앉아 여러 사람들과 함께 시를 읊고 농담을 하면서 자리가 끝날 때까지 마음껏 즐겼다. 이후에 王逸少(王羲之)가 〈도성으로〉 내려와 丞相(王導)과 대화를 나누다가 그 일을 언급하니, 승상이 말하였다.

"〈평소 근엄한〉 元規(유태위)도 당시에는 풍모가 어쩔 수 없이 조금 흐트러졌을 것이오."

왕우군(왕일소)이 대답하였다.

"〈그러나 그의 마음에는〉 오직 丘壑[53]만이 존재합니다."

庾太尉가 在武昌한대 秋에 夜氣佳景淸할새 (使)〔佐〕[54]吏殷浩와 王胡之之徒로 登南樓理詠이라 音調始遒에 聞函道中에 有屐(극)聲甚厲하니 定是庾公이라 俄而率左右十許人하여 步來하니 諸賢이 欲起避之한대 公徐云 諸君少住하라 老子도 於此處에 興復不淺이라하고 因便據胡床하여 與諸人詠謔하여 竟坐甚得任樂이라 後에 王逸少가 下하여 與丞相으로 言에 及此事하니 丞相曰 元規도 爾時에 風範이 不得不小穨리라하니 右軍答曰 唯丘壑獨存이니이다하다

【頭註】

○ 劉辰翁 : 〈王導의〉 이 말을 보면 元規(庾亮)의 단정하고 근엄한 모습을 상상할 수 있다.
劉云 "觀此語, 元規巍峩, 可想."

○ 王世懋 : 王導의 마음은 庾亮을 중시한 것이다.
王云 "王意重庾."

---

51) 그를 피하려 하니 : 庾亮은 평소 매우 근엄하여 사람들이 접근하려 하지 않았기 때문이다.(≪世說箋本≫)

52) 胡床 : 걸상처럼 된 간단한 접이식 의자로, 긴네모꼴의 가죽 조각의 양쪽 긴 변에 'ㅍ'자 모양의 다리를 대고 두 다리의 허리를 붙여 접었다 폈다 하며 사용한다. 예전에 높은 벼슬아치들이 가지고 다니다가 길에 깔고 앉거나 말 탈 때 디디고 오르는 디딤대로 사용하였다.

53) 丘壑 : 一丘一壑의 준말로, 하나의 언덕과 하나의 골짜기라는 뜻인데, 은퇴하여 초야에서 산수를 즐기는 것을 이른다.

54) (使)〔佐〕: 저본에는 '使'로 되어 있으나, 宋本 ≪世說新語≫에 의거하여 '佐'로 바로잡았다.

24-26 〈王導의 둘째 아들〉 王敬豫(王恬)는 아름다운 용모를 지녔다. 〈그가〉 王公(왕도)에게 문안을 드렸을 때 왕공이 그의 어깨를 어루만지면서 말하였다.

"阿奴[55]야, 재주가 〈용모에〉 걸맞지 않은 것이 아쉽구나."

혹자[56]가 말하였다.

"왕경예는 일마다 〈잘 처리하여〉 왕공과 비슷하였다."

王敬豫는 **有美形**한대 **問訊王公**에 **王公**이 **撫其肩曰 阿奴**아 **恨才不稱**이라하다 **又云 敬豫**는 **事事似王公**이라하다

24-27 王右軍(王羲之)이 杜弘治(杜乂)를 만나고는 〈이렇게〉 감탄하였다.

"얼굴은 엉긴 기름[57] 같고, 눈은 옻칠을 찍어 놓은 듯[58]하니, 이 사람은 신선 세계의 사람이다."

당시 사람 중에 王長史(王濛)의 용모를 칭찬하는 사람이 있었는데, 蔡公(蔡謨)이 말하였다.

"여러분이 두홍치를 보지 못한 것이 아쉬울 뿐이오."

王右軍이 **見杜弘治**하고 **歎曰 面如凝脂**하고 **眼如點漆**하니 **此**는 **神仙中人**①이라하다 **時人**이 **有稱王長史形者**하니 **蔡公曰 恨諸人**이 **不見杜弘治耳**라하다

① 劉義慶의 ≪江左名士傳≫에 말하였다. "〈東晉 穆帝〉 永和 연간(345~356)에 劉眞長(劉惔)과 謝仁祖(謝尙)가 함께 中朝[59]의 인사들을 논평했는데, 혹자가 '杜弘治는 청아한 모습이 매우 뛰어나니 후배 가운데 훌륭한 인물이다. 게다가 얼굴은 엉긴

---

55) 阿奴 : 父兄 등 尊長이 子弟 등 卑幼者를 허물없이 친하게 부르는 칭호이다.

56) 혹자 : 원문은 '又'인데, ≪世說啓微≫와 ≪世說講義≫에서는 '或'의 誤字라고 추정했고, ≪世說箋本≫에서는 '세상에서 말한 바를 기재한 것〔載世之所云〕'이라고 했는데, 이 견해를 따라 번역하였다.

57) 엉긴 기름 : 하얗고 윤기가 흐르는 피부나 물건을 비유하여 이르는 말이다.

58) 옻칠을……듯 : 눈이 까맣고 또렷한 것을 표현한 것이다.

59) 中朝 : 魏晉南北朝시대에 建康(南京)에 도읍을 정한 東晉과 宋元 교체기에 臨安(杭州)에 도읍을 정한 南宋과 대비하여 중원 지역에 도읍을 정했던 西晉과 北宋을 이르는데, 여기서는 서진을 가리킨다.

기름 같고, 눈은 옻칠을 찍어 놓은 듯하니, 대략 衛玠에 견줄 만하다.' 하였다."
江左名士傳曰 "永和中, 劉眞長·謝仁祖, 共商略中朝人士, 或曰 '杜弘治, 淸標令上, 爲後來之美, 又面如凝脂, 眼如點漆, 粗可得方諸衛玠."

24-28 劉尹(劉惔)이 桓公(桓溫)을 〈이렇게〉 논평하였다.

"귀밑머리는 거꾸로 선 고슴도치의 〈빳빳한〉 털과 같고, 눈썹은 紫石英의 〈날카로운〉 모서리와 같으니, 진실로 孫仲謀(孫權)와 司馬宣王(司馬懿)과 같은 부류의 인물이다."

劉尹이 **道桓公**하되 **鬢如反猬皮**하고 **眉如紫石稜**하니 **自是孫仲謀**와 **司馬宣王**으로 **一流人**①이라하다

① 南朝 宋 明帝(劉彧)의 ≪晉江左文章志≫에 말하였다. "桓溫은 溫嶠에게 칭찬받았기 때문에 이름을 溫이라고 하였다."
宋明帝文章志曰 "溫爲溫嶠所賞, 故名溫."
≪三國志≫ 〈吳書 吳主傳〉에 말하였다. "孫權은 字가 仲謀로, 孫策의 아우이다. 漢나라 사신 劉琬이 사람들에게 말하였다. '내가 손씨 형제를 보았는데, 비록 모두 뛰어난 재주와 총명함을 지녔으나, 모두 복록을 끝까지 누리지 못할 것이다. 오직 中弟인 孝廉(손권)[60]만이 용모가 훤칠하고 骨相이 평범치 않으니 크게 부귀할 모습[61]을 지니고 있다.'"
吳志 "孫權, 字仲謀, 策弟也. 漢使者劉琬語人曰 '吾觀孫氏兄弟, 雖竝有才秀明達, 皆祿祚不終. 唯中弟孝廉, 形貌魁偉, 骨體不恒, 有大貴之表."
≪晉陽秋≫에 말하였다. "司馬宣王(司馬懿)은 타고난 자질이 출중하고, 영웅의 책략을 지녔다."
晉陽秋曰 "宣王, 天姿傑邁, 有英雄之略."

【頭註】

○ 劉辰翁 : 걸출한 인물로서 같은 부류이다.
劉云 "英物爾醜."

---

60) 孝廉(손권) : 孫權이 효렴과에 천거된 적이 있기 때문에 이렇게 말한 것이다.(≪三國志≫ 〈吳書 吳主傳〉)

61) 크게 부귀할 모습 : 군주가 될 모습이라는 뜻이다.

24-29 〈王導의 다섯째 아들〉 王敬倫(王劭)은 풍모가 그의 부친과 비슷하였다. 〈그가〉 侍中으로 있을 때, 桓公(桓溫)에게 〈太尉〉 벼슬을 더해주었는데 〈그가〉 公服(官服) 차림으로 대문을 통해 〈궁궐로〉 들어오니, 환공이 바라보면서 말하였다.

"大奴(왕소)는 진실로 본래 봉황의 깃털을 지니고 있구나."

王敬倫은 風姿似父라 作侍中①에 加授桓公할새 公服從大門入하니 桓公이 望之曰 大奴는 固自有鳳毛②로다하다

① 〈王劭別傳〉에 말하였다. "王劭는 字가 敬倫으로, 丞相 王導의 다섯째 아들이다. 청아하고 고귀하며 소탈하고 소박하며, 심오한 이치를 자세히 연구하였다. 大司馬 桓溫이 〈그에 대해〉 鳳雛(봉황의 새끼)라고 칭찬하였다. 여러 관직을 역임하고 尙書僕射(상서복야)와 吳國內史가 되었다."
劭別傳曰 "劭, 字敬倫, 丞相導第五子. 淸貴簡素, 硏味玄賾. 大司馬桓溫, 稱爲鳳雛. 累遷尙書僕射·吳國內史."

② 大奴는 王劭이다.
大奴, 劭也.
何法盛의 ≪晉中興書≫에 말하였다. "王劭는 용모가 아름답고 위의와 절조를 지녔다."
≪中興書≫曰 "劭美姿容, 持儀操也."

24-30 林公(支遁)이 王長史(王濛)를 〈이렇게〉 평가하였다.

"옷깃을 여미고 오니 어찌 저리 행동거지가 훤칠하게 훌륭한가."

林公이 道王長史하되 斂衿作一來하니 何其軒軒韶擧①아하다

① ≪何氏語林≫ 〈言語〉에 말하였다. "王仲祖(王濛)는 아름다운 용모를 지녔다. 매번 거울을 들고 자신을 비추고는 '王文開(王訥)가 어떻게 이런[62] 아들을 낳았을까.' 하였다. 당시 사람들은 그에 대해 放達[63]하다고 하였다."
語林曰 "王仲祖, 有好儀形, 每覽鏡自照曰 '王文開, 那生如馨兒.' 時人謂之達也."

---

62) 이런 : 원문은 '如馨'인데, 晉宋시대 속어로, 如此, 這樣의 뜻이다.
63) 放達 : 예법에 구속되지 않고 자유분방한 것을 이른다.

24-31 당시 사람들이 王右軍을 〈이렇게〉 평가하였다.
"흘러가는 구름처럼 여유롭고 놀란 용처럼 솟구친다."[64)]

時人이 目王右軍하되 飄若遊雲하고 矯若驚龍이라하다

24-32 王長史(王濛)가 한번은 병이 들어 친소를 막론하고 누구도 만나지 못했는데, 林公(支遁)이 오자 문지기가 그에게 나아가 아뢰었다.
"한 괴이한 사람이 〈찾아와〉 문에 있으니 감히 아뢰지 않을 수 없습니다."
왕장사가 웃으면 말하였다.
"그는 틀림없이 임공일 것이다."

王長史가 嘗病한대 親疏不通이어늘 林公來하니 守門人이 造啓之曰 一異人이 在門하니 不敢不啓니이다하니 王笑曰 此必林公①이리라하다

① 살펴보건대, ≪語林≫ 〈容止〉에 "여러 사람들이 한번은 阮光祿(阮裕)에게 함께 林公(支遁)을 방문하자고 하니, 완광록이 '그의 말은 듣고 싶지만, 그의 얼굴은 보기 싫습니다.' 했다." 하였으니, 이로 보면 임공의 용모가 정말 못생긴 것이 틀림없다.
按語林曰 "諸人嘗要阮光祿共詣林公, 阮曰 '欲聞其言, 惡(오)見其面.'" 此則林公之形, 信當醜異.

24-33 혹자가 謝仁祖(謝尙)를 〈자신에게〉 비교하는 것을 중시하지 않자, 桓大司馬(桓溫)가 말하였다.
"여러분들은 경솔히 말하지 말라. 사인조가 북쪽 창가 아래에서 발돋움하고 비파를 타면 진실로 저절로 천상계의 眞人(신선)같은 상념에 잠긴다네."

或이 以方謝仁祖로 不乃重者하니 桓大司馬曰 諸君은 莫輕道하라 仁祖가 企脚北窓下하여 彈琵琶면 故自有天際眞人想①이라하다

① ≪晉陽秋≫에 말하였다. "謝尙은 음악에 뛰어났다."

---

64) 흘러가는……솟구친다 : ≪晉書≫ 〈王羲之傳〉에는 이 문장이 그의 필체를 칭찬한 말로 되어 있다.

晉陽秋曰 "尙善音樂."

裴啓의 ≪裴子語林≫[65]에 말하였다. "丞相(王導)이 일찍이 말하였다. '謝堅石(謝尙)이 〈침상에 걸터앉아〉 다리를 내리고 비파를 〈무릎에〉 놓으면 천상계의 상념에 잠긴다.'" 견석은 사상의 어릴 때 이름이다.

裴子云 "丞相嘗曰 '堅石挈脚枕琵琶, 有天際想.'" 堅石, 尙小名.

【頭註】

○ 劉辰翁 : 속된 말이다.
劉云 "俗語."

24-34 王長史(王濛)가 中書郞이었을 때 王敬和(王洽)의 처소에 갔다. 당시에 눈이 쌓여 있어서 왕장사가 문밖에서 수레를 내려 걸어서 尙書府에 들어갔는데 관복을 입고 있었다. 왕경화가 멀리서 〈그를〉 바라보고는 〈이렇게〉 감탄하였다. "이 사람은 더 이상 인간 세상의 사람같지 않구나."

王長史가 爲中書郞에 往敬和許한대 爾時積雪하여 長史가 從門外下車하여 步入尙書하되 著公服이라 敬和遙望歎曰 此不復似世中人이라하다

【頭註】

○ 劉辰翁 : 눈 속에서는 당연한 일이다.
劉云 "雪中宜爾."

○ 劉辰翁 : 〈본문의〉 尙書 아래에 '省'이라는 한 글자가 있어야 한다.
劉云[66] "尙書下有一省字."

24-35 簡文帝(司馬昱)가 相王[67]이었을 때 謝公(謝安)과 함께 桓宣武(桓溫)를 방문했는데, 王珣이 먼저 와서 안에 있었다. 환선무가 왕순에게 말하였다.

---

65) 裴啓의 ≪裴子語林≫ : 배계는 東晉 河東郡 聞喜 사람으로, 일명 榮이고 字는 榮期이다. ≪배자어림≫은 漢魏 이래로 동진에 이르기까지 유명 인사들의 일화를 기록한 책이다.

66) 劉云 : ≪世說箋本≫에는 '應登'으로 되어 있다.

67) 相王 : 왕의 신분으로 재상을 겸직한 사람이다. 簡文帝는 황제가 되기 전에 廢帝 太和 1년(366)에 會稽王의 신분으로서 승상의 직임을 맡았다.(≪晉書≫ 〈簡文帝紀〉)

"그대는 항상 상왕을 보고 싶어 했으니, 휘장 안에 머물면 될 것이오"

두 손님(간문제와 사공)이 돌아간 뒤에 환선무가 왕순에게 말하였다.

"정작 어떠하오?"

왕순이 말하였다.

"상왕께서는 재상으로서 원래 神君(신선)처럼 청아하시고, 공께서는 또한 만인의 존경을 받는 분입니다. 그렇지 않다면 僕射(복야)인 사안이 어찌 〈자신의 장점을〉 감출 수[68] 있겠습니까."

簡文이 **作相王時**에 **與謝公**으로 **共詣桓宣武**하니 **王珣**이 **先在內**라 **桓語王**하되 **卿**은 **嘗欲見相王**하니 **可住帳裏**라하다 **二客旣去**에 **桓謂王曰 定何如**아하니 **王曰 相王作輔**하니 **自然湛若神君**①하고 **公亦萬夫之望**이니 **不然**이면 **僕射**가 **何得自沒**②이리잇가하다

① ≪續晉陽秋≫에 말하였다. "簡文帝는 풍모가 아름답고, 행동거지가 단아하고 침착하였다."

續晉陽秋曰"帝美風姿, 擧止端詳."

② 僕射(복야)는 謝安이다.

僕射, 謝安.

【頭註】

○ 王世懋 : 이는 王東亭(王珣)의 아첨하는 말이니, 謝安石(謝安)은 아마 〈자신의 장점을〉 감추려고 하지 않았을 것이다.

王云"此, 東亭媚語, 安石恐未肯便沒."

○ 劉辰翁 : 〈원문의〉 不然은 不如가 되어야 하고, 自沒은 自是가 되어야 한다.

劉云"不然作不如, 自沒作自是."

24-36 海西公(司馬奕)[69]이 〈帝位에 있을〉 때에 諸公이 조회할 때마다 朝堂이 여

---

68) 감출 수 : 원문은 '自沒'인데, ≪世說新語補觿≫에서는 "相王(司馬昱)과 桓宣武(桓溫)가 있었기 때문에 謝安은 있었으나 없는 것과 같았다."고 했고, ≪世說啓微≫와 ≪世說講義≫에서는 "상왕과 환선무에 압도되어 자신의 훌륭함을 감추었다."고 하였다.

69) 海西公(司馬奕) : 太和 6년(371)에 당시의 권력자인 桓溫이 사마혁을 폐위하여 해서공으로 강등시키고 會稽王 司馬昱(簡文帝)을 황제로 옹립하였다.

전히 어두웠는데, 오직 會稽王(司馬昱)이 오면 아침노을이 떠오르는 것처럼 환해졌다.

海西時에 諸公每朝할새 朝堂猶暗이러니 唯會稽王來하면 軒軒如朝霞擧①하다

① 海西公 司馬奕은 다른 곳에 보인다.
海西公奕, 別見(현).

【頭註】

○ 劉辰翁 : 〈24-35 항목에서 王珣이 司馬昱을 표현한〉 '神君'이라는 말과 상응한다.
劉云 "與神君語映."

24-37 謝車騎(謝玄)가 謝公(謝安)을 〈이렇게〉 평가하였다.

"한가하게 노닐 때에는 큰소리로 노래하지 않지만, 다만 공손히 앉아 코를 잡고[70] 〈노래하면서〉 주위를 둘러보면 절로 山水 사이에 거처하는 모습이 있다."

謝車騎가 道謝公하되 遊肆엔 復無乃高唱이나 但恭坐하여 捻(념)鼻顧睞(래)하면 便自有寢處山澤間儀라하다

【頭註】

○ 劉辰翁 : 표정과 태도는 대략 그럴싸하지만, 다만 말이 되지 않는다.
劉云 "意態略似, 但不成語."

24-38 謝公(謝安)이 말하였다.

"林公(支遁)의 두 눈을 보면 어둠 속에서도 〈눈동자의〉 흑백이 분명하다."

孫興公(孫綽)이 임공을 만나고는 말하였다.

"위엄 있게 그 호방한 기개가 드러난다."

謝公云 見林公雙眼하면 黯黯明黑이라하고 孫興公이 見林公하고 稜稜露其爽이라하다

70) 코를 잡고 : 탁한 鼻音으로 노래하는 洛下書生詠으로, 洛陽의 書生이 읊던 창법이다. 그 음색이 중후하고 탁했는데, 낙양에서 長江을 건너온, 東晉 때의 명사들이 즐겨 읊었고, 謝安이 이 창법에 뛰어났다.

24-39 庾長仁(庾統)이 여러 아우들과 함께 〈배를 타고〉 吳 지역으로 들어가다가 驛亭에서 머물러 묵어가려고 하였다. 여러 아우들이 먼저 〈육지로〉 올라가 보았더니 평민들이 방에 가득했는데 도무지 비켜주려는 마음이 없었다. 유장인이 말하였다.

"내가 한번 살펴봐야겠다."

그리고는 지팡이를 짚고 아이 한 명을 데리고 문으로 막 들어서자 여러 손님들이 그의 표정과 자태를 바라보고는 동시에 물러나 숨었다.

庾長仁이 與諸弟로 入吳라가 欲住亭中宿이라 諸弟先上에 見羣小滿屋한대 都無相避意라 長仁曰 我試觀之라하고 乃策杖하고 將一小兒하여 始入門하니 諸客이 望其神姿하고 一時退匿①이라

① 일설에 〈이 일화는〉 庾亮에 관한 것이라고 한다.[71)]
一說是庾亮.

【頭註】

○ 劉辰翁 : 〈이 일화의 주인공은〉 庾亮이 맞다.
劉云 "庾亮爲是."

24-40 어떤 사람이 王恭의 훌륭한 용모에 감탄하여 〈이렇게〉 말하였다.

"봄의 버들처럼 맑고 밝다."

有人이 歎王恭形茂者하여 云 濯濯如春月柳라하다

24-41【補】謝晦는 아름다운 풍모에 담소에도 뛰어나고, 눈썹과 눈동자가 뚜렷하며, 살쩍과 머리칼이 먹과 같이 검었다. 당시에 謝混은 풍모와 식견이 江左(江南)의 으뜸이었는데, 한번은 사회와 함께 〈南朝〉 宋 武帝(劉裕)의 앞에 있게 되자, 무제가 그들을 〈이렇게〉 평가하였다.

"일시에 갑자기 두 명의 玉人을 가지게 되었구나."

---

71) 일설에……한다 : 庾統에게는 형제가 없었으나, 庾亮에게는 庾懌·庾冰·庾條·庾翼이라는 아우가 있었으니, 이 견해가 타당한 듯하다.

謝晦는 美風姿에 善言笑하고 眉目分明하며 鬢髮如墨이라 時에 謝混은 風鑑이 爲江左第一한대 常與晦로 同在宋武帝前하니 帝目之曰 一時에 頓有兩玉人이라하다

24-42【補】어떤 사람이 謝益壽(謝混)를 찾아가서 말하였다.

"일전에 劉丹陽(劉惔)이 마련한 자리에 있을 때에 멋진 수염을 가진 어떤 손님을 보았습니다."

사익수가 말하였다.

"바로 우리 집안의 阿瞻(謝瞻)입니다."

有人이 詣謝益壽하여 言 向在劉丹陽坐에 見一客殊毛라하니 謝曰 正是我家阿瞻①이라하다

① 益壽는 謝混의 어릴 때 이름이다.
益壽, 混小字.

24-43【補】王景文(王彧)은 풍모가 한 시대의 으뜸이었으니, 袁粲이 〈이렇게〉 감탄하였다.

"왕경문은 단지 좋아할 만한 풍모를 지녔을 뿐만 아니라 먹고 마시는 모습도 볼 만하다."

〈그러자〉 謝混과 알고 지내는 어떤 손님이 있었는데, 〈그가〉 말하였다.

"왕경문은 謝叔源(사혼)과 비교하면 촌사람입니다."

원찬이 슬퍼하면서 말하였다.

"눈으로 이러한 사람을 보지 못하는 것이 아쉽소."

王景文은 風姿가 爲一時之冠이니 袁粲이 歎曰 景文은 非但風流可悅이요 餔啜도 亦復可觀이라하다 有客及識謝混者한대 曰 景文은 方謝叔源하면 則爲野父矣라하니 粲이 惆悵曰 恨眼中不見如此人①이라하다

① 孔平仲의 ≪續世說≫[72]에 말하였다. "〈南朝〉 宋 孝武帝(劉駿)가 侍中 4명을 선발했

72) 孔平仲의 ≪續世說≫ : 공평중(1044~1111)은 北宋 臨江郡 新喩縣 사람으로, 字는

는데, 모두 풍모를 지니고 있었다. 王彧과 謝莊이 한 쌍이고, 阮韜[73]와 何偃[74]이 한 쌍이었다."

續世說曰 "宋孝武選侍中四人, 竝以風貌. 王彧·謝莊爲一雙, 阮韜·何偃爲一雙."

24-44 **【補】** 張思曼(張緖)은 말하는 모습[75]이 매우 멋있어서 듣는 사람은 모두 배고픔과 피로를 잊고, 보는 사람은 宗廟에 있는 듯이 숙연해졌다.

張思曼은 **吐納**이 **風流**하여 **聽者**가 **皆忘饑疲**하고 **見者**가 **肅然如在宗廟**라

24-45 **【補】** 〈南朝〉 梁 武帝(蕭衍)가 建業(建康)을 평정하니 조정의 관원이 모두 〈그를 배알하러 조정에〉 나아갔다. 謝景滌(謝覽)은 당시에 20세였는데 意氣(표정)가 고상하고 시선이 맑으니, 양무제가 눈으로 한참 동안 〈그를〉 배웅하고는 徐勉에게 말하였다.

"이곳에 향긋한 난초 향기가 풍겨 온몸을 감싸는 것을 느끼겠구나."

梁武가 **平建業**하니 **朝士**가 **皆造之**라 **謝景滌**은 **時**에 **年二十**이로되 **意氣閒雅**하고 **瞻視聰明**하니 **梁武**가 **目送良久**하고 **謂徐勉曰 覺此生芳蘭**하여 **竟體**①로다하다

① ≪南史≫ 〈謝覽列傳〉에 말하였다. "謝覽은 字가 景滌으로, 陳郡 陽夏縣 사람이다. 부친 謝瀹은 太子詹事를 역임하였다. 사람은 〈부마로〉 선발되어 〈南朝〉 齊나라 錢

義甫·毅父이며, 그의 형 孔文仲·孔武仲과 함께 '三孔'으로 불렸다. 저서로 ≪孔氏談苑≫·≪珩璜新論≫·≪釋稗≫ 등이 있다. ≪속세설≫은 ≪世說新語≫의 체례를 모방하여 南北朝시대로부터 五代시대까지 朝野의 일화를 수록한 책이다.

73) 阮韜 : ?~484. 陳留郡 사람으로, 字는 長明이며, 南朝 宋과 齊의 大臣이다. 젊을 때 南兗州別駕에 보임되고, 江夏王(劉義恭) 때에 刺史가 되며, 宋 孝武帝 때에 侍中이 되고, 明帝 때에 江南江州長史·散騎常侍가 되었다.

74) 何偃 : 413~458. 廬江郡 灊縣(첨현) 사람으로, 字는 仲弘, 시호는 靖이다. 南朝 宋의 관원이다. 孝武帝 때에 太子中庶子가 되고 侍中을 역임하며 吏部尙書가 되었다. 그가 사망했을 때 효무제가 통곡을 그치지 않을 정도로 아꼈다고 한다.

75) 말하는 모습 : 원문은 '吐納'인데, 본래 道家의 양생술로, 입으로 묵은 기운을 내뿜고 코로 새로운 기운을 들이마시는 것이다. ≪世說新語補考≫에서는 "말을 내뱉고 들인다.〔吐納言語〕", ≪世說講義≫에서는 "말하거나 침묵한다.〔張語默〕", ≪世說箋本≫에서는 "탄토와 같으니, 바로 말하는 모양이다.〔猶呑吐 卽言語之貌〕"라고 하였다.

唐公主에게 장가들었고, 梁나라에서 벼슬하여 吳興太守가 되었다."
南史曰 "謝覽, 字景滌, 陳郡陽夏人. 父瀹, 太子詹事. 覽選尙齊錢唐公主, 仕梁爲吳興太守."

24-46 **【補】** 陶隱居(陶弘景)는 신장이 7척 4촌에 표정이 맑고 용모가 빼어나며, 눈이 또렷하고 눈썹이 성기며, 몸이 날씬하고 귀가 길었다. 비록 朱門[76]에 살았으나 자취를 감추고 타인과 교유하지 않았다.

陶隱居는 **身長七尺四寸**이요 **神儀明秀**하고 **朗目踈眉**하며 **細形長耳**라 **雖在朱門**이나 **閉影**하고 **不交外物**①이라

① ≪南史≫ 〈陶弘景列傳〉에 말하였다. "陶弘景은 字가 通明으로, 丹陽郡 秣陵縣 사람이다. 뜻과 절조를 고상히 하여 여러 차례 徵命[77]을 사양하고, 句容縣의 句曲山에 은거하면서 산속에 집을 짓고는 華陽隱居라고 自號하였다. 인간 세상에 보내는 편지에는 '隱居'로 이름을 대신하였고, 세상을 떠난 뒤에는 〈南朝 梁 武帝가〉 貞白先生이라는 시호를 내렸다."
南史曰 "陶弘景, 字通明, 丹陽秣陵人. 高其志節, 累辭徵命, 隱於句容之句曲山, 中山立館, 自號華陽隱居. 人間書札, 以隱居代名, 卒謚貞白先生."

24-47 **【補】** 李密은 눈동자가 정사각형이고 검은자위와 흰자위가 분명하였다. 〈隋〉 煬帝(楊廣)가 그를 보고는 宇文述에게 말하였다.
"왼쪽 친위대에 있는 시커먼 아이는 누구인가?"
〈우문술이〉 대답하였다.
"蒲山公 李寬의 아들 이밀입니다."
양제가 말하였다.
"저 아이는 눈매가 남다르니 호위대에 들이게 하지 말라."

李密은 **目瞳子正方**하고 **黑白明澈**①이라 **煬帝見之**②하고 **謂宇文述**③**曰 左仗下**의 **黑色小兒**는 **爲誰**오하니 **云 是蒲山公李寬子密**이니이다하다 **帝曰 此小兒**는 **瞻視異常**하니 **無**

76) 朱門 : 붉은 칠을 한 대문으로, 高官大爵이나 富豪의 집을 뜻한다.
77) 徵命 : 조정에서 관리로 임용하기 위해 부르는 명령이다.

令入衛④하라하다

① ≪隋書≫ 〈李密列傳〉에 말하였다. "李密은 字가 法主로, 眞鄕郡公 李衍[78]의 從孫이다. 재주는 문무를 겸비하고, 의지와 기개가 웅대하고 원대하며, 재산을 털어 식객을 길렀다. 나중에는 이전의 생각과 태도를 바꾸어 휘장을 내리고[79] 학문에 몰두하였다. 楊玄感[80]이 군대를 일으켰을 때 그를 책사로 삼았고, 〈隋나라와의〉 여러 번의 전투에서 승리하여 〈스스로〉 魏公이라고 호칭을 높이고 단을 설치하고 즉위하였다. 〈이후에는〉 唐나라에 귀순하여 邢國公에 봉해졌다."

隋書曰"密, 字法主, 眞鄕公衍之從孫也. 才兼文武, 志氣雄遠, 散財養客. 後更折節, 下帷耽學. 楊玄感擧兵, 以爲謀主, 屢戰克捷, 上號魏公, 設壇卽位. 歸身於唐, 封邢國公."

② ≪隋書≫ 〈煬帝紀〉에 말하였다. "煬帝는 諱가 廣으로, 文帝(楊堅)의 둘째 아들이다. 부친을 시해하고 스스로 즉위하여 부강한 왕업을 계승하였다. 秦 始皇과 漢 武帝의 사람됨을 개연히 흠모하며, 사치를 끝없이 부리고 욕망을 한없이 추구하였다. 揚州를 巡狩하다가 宇文化及[81]에게 시해당하였다."

隋書曰"帝, 諱廣, 文帝第二子. 弑父自立, 承富强之業. 慨然慕秦皇·漢武之爲人, 窮侈極欲. 巡狩揚州, 爲宇文化及所弑."

---

78) 李衍 : 遼東郡 襄平縣 사람으로, 字는 拔豆이다. 北朝 西魏 宇文泰가 정권을 잡았을 때에 懷仁縣公·普寧縣公에 봉해지고, 開府儀同三司·義州刺史를 역임했다. 여러 번 北齊와의 전투 끝에 북제를 평정하여 大將軍이 되고 眞鄕郡公에 봉해지며, 이후에 定州刺史·鄜州刺史를 역임했다. 581년에 隋나라가 건국되자 行軍總管이 되고 柱國이 되었다. 588년에 수나라가 南朝 陳나라를 총공격할 때 행군총관으로서 출정했다가 1년 뒤에 병이 들어 長安으로 돌아와 집에서 세상을 떠났다.

79) 휘장을 내리고 : 침잠하여 학문에 전념한다는 뜻이다. 前漢 景帝 때 博士였던 董仲舒가 휘장을 내리고 방 안에 들어앉아 글을 강독하면서 제자들을 가르쳤는데, 어떤 때는 그의 얼굴을 못 보는 일도 있었다. 그는 그렇게 학문에 전력을 기울여서, 3년 동안 집안의 정원에도 나가지 않았다.(≪史記≫ 〈董仲舒傳〉)

80) 楊玄感 : ?~613. 弘農郡 華陰縣 사람이다. 隋 煬帝의 총애하는 신하로 洛陽에 있으면서 군수 물자를 운송하는 일을 감독하고 있었는데, 수나라의 군대가 고구려에게 계속해서 패하는 것을 보고는 백성들을 구제한다는 명분으로 반란을 일으켰다가 大業 9년(613) 9월에 패하여 죽임을 당하였다.

81) 宇文化及 : ?~619. 代郡 武川縣 사람으로, 本姓은 破野頭이다. 隋 煬帝 때 右屯衛將軍을 역임했는데, 618년에 馬德戡과 함께 江都에서 정변을 일으켜 양제를 침소에서 교살한 뒤에 양제의 조카인 秦王 楊浩를 황제로 추대하고 자신은 승상이 되었다. 이후에 양호를 독살하고 황제를 자칭하여 연호를 天壽, 국호를 許라고 했다. 619년 聊城에서 竇建德과 싸워 패하여 자신과 그 일족이 죽임을 당했다.

③ ≪隋書≫ 〈宇文述列傳〉에 말하였다. "宇文述은 字가 伯通으로, 代郡 武川縣 사람이다. 〈北朝〉 北周 武帝(宇文邕) 때에 부친(宇文盛)[82]의 軍功 덕분으로 벼슬을 시작하여 開府[83]에 제수되었다. 〈隋 文帝〉 開皇 연간(581~600) 초반에 居衛大將軍에 제수되었다."
隋書曰 "宇文述, 字伯通, 代郡武川人. 周武帝時, 以父軍功起家, 拜開府. 開皇初, 拜居衛大將軍."

④ ≪隋書≫ 〈李密列傳〉에 말하였다. "李密의 부친 李寬은 용맹하고 전투에 뛰어나며, 재능과 책략이 남보다 뛰어났다. 〈北朝〉 北周로부터 隋나라에 이르기까지 여러 번 將領을 역임하였다."
密傳曰 "密父寬, 驍勇善戰, 幹略過人. 自周及隋, 數經將領."

24-48 **【補】** 朱泚가 반란을 일으켰을 때에 裴佶이 衣冠(관리) 몇 명과 함께 하인인 척하면서 성을 나가려고 했는데, 배길의 용모가 가장 못나고 자신을 '甘草'라고 불렀다. 성문의 군사가 말하였다.

"이 몇 명은 절대 남의 하인이 아니니, 감초 같은 자는 의심의 여지가 없다."

朱泚之亂①에 **裴佶**이 **與衣冠數人**으로 **佯爲奴**하고 **求出城**한대 **佶最寢陋**하고 **自稱甘草**라 **門兵曰 此數子**는 **定非人奴**니 **如甘草者**는 **不疑**②라하다

① ≪舊唐書≫ 〈朱泚列傳〉에 말하였다. "朱泚는 幽州 昌平縣 사람이다. 부친(朱懷珪)의 恩蔭으로 從軍하여 代宗 때에 幽州盧龍節度使에 제수되었는데, 〈太尉의 직함을 가지고〉 도성에 머물렀다. 〈德宗 建中 4년(783)에〉 涇原 지역의 군사가 반란을 일으켜 주자를 주군으로 받들자, 〈그는〉 白華殿에 머물면서 스스로 大秦皇帝라고 일컬었다. 官軍이 도성을 수복한 뒤에 그를 참수하였다."
唐書曰 "泚, 幽州昌平人. 以父資從軍, 代宗朝, 拜幽州盧龍節度使, 留京師. 涇原兵

---

82) 宇文盛 : ?~580. 上郡 沃野鎭 사람으로, 本姓은 破野頭, 字는 保興이고, 시호는 穆이다. 北朝 西魏 건국 이후 여러 차례 東魏의 공격을 크게 패퇴시켜 馮翊太守에 임명되고, 이후에 驃騎大將軍·開府儀同三司·鹽州刺史를 역임했다. 北周 건국 이후 大將軍과 涇州都督을 역임하고 忠城郡公에 봉해지며, 柱國·延州總管·大宗伯·太子少師·上柱國을 역임했다. 사후에 襄國公에 추봉되었다.

83) 開府 : 군대의 직위이다. 北朝 西魏와 北周 때에 全軍을 24軍에 분속하고, 1軍마다 한 명의 개부를 두었는데, 통솔하는 군사의 수효는 대략 2천 명이었다.

作亂, 奉泚爲主, 居白華殿, 自稱大秦皇帝. 官軍收復京師, 斬之."

② 劉昫(유후)의 ≪舊唐書≫ 〈裴佶列傳〉에 말하였다. "裴佶은 字가 弘正으로, 裵耀卿[84]의 손자이다. 글을 잘 짓고 약관의 나이에 진사에 급제하였다. 德宗이 〈朱泚의 난을 피해〉 남쪽 〈奉天〉으로 몽진했을 때에 行在所[85]에 달려가 拾遺에 제수되었다. 배길은 청렴하고 굳세며 온화하고 똑똑하고, 교제한 사람은 모두 당대의 일류 인사들이었는데, 鄭餘慶[86]과 특히 사이가 좋았다. 〈배길이 죽었을 때〉 정여경이 벗을 위한 상복을 입자 사대부들이 훌륭하게 여겼다."
劉昫唐書曰 "裴佶, 字弘正, 裵耀卿之孫. 能屬文, 弱冠擧進士. 德宗南狩, 奔詣行在, 拜拾遺. 佶淸勁溫敏, 所交皆當時第一流, 與鄭餘慶特相友善. 餘慶行朋友之服, 縉紳美之."

24-49 **【補】** 趙匡凝은 衣冠을 정제할 때마다 사람에게 큰 거울을 들어 앞뒤로 비추게 하고, 조금이라도 먼지가 묻었다고 느끼면 곧바로 붉은 먼지떨이를 가지고 와서 털어내라고 하였다.

趙匡凝은 **每整衣冠**에 **使人持巨鑑**하여 **前後照**하고 **微覺有塵**이면 **卽令持紅拂**하여 **去之**①라

① ≪五代史記≫[87] 〈趙匡凝傳〉에 말하였다. "趙匡凝은 字가 光義로, 蔡州 사람이다. 풍모가 매우 훌륭하고, 성품이 바르고 엄격하며, 〈용모를〉 직접 단장하는 것을 좋아하였다. 학문을 매우 좋아하여 수천 권의 서적을 모았다. 정사를 베풀 때에 위엄과 은덕이 있었다."
五代史記曰 "趙匡凝, 字光義, 蔡州人. 氣貌甚偉, 性方嚴, 喜自修飾. 頗好學問, 聚書數千卷. 爲政有威惠."

---

84) 裵耀卿 : 字는 煥之이고, 시호는 文獻이다. 唐 玄宗 때 濟州刺史・宣州刺史 등을 역임했는데 善政이 있었고, 尙書左僕射(상서좌복야)에 이르렀다.

85) 行在所 : 임금이 어떤 사유로 궁궐에서 나와 임시로 머무는 곳이다.

86) 鄭餘慶 : 745~820. 唐 鄭州 滎陽縣 사람으로 字는 居業이고, 시호는 貞이다. 젊을 때 嚴震의 막교가 되고, 山南西道從事・殿中侍御史・兵部員外郎・翰林學士・工部侍郎 등을 역임하며, 이후에 中書侍郞으로서 재상에 임명되고, 同平章事・國子祭酒・河南尹・兵部尙書・太子少傅・山南西道節度使・太子少師・司空 등을 역임하고, 滎陽郡公에 봉해졌다.

87) ≪五代史記≫ : 歐陽脩가 편찬한 ≪新五代史≫의 원명으로, 후대에 薛居正 등이 찬수한 관찬본 오대사와 구별하기 위해 ≪신오대사≫라고 불렀다.

世說新語補 卷十三

25. 자신 自新

〈자신〉편은 이전의 나쁜 행실을 고쳐 훌륭하게 변한 일화를 기술하고 있다. ≪世說新語≫에서 2항목, ≪何氏語林≫에서 2항목을 뽑아 총 4항목으로 구성하였다. '자신'의 의미는 자신의 과오를 스스로 개선하여 새로운 사람이 되는 것이다. ≪세설신어≫에서 뽑은 25~1 항목과 25~2 항목은 타인의 말을 직간접적으로 듣고 자신의 잘못을 뉘우쳐 개선한 경우이고, ≪하씨어림≫에서 뽑은 25~3 항목과 25~4 항목은 스스로 자신의 잘못을 깨닫고 개선한 경우이다.

25-1 周處는 젊었을 때 흉포하고 호탕한 기상이 있어서 마을 사람들이 근심거리로 여겼고, 또 義興에는 강물 속에 蛟龍이 있고 산속에 발을 저는[1)] 호랑이가 있었는데, 모두 백성들에게 해를 끼쳤다. 의흥 사람들은 〈이들을〉 三橫(세가지 횡포한 것)이라 불렀는데 주처가 가장 심하였다. 어떤 이가 주처에게 호랑이를 죽이고 교룡을 베라고 부추겼는데, 실은 삼횡 중에 하나만 남기를 바랐기 때문이다. 주처는 즉시 호랑이를 찔러 죽이고, 또 강물에 들어가 교룡을 공격하였다. 교룡이 뜨기도 하고 가라앉기도 하면서 수십 리를 갔는데 주처도 교룡과 함께 가서 3일 밤낮을 지냈다. 마을 사람들은 모두 〈주처가〉 이미 죽었다고 여겨 서로 축하하고 있었는데, 〈주처가〉 마침내 교룡을 죽이고 〈강에서〉 나왔을 때 마을 사람들이 서로 축하하는 말을 듣고는 비로소 〈자신이〉 사람들의 근심거리였다는 것을 알고는 스스로 잘못을 고치려는 마음을 품었다. 마침내 吳 지

1) 발을 저는 : 원문은 '邅跡'인데, ≪世說講義≫에서는 邅을 '擅'의 뜻이라고 하면서 '橫行'의 뜻이라고 하였다.

역으로 들어가 두 명의 육씨(陸機와 陸雲)를 방문했는데, 陸平原(육기)이 부재중이어서 바로 陸淸河(육운)를 만나 실정을 자세히 아뢰고, 덧붙여 말하였다.

"스스로 잘못을 고치려고 하지만, 이미 나이가 많이 들어서 끝내 성취하는 바가 없을 것입니다."

육청하가 말하였다.

"옛 사람은 '아침에 진리를 깨달으면 저녁에 죽어도 괜찮다'[2]는 말을 귀중하게 여겼소. 하물며 그대는 앞길이 아직 창창하고, 게다가 사람에 대해서는 뜻을 세우지 못하는 것을 근심할 뿐이니, 도대체 어찌 훌륭한 명성이 드러나지 않을까 걱정하겠소."

주처는 마침내 잘못을 고치려고 노력하여 결국 충신이 되고 효자가 되었다.

周處는 年少時에 兇彊俠氣하여 爲鄕里所患①하고 又義興에 水中有蛟하며 山中有邅跡②虎하여 竝皆暴犯百姓하니 義興人이 謂爲三橫이라한대 而處尤劇이라 或說(세)處하되 殺虎斬蛟라하니 實冀三橫에 唯餘其一이라 處는 卽刺殺虎하고 又入水擊蛟한대 蛟或浮或沒하여 行數十里하니 處與之俱하여 經三日三夜라 鄕里皆謂已死하여 更相慶한대 竟殺蛟而出에 聞里人相慶하고 始知爲人情所患하여 有自改意③하고 乃(自)〔入〕[3]吳尋二陸이라 平原不在하여 正見淸河하여 具以情告하고 幷云 欲自修改나 而年已蹉跎하여 終無所成이리이다하니 淸河曰 古人은 貴朝聞夕死하니 況君은 前途尙可요 且人은 患志之不立이니 亦何憂令名不彰邪잇가하다 處遂改勵하여 終爲忠臣孝子④라

① 〈周處別傳〉에 말하였다. "周處는 어릴 때 부친을 여의어 세세한 예절을 배우지 못하였다."

處別傳曰 "處少孤, 不治細行."

孫盛의 ≪晉陽秋≫에 말하였다. "周處는 경솔하고 과감하며 행실이 나빠 州郡 사람들에게 버려졌다."

晉陽秋曰 "處, 輕果薄行, 州郡所棄."

---

2) 아침에……괜찮다 : 孔子가 "아침에 진리를 깨달으면 저녁에 죽어도 괜찮다.〔朝聞道 夕死可矣〕" 하였다.(≪論語≫ 〈里仁〉)

3) (自)〔入〕 : 저본에는 '自'로 되어 있으나, 宋本 ≪世說新語≫에 의거하여 '入'으로 바로잡았다.

② 어떤 곳[4]에는 〈遭跡이〉 白額〔하얀 이마〕으로 되어 있다.

一作白額.

③ 孔約의 ≪孔氏志怪≫[5]에 말하였다. "義興에 절름발이 호랑이가 있고 長橋 아래의 강에 푸른 교룡이 있었는데, 모두 사람을 마구 잡아먹었다. 성곽 서쪽에 사는 周氏와 아울러 당시에 '郡에 있는 세 가지 해로움'이라고 불렀다." 주씨는 바로 周處이다.

孔氏志怪曰 "義興有邪足虎, 溪渚長橋有蒼蛟, 竝大噉(담)人. 郭西周, 時謂郡中三害." 周卽處也.

④ 孫盛의 ≪晉陽秋≫에 말하였다. "周處는 晉나라에서 벼슬하여 御史中丞이 되었는데, 탄핵한 사람이 많았다. 氐族(저족) 齊萬年이 반란을 일으키자[6] 주처에게 제만년을 막으라고 명했는데, 伏波將軍 孫秀가 주처의 모친이 연로하여 〈출전이 불가능하다는〉 表文을 올리려고 했더니, 주처가 '충성과 효성, 이 두 가지 도리를 어찌 〈동시에〉 온전하게 할 수 있겠소.'라고 하고는 곧바로 출전하여 싸웠다. 〈반란군의〉 머리를 벤 것이 1만 단위로 셀 정도였으나, 활시위가 부러지고 화살이 바닥이 났다. 좌우의 측근이 퇴각을 권하자, 주처가 '오늘은 내가 목숨을 바치는 날이다.' 하고는 마침내 싸우다가 세상을 떠났다."

晉陽秋曰 "處仕晉, 爲御史中丞, 多所彈(糾)〔糺〕.[7] 氐人齊萬年反, 乃令處距萬年, 伏波孫秀欲表處母老, 處曰 '忠孝之道, 何當得兩全?' 乃進戰. 斬首萬計, 弦絶矢盡, 左右勸退, 處曰 '此是吾授命之日.' 遂戰而沒."

25-2 戴淵은 젊었을 때 무뢰배로서 품행을 닦지 않았고, 항상 長江과 淮水 사이에서 상인과 여행객을 습격하여 약탈하였다. 陸機가 휴가를 마치고 〈배를 타

---

4) 어떤 곳 : ≪晉書≫ 〈周處列傳〉을 이른다.

5) ≪孔氏志怪≫ : 南朝의 志怪小說集으로, 원서는 4권인데 일실되었다. ≪隋書≫ 〈經籍志〉 史部 雜傳類에 "≪지괴≫ 4권은 공씨가 찬술했다." 하였고, ≪舊唐書≫ 〈경적지〉 잡전류에 "≪지괴≫는 4권이다." 했으며, ≪新唐書≫ 〈藝文志〉 小說家類에 "공씨의 ≪지괴≫는 4권이다." 하였다.

6) 氐族(저족)……일으키자 : 西晉 惠帝 元康 7년(297)에 齊萬年이 陝西 지역에서 반란을 일으키자, 建威將軍 周處와 振威將軍 盧播가 진압했는데, 주처가 御史中丞이었을 때 그에게 탄핵당한 것에 원한을 품은 총사령관 梁王 司馬肜이 주처에게 5천의 병사만 이끌고 선봉에 서게 하여 결국 주처는 六陌에서 전사하였다.

7) (糾)〔糺〕: 저본에는 '糾(두)'로 되어 있으나, ≪世說新語≫에 인용된 ≪晉陽秋≫에 의거하여 '糺'로 바로 잡았다.

고〉 洛陽으로 돌아갈 때 짐이 매우 많았는데, 대연이 젊은이들을 시켜 약탈하게 하였다. 대연이 언덕 위에서 胡床(접이식 의자)에 앉은 채 부하들을 지휘했는데, 〈그 조처가〉 모두 타당하였다. 대연은 본래 풍채가 비범하니, 비록 〈약탈이라는〉 비천한 일을 하고 있었지만 표정이 남달랐다. 육기가 船屋에서 멀리 그에게 말하였다.

"그대는 재주가 이와 같은데도 도리어 약탈을 하려고 하는가?"

대연이 곧장 눈물을 흘리면서 칼을 버리고 육기에게 귀순했는데, 격정적인 말이 보통이 아니었다. 육기가 더욱 중시하여 교제를 맺은 뒤에 글을 써서 추천해주었다. 〈그는〉 강남으로 건너간 뒤에 관직이 征西將軍에 이르렀다.

戴淵은 少時에 遊俠으로 不治行檢하고 嘗在江淮間에 攻掠商旅라 陸機가 赴假還洛에 輜重甚盛한대 淵이 使少年掠劫이라 淵이 在岸上에 據胡床하여 指麾左右한대 皆得其宜라 淵은 旣神姿峰穎하니 雖處鄙事나 神氣猶異라 機가 於船屋上에 遙謂之曰 卿은 才如此어늘 亦復作劫邪(야)아하니 淵이 便泣涕하고 投劒歸機한대 辭厲非常이라 機가 彌重之하여 定交하고 作筆薦焉①이라 過江에 仕至征西將軍이라

① 虞預[8]의 ≪晉書≫에 말하였다. "陸機가 趙王 司馬倫에게 戴淵을 추천하면서 말하였다. '듣자니, 繁弱[9]도 수레에 오른 뒤에야 高墉의 공적[10]이 드러나고, 孤竹[11]도

---

8) 虞預 : 285?~340. 會稽郡 餘姚縣 사람으로, 본명은 茂이고, 字는 叔寧이다. 晉 元帝 때에 著作郞이 되었고, 成帝 咸和 연간(326~334)에 西鄕侯에 봉해지고, 蘇峻의 반란을 평정하는 데 일조하여 平康縣侯가 되었으며, 여러 차례 散騎常侍에 임명되었다.

9) 繁弱 : 고대 중국의 신화 속에 등장하는 활의 명칭으로, 夏나라 때의 后羿가 지닌 것이라고 전해지는데, 이 후예가 종종 堯임금 때의 大羿와 혼동되었기 때문에 대예가 해를 쏠 때 사용했던 활이라고도 전해진다. ≪春秋左氏傳≫ 定公 4년에 "노공에게 천자의 대로와 대기, 하후씨의 서옥, 봉보의 번약을 나누어주었다.〔分魯公以大路大旂 夏后氏之璜 封父之繁弱〕"고 했는데, 杜預의 주석에 "번약은 큰 활의 명칭이다.〔繁弱 大弓名〕"라고 하였고, ≪荀子≫ 〈性惡〉에 "번약과 거서는 옛날에 있었던 좋은 활이다.〔繁弱 鉅黍 古之良弓也〕"라고 하였다.

10) 高墉의 공적 : 매우 큰 공적을 이른다. ≪周易≫ 解卦 上六 爻辭에 "공이 높은 담장 위의 송골매를 쏘아 잡으니, 이롭지 않음이 없다.〔公用射隼于高墉之上 獲之 无不利〕"라고 하였다.

11) 孤竹 : 叢生하지 않고 홀로 자라는 대나무인데, 여기서는 이것으로 만든 관악기를

肆[12]가 배치된 곳에 있어야 신을 강림하게 하는 곡조가 완성됩니다. 삼가 살펴보건대, 처사 대연은 절조를 닦고 품행을 확립하여 井渫(정설)[13]의 깨끗함이 있으며, 곤궁함 속에서도 〈마음이〉 편안하고 〈자신의〉 뜻을 즐겨 세속의 욕망이 없으니, 진실로 동남 지역의 누락된 보물이자 조정의 귀중한 璞玉[14]입니다. 만약 康衢[15]의 넓은 길에 몸을 의탁하는 여건이 마련된다면 틀림없이 驥騄[16]과 함께 걸음을 나란히 할 수 있을 것이고, 조정에서 본바탕을 빛내는 여건이 마련된다면 틀림없이 璵璠[17]과 함께 광채를 드리울 수 있을 것입니다. 메마르지 않은 언덕[18]에

이른다. ≪周禮≫ 〈春官·大司樂〉의 '孤竹之管(고죽으로 만든 피리)'에 대한 鄭玄의 주석에 "고죽은 대나무 가운데 홀로 자라는 것이다.〔孤竹 竹特生者〕"라고 했고, 정현의 주석에 대한 賈公彦의 疏에 "'고죽은 대나무 가운데 홀로 자라는 것이다.'라고 한 것은 역양의 홀로 자라는 오동나무와 같다는 말이다.〔孤竹 竹特生者 謂若嶧陽孤桐〕"라고 하였다.

12) 肆 : 編鍾 16개와 編磬 16개를 매달아 놓은 것을 이르는데, 여기서는 많은 악기가 연주하는 관현악단을 이른다. ≪周禮≫ 〈春官·小胥〉에 "종과 경을 매다는 경우 절반이 '도', 전체가 '사'이다.〔凡縣鍾磬 半爲堵 全爲肆〕"라고 했는데, 鄭玄의 주석에 "종과 경은 한 개의 틀에 16개를 매달아 놓은 것을 '도'라고 한다. 1도의 종과 1도의 경을 '사'라고 한다.〔鍾磬者 編縣之二八十六枚而在一虡 謂之堵 鍾一堵磬一堵 謂之肆〕"고 하였다.

13) 井渫(정설) : 우물 아래에 쌓인 흙을 없앤다는 뜻으로, 청결함을 비유한다. ≪周易≫ 井卦 九三 爻辭에 "우물을 깨끗이 쳤는데도 먹지 않으니 내 마음이 슬프다. 물을 길어 올릴 수 있다. 왕이 밝으면 그 복을 함께 받을 것이다.〔井渫不食 爲我心惻 可用汲 王明 竝受其福〕"라고 하였다.

14) 璞玉 : 돌 속에 들어있는 가공되지 않은 옥으로, 아직 밖으로 드러나지 않은 덕성이나 능력을 비유하는데, 여기서는 戴淵의 숨은 자질을 비유한다. 楚나라 卞和가 荊山에서 박옥을 얻었고, 우여곡절 끝에 文王에게 전해져 다듬으니 직경이 한 자나 되고 티 한 점 없는 큰 옥이 나왔다.(≪韓非子≫ 〈和氏〉)

15) 康衢 : '강'은 오방으로, '구'는 사방으로 통하는 넓은 길이다. 堯임금이 15년 동안 정치를 한 뒤에 천하가 제대로 다스려졌는지, 민심의 향배가 어떤지를 알아보고자 微服 차림으로 강구에 나가서 돌아다녔다.〔堯乃微服 游於康衢〕 (≪列子≫ 〈仲尼〉)

16) 驥騄 : 훌륭한 인재를 비유한다. '기'는 천리마이고, '녹'은 騄駬로 周나라 穆王이 신선을 찾아다닐 때 탔던 華騮·녹이·赤驥·白義·巨黃·踰輪·盜驪·山子의 八駿馬 가운데 하나이다.

17) 璵璠 : '유'는 美玉이고, '번'은 璠璵로, 춘추시대 魯나라의 寶玉 명칭인데, 모두 학덕이 훌륭한 賢士나 재주가 뛰어난 인재를 비유한다. 孔子가 "아름답다, 번여여. 멀리서 바라보면 광채가 찬란하고, 가까이서 살펴보면 곱고도 깨끗하다.〔美哉璠璵 遠而望之 煥若也 近而視之 瑟若也〕"라고 하였다.(≪初學記≫ 〈寶器部〉)

18) 메마르지 않은 언덕 : 원문은 '枯岸'인데, 이는 뒷 구절 '潤山'과 대구를 맞추려고 '不

사는 백성은 주옥을 〈관청으로〉 옮기는 데 과감하고 윤택한 산에 사는 백성은 보옥을 바치는 데 적극적이니,[19] 이는 명암이 드러나면 식견이 용렬한 백성이라도 분간하는 바이기 때문입니다.'[20] 사마륜이 즉시 대연을 〈관리로〉 초빙하였다."
虞預晉書曰"機薦淵於趙王倫曰'蓋聞繁弱登御, 然後高墉之功顯, 孤竹在肆, 然後降神之曲成. 伏見處士戴淵, 砥節立行, 有井渫之潔, 安窮樂志, 無風塵之慕, 誠東南之遺寶・朝廷之貴璞也. 若得寄跡康衢, 必能結軌驥騄, 耀質廊廟, 必能垂光璵璠. 夫枯岸之民果於輸珠, 潤山之客烈於貢玉, 蓋明暗呈形, 則庸識所甄也.' 倫卽辟淵."

25-3 【補】〈南朝〉 齊 高帝(蕭道成)에게 故吏[21] 竺景秀가 있었는데, 〈축경수가〉 한번은 죄과로 作部[22]에 구금되었다. 고제가 荀伯玉에게 말하였다.

"그대는 근래에 축경수를 보았는가?"

〈순백옥이〉 대답하였다.

"여러 번 안부를 물으러 찾아간 김에 호되게 질책하니, 축경수가 '만약 제가 스스로 새로워지도록 허락해 주신다면 칼을 삼켜 창자를 도려내고 잿물을 마셔 위장을 씻어내겠습니다.'라고 하였습니다."

고제가 축경수의 말을 훌륭히 여기고는 곧장 석방하였다.

齊高帝가 有故吏竺景秀한대 嘗以過繫作部하니 高帝가 語荀伯玉하되 卿은 比看景秀否아하니 答曰 數往候之에 備加責誚하니 景秀言 若許某自新하면 則呑刀刮腸하고 飮灰洗胃하리이다하나이다 帝善其言하고 乃釋之①하다

枯岸'에서 '不'을 생략한 것이다.(≪世說新語補考≫, ≪世說箋本≫)

19) 메마르지……적극적이니 : 초목에 윤기가 흐르는 것은 옥 때문이고, 언덕이 마르지 않는 것은 진주 때문이라는 것을 알아서 이것을 국가에 바친다는 뜻이다. ≪大戴禮記≫ 〈勸學〉에 "옥이 산에 있으면 초목에 윤기가 흐르고, 연못에서 진주가 생기면 언덕이 마르지 않는다.〔玉居山而木潤 淵生珠而岸不枯〕"라고 하였다.

20) 명암이……때문입니다 : 귀중한 재능이나 선행이 있으면 절로 세상에 드러나 용렬한 자라도 알아본다는 뜻이다.

21) 故吏 : 이전부터 데리고 있던 屬吏이다.

22) 作部 : 병장기를 만들던 관서이다. ≪資治通鑑≫ 〈明帝建武元年〉에 "옹주자사인 진안왕 소자무는 군주가 어리고 시국이 험난하다고 여기고는 은밀히 자신을 보존할 계책을 세워 작부에 병장기를 만들라고 명령했다.〔雍州刺史晉安王子懋 以主幼時艱 密爲自全之計 令作部造仗〕"고 하였다.

① ≪南史≫ 〈荀伯玉列傳〉에 말하였다. "荀伯玉은 字가 弄璋으로, 廣陵縣 사람이다. 조부 荀永은 南譙太守를, 부친 荀闡之는 給事中을 역임하였다. 순백옥은 〈南朝〉 宋나라에서 벼슬하여 晉安王(劉子勛)의 參軍이 되었는데, 〈南朝 齊〉 高帝(蕭道成)가 南兗州를 다스릴 때에 순백옥이 〈그를〉 따르자 驃騎中兵參軍으로 전임되었다. 〈제나라 건국 뒤에〉 충심으로 부지런하고 마음을 다하며, 항상 좌우에서 〈고제를〉 호위했기 때문에 크게 신임을 받았으나, 〈武帝(蕭賾)〉 永明 원년(483)에 어떤 사건[23]으로 주살되었다."

南史曰 "伯玉, 字弄璋, 廣陵人. 祖永, 南譙太守, 父闡之, 給事中. 伯玉仕宋, 爲晉安王參軍. 高帝爲南兗州, 伯玉從, 轉驃騎中兵參軍. 忠勤盡心, 常衛左右, 大見親信. 永明元年, 以事伏誅."

25-4 **【補】 張延符**(張充)는 젊었을 때 품행을 단속하지 않고 기분 내키는 대로 사냥하면서 놀았다. 부친 **張思曼**(張緖)이 휴가를 요청하여 吳郡으로 돌아와 서쪽 성곽에 막 들어왔는데, 장연부가 한창 사냥하느라 왼손으로는 사냥매를 어깨에 올려두고 오른손으로는 사냥개를 끌고 있었다. 멀리 장사만을 바라보고는 곧장 사냥매를 놓아주고 사냥개를 묶어 놓은 뒤에 〈부친이 타고 있는〉 배를 향해 절을 하였다. 장사만이 말하였다.

"몸은 하나인데 두 가지 일을 하니 힘들지 않겠느냐."

장연부가 무릎을 꿇고 대답하였다.

"제가 들으니, 30세에 뜻을 확고히 세웠다고 했습니다.[24] 〈저는〉 현재 29세이니, 청컨대 내년이 되면 종신토록 평소의 태도를 바꾸하겠습니다."

장사만이 말하였다.

---

23) 어떤 사건 : 南朝 齊 武帝(蕭賾)가 즉위하여 垣崇祖를 五兵尙書에, 荀伯玉을 散騎常侍에 임명했다. 순백옥이 자신의 안위를 불안해하니 무제가 특별히 위무하고는 永明 원년(483)에 조서를 내려 원숭조가 강북의 야인들과 결탁하고 순백옥과 함께 반란을 도모했다고 무함하여 모두 죽였다.(≪南史≫ 〈荀伯玉列傳〉)

24) 30세에……했습니다 : 孔子가 "나는 15세에 학문에 뜻을 두었고, 30세에 지킴이 견고해졌으며, 40세에 의혹되지 않았고, 50세에 천명을 알았으며, 60세에 모든 일을 들으면 알았고, 70세에 마음이 하고 싶은 바를 따라서 하여 절로 법도를 넘지 않았다.〔吾十有五而志于學 三十而立 四十而不惑 五十而知天命 六十而耳順 七十而從心所欲不踰矩〕"라고 하였다.(≪論語≫ 〈爲政〉)

"잘못을 저지른 뒤에 고칠 수 있다면 바로 顔子(顔回)가 되는 것이다."[25]"

다음 해에 〈장연부는〉 태도를 확 바꾸어 스승을 찾아가 배우고 옛 서적을 널리 섭렵하여 훌륭하게 명사가 되었다.

張延符는 **少不拘檢**하고 **肆意畋遊**이라 **父思曼**이 **請假還吳**하여 **始入西郭**한대 **延符正獵**하여 **左手臂鷹**하고 **右手牽犬**이러니 **遙望見思曼**하고 **乃放鷹紲**(설)**犬**하고 **向舟而拜**라 **思曼曰 一身兩役**이 **無乃勞乎**아하니 **延符跪對曰 充聞**컨대 **三十而立**이라하니 **今二十九矣**니이다 **請至來歲**면 **終身折節**하리이다하니 **思曼曰 過而能改**면 **乃顔子矣**리라하다 **明年**에 **番然易**(역)**操**하여 **尋師就學**하고 **博覽古籍**하여 **鬱爲名士**①라

① 劉璠의 ≪梁典≫에 말하였다. "張充은 字가 延符이다. 부친 張緒는 特進官을 역임하고 큰 명망이 있었다. 장충은 ≪老子≫와 ≪周易≫에 널리 정통하고 淸談에 뛰어났으며, 5촌 숙부 張稷[26]과 함께 모두 훌륭한 명예가 있었다. 殿中郎을 역임하고 吳郡太守로 있다가 세상을 떠났다."
劉璠梁典曰"張充, 字延符. 父緒, 官特進, 有重名. 充該通老易, 能淸言, 與從叔稷, 俱有令譽. 歷殿中郎, 終吳郡太守."

---

25) 잘못을……것이다 : 이전의 잘못을 확실히 고치면 顔回의 '不貳過'와 같게 된다는 뜻이다. 魯나라 哀公이 孔子에게 학문을 좋아하는 제자가 누구인지 묻자, 공자가 "안회라는 자가 학문을 좋아하여 노여움을 남에게 옮기지 않으며 잘못을 두 번 다시 저지르지 않았는데, 불행히도 명이 짧아 죽었습니다. 그리하여 지금은 없으니, 아직 학문을 좋아한다는 자를 듣지 못하였습니다.〔有顔回者好學 不遷怒 不貳過 不幸短命死矣 今也則亡 未聞好學者也〕"라고 하였다.(≪論語≫ 〈雍也〉)

26) 張稷 : 451~513. 吳郡 吳縣 사람으로, 字는 公喬이며, 南朝 梁의 개국공신이다. 南朝 齊 武帝 永明 연간(483~493)에 黃門侍郎·輔國將軍·南兗州刺史를 역임하고, 東昏侯(蕭寶卷) 永元 연간(499~501) 말년에 侍中 겸 衛尉가 되어 궁성을 지키다가 동혼후를 살해하였다. 양 무제가 즉위한 뒤에 江安縣侯에 봉해지고 領軍將軍·揚州大中正에 임명되며, 여러 관직을 거쳐 尙書左僕射(상서좌복야)가 되었다. 天監 12년(513)에 靑州와 冀州 二州刺史가 되었는데 直閤將軍 徐玄明에게 피살되었다.

世說新語補 卷十三

26. 기선 企羨

〈기선〉편은 타인의 훌륭한 모습을 흠모한 일화를 기술하고 있다. ≪世說新語≫에서 6항목, ≪何氏語林≫에서 13항목을 뽑아 총 19항목으로 구성하였다. '기선'의 대상은 잘생긴 외모, 훌륭한 인품, 굳센 절개, 청빈한 생활뿐만 아니라 글씨와 그림도 포함된다.

26-1【補】郭林宗(郭泰)[1)]이 도성(洛陽)에서 유람하다가 고향으로 돌아가게 되었을 때, 〈그를〉 전송하러 모인 수레가 천여 대였는데 李膺[2)]도 역시 〈그 자리에〉 있었다. 여러 사람들이 모두 大槐 마을의 객사로 찾아가 전별했는데, 유독 이응만 곽임종과 함께 〈수레를〉 탔다. 薄笨車(박분거)[3)]를 타고 대괴 마을의 비탈로 올라가자, 구경꾼 수백 명이 목을 빼고 바라보았는데, 아스라이 마치 赤松子[4)]와 王子喬[5)]가 雲漢(은하수)에 있는 듯하였다.

---

1) 郭泰 : 128~169. 後漢 太原郡 界休縣 사람으로, 字는 有道・林宗이다. 典籍에 두루 정통했고, 담론을 잘했으며, 높은 학문과 덕으로 일세의 추앙을 받았다. 외척과 환관이 전횡하는 세상에서도 절조를 굽히지 않았지만, 언행이 신중하여 黨錮의 화를 면할 수 있었다. ≪文選≫에 蔡邕이 지은 묘지명 〈郭有道碑文〉이 실려 있다.

2) 李膺 : 110~169. 後漢 襄城縣 사람으로, 字는 元禮이다. 桓帝 때 司隷校尉를 역임했고, 후에 黨禍에 걸려 靈帝 때 宦官에게 죽임을 당하였다.

3) 薄笨車(박분거) : 대나무로 거칠고 단순하게 만들어 빨리 달리지 못하는 수레이다. ≪宋書≫ 〈劉凝之列傳〉에 "남편과 아내가 함께 박분거를 타고 시장에 나가 매매했으며, 사용할 것 이외에는 번번이 남에게 베풀었다.〔夫妻共乘薄笨車 出市買易 周用之外 輒以施人〕"라고 하였다.

4) 赤松子 : 전설상의 신선 이름이다. 그는 炎帝 神農氏 때 비를 다스리는 직책을 맡았던 인물로, 불 속에 뛰어들어 자신을 태우는 놀라운 능력을 터득한 다음 맹렬하게 타오

郭林宗이 遊京師라가 當還鄕里할새 送車가 千許乘한대 李膺亦在焉이라 衆人이 皆詣大槐客舍而別이어늘 獨膺與林宗共載라 乘薄笨車하여 上大槐坂하니 觀者數百人이 引領望之한대 眇若松喬之在雲漢이라

26-2【補】庾徵君(庾乘)은 젊었을 때 縣의 청사에서 문지기 일을 했는데, 郭林宗(郭泰)이 그를 보고는 빼내어 學宮에 들어가라고 권유하니, 〈그는〉 마침내 諸生(秀才, 유생)의 피고용인이 되었다. 이후에 강론을 잘하게 되었으나, 스스로 출신이 비천하다고 여겨 매번 아랫자리에 앉았는데, 유생들과 박사들이 모두 〈그의 자리에〉 가서 토론하고 질문하였다. 이로 말미암아 학궁에서는 아랫자리를 귀중하게 여기게 되었다.

庾徵君은 少給事縣庭이러니 郭林宗이 見而拔之하여 勸遊學宮하니 遂爲諸生傭이라 後能講論이로되 自以卑第라하여 每處下坐한대 諸生과 博士가 皆就讐問이라 由是로 學中에 以下坐爲貴①라

① 范曄의 ≪後漢書≫ 〈庾乘列傳〉에 말하였다. "庾乘은 字가 世遊로, 潁川郡 鄢陵縣 사람이다. 〈벼슬을 하라고〉 조정에서 부르거나 고관대작이 불러도 모두 출사하지 않았기 때문에 세상에서 徵君이라고 불렀다.

范曄後漢書曰"庾乘, 字世遊, 潁川鄢陵人. 徵辟竝不起, 世號徵君.

26-3【補】裴國寶(裴瓚)는 裴叔則(裴楷)의 아들로, 풍모가 고매했기 때문에 〈만나는 사람들이 누구나 경의를 표했는데〉[6] 특히 王萬子(王綏)[7]에게 존중을 받

르는 불길 속에 몸을 던져 자신을 태우고 연기를 따라 자유롭게 오르내리다가 마침내 몸이라는 껍질을 벗고 신선이 되었다고 한다.

5) 王子喬 : 周 靈王의 태자 晉으로, 생황을 불어 봉황의 울음소리를 잘 내었는데, 浮丘公을 만나 嵩山에 들어가 도술을 배우고 30여 년 뒤에 白鶴을 타고 緱氏山에 올라가 며칠을 있다가 떠났다고 한다.(≪列仙傳≫ 〈왕자교〉)

6) 만나는……표했는데 : 원문에는 없는데, 해석을 자연스럽게 하기 위해 ≪何氏語林≫에 있는 '見者無不脩敬'을 보충하여 번역하였다.

7) 王綏 : 琅琊郡 臨沂縣 사람으로, 字는 萬子이고 王萬이라고도 불리었으며, 王戎의 아

았으니 〈왕만자가〉 매번 그를 찾아가 종유하였다. 왕만자의 부친 王安豐(王戎)[8]이 〈왕만자에게〉 말하였다.

"배국초는 애초에 〈너를 찾아〉 온 적이 없거늘 너는 어찌 자주 〈그를〉 찾아가느냐?"

왕만자가 말하였다.

"배국보는 비록 저를 알아주지는 않지만, 저는 본래 배국보를 잘 알고 있기 때문입니다."

裴國寶①는 **是裴叔則子**니 **風神高邁**일새 **特爲王萬子所重**하니 **每從之遊**라 **萬子父安豐**이 **謂之曰 國寶**는 **初不來**어늘 **汝那得數**(삭)**往**고하니 **萬子曰 國寶**는 **雖不知綏**나 **綏**는 **自知國寶**니이다하다

① 傅暢의 ≪晉諸公敍贊≫에 말하였다. "裴瓚은 字가 國寶로, 裴楷의 아들이다. 재능이 뛰어나고 기백이 훌륭했으며, 中書郎으로 있다가 세상을 떠났다."

晉諸公贊曰 "裴瓚, 字國寶, 楷之子. 才氣爽儁, 終中書郎."

劉義慶의 ≪世說新語≫ 〈品藻〉에 말하였다. "〈三國 魏〉 正始 연간(240~249)에 인사들이 〈인물을〉 비교·논평하면서 五荀[9]을 五陳[10]에 견주고 八裴[11]를 八王[12]

들이다. 그는 젊을 때부터 훌륭한 명성을 지녔는데, 매우 뚱뚱하여 왕융이 쌀겨를 먹으라고 했으나 그는 더욱 뚱뚱해졌다. 太尉掾에 임명되었는데, 임명장을 받기 전에 19세의 나이로 세상을 떠났다.

8) 王戎 : 234~305. 西晉 琅琊郡 臨沂縣 사람으로, 字는 濬沖이며, 涼州刺史 王渾의 아들이다. 어릴 때부터 영특하여 명성이 자자했고, 후에 竹林七賢의 일원이 되었다. 많은 관직을 역임하고, 趙王 司馬倫이 반란을 일으켜 惠帝의 황후였던 賈氏와 그 일파를 죽였는데, 왕융의 사위 裴頠(배외)가 이에 연루되어 죽임을 당했다. 왕융 또한 이에 연좌되었지만 죽지 않고 면직당했다.

9) 五荀 : 後漢 말기부터 西晉에 이르기까지 명성을 떨쳤던 荀淑·荀靖·荀爽·荀彧·荀顗를 이른다.

10) 五陳 : 後漢 말기부터 三國 魏에 이르기까지 명성을 떨쳤던 陳寔·陳諶·陳紀·陳羣·陳泰를 이른다.

11) 八裴 : 三國 魏로부터 西晉에 이르기까지 명성을 떨쳤던 裴徽·裴楷·裴康·裴綽·裴瓚·裴遐·裴頠(배외)·裴邈을 이른다.

12) 八王 : 魏晉시대 晉에서 명성을 떨쳤던 王祥·王衍·王綏·王澄·王敦·王導·王戎·王玄을 이른다.

에 견주었는데, 裴瓚을 王敦[13]에 견주었다."

世說曰 "正始中, 人士比論, 以五荀方五陳, 八裴方八王, 以裴瓚方王敦."

26-4 王丞相(王導)이 司空에 임명되자 桓廷尉(桓彝)가 쌍상투를 틀고 거친 베로 만든 하의 차림에 지팡이를 짚은 채[14] 길가에서 그를 엿보면서 감탄하였다.

"사람들이 阿龍(왕승상)은 뛰어나다고 하더니 아룡은 정말 뛰어나구나."

〈그를 따라가다가〉 저도 모르게 臺門(城門)에 이르렀다.

王丞相이 拜司空하니 桓廷尉가 作兩髻(계)하고 葛裙策杖하여 路邊窺之하고 歎曰 人言阿龍超라하니 阿龍은 故自超①라하고 不覺至臺門이라

① 阿龍은 王丞相(王導)의 어릴 때 이름이다.
阿龍, 丞相小字.

26-5 王丞相(王導)이 강남으로 건너온 뒤에 스스로 말하였다.

"옛날 洛水 가에서 裴成公(裴頠)과 阮千里(阮瞻) 등 여러 현사들과 함께 자주 〈현묘한〉 道에 대해 논의했었지."

羊曼[15]이 말하였다.

"사람들이 그런 점으로 그대를 인정한 지 오래되었으니, 어찌 굳이 다시 〈그

---

13) 王敦 : 266~324. 瑯琊郡 臨沂縣 사람으로, 字는 處仲이고, 어릴 때 이름은 阿黑이다. 사촌 아우 王導와 함께 元帝를 보좌하여 東晉을 건립하고, 大將軍·江州牧이 되고 漢安侯에 봉해졌다. 원제 永昌 元年(322)에 자신의 반대파인 劉隗(유외)를 주벌한다는 명분으로 武昌에서 거병하여 建康을 공격하여 반대파를 제거한 뒤 丞相이 되고 武昌郡公이 되었다. 무창으로 돌아온 뒤, 明帝 太寧 2년(324) 다시 건강을 공격했는데 오래지 않아 軍中에서 병사하였다.

14) 쌍상투를……채 : 王導가 알아차리지 못하게 하기 위해 이렇게 한 것이다.(≪世說啓微≫, ≪世說講義≫)

15) 羊曼 : 274~328. 泰山郡 南城縣 사람으로, 字는 祖延이다. 난리를 피해 江東으로 와서 東晉 元帝(司馬睿)에게 의탁하여 鎭東參軍이 되었다가 丞相主簿가 되어 중요한 사무에 참여하고, 이후에 黃門侍郎·尙書吏部郎·晉陵太守 등을 역임했다. 成帝 咸和 3년(328)에 蘇峻이 반란을 일으켰을 때 前將軍에 임명되어 성을 굳게 지키다가 성이 함락되어 피살되었다.

사람들을〉 필요로 하겠습니까."

왕승상이 말하였다.

"물론 내가 그들을 필요로 한다고 말하는 것이 아니니, 단지 그때처럼 하려고 해도 할 수 없다는 것일 뿐이오."

王丞相이 過江하고 自說하되 昔在洛水邊에 數(삭)與裴成公과 阮千里諸賢으로 共談道러라 羊曼曰 人이 久以此許卿하니 何須復爾리잇가하니 王曰 亦不言我須此니 但欲爾時나 不可得耳①라하다

① '欲'은 어떤 곳에는 '歎'으로 되어 있다.[16]
欲, 一作歎.

【頭註】

○ 劉辰翁 : 긴요한 내용이 전혀 없으니, 회포를 말한 듯하다.
劉云 "至無緊要, 語懷抱相似."

26-6 王右軍(王羲之)은 사람들이 〈蘭亭集序〉[17]를 〈金谷詩序〉[18]에 견주고, 또 자신이 石崇과 대등하다는 것을 듣고는 기쁜 기색이 매우 많았다.

王右軍은 得人이 以蘭亭集序로 方金谷詩序하며 又以己로 敵石崇하고 甚有欣色①하다

① 王羲之의 〈臨河敍〉[19]에 말하였다. "永和 9년(353), 太歲[20]가 계축에 있는 해의 늦

16) 欲은……있다 : 이 견해에 따르면, "다만 그때와 같은 상황을 얻을 수 없는 것을 탄식할 뿐이오."라고 해석된다.

17) 〈蘭亭集序〉 : 東晉 穆帝 永和 9년(353)에 王羲之가 당대의 명사들인 謝安·孫綽 등과 會稽郡 山陰縣의 난정에서 禊事를 치르면서 지은 시집에 직접 쓴 서문이다.

18) 〈金谷詩序〉 : 西晉 惠帝 元康 6년(296)에 당대의 巨富인 石崇이 자신의 별장 金谷園에서 潘岳과 蘇紹 등 30명의 명사들을 초청하여 연회를 베풀면서 지은 시집에 직접 쓴 서문이다.

19) 臨河敍 : 〈蘭亭集序〉의 별칭으로, 〈臨禊序〉·〈蘭亭詩〉·〈蘭亭記〉·〈修禊序〉·〈曲水序〉·〈蘭亭文〉·〈禊飮序〉·〈蘭亭序〉·〈禊帖〉·〈蘭亭宴集序〉로도 불린다.

20) 太歲 : 고대 천문학에서 가설한 歲星(木星)으로, 歲陰·太陰이라고도 한다. 세성의 공전주기가 약 12년(11.86년)이기 때문에 黃道를 12개 구역으로 나누어 세성이 있는 부분을 歲名으로 삼았다. 다만 세성은 서쪽에서 동쪽으로 운행하여 황도를 나눈

봄 초(3월 3일)에 會稽郡 山陰縣의 蘭亭에 모여 禊事[21]를 거행하니, 여러 현사들이 모두 도착하고 젊은이와 어른들이 모두 모였다. 이곳에는 험준한 산맥이 이어진 높은 산과 키가 큰 대나무들이 무성히 자라는 숲이 있고, 또 좌우에서 휘감으며 비추는 맑고 세찬 시냇물이 있다. 〈그 시냇물을〉 끌어와 이리저리 꺾이며 〈흐르게 하여〉 물에 술잔을 띄우고 차례대로 줄지어 앉았다. 이날은 하늘이 맑고 대기가 맑으며 惠風(봄바람)이 화창하여 눈을 즐겁게 하고 흉금을 터놓게 하니, 진실로 즐길 만하였다. 비록 관악기와 현악기의 성대함은 없으나, 술 한 잔에 〈시〉 한 수를 읊으니, 또한 그윽한 속마음을 맘껏 풀어내기에 충분하였다. 그러므로 이때의 〈모인〉 사람들을 차례대로 서술하고 그들이 술회한 시를 기록하였다. 右將軍司馬인 太原 사람 孫丞公(孫統)[22] 등 26명은 아래와 같이 시를 지었고, 전임 餘姚縣令인 會稽 사람 謝勝 등 15명은 시를 짓지 못하여 각각 벌주 세 말씩 마셨다." 王羲之臨河敍曰 "永和九年歲在癸丑暮春之初, 會于會稽山陰之蘭亭, 修禊事也. 羣賢畢至, 少長咸集. 此地有崇山峻嶺·茂林修竹, 又有淸流激湍, 映帶左右, 引以爲流觴曲水, 列坐其次. 是日也, 天朗氣淸, 惠風和暢, 娛目騁懷, 信可樂也. 雖無絲竹管絃之盛, 一觴一詠, 亦足以暢敍幽情矣. 故列序時人, 錄其所述. 右將軍司馬太原孫丞公等二十六人, 賦詩如左, 前餘姚令會稽謝勝等十五人, 不能賦詩, 罰酒各三斗."

石崇의 〈金谷詩敍〉에 말하였다. "나는 元康 6년(296)에 〈내직인〉 太僕卿으로 있다가 使持節[23]·監靑徐諸軍事·征虜將軍이 되어 〈지방으로〉 나가게 되었다. 河南縣의 경계에 있는 金谷澗에 〈나의〉 별장이 있다. 〈지형이〉 높기도 하고 낮기도 한 이곳에는 맑은 샘과 울창한 숲, 많은 과실수, 대나무와 측백나무, 약초 등등 갖추지 않은 것이 없고, 또 물방아, 양어장, 토굴이 있으니, 눈을 즐겁게 하고 마음을 기쁘게 하는 물건이 완비되어 있다. 이때 征西大將軍이자 祭酒(좨주)인 王詡가 長安으로 돌아가게 되었기 때문에 나는 여러 현사들과 함께 금곡간에서 〈그를〉 전별

12支의 방향과 정반대였다. 그래서 세성과 반대 방향으로 운행하는 태세를 가설하여 해마다 태세가 있는 부분으로 紀年하였다. 예를 들어 태세가 寅에 있으면 攝提格, 卯에 있으면 單閼(단알)로 명명하였다.

21) 禊事 : 음력 3월 상사일에 不詳을 제거하기 위해 물가에서 지내는 제사를 이른다.

22) 孫統 : 東晉 太原郡 中都縣 사람으로, 字는 承公이며, 孫楚의 손자이다. 鄞·吳寧·餘姚 등의 현령을 역임하였다.

23) 使持節 : 지방에 파견된 감독관으로, 사지절·持節·假節의 등급이 있다. 魏晉南北朝시대에는 지방 軍政官에게 종종 사지절의 칭호를 더하여 중급 이하 관리를 주살할 수 있는 권한을, 지절에게는 관직이 없는 사람을 주살할 권한을, 가절에게는 군령을 어긴 사람을 주살할 권한을 주었다.

하면서 밤낮으로 연회를 베풀었는데, 여러 차례 자리를 옮겨 높은 곳에 올라 아래를 굽어보기도 하고 물가에 줄지어 앉기도 하였다. 이때 琴·瑟·笙·筑(축)을 모두 수레에 싣고 왔는데, 〈오는〉 도중에는 한꺼번에 합주하고, 도착해서 머물게 되었을 때는 鼓吹曲[24]과 번갈아 연주하게 하였다. 마침내 각자 시를 지어 마음속의 정회를 펼쳤는데, 간혹 〈시를〉 짓지 못한 사람은 벌주 세 말을 마셨다. 생명이 영원히 유지되지 못하는 사실에 감상에 젖어 들고, 세상을 떠나는 데 기약이 없다는 사실에 두려워하였다. 그러므로 이때 참석자의 관직명·성명·연령을 갖추어 나열하고, 또 지은 시를 〈각각〉 그 뒤에 붙였으니, 후세의 호사가들은 아마도 이것을 볼 것이다. 〈참석자는〉 모두 30명이다."

石崇金谷詩敍曰 "余以元康六年, 從太僕卿, 出爲使持節·監青徐諸軍事·征虜將軍. 有別廬在河南縣界金澗洞中. 或高或下, 有淸泉·茂林·衆果·竹栢·藥草之屬, 莫不畢備, 又有水碓·魚池·土窟, 其爲娛目歡心之物備矣. 時征西大將軍·祭酒王詡, 當還長安, 余與衆賢共送往澗中, 晝夜遊宴, 屢遷其坐, 或登高臨下, 或列坐水濱. 時琴瑟笙筑, 合載車中, 道路竝作, 及住, 令與鼓吹遞奏. 遂各賦詩, 以敍中懷, 或不能者, 罰酒三斗. 感性命之不永, 懼凋落之無期. 故具列時人官號·姓名·年紀, 又寫詩著後, 後之好事者, 其覽之哉. 凡三十人."

【頭註】

○ 劉辰翁 : 〈원문의〉 敵石崇[석숭과 대등함]은 도대체 무슨 말인가.
劉云 "敵石崇, 亦何等語?"

26-7 王司州(王胡之)가 먼저 庾公(庾亮)의 記室參軍이 되었는데, 이후에 〈유공이〉 殷浩를 데려와 長史로 삼았다. 〈은호가〉 막 도착했을 때 유공이 왕사주를 보내 도성(建康)으로 내려가게 하고자 하였다. 왕사주가 머물고 싶다고 스스로 아뢰었다.

"하관은 훌륭한 덕을 지닌 사람을 만나기를 희망해왔습니다. 殷淵源(은호)이 막 도착했으니, 〈그와〉 함께 며칠만이라도 어울리기를 간절히 바랍니다."

王司州가 **先爲庾公記室參軍**한대 **後取殷浩**하여 **爲長史**라 **始到**에 **庾公欲遣王**하여 **使下**

24) 鼓吹曲 : 악부 鼓吹曲辭로, 短簫饒歌라고도 한다. 북·징·피리·호드기 등으로 합주하는 軍樂으로, 漢나라 초기에는 변방의 군대에서 사용했으나 뒤에 점차 궁중에서도 사용되었다.

都하니 王이 自啓求住曰 下官은 希見盛德이러니 淵源始至하니 猶貪與少日周旋이니이다하다

26-8 孟昶이 현달하지 못했을 때 집이 京口에 있었다. 한번은 王恭이 큰 수레를 타고 鶴氅裘(학창구)[25]를 입고 있는 모습을 보았는데, 당시에 가는 눈발이 날렸다. 맹창이 울타리 사이에서 그를 엿보면서 감탄하였다.

"이 사람은 정말 신선 세계의 사람이로구나."

孟昶이 未達時에 家在京口①라 嘗見王恭이 乘高輿하고 被鶴氅裘한대 于時에 微雪이라 昶이 於籬間窺之하고 歎曰 此는 眞神仙中人이로다하다

① 王韶之의 ≪晉安帝紀≫에 말하였다. "孟昶은 字가 彦達로, 平昌縣 사람이다. 부친 孟馥은 中護軍을 역임하였다. 맹창은 근엄하고 의지와 도량을 지니고 있었고, 젊었을 때 王恭의 知遇를 입었다. 義軍에 참여한 공훈[26]으로 丹陽尹으로 승진하였다. 盧循[27]이 〈도성을 공격해〉 내려온 뒤에 맹창은 일이 이루어지지 않을 것을 염려하여 독약을 마시고 죽었다."[28]

晉安帝紀曰 "昶, 字彦達, 平昌人. 父馥, 中護軍. 昶矜嚴, 有志局, 少爲王恭所知. 豫義旗之勳, 遷丹陽尹. 盧循旣下, 昶慮事不濟, 仰藥而死."

26-9[29] 袁彦道(袁耽)에게 두 명의 누이가 있었는데, 한 명은 殷淵源(殷浩)에게 시집갔고 한 명은 謝仁祖(謝尙)에게 시집갔다. 〈원언도가〉 桓宣武(桓溫)에게 말하였다.

---

25) 鶴氅裘(학창구) : 학의 날개 깃털로 만든 겉옷이다.

26) 義軍에 참여한 공훈 : 東晉 安帝 元興 3년(404)에 桓玄이 제위를 찬탈하자, 劉裕가 義軍을 일으켜 토벌했는데, 당시 孟昶은 유유의 長史로서 참여하여 공훈을 세웠고, 그로 인해 丹陽尹이 되었다.

27) 盧循 : ?~411. 范陽郡 涿縣 사람으로, 字는 于先이고, 어릴 때 이름은 元龍이다. 東晉 말기에 종교집단을 이끌고 반란을 일으킨 孫恩의 매부로, 손은이 죽자 교단을 통솔하고 동진에 대항하여 도성인 建康을 두 차례 공격하였다.

28) 맹창은……죽었다 : 東晉 安帝 義熙 6년(410)에 盧循이 도성을 공격하여 劉毅가 이끌던 관군을 격파하자, 尙書左僕射(상서좌복야) 孟昶은 불안에 떨다가 독약을 먹고 자살하였다.

29) 26-9 : 이 항목은 ≪世說新語≫ 〈企羨〉이 아니라 〈任誕〉에 있는 내용을 가져온 것이다.

"아쉬운 점은 누이가 한 명 더 있어 그대에게 시집 보내지 못하는 것이오."

袁彦道①는 有二妹하니 一適殷淵源하고 一適謝仁祖②라 語桓宣武云 恨不更(갱)有一人하여 配卿이라하다

① 袁耽은 다른 곳에 보인다.
袁耽, 別見(현).

② ≪袁氏譜≫에 말하였다. "袁耽의 큰 누이는 이름이 女皇으로 殷浩에게 시집갔고, 작은 누이는 이름이 女正으로 謝尙에게 시집갔다."
袁氏譜曰 "耽大妹, 名女皇, 適殷浩, 小妹, 名女正, 適謝尙."

26-10 【補】 王曇首(왕담수)는 나이 14,5세에 노래를 잘 불렀다. 여러 기녀들이 謝公(謝靈運)에게 〈그의 노래를〉 칭찬하자, 사공이 그 노래를 매우 듣고 싶었지만 왕담수가 명문가의 젊은이였기 때문에 들어볼 길이 없었다. 여러 기녀들이 또 왕담수에게 사공의 뜻을 말하였다. 사공이 이후에 東府城[30]에 있는 土山[31] 위로 가서 풍악을 울리면서 연회를 베풀었는데, 왕담수가 그때 쌍상투를 틀고 승마복 차림으로 말을 타고 토산 아래에 있는 庾氏 집안의 墓林 속으로 들어가 노래 한 곡조를 불렀다. 그때는 〈맑은〉 가을 달이 떠 있었는데, 왕담수가 이로 인해 머리를 들어 북쪽 숲을 바라보고 노래를 마친 뒤에 곧장 떠났다. 기녀들이 사공에게 아뢰었다.

"이것이 바로 王郎(왕담수)의 노래입니다."

王曇首①는 年十四五에 便歌라 諸妓가 向謝公②稱歎하니 公이 甚欲聞之나 而王이 名家年少일새 無由得聞하고 諸妓가 又向王說謝公意라 謝가 後에 出東府土山上하여 作伎할새 王이 時作兩丸髻하고 著(착)袴褶(고습)하고 騎馬하여 往土山下의 庾家墓林中하여 作一曲歌라 于時에 秋月하니 王이 因擧頭하여 看北林하고 卒曲에 便去라 妓가 白謝公曰 此是王郎歌라하다

---

30) 東府城 : 南京市 秦淮區 通濟門 부근에 있었던 성으로, '東城'이라고도 하는데, 東晉과 南朝의 재상 겸 揚州刺史의 관청이 있었던 곳이다.

31) 土山 : 東土山으로, 東晉의 謝安이 金陵城 동남쪽에 會稽의 東山을 본떠서 쌓은 산이다.

① 李延壽[32)]의 ≪南史≫ 〈王曇首列傳〉에 말하였다. "王曇首는 太保 王弘의 아우이다. 어릴 때부터 소박하고 고상했는데, 형제들이 재산을 나눌 때 왕담수는 단지 책만 취했을 뿐이었다. 瑯琊王(司馬德文)[33)]인 大司馬의 속관으로 초빙되었다."
李延壽南史曰"王曇首, 太保弘之弟. 幼有素尙, 兄弟分財, 曇首唯取圖書而已. 辟瑯琊王大司馬屬."
② 〈謝公〉은 謝靈運이다.
靈運.

26-11 **【補】** **謝叔源**(謝混)이 주살된[34)] 뒤에 〈南朝〉 宋 武帝(劉裕)가 〈晉나라로부터〉 선양을 받게 되었을 때, **謝晦**가 말하였다.

"폐하께서 천명을 받아 등극하시는 날인데 **謝益壽**[35)](사혼)에게 옥새와 인끈을 받들게 할 수 없는 것이 매우 아쉽습니다."

무제도 탄식하면서 말하였다.

"나도 매우 아쉬우니, 후생들로 하여금 그의 풍류를 볼 수 없게 하였구나."

謝叔源이 **誅後**에 **及宋武受禪**하여 **謝晦**가 **言曰 陛下應天受命**하사 **登壇日**이니 **恨不得謝益壽奉璽紱**이니이다하니 **帝亦歎曰 吾甚恨之**니 **使後生**으로 **不得見其風流**라하다

32) 李延壽 : 唐 相州 사람으로, 字는 廷齡이다. 太宗 貞觀 연간(627~649)에 太子典膳丞・崇賢館學士를 역임하고, 이후에 御史臺主簿가 되고 符璽郎 겸 修國史에 이르렀다. 관찬 ≪隋書≫・≪五代史≫의 〈志〉 및 ≪晉書≫ 편찬에 참가했고, 개인적으로 ≪南史≫・≪北史≫와 ≪太宗政典≫을 편찬하였다. ≪남사≫와 ≪북사≫는 그의 부친 李大師의 작업을 이어 완성한 것인데, ≪남사≫는 南朝의 宋・南齊・梁・陳의 역사 80권을, ≪북사≫는 北朝의 魏・北齊・周・隋의 역사 100권이다. 완성된 뒤에 高宗에게 表文을 올려 인정을 받았다.

33) 司馬德文 : 386~421. 字는 德文으로, 東晉의 마지막 황제이다. 처음에 瑯琊王에 봉해지고, 이후에 中軍將軍・散騎常侍・衛將軍・開府儀同三司・侍中・司徒 등을 역임했다. 安帝가 桓玄에 의해 폐위되었을 때 그는 안제와 함께 潯陽에 있었고, 환현이 패배하여 죽은 뒤에는 江陵으로 옮겨졌다. 元熙 1년(419)에 劉裕가 안제를 죽이고 그를 황제로 세웠다. 2년 6월에 그는 유유에게 제위를 선양하고 零陵王으로 강등되고, 9월에 유유가 사람을 파견하여 솜이불로 눌러 질식시켜 죽였다.

34) 謝叔源(謝混)이 주살된 : 東晉 말기에 사혼은 劉毅의 당파에 가담했다가 劉裕에게 피살되었다.

35) 謝益壽 : 익수는 謝混의 어릴 때 이름이다.

26-12【補】張新安(張鏡)은 젊었을 때 顔光祿(顔延之)[36]과 이웃하여 살았다. 안광록은 〈빈객들과〉 토론하면서 술을 마실 때 끊임없이 시끄럽게 떠들었으나, 장신안은 침묵하며 아무런 말소리를 내지 않았다. 이후에 안광록이 울타리 가에서 장신안이 손님과 대화하는 소리를 듣고는 胡床(접이식 의자)을 놓고 앉아 들었는데, 말이 고상하고 의미가 오묘하였다. 안광록이 손가락으로 〈장신안을〉 가리키면서 좌중의 빈객들에게 〈조용히〉 말하였다.

"이곳에 사람이 있습니다."

〈안광록은〉 이 일을 계기로 더 이상 크게 떠들지 않았다.

張新安은 少與顔光祿延之로 鄰居라 顔은 談議飮酒에 喧呼不絶이어늘 新安은 靜翳無言聲이라 後에 顔이 於籬邊에 聞其與客語하고 設胡床坐聽한대 辭義淸玄이라 顔이 指謂坐賓曰 此中有人이라하다 由此로 不復酣叫①라

① ≪南史≫ 〈張演列傳〉에 말하였다. "張演의 네 아우 張鏡·張永·張辯·張岱는 모두 이름이 알려졌는데, 당시 사람들이 張氏五龍이라고 불렀다. 장경은 명성이 가장 높았고, 벼슬이 新安太守에 이르렀다."
南史曰 "張演四弟鏡·永·辯·岱, 俱知名, 時謂張氏五龍. 鏡名最高, 仕至新安太守."

26-13【補】崔瞻은 재능과 학문과 풍류가 후생 가운데 으뜸이었다. 侍中 李神儁은 만년에도 아들이 없었는데, 邢劭에게 말하였다.

"어제 崔㥄[37]의 아들(최첨)을 보았는데, 정말 후생 가운데 제일이었소. 나는

---

36) 顔延之 : 384~456. 南朝 宋 琅琊郡 臨沂縣 사람으로, 字는 延年, 시호는 憲이다. 太常博士·尙書義曹郎·太子舍人 등을 역임하고, 司徒 徐羨之가 劉義符를 옹립하는 것에 반대하여 始安郡守로 좌천되었다. 文帝(劉義隆)가 즉위한 뒤에 中書侍郎·太子中庶子·秘書監·光祿勳·太常 등을 역임하고, 孝武帝(劉駿) 때에 金紫光祿大夫가 되고 湘東王(劉彧)의 사부가 되었다.

37) 崔㥄 : 494~554. 淸河郡 武城縣 사람으로, 본명은 崔甗(최언)이고, 별명은 최릉·崔鷟(최벽)이며, 字는 長孺이다. 北朝 北魏 宣武帝(元恪) 때에 太學博士가 되고, 孝明帝(元詡) 때에 어떤 일 때문에 면직되어 낙향하였다. 이후에 東道大行臺 高歡을 따라 信都에서 거병하여 咨議參軍이 되고, 고환이 洛陽에 입성했을 때 건의하여 節閔帝(元恭)를 폐위했다. 군공으로 武城縣公에 봉해지고 車騎大將軍으로 승진했다. 北齊가 건국된 후에 侍中이 되고, 文宣帝(高洋) 天保 5년(554)에 東兗州刺史가 되었는

결국 이런 아들을 두지 못할 것이니, 나의 마음을 아프게 합니다."

崔瞻은 才學과 風流가 爲後來之秀①라 侍中李神儁은 晩年無子니 語邢劭曰 昨見崔㥄兒하니 便爲後生第一이라 我遂無此物이니 使人傷懷라하다

① ≪北史≫ 〈崔瞻列傳〉에 말하였다. "崔瞻은 字가 彦通으로, 崔㥄의 아들이다. 〈성품이〉 고결하고 행동거지가 훌륭하며, 풍채가 단아하고 함부로 말하지 않으며, 재능과 학문과 풍류가 후생 가운데 으뜸이었다. 〈北朝〉 東魏 孝靜帝(元善見)가 한번은 人日[38]에 雲龍門에 올랐는데, 최릉과 최첨이 모두 연회에서 모셨다. 응제시를 시었는데, 효정제가 邢卲에게 '최첨의 시는 그의 부친과 비교하면 어떠한가?'라고 물으니, 형소가 '최릉은 내용이 풍부하면서 장중하고 표현이 우아하면서 화려하며, 최첨은 기운이 맑고 새로우니, 모두 시인 가운데 으뜸입니다.'라고 하였다. 연회가 끝나자, 함께 〈그들의 시에〉 감탄하면서 모두 '오늘의 연회는 모두 최첨 부자를 위한 것이다.'라고 하였다."
北史曰 "瞻, 字彦通, 㥄之子也. 潔白善容止, 神彩嶷然, 言不妄發, 才學風流, 後來之秀. 魏孝靜嘗人日登雲龍門, 㥄·瞻皆侍宴, 有應詔詩, 帝問邢卲曰 '瞻詩, 何如其父?' 卲曰 '㥄博雅弘麗, 瞻氣調淸新, 竝詩人之冠.' 讌罷, 共嗟賞之, 咸曰 '今日之讌, 幷爲崔瞻父子.'"

26-14 【補】 仲長子光이 北渚(河渚)[39]에서 은거했는데, 王無功(王績)이 그의 맑은 절조를 매우 좋아하여 〈북저로〉 이사하여 〈그와〉 가까이하였다.

仲長子光①이 隱居北渚한대 王無功이 愛其貞素하여 徙與相近②하다

① 王績의 〈仲長先生傳〉에 말하였다. "선생은 諱가 子光이고, 字가 不曜로, 스스로 洛陽 사람이라고 하였다. 河東 지역을 왕래하면서 품팔이로 자급자족했는데, 집도 없고 처자식과도 인연을 끊었다. 〈隋 文帝〉 開皇 연간(581~600) 말기에 비로소

데, 寵妾 馮氏가 뇌물을 받고 음란한 행실이 있다고 하여 탄핵받아 수감되고, 병으로 세상을 떠났다.

38) 人日 : 음력 1월 7일을 이른다. 이날은 佳節이라 일곱 가지 나물을 넣고 끓인 국을 먹고 채색 천, 또는 華勝(머리를 꾸미는 꽃 모양의 장식물)을 만들어 서로 보내주며, 栢葉酒로 서로 축하하고 높은 곳에 올라 시를 읊으며, 잠을 자지 않고 밤을 지새웠다.(≪荊楚歲時記≫)

39) 河渚 : 浙江省 杭州市에 있는 西溪 濕地 가운데 한 곳의 옛 명칭이다.

河渚 사이에 오두막을 지어 거처하면서 약을 팔아서 먹고살았으나, 사람들은 그를 알아보지 못하였다. 汾陰의 학생(왕적)이 하저를 유람하다가 〈그를〉 보자마자 단번에 엎드려 '東方朔[40]이나 管輅[41]도 〈선생님만〉 못합니다.'라고 하니, 이를 계기로 〈명성이〉 높아졌다. 수령으로 부임한 자들이 모두 직접 선생을 알현했으나, 瘖疾[42]이 있다고 사양하고 한 번도 대화를 나누지 않았다. 〈獨遊頌〉과 〈河渚先生傳〉을 지어 스스로를 비유하였다. 식자들은 그가 懸解人[43]이라는 것을 알고는 道를 〈알려달라고〉 요청하는 자가 있었는데, 검으로 '老易(≪노자≫와 ≪주역≫)' 두 글자를 써서 보여 주었다. 琴을 타고 丹藥을 먹으면서 한평생을 마쳤다."

王績仲長先生傳曰"先生, 諱子光, 字不曜, 自云洛陽人. 往來河東, 傭力自給, 無室廬, 絶妻子. 開皇末, 始庵河渚間, 以息身焉, 賣藥爲業, 人莫之知也. 汾陰生遊河渚, 一睹而伏曰'東方朔·管輅不如也.' 由是顯重. 守令至者, 皆親謁先生, 辭以瘖疾, 未嘗交語. 著〈獨遊頌〉·〈河渚先生傳〉, 以自喩. 識者知其懸解人也, 有請道者, 劍書'老易'二字示之. 彈琴餌藥, 以終其世."

王通[44]의 ≪中說≫에 말하였다. "薛收[45]가 仲長子光에 대해 묻자, 선생님(왕통)

---

40) 東方朔 : B.C. 154~B.C. 93. 前漢 武帝 때의 문신으로 字는 曼倩(만천)이다. 해학·변설·직간으로 무제의 총애를 받아 수십 년간 측근으로 있으면서 관직이 太中大夫給事中에 이르렀다.

41) 管輅 : 209~256. 三國 魏의 術士로, ≪周易≫에 정통하고 觀相述에 뛰어나 후세에 卜卦와 관상의 祖師로 추앙받았다.

42) 瘖疾 : 중풍 등의 질병으로 말을 할 수 없게 된 질병이다.

43) 懸解人 : 번거로운 세상을 벗어나 본성대로 자유롭게 지내는 사람이라는 뜻이다. 老聃이 죽었을 때 그의 벗인 秦佚이 "마침 태어난 것은 그가 때맞춰 온 것이요, 마침 가는 것은 그가 조화에 순응하여 가는 것이다. 때에 편안하고 조화에 순응하여 슬픔과 즐거움이 그의 마음에 들어갈 수 없으니, 옛날에 이것을 일러 상제가 매인 것을 풀어주는 것이라고 했다.〔適來 夫子時也 適去 夫子順也 安時而處順 哀樂不能入也 古者謂是帝之懸解〕"라고 하였다.(≪莊子≫ 〈養生主〉)

44) 王通 : 584~617. 隋 絳州 龍門縣 사람으로, 字는 仲淹이고, 私謚는 文中子이다. 蜀郡司戶書佐·蜀王侍讀 등을 역임했다. 六經의 효용을 중시했으며, 그 체제를 본떠 여러 저술을 남겼으나 모두 전해지지 않고, ≪論語≫를 모방하여 지은 ≪中說≫만 남아 있다.

45) 薛收 : 591~624. 唐 蒲州 汾陰縣 사람으로, 字는 伯褒이다. 房玄齡의 추천으로 秦王(李世民)의 主簿와 金部郎中이 되어 진왕부 소속 18학사의 한 명이 되었다. 高祖 武德 4년(621)에 이세민을 따라 王世充을 토벌할 때 여러 견해를 힘써 물리치고 군대를 나누어 한편으로는 洛陽을 포위하고 한편으로는 竇建德을 공격하자고 건의했다. 이 전략으로 결국 왕세충과 두건덕을 동시에 사로잡았다. 두건덕의 잔당 劉黑闥

이 '天人이네.'라고 하였다. 설수가 '어째서 천인이라고 합니까?'라고 하니, 선생님이 '미세하게 작으니 〈情이 있는〉 사람에 속하고, 넓고도 크니 홀로 〈情이 없는〉 하늘의 이치를 이룰 수 있기 때문이네.'[46]라고 하였다."

王通中說曰 "薛收問仲長子光, 子曰 '天人也.' 收曰 '何謂天人?' 子曰 '眇然小乎, 所以屬於人, 曠哉大乎, 獨能成其天.'"

② ≪舊唐書≫ 〈王績列傳〉에 말하였다. "王績은 字가 無功으로, 絳州 龍門縣 사람이다. 〈隋 煬帝〉 大業 연간(605~618)에 揚州 六合縣의 縣丞에 임명되었는데, 관직을 버리고 河渚에 오두막을 짓고는 琴과 술로 스스로 즐겼다. 일찍이 東皐에서 몸소 경작했기 때문에 당시 사람들이 東皐子라고 불렀다. 간혹 주막을 지나가게 되면 번번이 〈주막에서〉 며칠을 지내면서 종종 벽에 시를 썼는데, 대부분 호사가들에 의해 읊어졌다. 임종할 때에 장례를 검소하게 치르라고 유언하고, 미리 스스로 묘지명을 지어 놓았다."

唐書曰 "王績, 字無功, 絳州龍門人. 大業中, 授揚州六合縣丞, 棄官, 結廬河渚, 以琴酒自樂. 嘗躬耕東皐, 時人號東皐子. 或過酒肆, 動經數日, 往往題壁作時, 多爲好事者諷詠. 臨終, 遺命薄葬, 預自爲墓誌."

26-15 **【補】** 歐陽率更(歐陽詢)이 출타했다가 옛 비문을 보았는데, 이는 索靖[47]이 쓴 것이었다. 말을 세우고 그것을 살펴보다가 한참이 지난 뒤에 떠났다. 몇 백 걸음을 갔다가 다시 돌아와 말에서 내려 우두커니 서 있다가 피곤해지자 모포를 펼치고 앉아서 살펴보고 3일 뒤에야 떠났다.

歐陽率更(구양율경)이 **行見古碑**①하니 **是索靖**(색정)**所書**②라 **駐馬觀之**하고 **良久而去**라가 **數百步**에 **復還**하여 **下馬佇立**이러니 **疲倦**하니 **則布毯**(담)**坐觀**하고 **三日乃去**라

① 張懷瓘[48]의 ≪書斷≫에 말하였다. "歐陽詢은 字가 信本으로, 長沙郡 汨羅縣 사람

을 평정하는 데 공적을 세워 汾陰縣男에 봉해졌다.

46) 미세하게……때문이다 : ≪莊子≫ 〈德充符〉에 보이는 구절인데, 원문의 曠은 '謷'로 되어 있다.

47) 索靖 : 239~303. 西晉 甘肅省 敦煌郡 사람으로, 字는 幼安이다. 趙王(司馬倫)이 반란을 일으키자 공을 세워 散騎常侍의 벼슬에 올랐으나, 八王의 난 때 河間王(司馬顒)의 반군을 진압하던 중 전사하였다. 韋誕에게 글씨를 배웠으며 특히 草書와 八分書에 뛰어났다.

이다. 관직이 太子率更令(태자율경령)에 이르렀다. 서법에 뛰어나고 필력이 힘찼는데, 篆書體가 더욱 오묘하였다. 高麗(고구려) 국왕이 그의 글씨를 매우 좋아했기 때문에 사신을 파견하여 〈그의 글씨를〉 요청하자, 神堯(唐 高祖 李淵)가 '구양순의 서법의 명성이 멀리 오랑캐에게까지 전해질 줄은 생각지도 못했다.'라고 하였다."
張懷瓘書斷曰 "歐陽詢, 字信本, 長沙汨羅人. 官至太子率更令. 善書, 筆力勁險, 篆體尤妙. 高麗國王愛其書, 遣使請焉, 神堯曰 '不意詢之書名, 遠播夷狄.'"

② 羊愔[49]의 ≪能書人姓名≫에 말하였다. "燉煌 사람 索靖은 張芝[50]의 누나의 손자로, 관직이 征南大將軍(司馬肜)의 司馬에 이르렀다. 草書에 뛰어났다."
羊愔能書人姓名曰 "燉煌索靖, 張芝姊之孫, 官至征南司馬. 善草書."

≪抱朴子≫에 말하였다. "서법에 뛰어난 사람으로는 中州에 索靖이 있는데 古體를 사용하였다. 〈그의 글씨는〉 표연히 날아오르는 큰 기러기가 거센 바람을 탄 듯하고, 뛰어오르는 물고기가 놀란 구름을 밟는 듯하다.[51]"
抱朴子曰 "善書者, 中州則有索靖, 用古體, 飄乎若起鴻之乘勁風, 騰鱗之蹋驚雲."

26-16【補】閻立本은 그림을 잘 그렸다. 荊州에 이르러 張僧繇의 옛 그림을 보고 말하였다.

"정녕 헛되게 명성을 얻었을 뿐이다."

다음날 또 가서 말하였다.

"그럭저럭 근대의 훌륭한 솜씨이다."

다음날 또 가서 말하였다.

---

48) 張懷瓘 : 唐 揚州 海陵縣 사람이다. 玄宗 開元 연간(713~741)에 翰林院供奉·右率府兵曹參軍을 역임했다. 자신의 書法에 큰 자부심을 갖고 스스로 "草書는 수백 년 동안 독보적이고 싶다."고 하였다. 저서로 ≪書議≫·≪書斷≫·≪書估≫·≪畫斷≫·≪評書藥石論≫·≪六体書論≫·≪論用筆十法≫·≪玉堂禁經≫·≪文字論≫ 등이 있다.

49) 羊愔 : ≪서사회요≫에 "양음은 魏 平北將軍 羊乂의 아들로, 초서를 잘 썼다."고 하였다.(≪世說音釋≫)

50) 張芝 : ?~약192. 後漢 敦煌郡 源泉縣 사람으로, 字는 伯英이다. 그는 '草書의 비조' 또는 '草聖'으로, 그의 서법은 '一筆書'로 일컬어졌고, 고매한 지조가 있어 張有道라고도 불렸다. 崔瑗과 杜度의 서법을 배웠으며, 연못가에서 글씨를 연습하여 연못 물이 검게 변하였다고 한다. 鍾繇·王羲之·王獻之와 더불어 '書中四賢'이라고 일컬어졌다.

51) 서법에……듯하다 : ≪抱朴子≫ 〈譏惑〉과 〈接疏〉의 내용을 축약한 내용이다.

"〈훌륭한〉 명성 아래에 정녕 허명의 선비는 없구나."

그리고는 앉아서 보고 누워서 보다가 그 아래에서 유숙하였다.

閻立本은 善畫①라 至荊州하여 見張僧繇舊迹하고 曰 定虛得名耳이라하며 明日又往하여 曰 猶近代佳手라하며 明日又往하여 曰 名下에 定無虛士라하고 因坐臥觀之라가 留宿其下②라

① 朱景玄의 ≪唐朝名畫錄≫[52)]에 말하였다. "閻立本은 〈唐〉 太宗 때에 宰相을 역임하였다. 그림이 神品의 경지에 들었고, 형인 閻立德과 함께 명성이 세상에 나란하였다." 朱景玄唐朝名畫錄曰"閻立本, 太宗朝, 官宰相. 畫入神品, 與兄立德齊名於世."

② ≪宣和畫譜≫[53)]에 말하였다. "張僧繇는 〈吳郡〉 吳中 사람으로, 〈南朝 梁 武帝〉 天監 연간(502~519)에 右將軍을 역임하였고, 丹靑(그림)으로 당시에 명성을 날렸다. 한번은 金陵의 安樂寺에서 네 마리의 용을 그렸는데 눈동자를 찍지 않고는 '눈동자를 찍으면 〈그림의 용이〉 솟구쳐 올라 날아가 버릴 것이다.'라고 하였다. 사람들이 터무니없는 말이라고 하면서 눈동자를 찍으라고 강하게 요청하였다. 그래서 먹을 떨어뜨려 용 두 마리의 눈동자를 찍자마자 과연 천둥과 번개가 쳐서 벽이 깨졌는데, 천천히 보니 〈용〉 그림이 이미 사라졌고 아직 눈동자를 찍지 않은 두 마리 용 그림만 남아 있었다. 세상에서 '장승요의 그림은 기세가 남달리 뛰어나고 구도가 매우 훌륭하며 六法[54)]이 정밀하게 구비되었으니, 顧愷之[55)]·陸探微[56)]와

---

52) ≪唐朝名畫錄≫ : 朱景玄은 唐나라 吳郡 사람으로, 憲宗 元和 연간(806~820) 초반에 진사에 합격하여 翰林學士를 역임하고 太子諭德에 이르렀다. ≪당조명화록≫은 당나라 화가 124명을 수록하여 神·妙·能·逸의 4가지 품격으로 품평했는데, 신품·묘품·능품은 또 상·중·하 3등급으로 나누었다. ≪唐畫斷≫이라고도 한다.

53) ≪宣和畫譜≫ : 北宋 徽宗 宣和 연간(1119~1125)에 국가에서 소장한 그림에 대해 기록한 관찬 화보이다.

54) 六法 : 南朝 齊의 謝赫이 저술한 ≪古畫品錄≫에서 제시한 회화의 여섯 가지 화법으로, 氣韻生動·骨法用筆·應物象形·隨類賦彩·經營位置·傳移模寫이다.

55) 顧愷之 : 348~409. 東晉 晉陵郡 无錫縣 사람으로, 字는 長康, 어릴 때 이름은 虎頭이다. 초상화와 옛 인물을 잘 그렸으며, 대상이 지니고 있는 생명 또는 정신의 표현을 중시했다. 그는 曹不興·陸探微·張僧繇와 함께 六朝시대 4대가로 불리고, 문학에도 조예가 깊어 畫絶·文絶·痴絶이라고 했다. 작품으로 〈女史箴圖〉, 畫論으로 〈畫雲臺山記〉가 있다.

56) 陸探微 : 南朝 宋의 화가로, 연속된 아름다운 선을 구사해 그리는 一筆畫를 창시하였고, 顧愷之·張僧繇와 함께 六朝시대 三大家의 한 사람이다.

함께 나란히 달리면서 선두를 다투는 것이 마땅하다.'라고 평가하였다."

宣和畵譜曰"張僧繇, 吳人, 天監中, 官右將軍, 以丹靑馳譽于時. 嘗於金陵安樂寺畫四龍, 不點目睛, 謂'點之則驤騰而去.' 人以爲誕, 固請點之. 因爲落墨, 纔及二龍, 果雷電破壁, 徐視, 畫已失矣, 獨二龍未點睛者在焉. 世謂'僧繇畫, 骨氣奇偉, 規模宏逸, 六法精備, 當與顧·陸竝馳爭先."

【頭註】

○ 劉辰翁 : 훌륭한 일화이다. 閻立本은 〈장승요의 옛 그림〉 아래에 유숙하면서 10일 동안 떠나지 않았다. 張僧繇는 마침내 〈醉僧圖〉[57]를 그려 매번 이 그림으로 참배하였다. 이에 여러 승려들이 모여 염입본에게 10만의 돈을 주자고 논의하였다. 〈이러한 일화들이〉 지금 모두 세상에 전해진다.

劉云"嘉話. 閻立本留宿其下, 十日不罷[58]去. 張僧繇遂作醉僧圖, 每以此朝之. 於是諸僧聚議十萬資閻. 今竝傳於世."

26-17 **【補】 蕭穎士**에게 하인 한 명이 있었는데, 〈그는〉 소영사를 10여 년 동안 섬겼으나, 〈소영사는 그를〉 채찍으로 때리면 번번이 100여 대를 때리니 〈그는〉 그 고통을 견딜 수 없었다. 사람들이 간혹 그에게 〈소영사를〉 떠나도록 격동시키면 그 하인이 말하였다.

"제가 다른 분을 따를 수 없는 것은 아니지만, 머물러 있는 이유는 그의 광대하고 심오한 학식을 매우 흠모하기 때문입니다."

蕭穎士①가 **有一僕**한대 **事之十餘年**이어늘 **每加箠楚**에 **輒百餘**하니 **不堪其苦**라 **人**이 **或激之使去**하면 **其僕曰 我非不能他從**이나 **所以遲留者**는 **特愛慕其博奧耳**②니이다하다

① 李華가 찬술한 〈穎士文集序〉에 말하였다. "蘭陵 사람 蕭穎士는 字가 茂挺이다. 19세에 進士에 급제하였고, 淮南連帥[59]가 표문을 올려 〈재상 崔圓이〉 揚州功曹로 삼

57) 〈醉僧圖〉 : 南朝 梁의 張僧繇가 술에 취한 승려를 그린 그림인데 현존하지 않는다. 唐의 草書의 대가 懷素가 지은 〈題張僧繇醉僧圖〉라는 시가 남아 있다.

58) 罷 : 能의 誤字일 수도 있다.

59) 淮南連帥 : 淮南節度使이다. '연수'는 본래 周나라의 제도로, 十國을 '連'이라고 하고 그 우두머리를 '帥'라고 했었는데, 漢나라 때에는 太守를, 이후에는 按察使나 節度使 등을 지칭하게 되었다.

았다. 蕭君(소영사)은 문장과 제도를 자기의 임무로 삼았는데, 당시 사람들이 모두 그것을 인정하였다. 세상을 떠났을 때 문인들이 文元先生이라는 시호를 지었다."
李華[60]撰穎士文集序曰"蘭陵蕭穎士, 字茂挺. 十九進士擢第, 淮南連帥表爲揚州功曹. 君以文章制度爲己任, 時人咸以此許之. 及卒, 門人謚爲文元先生."

計有功의 ≪唐詩紀事≫[61]에 말하였다. "蕭穎士는 후생을 발탁하고 격려하는 것을 〈자신의〉 임무로 삼았으니, 李陽冰[62]·皇甫冉[63]·陸渭[64]와 같은 사람들이 모두 〈그의〉 장려와 품평을 통해 명사가 되었다. 천하 사람들이 〈그에 대해〉 사람을 잘 알아본다고 推重하여 '소공조는 李華와 명성이 나란하다.'라고 칭찬하였고, 세상에서는 蕭李라고 일컬었다."
唐詩紀事曰"穎士以拔獎後進爲任, 如李陽冰·皇甫冉·陸渭, 皆由獎目爲名士. 天下推知人稱'蕭功曹, 與李華齊名.' 世號蕭李."

② 李(冗)〔亢〕[65]의 ≪獨異志≫[66]에 말하였다. "蕭穎士는 항상 하인 한 명을 부렸는데,

---

60) 李華 : 714~774. 唐 趙州 贊皇縣 사람으로, 字는 叔文·遐叔이다. 문장이 뛰어나 蕭穎士와 명성을 나란히 하였으니, 이 둘은 당나라 최초의 고문운동가이다. 玄宗 開元 23년(735)에 진사에 합격하고, 秘書省校書郎·監察御史·右補闕 등을 역임했다. 安史의 반란 때 반란군의 협박을 받아 鳳閣舍人이 되고, 반란이 평정된 뒤에 이 때문에 杭州司戶參軍으로 좌천되었다가 얼마 지나지 않아 사직했다. 肅宗 때에 左補闕·司封員外郎에 임명되었는데 병을 핑계로 나아가지 않았다. 대표작으로 〈弔古戰場文〉이 있다.

61) 計有功의 ≪唐詩紀事≫ : 허유공은 北宋 衡陽郡 安仁縣 사람으로, 字는 敏夫, 호는 灌園居士이다. 徽宗 宣和 2년(1120)에 진사에 합격하고, 高宗 紹興 5년(1135)에 右承議郎으로서 簡州의 장관이 되며, 提擧兩浙西路常平茶鹽公事가 되었다. ≪당시기사≫는 당나라 시인 1,150명에 대해 그들의 세계·고향·시와 사적 및 평론을 수록한 책이다. 南宋 寧宗 嘉定 17년(1224)에 王禧가 판각한 것이 현재 확인되는 최초 판본이고, 1989년에 王仲鏞이 ≪唐詩紀事校箋≫을 출판하였다.

62) 李陽冰 : 唐 譙郡사람으로, 字는 少溫이며, 篆書에 뛰어났다. 縉雲縣令으로 관직을 시작하여 當塗縣令이 되었는데, 이때 李白이 가서 의지하면서 〈當塗李宰君畫讚〉을 지어 "진운현에서는 명성을 날리고 당도현에서는 정사가 완성되었네.〔縉雲飛聲 當塗政成〕"라고 하였다. 國子監丞과 集賢院學士를 역임하고, 將作少監이 되었기 때문에 韓愈는 그를 李監이라고 불렀다.

63) 皇甫冉 : 716~769. 唐 潤州 丹陽縣 사람으로, 字는 茂政이다. 魏晉시대 晉의 명사 皇甫謐의 후손으로, 10세에 문장을 잘 지어 張九齡이 매우 중시하여 小友라고 불렀다. 玄宗 天寶 15년(756)에 진사시에 수석으로 합격하여 無錫尉에 임명되었다. 이후에 左拾遺와 右補闕이 되었다. 그의 아우 皇甫曾과 함께 모두 시에 뛰어났다.

64) 陸渭 : 字는 長源이다.(≪世說箋本≫)

〈그의〉 이름은 杜亮이다."
李冗獨異志曰"穎士常使一傭僕, 名杜亮."

26-18【補】蘇司業(蘇源明)이 매번 당시의 명사들에게 말하였다.
"저는 불행히도 쇠퇴한 말세에 살고 있지만, 부끄럽게 여기지 않는 바는 元紫芝(元德秀)[67]를 알고 지낸다는 것입니다."

蘇司業①이 **每謂當時名士曰 僕**은 **不幸生於衰俗**이나 **所不恥者**는 **識元紫芝**라하다

① 杜甫의 ≪杜工部集≫ 〈戲簡鄭廣文虔兼呈蘇司業源明〉의 自注에 말하였다. "蘇源明은 〈唐 玄宗〉 天寶 연간(742~756)에 〈외직인〉 東平太守로 있었는데 〈조정에서〉 불러 〈내직인〉 國子監司業으로 삼았다." 安祿山이 도성을 함락했을 때 소원명은 병을 핑계로 〈안녹산의〉 僞官[68]을 받지 않았다. 肅宗이 〈장안과 낙양〉 두 도성을 수복한 뒤에 考功郎中·知制誥에 임명되었다.[69]
杜工部集曰"蘇源明, 天寶中, 守東平, 召爲國子司業." 祿山陷京師, 源明以病不受僞官, 肅宗復兩京, 權考功郎中·知制誥.

26-19【補】寇萊公(寇準)[70]은 내외직을 거치고 재상을 역임하는 30년 동안 개

65) 李(冗)〔亢〕: 저본에는 '冗'으로 되어 있으나, 인명으로서 '亢'으로 바로잡았다.

66) ≪獨異志≫ : 唐의 李亢이 신화나 일사를 기록한 책으로, 본래 10권인데 일실되어 3권만 현존한다. 찬술자의 이름이 ≪新唐書≫ 〈藝文志〉와 ≪宋史≫ 〈藝文志〉에는 李亢, ≪崇文總目≫과 ≪通志≫ 〈藝文略〉에는 李元, 明나라 抄本에는 李冗(이용), ≪四庫全書≫에는 李冘(이유)라고 되어 있다.

67) 元德秀 : 696~754. 唐 河南 사람으로, 字는 紫芝이고, 시호는 文行先生이다. 魯山縣令을 역임했기 때문에 元魯山이라고도 부른다. 玄宗 開元 21년(733)에 진사에 합격한 뒤에 邢州 南和縣尉에 임명되고, 개원 23년(735)에 노산현령이 되어 3년의 임기를 마친 뒤에 하남 陸渾山에 은거하였다. 그는 名利에 마음을 두지 않고 산수와 풍류를 즐기며 지내고, 노산 현령으로 있으면서 많은 선정을 베풀었다.

68) 僞官 : 역적에게 붙어서 얻은 관직을 이른다.

69) 安祿山이……임명되었다 : 計有功의 ≪唐詩紀事≫ 권19 蘇源明 조항의 주석에 보이는 내용이다.

70) 寇準 : 961~1023. 北宋 華州 下邽縣 사람으로, 字는 平仲, 시호는 忠愍이며, 萊國公에 봉해졌다. 太宗 때에 진사에 합격하고, 巴東知縣 등 외직을 거쳐 集賢殿太學士가 되었다. 眞宗 때에 同中書門下平章事가 되어 契丹이 침략할 때 여러 사람의 의논

인 저택을 짓지 않았다. 處士인 魏野가 〈그에게 다음과 같은〉 시를 보냈다.

"관직이 鼎鼐(재상의 자리)에 있으나, 누대를 세울 땅이 없네."

구래공이 남쪽으로 〈廣東 雷州刺史로〉 좌천되었는데, 당시에 北使〈金나라 사신〉가 〈도성 汴京에〉 이르러 궁중 연회를 베풀었다. 〈북사가〉 여러 재상들을 두루 보고는 통역관에게 말하였다.

"어느 분이 '누대를 세울 땅이 없는' 相公인가?"

寇萊公은 **出入宰相三十年**에 **不營私第**라 **處士魏野**가 **贈詩曰 有官居鼎鼐**어늘 **無地起樓臺**라하다 **公**이 **南遷**한대 **時**에 **北使至**하여 **內宴**할새 **歷視諸宰執**하고 **語譯者曰 孰是無地起樓臺相公**①고하다

① 王聖塗의 ≪澠水燕談錄(승수연담록)≫[71]에 말하였다. "陝右(陝西)의 처사 魏野와 蒲中의 李瀆[72]은 모두 고상한 절조가 있고, 시를 읊으면서 서로 친하게 지냈다. 위야는 동쪽 교외에 사방 1丈(약 3미터) 넓이의 토굴을 파고 긴 대나무로 덮으며 그 앞에 샘물이 흐르게 만들고는 樂天洞이라고 불렀다."

王聖塗澠水燕談錄曰 "陝右處士魏野與蒲中李瀆, 俱有高節, 以吟詠相善. 野於東郊鑿土室方丈, 蔭以修竹, 泉流其前, 曰樂天洞."

을 배제하고 진종이 親征할 것을 청하여 盟約을 이루고 돌아왔다.

71) 王聖塗의 ≪澠水燕談錄(승수연담록)≫ : 성도는 王闢之(1031~?)의 字로, 그는 北宋 北海郡 臨淄縣 사람이다. 英宗 治平 4년(1067)에 진사에 합격하고, 哲宗 元佑 연간(1086~1094)에 河東知縣이 되었다. ≪승수연담록≫은 왕벽지가 사직한 뒤에 북송 개국 초부터 哲宗 紹聖 연간에 이르기까지 140여 년 동안의 보고 들은 일들을 기록한 책이다.

72) 李瀆 : 955~1019. 北宋 河南 洛陽 사람으로, 字는 河神・長源이다. 16세에 부친상을 치른 뒤에 두문불출하고 경서와 역사서를 섭렵했다. 王祐가 河中尹이었을 때 그를 매우 예우했기 때문에 이름이 크게 알려지고, 王旦・李宗諤과 교유했는데 그들이 벼슬살이를 권할 때마다 그는 모두 거절하였다. 眞宗이 汾陰에 제사지낼 때 孫冕과 陳堯叟가 그를 추천하여 불러 만나려고 했는데, 足疾이 있다는 핑계로 나아가지 않았다.

附錄

1. ≪世說新語補 3≫ 參考書目

◇ 底本 및 주요 참고도서

- ≪世說新語補≫ 규장각한국학연구원, 奎中 1801-v.1-7(현종실록자본).
- ≪世說新語補≫ 국립중앙도서관 古373-1(목활자본).
- ≪李卓吾批點世說新語補≫ 국립중앙도서관 古古10-30-나34.
- ≪李卓吾批點世說新語補≫ 와세다대학 소장본(イ17 02080).
- ≪李卓吾批點世說新語補≫ 와세다대학 소장 安永本(ヌ08 04889).
- ≪鍾伯敬批點世說新語補≫ 대전 연정국악원 소장본.
- ≪世說新語≫ 董弅本, 日本 尊経閣叢刊, 育徳財団.
- ≪世說新語≫ 思賢講舍本, 上海古跡出版社 影印, 1984.
- ≪世說新語≫ 元刊本, 內閣文庫本.
- ≪世說新語≫ 八卷本, 中華書局, 2017.
- ≪宋本世說新語≫ 全5冊, 國家圖書館出版社, 2017.
- ≪何氏語林≫, 규장각한국학연구원(奎中 3300-v.1-6)
- ≪何氏語林≫, 文淵閣四庫全書, 臺灣商務印書館, 1986.

◇ 교감주해서 및 번역서

〔日本〕

- ≪世說音釋≫, 恩田仲任 編, 국립중앙도서관(古古10-30-가100), 1802.
- ≪世說講義≫, 田中頤, 국립중앙도서관(古3235-9-58-2), 1816.
- ≪世說啓微≫, 皆川淇園, 국립중앙도서관(古古10-30-가178), 1815.
- ≪世說新語補觽≫, 岡白駒, 국립중앙도서관(古古10-30-나61), 1749.
- ≪世說箋本≫, 秦士鉉, 국립중앙도서관(古古10-30-나28), 1826.
- ≪世說新語補考≫, 桃源藏, 국립중앙도서관(古古10-30-나59), 1762.

- ≪新釋漢文大系 世說新語(上・中・下)≫, 目加田誠, 明治書院, 1975~7.
- ≪世說新語≫(中國古典文學全集32), 大村梅雄, 平凡社, 1959.
- ≪世說新語≫(中國古典文學大系9), 森三樹三郎, 平凡社, 1969.
- ≪世說新語≫(世界文學大系71「中國古小說集」), 川勝義雄 等, 筑摩書房, 1964.
- ≪世說新語(上・下)≫, 竹田晃, 學習硏究社, 1983~4.
- ≪世說新語≫(鑑賞中國の古典14), 井波律子, 角川書店, 1988.

〔中國〕

- ≪世說新語校釋≫(上・中・下), 博客來 譯註, 上海古籍出版社, 2011.
- ≪世說新語校釋≫(上・中・下), 龔斌 譯註, 上海古籍出版社, 2012.
- ≪世說新語校箋≫, 勇 楊 譯註, 中華書局, 2006.
- ≪世說新語校箋≫, 徐震堮 譯註, 文史哲出版社, 1989.
- ≪世說新語硏究≫, 王能憲 譯註, 江蘇古籍出版社, 1992.
- ≪世說新語箋疏≫, 余嘉錫 譯註, 中華書局, 1983
- ≪世說新語全譯≫, 柳士鎭 等 譯註, 貴州人民出版社, 1996.
- ≪世說新語彙校集注≫, 朱鑄禹 譯註, 上海古籍出版社, 2002.
- ≪世說新語會評≫, 劉强 譯註, 鳳凰出版社, 2007.
- ≪王世貞年譜≫, 鄭利華, 上海, 復旦大學出版社, 1993.
- ≪李贄全集注≫ 第20冊, 李贄, 社會科學文獻出版社, 2010.

〔韓國〕

- ≪세설신어≫, 김현진 역, 두성, 1991.
- ≪세설신어≫(전3책), 김장환 역, 살림, 1996~2000.
- ≪세설신어≫(전4책), 임동석 역, 동서문화사, 2011.
- ≪세설신어≫(전3책), 안길환 역, 명문당, 2006.
- ≪세설신어보≫(전4책), 김장환 역, 지식을만드는지식, 2010.
- ≪세설신어성휘운분≫(전3책), 김장환 역, 학고방, 2012.

〔其他〕

- ≪A New Account of Tales of the World(世說新語)≫, Richard B.Mather, University of Minnesota Press, 1976.

◇ 經部

- ≪經典釋文≫, 陸德明 撰, 文淵閣四庫全書, 臺灣商務印書館, 1986.
- ≪老子道德經≫, 文淵閣四庫全書, 臺灣商務印書館, 1986.
- ≪論語注疏≫, 何晏 注, 邢昺 疏, 北京大學出版社, 1999.
- ≪論語集註大全≫, 朱熹 集註, 胡廣 等 編, 朝鮮 內閣本, 影印本, 學民文化社.
- ≪孟子注疏≫, 趙岐 注, 孫奭 疏, 北京大學出版社, 1999.
- ≪孟子集註大全≫, 朱熹 集註, 胡廣 等 編, 朝鮮 內閣本, 影印本, 學民文化社.
- ≪毛詩正義≫, 毛公 傳, 鄭玄 箋, 孔穎達 正義, 北京大學出版社, 1999.
- ≪書傳大全≫, 蔡沈 集傳, 胡廣 等 編, 朝鮮 內閣本, 影印本, 學民文化社.
- ≪尙書正義≫, 孔安國 傳, 孔穎達 正義, 北京大學出版社, 1999.
- ≪詩傳大全≫, 朱熹 注, 胡廣 等 編, 朝鮮 內閣本, 影印本, 學民文化社.
- ≪禮記正義≫, 鄭玄 注, 孔穎達 正義, 北京大學出版社, 1999.
- ≪禮記集說大全≫, 陳澔 集說, 胡廣 等 編, 朝鮮 內閣本, 影印本, 學民文化社.
- ≪儀禮注疏≫, 鄭玄 注, 賈公彦 疏, 文淵閣四庫全書, 臺灣商務印書館, 1986.
- ≪周易正義≫, 王弼・韓康伯 注, 孔穎達 正義, 北京大學出版社, 1999.
- ≪周易傳義大全≫, 程頤 傳, 朱熹 本義, 胡廣 等 編, 朝鮮 內閣本, 影印本, 學民文化社.
- ≪春秋公羊傳注疏≫, 何休 註, 徐彦 疏, 北京大學出版社, 2000.
- ≪春秋左氏傳注疏≫, 杜預 註, 孔穎達 疏, 北京大學出版社, 2000.
- ≪韓詩外傳今註今譯≫, 賴炎元 註譯, 臺灣商務印書館, 1974.
- ≪孝經注疏≫, 唐 玄宗 注, 邢昺 疏, 北京大學出版社, 1999.

◇ 史部

- ≪高士傳≫, 皇甫謐 撰, 文淵閣四庫全書, 臺灣商務印書館, 1986.
- ≪南史≫, 文淵閣四庫全書, 臺灣商務印書館, 1986.
- ≪南齊書≫, 文淵閣四庫全書, 臺灣商務印書館, 1986.
- ≪唐書≫, 文淵閣四庫全書, 臺灣商務印書館, 1986.
- ≪東都事略≫, 王稱 撰, 文淵閣四庫全書, 臺灣商務印書館, 1986.
- ≪馬氏南唐書≫, 馬令 撰, 文淵閣四庫全書, 臺灣商務印書館, 1986.
- ≪明史≫, 文淵閣四庫全書, 臺灣商務印書館, 1986.
- ≪北史≫, 文淵閣四庫全書, 臺灣商務印書館, 1986.
- ≪史記索隱≫, 司馬貞 編, 文淵閣四庫全書, 臺灣商務印書館, 1986.

- ≪史記正義≫, 張守節 撰, 文淵閣四庫全書, 臺灣商務印書館, 1986.
- ≪史記集解≫, 裴駰 撰, 文淵閣四庫全書, 臺灣商務印書館, 1986.
- ≪史通≫, 文淵閣四庫全書, 臺灣商務印書館, 1986.
- ≪山西通志≫, 李維禎 撰, 文淵閣四庫全書, 臺灣商務印書館, 1986.
- ≪三國志≫, 陳壽 撰, 文淵閣四庫全書, 臺灣商務印書館, 1986.
- ≪續後漢書≫, 郝經 撰, 文淵閣四庫全書, 臺灣商務印書館, 1986.
- ≪宋史≫, 文淵閣四庫全書, 臺灣商務印書館, 1986.
- ≪宋書≫, 文淵閣四庫全書, 臺灣商務印書館, 1986.
- ≪隋書≫, 長孫無忌 撰, 文淵閣四庫全書, 臺灣商務印書館, 1986.
- ≪御批資治通鑑綱目≫, 朱熹(宋) 撰, 商務印書館, 1990.
- ≪吳越春秋≫, 文淵閣四庫全書, 臺灣商務印書館, 1986.
- ≪魏書≫, 文淵閣四庫全書, 臺灣商務印書館, 1986.
- ≪廿二史考異≫, 錢大昕 撰, 藝文印書館, 1964.
- ≪晉書≫, 文淵閣四庫全書, 臺灣商務印書館, 1986.
- ≪通鑑節要≫, 文淵閣四庫全書, 臺灣商務印書館, 1986.
- ≪通志≫, 鄭樵 撰, 文淵閣四庫全書, 臺灣商務印書館, 1986.
- ≪冊府元龜≫, 王欽若 等編, 鳳凰出版社, 2006.
- ≪漢書≫, 班固 撰, 文淵閣四庫全書, 臺灣商務印書館, 1986.
- ≪後漢書≫, 司馬彪 撰, 文淵閣四庫全書, 臺灣商務印書館, 1986.
- ≪後漢書補逸≫, 文淵閣四庫全書, 臺灣商務印書館, 1986.

◇ 子部

- ≪高僧傳≫, 釋慧皎 撰, 湯用彤 校注, 中華書局, 1992.
- ≪文子≫, 辛硏 著, 四部備要, 中華書局, 1936.
- ≪法言義疏≫, 汪榮寶 撰, 中華書局, 1996.
- ≪荀子箋釋≫, 盧文弨 校, 謝墉 輯校, 上海古籍出版社, 1986.
- ≪荀子集解≫, 王先謙 集解, 中華書局, 1988.
- ≪揚子法言≫, 揚雄 撰, 文淵閣四庫全書, 臺灣商務印書館, 1986.
- ≪列女傳≫, 劉向 撰, 文淵閣四庫全書, 臺灣商務印書館, 1986.
- ≪列仙傳≫, 劉向 撰, 文淵閣四庫全書, 臺灣商務印書館, 1986.
- ≪列子≫, 文淵閣四庫全書, 臺灣商務印書館, 1986.

- ≪莊子≫, 文淵閣四庫全書, 臺灣商務印書館, 1986.
- ≪太平廣記≫, 李昉 等 撰, 中華書局, 1961.
- ≪太平御覽≫, 李昉 等 撰, 文淵閣四庫全書, 臺灣商務印書館, 1986.
- ≪抱朴子內外篇≫, 葛洪 撰, 文淵閣四庫全書, 臺灣商務印書館, 1986.
- ≪韓詩外傳≫, 韓嬰 撰, 文淵閣四庫全書, 臺灣商務印書館, 1986.
- ≪韓非子≫, 韓非 撰, 文淵閣四庫全書, 臺灣商務印書館, 1986.
- ≪淮南子≫, 劉安 撰, 高誘 注, 文淵閣四庫全書, 臺灣商務印書館, 1986.
- ≪淮南鴻烈集解≫, 劉文典 撰, 中華書局, 1997.

◇ 集部

- ≪陶淵明集箋注≫, 袁行霈 箋注, 中華書局, 2003.
- ≪文選≫, 蕭統 撰, 文淵閣四庫全書, 臺灣商務印書館, 1986.
- ≪文選注≫, 蕭統 撰, 李善 注, 世界書局, 1962.
- ≪西京雜記≫, 劉歆 著, 成林 譯, 貴州人民出版社, 1993.
- ≪西晉文紀≫, 梅鼎祚 撰, 文淵閣四庫全書, 臺灣商務印書館, 1986.
- ≪呂氏春秋≫, 呂不韋 編, 高誘 注, 文淵閣四庫全書, 臺灣商務印書館, 1986.
- ≪緯略≫, 高似孫 撰, 廣文書局, 1970.
- ≪初潭集≫, 李贄 撰, 中華書局, 2009.
- ≪嵇中散集≫, 嵇康 撰, 讀書出版社, 1988.

◇ 데이터베이스(DB) 자료

- 동양고전종합DB(http://db.cyberseodang.or.kr)
- 상우천고(http://www.s-sangwoo.kr)
- 電子版 文淵閣四庫全書, 迪志文化出版社, 北京, 1999.
- 國學大師(http://www.guoxuedashi.com/search/?keyword)
- 搜韻(https://sou-yun.cn/index.aspx)
- 中華百科全書(https://ctext.org)
- Kanseki Repository Catalog 四庫全書(http://www.kanripo.org)
- 한국고전종합DB(http://db.itkc.or.kr)

2. ≪世說新語補 3≫ 參考圖版 目錄 및 出處

3. ≪世說新語補≫ 總目次

QR코드를 스캔하면 ≪世說新語補≫ 總目次를 보실 수 있습니다.

4. ≪世說新語補≫ 解題

QR코드를 스캔하면 ≪世說新語補≫ 解題를 보실 수 있습니다.

*집필 : 金鎭玉(前 한국고전번역원 책임연구원)

責任飜譯者 略歷

金鎭玉

1959년 출생
西江大學校 文科大學 史學科(東洋史) 碩士 졸업
高麗大學校 文學博士(고전번역)
民族文化推進會 國譯硏修院 상임연구부 졸업
한국고전번역원 책임연구원(前)

論著 및 譯書

論著 〈'推考'의 性格과 運用〉, 〈≪金吾憲錄≫의 자료적 가치〉,
〈≪世說新語≫에 대한 일고찰〉, 〈조선 후기 官署志에 대한 고찰〉 등
譯書 ≪의금부의 청헌, 금오헌록≫ 등
共譯 ≪태종실록≫, ≪세종실록≫, ≪일성록≫, ≪정조실록≫ 등

共同飜譯者 略歷

金泰勳

1971년 출생
高麗大學校 문과대학 한문학과 학사
高麗大學校 대학원 중어중문학과 석사 수료
한국고전번역원 선임연구원(現)

譯書

共譯 ≪승정원일기≫, ≪신역 조선왕조실록≫

南誠佑

1969년 출생
高麗大學校 한문학과 졸업
民族文化推進會(현 韓國古典飜譯院) 전문위원
民族文化推進會(현 韓國古典飜譯院) 부설 敎育硏修院 상임연구원(현 전문과정) 졸업
韓國古典飜譯院 표점교감팀 연구원
釜山大學校 점필재연구소 연구원
檀國大學校 동양학연구원 연구원
高麗大學校 한자한문연구소 연구원(現)

論著 및 譯書

譯書 ≪黃山遺藁≫, ≪桑韓唱和塤篪集≫, ≪栢後遺集≫, ≪沔陽雜錄≫ 등
共譯 ≪金鼎奎日記≫, ≪使行錄≫, ≪石谷散稿≫, ≪承政院日記≫,
≪續陰晴史≫, ≪朝鮮王朝御冊:敎命・竹冊・金冊≫ 등

東洋古典譯註叢書 132

譯註 世說新語補 3 29,000원

2020년 12월 31일 초판 발행
2021년 04월 30일 초판 2쇄

刪　　定　王世貞
責任飜譯　金鎭玉
共同飜譯　金泰勳 南誠佑
企劃編輯　東洋古典飜譯編輯委員會
原文校閱　吳圭根
飜譯研究管理　南賢熙
潤　　文　朴勝珠
校　　訂　朴相水 南賢熙 田炳秀
裝　　幀　김진디자인

發 行 人　朴洪植

發 行 處　社團法人 傳統文化研究會
등록 : 1989. 7. 3. 제1-936호
서울시 종로구 삼일대로 428 낙원빌딩 411호
전화 : (02)762-8401　전송 : (02)747-0083
전자우편 : juntong@juntong.or.kr
홈페이지 : juntong.or.kr
사이버書堂 : cyberseodang.or.kr
온라인서점 : book.cyberseodang.or.kr

인쇄처 : 한국법령정보주식회사(02-462-3860)
총　판 : 한국출판협동조합(070-7119-1750)

ISBN 979-11-5794-292-3 94820
978-89-85395-71-7(세트)

※ 이 책은 2020년도 교육부 고전문헌 국역지원사업 지원비에 의해 초판(비매품) 간행.